# Springer-Lehrbuch

Springer-Verlag Berlin Heidelberg GmbH

Hans Wiesmeth

# Umweltökonomie

Theorie und Praxis
im Gleichgewicht

Mit 33 Abbildungen
und 10 Tabellen

Professor Dr. Hans Wiesmeth
Technische Universität Dresden
Fakultät Wirtschaftswissenschaften
Lehrstuhl Volkswirtschaftslehre, insb. Allokationstheorie
Mommsenstraße 13
01069 Dresden

ISBN 978-3-540-43839-7

Die Deutsche Bibliothek – CIP-Einheitsaufnahme
Wiesmeth, Hans:
Umweltökonomie: Theorie und Praxis im Gleichgewicht / Hans Wiesmeth. –
Berlin; Heidelberg; New York; Barcelona; Hongkong; London;
Mailand; Paris; Tokio: Springer, 2003
 (Springer-Lehrbuch)
 ISBN 978-3-540-43839-7    ISBN 978-3-642-56088-0 (eBook)
 DOI 10.1007/978-3-642-56088-0

Dieses Werk ist urheberrechtlich geschützt. Die dadurch begründeten Rechte, insbesondere
die der Übersetzung, des Nachdrucks, des Vortrags, der Entnahme von Abbildungen und
Tabellen, der Funksendung, der Mikroverfilmung oder der Vervielfältigung auf anderen Wegen und der Speicherung in Datenverarbeitungsanlagen, bleiben, auch bei nur auszugsweiser Verwertung, vorbehalten. Eine Vervielfältigung dieses Werkes oder von Teilen dieses
Werkes ist auch im Einzelfall nur in den Grenzen der gesetzlichen Bestimmungen des Urheberrechtsgesetzes der Bundesrepublik Deutschland vom 9. September 1965 in der jeweils
geltenden Fassung zulässig. Sie ist grundsätzlich vergütungspflichtig. Zuwiderhandlungen
unterliegen den Strafbestimmungen des Urheberrechtsgesetzes.

http://www.springer.de

© Springer-Verlag Berlin Heidelberg 2003
Ursprünglich erschienen bei Springer-Verlag Berlin Heidelberg New York 2003

Die Wiedergabe von Gebrauchsnamen, Handelsnamen, Warenbezeichnungen usw. in diesem
Werk berechtigt auch ohne besondere Kennzeichnung nicht zu der Annahme, dass solche
Namen im Sinne der Warenzeichen- und Markenschutz-Gesetzgebung als frei zu betrachten
wären und daher von jedermann benutzt werden dürften.

Umschlaggestaltung: design & production GmbH, Heidelberg
SPIN 10884561    42/2202-5 4 3 2 1 0 – Gedruckt auf säurefreiem Papier

# Vorwort

Die "Umwelt" spielt seit je eine wichtige Rolle in vielen Produktions- und Konsumvorgängen einer Ökonomie: So liefert sie die für Produktionsprozesse notwendigen Ressourcen (Wasser, Sauerstoff, Rohstoffe, ...), andererseits dient sie als Aufnahmemedium für allerlei Abfälle aus dem Konsum- und dem Produktionsbereich (Abgase, Abwasser, Verpackungen, ...). Zusätzlich stiftet die Umwelt direkten Nutzen in Form einer unberührten Natur, durch saubere Luft und durch vieles andere mehr. In ihren mannigfaltigen Facetten trägt die "Umwelt" folglich zur Erfüllung verschiedenster menschlicher Bedürfnisse bei. Konsequenterweise spricht man daher von Gütern, genauer von Umweltgütern, in Abgrenzung zu den sonstigen Gütern.

Lange Zeit blieben diese Aufgaben der Umwelt, die sie schon immer hatte, außerhalb jeglicher ökonomischer Betrachtung. Knappheit machte sich weder von der Angebotsseite, noch von der Nachfrageseite her störend bemerkbar: Die Umweltgüter standen ausreichend zur Verfügung, es gab genug sauberes Wasser, frische Luft, die Entsorgung von Abfällen bereitete keine grundsätzlichen Probleme, die Umweltgüter waren sozusagen "freie" Güter. Die Tatsache, dass es in vielen Gegenden Deutschlands schon seit Jahrhunderten Maßnahmen zur Reinhaltung des Trinkwassers gibt, steht dieser Aussage nicht entgegen, denn außerhalb der Städte war frisches Wasser im Überfluss vorhanden (vgl. Richter (1996) zur Entwicklung des Umweltschutzes in Deutschland).

Spätestens seit den 60er Jahren hat sich dies in vielen industrialisierten Staaten entscheidend geändert. Der wachsende Wohlstand führte dort in Form einer zunehmenden gesamtwirtschaftlichen Produktionsleistung zunächst zu einer weiteren Belastung der Umweltmedien. Bedingt durch den höheren Wohlstand stiegen in weiten Kreisen der Bevölkerung aber auch die Ansprüche an die Qualität der Umwelt. Die plötzlich erkannte Knappheit machte die Umwelt schnell relevant für ökonomische Betrachtungen und Analysen jeglicher Art, dies war gewissermaßen die Geburtsstunde der "Umweltökonomie".

Umweltökonomie analysiert folglich die ökonomische Beschaffenheit der Umweltgüter sowie den Umgang mit ihnen im weitesten Sinne. Würde es sich dabei um Güter handeln, die im Rahmen eines marktwirtschaftlichen Systems auf regulären Märkten produziert, gekauft und verkauft werden könnten, so würde der Umweltökonomie als eigenständiges Gebiet der Ökonomie keine allzu große Bedeutung zukommen. Erst ihre speziellen Eigenschaften machen Umweltgüter zu besonderen Gütern, machen die Umweltökonomie zu einer besonderen ökonomischen Disziplin, die darüber hinaus aufgrund der geschilderten Umstände erst in den letzten Jahrzehnten eine breitere Beachtung erfahren hat.

Allerdings kann unzulängliches Wissen über Wirkungsketten von Umweltschäden genauso zu einem unangemessenen Umgang mit dem Problem führen wie ein mangelhaftes ökonomisches Anreizsystem. Daher werden zur adäquaten Einordnung von Umweltproblemen oft fundierte Kenntnisse aus den Natur- und Ingenieurwissenschaften sowie aus dem Bereich der Medizin benötigt. In diesem Sinne ist die "Umweltwissenschaft" als ein zutiefst interdisziplinärer Bereich zu verstehen, in dem die Umweltökonomie lediglich einen, wenn auch wichtigen Ausschnitt darstellt.

Die Diskussion um die Verwertung von kleinteiligen Kunststoffabfällen gemäß der novellierten Verpackungsverordnung zeigt diese Problematik: Ist es ökonomisch und/oder ökologisch vertretbar, diese Verpackungsabfälle getrennt zu erfassen ("Gelbe Tonne") und stofflich zu verwerten oder ist die energetische Verwertung über die Restmülltonne in geeigneten Anlagen vorzuziehen? Die optimale Variante wird in der Tat von den aktuellen technischen Möglichkeiten sowie von den ökologischen Wirkungen der stofflichen bzw. energetischen Verwertung abhängen. Darüber hinaus stellt sich die nicht weniger wichtige Frage, mit welchem umweltpolitischen Instrumentarium die als optimal erkannte Variante des Umgangs mit gebrauchten Kunststoffverpackungen durchgesetzt werden kann und sollte: Ist eine Verordnung dienlich oder sind ökonomische Instrumente die bessere Alternative?

Die Entsorgung ausgedienter Öl-Plattformen liefert ein weiteres Beispiel: Ist die Versenkung im Meer umweltverträglicher als die Zerlegung an Land verbunden mit einer stofflichen Verwertung der einzelnen Teile? Einer Untersuchung zufolge, die der Shell-Konzern nach Abschluss der Entsorgungsarbeiten an der Öl-Plattform Brent Spar vorgelegt hat, wäre die Versenkung nicht nur die billigste, sondern auch die in ökologischer Hinsicht unbedenklichste Variante der Entsorgung gewesen. Möglicherweise ändert sich diese Einschätzung, wenn sich schließlich ein neuer Industriezweig herausbildet, der sich um die 600 in naher Zukunft zur Entsorgung anstehenden Plattformen kümmert und sie in ökonomisch und ökologisch vertretbarer Weise verwertet.

Gerade dieses letzte Beispiel zeigt, dass die Besonderheiten der Umweltgüter schließlich zu einer eigenständigen Umweltpolitik mit konkreten Zielsetzungen führen müssen, was auch in weiten Bereichen geschehen ist, wie die folgenden Beispiele zeigen: 1998 beschlossen die fünfzehn Vertragsstaaten des Übereinkommens über den Schutz des Nordostatlantiks, die Versenkung von Öl-Plattformen nur noch in Ausnahmefällen zuzulassen. Andere, bekanntere Ziele der Umweltpolitik liegen im Erhalt der Artenvielfalt der Natur, in einer allgemeinen Verbesserung der Umweltqualität oder in einer "nachhaltigen Entwicklung" (Sustainable Development), die erstmals im so genannten "Brundlandt-Bericht" der Weltkommission für Umwelt und Entwicklung 1987 politisch wirksam entfaltet wurde. Im Vordergrund einer nachhaltigen oder "dauerhaft umweltgerechten" Entwicklung steht dabei nicht der Versuch einer Bestandsaufnahme der Umweltsituation oder die Empfehlung bestimmter Maßnahmen zur Realisierung einzelner umweltpolitischer Vorhaben. Primäres Ziel ist vielmehr die systematische Entwicklung eines integrativen Ansatzes für ein umweltpolitisches Gesamtkonzept (vgl. Höhn (1994), S. 14). Aufbauend auf der Vorstellung von einer inter- und intragenerativen Gerechtigkeit ist die Nutzung erneuerbarer Ressourcen in jenen Grenzen zu orientieren, die sich aus den Möglichkeiten ihrer Regeneration ergeben, die Nutzung nicht-erneuerbarer Ressourcen an den Möglichkeiten, durch Innovation und Investition zu einem Substitut zu gelangen. Zudem darf die Freisetzung von Schadstoffen nicht größer sein als die Aufnahmekapazität der Umweltmedien, im Gegenteil, sie sollte diese möglichst unterschreiten. Damit steht bei einer nachhaltigen Wirtschaftsweise der Substanzerhalt der ökologischen Potentiale im Vordergrund.

In diesem Leitbild kommt demnach nochmals zum Ausdruck, dass die Zielsetzungen einer umfassenden Umweltpolitik weit über die Ökonomie hinaus greifen: Natur- und ingenieurwissenschaftliche Methoden und Verfahren sind dort genauso gefragt wie Erkenntnisse der modernen Medizin. Demzufolge ist eine allseits gültige inhaltliche Begrenzung der Umweltökonomie fast nicht möglich. Dennoch wird sich die Umweltökonomie typischerweise den speziellen Charakteristika der Umweltgüter widmen, sowie den Möglichkeiten, aber auch den Problemen, die sich im Rahmen eines marktwirtschaftlichen Systems daraus ergeben. Umweltökonomie wird weiter die Instrumente analysieren, die das wirtschaftliche Verhalten der Wirtschaftssubjekte im Sinne einer umweltgerechteren Handlungsweise steuern und korrigieren sollen. Schließlich wird die fundierte Umweltökonomie die inhaltliche Berührung sowie die thematische Verflechtung mit anderen Gebieten der Ökonomie suchen und aufdecken. Im Rahmen dieses Textes werden diese Punkte angesprochen und modellmäßig analysiert werden. Dies gilt insbesondere für die grundlegende Verflechtung der Umweltökonomie mit der "gewöhnlichen" Ökonomie, aber auch für die oft eklatanten Animositäten zwischen Verfechtern eines unbeschränkten Freihandels auf der einen und Umweltschützern auf der anderen Seite.

Damit soll die Umweltökonomie sowohl eine normative als auch eine positive Grundlage für die Umweltpolitik bereit stellen. Das oft diskutierte Spannungsverhältnis zwischen Ökonomie und Ökologie resultiert nicht zuletzt aus den vermeintlichen oder tatsächlichen Differenzen in den normativen Grundlagen eines marktwirtschaftlichen Systems im Allgemeinen und der Umweltpolitik im Besonderen. Maßgeblich sind allerdings vielmehr Informationsdefizite und unzulängliche Kenntnisse über ökologische Zusammenhänge. Fehlende Informationen und nicht ausreichendes Wissen geben oft Anlass, einen ökonomischen oder ökologischen Absolutismus zu begründen. Die Diskussion um eine vernünftige Entsorgung der Öl-Plattform Brent Spar zeigt dieses Spannungsverhältnis zwischen Ökonomie und Ökologie vor dem Hintergrund einer unzulänglichen Kenntnis ökologischer Wirkungsketten in aller Deutlichkeit.

Umweltökonomie definiert sich aber nicht allein aus dem Spannungsverhältnis zwischen Ökonomie und Ökologie heraus. Entscheidend ist vielmehr noch der Bezug zur Praxis, vielmehr die augenscheinliche Diskrepanz zwischen Theorie und Praxis. Umweltpolitische Instrumente, die in der Theorie wohl bekannt sind, stoßen – wie etwa Emissionszertifikate – doch auf eine weit verbreitete Skepsis in der politischen Öffentlichkeit. Mit dem Zusatz "Theorie und Praxis im Gleichgewicht" stellt sich dieser Text dem Anspruch, die Gründe dieses offensichtlichen Gegensatzes herauszuarbeiten und damit in gewisser Weise zu überbrücken. Wert wird insbesondere darauf gelegt, mit Hilfe der

Theorie grundsätzliche und zum Teil neue Einblicke in praktische Problemstellungen im Umweltbereich zu erhalten. Dies ist zunächst überraschend, da nicht selten ein tiefer und meist unüberwindlicher Graben zwischen Theorie und Praxis gesehen wird.

Insgesamt soll der Titel "Umweltökonomie: Theorie und Praxis im Gleichgewicht" in erster Linie die Relevanz der gleichgewichtstheoretischen Analyse für die behandelten Problemstellungen aus Theorie und Praxis deutlich machen. Nur in wenigen Ausnahmefällen spielen partialanalytische Überlegungen eine signifikante Rolle. Damit werden jeweils die Aktionen und Reaktionen aller betrachteten Wirtschaftssubjekte in vollem Umfang mitberücksichtigt. Die Grundlagen und notwendigen Aussagen der Gleichgewichtstheorie werden anhand einfacher, jedoch dem Sachverhalt angemessener Beispiele eingeführt. Damit wird der Text auch denjenigen zugänglich, die sich bisher nur am Rande mit dem gleichgewichtstheoretischen Formelwerk auseinandergesetzt haben. Auf diese Weise wird deutlich, dass Gleichgewichtstheorie ansprechend sein kann, ohne dass sie sich sofort in komplizierten mathematischen Formeln verlieren muss.

Wie schon erwähnt sollen nicht nur theoretische Ansätze betrachtet werden. Vielmehr signalisiert der Verweis auf die umweltpolitische "Praxis" im Titel einen "gleichgewichtigen" Umgang mit wichtigen Anliegen der Praxis. Der Text will insbesondere die Schwierigkeiten herausarbeiten, die sich bei der Umsetzung der anhand formaler Modelle gewonnenen Erkenntnisse in die umweltpolitische Praxis ergeben. Gezeigt wird allerdings auch, wie der gleichgewichtstheoretische Ansatz für manche praktischen Probleme von Nutzen sein kann. Gleichgewichtstheorie ist insofern praktischer als mancher gut gemeinte Vorschlag aus der Praxis.

Damit spielen in diesem Text Theorie und Praxis von der Bedeutung her eine gleichgewichtige Rolle. Darüber hinaus charakterisieren Methoden der Gleichgewichtstheorie die grundlegenden Ansätze, wiederum im Bereich der Theorie und in den praktischen Anwendungen. In diesem doppelten Sinne befinden sich "Theorie und Praxis im Gleichgewicht".

## Zum Inhalt

Der erste Teil des Buches ist der ökologischen Bestandsaufnahme gewidmet. Nach einem Überblick zum Stand der Umweltpolitik im internationalen Vergleich werden einige Ergebnisse der UN-Klimarahmenkonvention auf der Grundlage der Konferenz der Vereinten Nationen zu Umwelt und Entwicklung sowie des Kyoto-Protokolls diskutiert. Grundsätzliche Anmerkungen zur Umweltpolitik in einem zentralstaatlichen System schließen sich an. Des Weiteren wird die Umweltsituation in der Europäischen Union, in Deutschland sowie in Sachsen anhand einiger Gegebenheiten erörtert sowie mittels einiger Umfragen und Daten illustriert. Zuletzt folgen Anmerkungen zur Bedeutung eines wachsenden "Umweltbewusstseins" für die Umweltökonomie.

Der zweite Teil greift die theoretischen Grundlagen der Umweltökonomie auf. Dem Begriff des Umweltgutes und den in ökonomischer Hinsicht besonderen Eigenschaften der Umweltgüter kommt dabei eine zentrale Rolle zu. Neben Knappheitsaspekten und externen Effekten, Charakteristika der Umweltgüter, beeinflussen und beeinträchtigen auch Eigenschaften öffentlicher Güter die Allokationsfunktion des Marktmechanismus im Umweltbereich. Wie die historische Entwicklung allerdings gezeigt hat, können offenbar auch planwirtschaftliche Systeme das Allokationsproblem im Umweltbereich nicht zufriedenstellend angehen und lösen (vgl. Abschnitt 1.3). Insgesamt ist ein eingehendes Verständnis des Allokationsproblems im Umweltbereich notwendig für eine in ökonomischer und ökologischer Hinsicht erfolgreiche Umweltpolitik. Die relevanten theoretischen Grundlagen dazu werden in den anschließenden Kapiteln erörtert. In diesem Zusammenhang werden erste Lösungsansätze besprochen, welche die Internalisierung externer Effekte sowie die Allokation öffentlicher Güter zum Gegenstand haben.

Diese Überlegungen leiten dann zum dritten Teil über, in dem die "klassischen" Instrumente der praktischen Umweltpolitik bis hin zur Ökosteuer behandelt werden. Vorrangig werden dabei die verschiedenen Instrumente einer ökonomisch fundierten Umweltpolitik eingeführt und hinsichtlich ihrer ökologischen und ökonomischen Wirksamkeit untersucht. Die Analyse ist von der ökologischen Zielsetzung sowie von der Struktur der betroffenen Märkte abhängig zu machen, weiter spielt private Information eine entscheidende Rolle. Es wird sich zeigen, dass es ein für alle Umweltbelange gleichermaßen geeignetes Instrument nicht gibt, dass vielmehr die speziellen Eigenschaften einer gegebenen Umweltsituation berücksichtigt werden müssen, um Umweltpolitik mit einigermaßen Aussicht auf Erfolg betreiben zu können. Eine eigenständige Zielsetzung für die Umweltpolitik erscheint unter diesen Umständen notwendig.

Die Überlegungen werden ergänzt um Beispiele aus der umweltpolitischen Praxis. Dazu dient die Verpackungsverordnung als Beispiel einer Maßnahme der Auflagenpolitik, die Diskussion um die Ökosteuer in Deutschland als Beispiel für den Ansatz einer Pigou-Steuer sowie RECLAIM (Regional Clean Air Incentives Market) aus Kalifornien als Beispiel eines Zertifikate-Modells.

Im vierten Teil steht schließlich die Verflechtung der Umweltpolitik mit anderen Politikfeldern im Mittelpunkt der Diskussion. Als Beispiel dient der Freihandel, der genauso wie die Umweltpolitik in den letzten Jahrzehnten an gesellschaftlicher Relevanz gewonnen hat. Die Verzahnung der beiden Felder ist naheliegend: Ein zunehmender Welthandel kann die Umwelt weiter belasten, umgekehrt können höhere Umweltstandards die internationale Wettbewerbsfähigkeit der nationalen Industrie beeinträchtigen.

Dies gilt beispielsweise für die drohende Überfischung der Weltmeere (vgl. Kapitel 14). Oft wird dafür die Ausweitung der internationalen Handelsbeziehungen verantwortlich gemacht, die mit einer deutlich steigenden Nachfrage einhergeht. Anhand einiger formaler Überlegungen wird sich allerdings zeigen, dass der Außenhandel das Problem möglicherweise verschärft und damit offenlegt, dass aber im Hintergrund ganz andere Mechanismen wirken.

Im Rahmen dieses Textes wird die Ressourcenökonomie, also der Problemkreis nicht oder nur sehr langfristig erneuerbarer Ressourcen, nur in diesem Kontext der Überfischung der Weltmeere angesprochen. Im Allgemeinen würde dies einen dynamischen Ansatz erfordern, der auch Voraussetzung wäre für eine fundierte Diskussion der Zielsetzung einer nachhaltigen Entwicklung.

Die angesprochene Verflechtung zwischen Freihandel und Umweltpolitik wird verkompliziert durch die Tatsache, dass Freihandel von den freien Marktkräften profitiert, Umweltschutz in der Regel aber Eingriffe in das Wirken der Märkte bedingt. Zusätzlich sind Institutionen der Regierung zuständig für die Umweltstandards, wohingegen der Freihandel meist dezentral organisiert ist. Furcht vor dem Verlust der internationalen Wettbewerbsfähigkeit führt einerseits zu strategischem Verhalten in der nationalen Umweltpolitik, andererseits gibt es in der Form internationaler Vereinbarungen vielfältige Versuche, eine Harmonisierung der Umweltstandards, also ein abgestimmtes Verhalten, anzustreben (vgl. die in Abschnitt 1.2 erörterten Vereinbarungen des Kyoto-Protokolls). Wir untersuchen diese Zusammenhänge anhand eines einfachen Modells mit beachtenswerten Erkenntnissen.

Das letzte Kapitel des vierten Teils befasst sich nochmals mit dem Kyoto-Protokoll. Es wird sich herausstellen, dass der dort vorgesehene grenzüberschreitende Handel mit Emissionszertifikaten in seinen Wirkungen überraschenderweise sehr wesentlich von den sonstigen Handelsaktivitäten der beteiligten Länder abhängen kann.

Dresden, im Mai 2002                                                                 *Hans Wiesmeth*

# Inhaltsverzeichnis

## Teil I. Ökologische Bestandsaufnahme

1. **Stand der internationalen Umweltpolitik** .............. 5
   1.1 Die Konferenz der Vereinten Nationen (UNCED) in Rio de Janeiro 1992 ..................... 8
   1.2 Das Kyoto-Protokoll zur UN-Klimarahmenkonvention .. 13
   1.3 Umweltschutz in einer zentralen Planwirtschaft ........ 19
   1.4 Die Europäer und die Umwelt ...................... 20

2. **Zur Umweltsituation in Deutschland** ................ 25
   2.1 Die Beurteilung der Umweltverhältnisse in West und Ost 25
       2.1.1 Einstellung zu umweltrelevanten Aktivitäten .... 26
       2.1.2 Umweltverhalten privater Haushalte .......... 29
   2.2 Zur Umweltsituation in Sachsen .................... 31

3. **Umweltbewusstsein** ............................... 33

## Teil II. Theoretische Umweltökonomie

4. **Einführung in die Umweltökonomik** ................ 41
   4.1 Grundlagen ...................................... 41
   4.2 Effizienz und Ökologie ............................ 44

5. **Das Allokationsproblem in einer Marktwirtschaft** .... 49
   5.1 Effizienz ......................................... 50
   5.2 Externe Effekte ................................... 55
   5.3 Öffentliche Güter ................................. 64
       5.3.1 Das Gefangenendilemma ..................... 64
       5.3.2 Die "Tragedy of the Commons" .............. 67

## XIV  Inhaltsverzeichnis

6. **Internalisierung externer Effekte** .................... 69
    6.1 Ergänzung des Marktsystems ....................... 71
    6.2 Die Pigou-Steuer ................................. 75
    6.3 Emissionszertifikate .............................. 82
    6.4 Verschmutzungsrechte ............................ 85
    6.5 Das Coase-Theorem .............................. 93

7. **Die Allokation öffentlicher Güter** .................... 97
    7.1 Das Lindahl-Gleichgewicht ........................ 98
    7.2 Das Kostenteilungsgleichgewicht .................. 103
    7.3 Kernäquivalenz .................................. 106
    7.4 Implikationen für die Umweltökonomie ............ 113

---

### Teil III. Praktische Umweltökonomie

8. **Von der Theorie zur Praxis: Informationsprobleme** .. 121
    8.1 Informationsdefizite bezüglich der Marktgegebenheiten . 122
        8.1.1 Konkurrenzpreismechanismus ................ 123
    8.2 Informationsdefizite im Bereich der internationalen Umweltpolitik ......................................... 126
    8.3 Informationsdefizite bezüglich des Gefährdungspotentials 127
    8.4 Schlussfolgerungen für die praktische Umweltökonomie . 128

9. **Die Auflagenpolitik am Beispiel der Verpackungsverordnung** ............................................. 133
    9.1 Ziele und Auflagen der Verpackungsverordnung ....... 134
    9.2 Die Mehrwegquote für Getränkeverpackungen ......... 139
    9.3 Der Begriff der "wirtschaftlichen Zumutbarkeit" ....... 140
        9.3.1 Wirtschaftlich zumutbare stoffliche Verwertung .. 141
        9.3.2 Formale Analyse des Begriffs der wirtschaftlichen Zumutbarkeit ................................ 142
    9.4 Das Dilemma der Auflagenpolitik .................. 150

10. **Der Preis-Standard-Ansatz** ......................... 155
    10.1 Grundlagen des Preis-Standard-Ansatzes ............ 155
    10.2 Die Abgabenlösung ............................... 158
        10.2.1 Kosteneffizienz der Abgabenlösung ............ 160
        10.2.2 Kosteneffizienz bei räumlicher Differenzierung ... 163
    10.3 Handelbare Emissionszertifikate ................... 165

10.3.1 Grundlagen der Zertifikatemodelle ............. 166
10.3.2 Die Ausgestaltung des Handels mit Zertifikaten .. 167
10.3.3 Erfahrungen mit dem "Regional Clean Air Incentives Market" ............................... 171

**11. Ökologische Steuerreform** ......................... 175
11.1 Grundsätzliche Anmerkungen zu Energiesteuern ....... 176
11.2 Die Double-Dividend-Hypothese .................... 179
11.3 Der Weg zur Ökologischen Steuerreform ............. 181
11.4 Die "Ökosteuer" in Deutschland .................... 184

**12. Die Kostenteilung für öffentliche Güter in der Praxis** 189
12.1 Die praktische Rolle der Kernäquivalenz ............. 190

## Teil IV. Internationale Umweltökonomie

**13. Die internationale Dimension der Umweltökonomie** .. 197
13.1 Grundsätzliches .................................. 197
13.2 Die umweltpolitischen Vorgaben des GATT bzw. der WTO .............................................. 201
13.3 Anmerkungen zur Umweltpolitik der EU ............. 205
13.4 Folgerungen für eine internationale Komponente der Umweltökonomie ................................. 209

**14. Überfischung der Meere** ............................ 215
14.1 Das kurzfristige Angebot von Fischfangbetrieben ...... 216
14.2 Wachstum biologischer Systeme .................... 224
14.3 Das bioökonomische Gleichgewicht .................. 226
14.4 Das Marktgleichgewicht ........................... 230
14.5 Bewirtschaftungszonen und Fangquoten ............. 234

**15. Umwelt und Freihandel: Eine Analyse relevanter Problemfelder** ........................................... 241
15.1 Beachtenswerte Problemfelder ...................... 241
15.2 Die grundlegenden Modellannahmen ................ 243
15.3 Autarkiegleichgewicht ............................. 248
15.4 Freihandelsgleichgewicht .......................... 251
15.5 Übergang vom Autarkiezustand zum Freihandel ....... 254
15.6 Harmonisierung der Umweltstandards ............... 256

**16. Handel mit Emissionszertifikaten im Kyoto-Protokoll** 261
   16.1 Handel mit Emissionszertifikaten: Annahmen ......... 264
   16.2 Emissionszertifikate im Autarkiegleichgewicht ......... 270
   16.3 Emissionszertifikate im Außenhandelsgleichgewicht .... 273

**Abbildungsverzeichnis** ................................. 277

**Tabellenverzeichnis** ................................... 279

**Literaturverzeichnis** .................................. 281

**Sachverzeichnis** ..................................... 287

# Teil I

# Ökologische Bestandsaufnahme

Der erste Teil des Buches ist der ökologischen Bestandsaufnahme gewidmet, auf regionaler und internationaler Ebene. Nach einem Überblick zum Stand der Umweltpolitik im internationalen Vergleich mit besonderer Betonung der Entwicklungen in der Bundesrepublik Deutschland und der ehemaligen DDR werden Aufgaben und Ergebnisse der UN-Klimarahmenkonvention auf der Grundlage der Konferenz der Vereinten Nationen zu Umwelt und Entwicklung diskutiert.
Eine inhaltliche Darstellung des Kyoto-Protokolls zur UN-Klimarahmenkonvention und seiner schrittweisen Umsetzung schließt sich an. Weiter folgen grundsätzliche Anmerkungen zur Umweltpolitik in einem zentralstaatlichen System. Sie sollen einen Einblick geben in das Verhältnis zwischen den Zielsetzungen einer ideologisch ausgerichteten Planwirtschaft und den Belangen des Umweltschutzes. Des Weiteren wird die konkrete Umweltsituation in der Europäischen Union, in Deutschland sowie in Sachsen anhand einiger Gegebenheiten erörtert sowie mittels einiger Umfragen und Daten illustriert. Zuletzt folgen Anmerkungen zur Bedeutung eines wachsenden "Umweltbewusstseins" für die Umweltökonomie.

# 1. Stand der internationalen Umweltpolitik

Die "ökologische Revolution" erreichte die westlichen Industriestaaten in den sechziger Jahren, wenngleich schon zu Beginn der fünfziger Jahre in Deutschland erste Ansätze einer Umweltpolitik zu erkennen sind. So stellte bereits 1952 die aus Bundes- und Landespolitikern zusammengesetzte "Interparlamentarische Arbeitsgemeinschaft für naturgemäße Wirtschaftsweise" ihre "Grundsätze einer ökologiegerechten Politik" zur Diskussion (vgl. Malunat (1974)). In kurzer Zeit hat sich der Umweltschutzgedanke dann weltweit zum beherrschenden Thema der Politik entwickelt (vgl. Tabelle 1.1 für eine internationale Chronologie). In der Bundesrepublik beginnt der rechtlich untersetzte Umweltschutz 1971 mit dem Umweltprogramm der Bundesregierung, das erstmals auf die ernste Gefahr der zunehmenden Eingriffe des Menschen in den Naturhaushalt hinweist (vgl. etwa Stober (1991), S. 7ff für eine Einführung in den rechtstatsächlichen Hintergrund und die Entwicklung des Umweltrechts in der Bundesrepublik). Ebenfalls 1971 wird in der DDR das Ministerium für Umweltschutz und Wasserwirtschaft gegründet, zu dessen Aufgaben insbesondere die Ausarbeitung der strategischen Linien des Umweltschutzes sowie die Koordination der Umweltforschung gehörte. Ab 1973 werden die Umweltschutzaufgaben in die jährlichen Volkswirtschaftspläne der DDR eingearbeitet, wobei Investitionsmaßnahmen für Kläranlagen, Luftreinhaltung und Abfallwirtschaft berücksichtigt werden (vgl. Welfens (1993), S. 113ff). Die "Grenzen des Wachstums", der Bericht des Club of Rome zur Lage der Menschheit, veröffentlicht 1972, hat das ökologische Bewusstsein der Bevölkerung weiter verschärft, vor allem in Hinblick auf die Erkenntnis erschöpfbarer Ressourcen. 1973 ist dann das erste Umweltaktionsprogramm der Europäischen Gemeinschaft zu verzeichnen, 1977 das zweite. Diese Programme enthielten lange Listen von Maßnahmen zur Behebung von Umweltschäden. Es war zunächst einmal das Ziel, vorhandene Umweltschäden zu beseitigen, das "Vorsorgeprinzip" spielte dabei gegenüber dem "Gemeinlastprinzip" nur eine untergeordnete Rolle.

**Tabelle 1.1.** Internationale Chronologie der Institutionalisierung im Umweltschutz

| Länder[1] | Umweltministerium | Nationales Umweltamt | Umweltrahmengesetz | Verfassungsartikel Umweltschutz |
|---|---|---|---|---|
| Japan | * | 1971 | 1967/93 | * |
| Schweden | 1986 | 1967 | 1969 | 1974 |
| USA | * | 1970 | 1969 | * |
| DDR (bis 1990) | 1971 | 1988 | 1970 | 1968 |
| Großbritannien | 1970 | 1972/95 | 1974/90 | * |
| Dänemark | 1971 | 1971 | 1973/91 | * |
| Niederlande | 1971/82 | 1984 | 1979/93 | 1983 |
| Frankreich | 1971/84 | 1991 | * | * |
| Polen | 1972 | 1980/91 | 1980 | 1976-89 |
| Österreich | 1972 | 1985 | * | 1984 |
| BRD | 1986 | 1974 | 1974[2] | 1994 |
| Ungarn | 1990 | 1974 | 1976 | 1972/89 |
| Schweiz | * | 1971 | 1983 | 1971 |
| Australien | 1971 | 1988 | 1974 | * |
| Portugal | 1979/90 | 1971/87 | 1987 | 1976 |
| Jugoslawien | 1984 | 1974 | * | 1974 |
| Kanada | 1971 | * | 1988 | * |
| Norwegen | 1972 | * | 1981 | 1992 |
| Griechenland | 1980 | 1976 | 1986 | 1975 |
| Bulgarien | 1990 | 1976 | 1991 | 1968/91 |
| Rumänien | 1989 | 1973 | 1973 | 1991 |
| Belgien | 1975 | 1988 | * | * |
| Neuseeland | 1972/86 | * | 1986/91 | * |
| Finnland | 1983 | 1986 | * | * |
| Türkei | 1991 | * | 1983 | 1982 |
| Italien | 1973/83 | * | 1986 | * |
| CSSR (bis 1989) | * | * | * | 1971 |
| Tschech. Rep. | 1989 | 1992 | 1992 | 1992 |
| Slowakei | 1990 | * | * | 1992 |
| Spanien | 1996 | * | * | 1978 |
| China | * | 1984 | 1979/89 | * |
| UdSSR/Russland | 1988 | * | 1991 | 1977/93 |
| Irland | 1978 | 1993 | * | * |
| Südkorea | 1990/94 | * | 1990 | 1980/87 |
| Chile | * | 1990/94 | 1994 | 1980 |

1) Rangfolge der Länder nach Durchschnitt der ersten drei dauerhaften Institutionalisierungsschritte.
2) Nur rudimentäres Rahmengesetz. * Institution nicht vorhanden.

Quelle: Martin Jänicke/Helmut Weidner, (Hrsg.) (u. M. von Helge Jörgens), National Environmental, Policies. A Comparative Study of Capacity-Building, Heidelberg u. a. 1997, S. 316.

Der Gedanke des "Vorbeugens" im Umweltschutz tritt erst ab 1983 zunehmend in den Vordergrund der entsprechenden EG-Vorschriften. In der Bundesrepublik befasst man sich zu dieser Zeit mit der Forderung nach der Schaffung einer Staatszielbestimmung Umweltschutz und einem Umweltgrundrecht. Interessanterweise wurde die Verfassung der DDR schon 1968 mit einer Erklärung zum Naturschutz ergänzt. So heißt es im Artikel 15, Absatz 2, der Verfassung der DDR: *"Im Interesse des Wohlergehens der Bürger sorgen Staat und Gesellschaft für den Schutz der Natur"* (vgl. Welfens (1993), S. 127). Trotz verschiedener gesetzlicher Umweltschutzregelungen, wie etwa die Amtliche Schadstoffliste (1978) und die Bestimmungen zur Atomsicherheit (1984), muss die Umweltpolitik der DDR ab den 80iger Jahren als weitgehend konzeptionslos beurteilt werden, da die vorhandenen Bestimmungen offenbar nicht konsequent durchgesetzt wurden oder nicht durchgesetzt werden konnten (vgl. dazu auch Abschnitt 1.3).

In der Bundesrepublik haben Gesetzgeber und Regierung in dieser Zeit zahlreiche Umweltnormen erlassen. Erinnert sei an die TA-Luft (1986), an das Wasserhaushaltsgesetz (1986), an das Bundesimmissionsschutzgesetz (1990), an die Verpackungsverordnung (1991), sowie an die TA-Siedlungsabfall (1992) (vgl. Wicke (1991)). Organisatorische Voraussetzungen zum Schutz der Umwelt wurden schließlich mit der Einführung von Umweltministerien und besonderen Einrichtungen, wie Umweltbundesamt, Deutsche Bundesstiftung Umwelt, geschaffen. Dies geschah auch in Reaktion auf die zunehmende Gefahr großflächiger, globaler Umweltschäden. Umfassende Auskünfte über die Umweltbelastung geben die seit 1984 erscheinenden "Daten zur Umwelt" des Umweltbundesamtes sowie der erstmals im Jahre 1990 vorgelegte Umweltbericht des Bundesministers für Umwelt, Naturschutz und Reaktorsicherheit. Weiter war der Umweltschutz auch zentraler Gegenstand des Vertrages über die Schaffung einer Währungs-, Wirtschafts- und Sozialunion zwischen der Bundesrepublik Deutschland und der Deutschen Demokratischen Republik ("Einigungsvertrag").

---

**Einigungsvertrag Artikel 34: Umweltschutz**

(1) Ausgehend von der in Artikel 16 des Vertrags vom 18. Mai 1990 in Verbindung mit dem Umweltrahmengesetz der Deutschen Demokratischen Republik vom 29. Juni 1990 (GBl. I Nr. 42 S. 649) begründe-

ten deutschen Umweltunion ist es Aufgabe der Gesetzgeber, die natürlichen Lebensgrundlagen des Menschen unter Beachtung des Vorsorge-, Verursacher- und Kooperationsprinzips zu schützen und die Einheitlichkeit der ökologischen Lebensverhältnisse auf hohem, mindestens jedoch dem in der Bundesrepublik Deutschland erreichten Niveau zu fördern.
(2) Zur Förderung des in Absatz 1 genannten Ziels sind im Rahmen der grundgesetzlichen Zuständigkeitsregelung ökologische Sanierungs- und Entwicklungsprogramme für das in Artikel 3 genannte Gebiet aufzustellen. Vorrangig sind Maßnahmen zur Abwehr von Gefahren für die Gesundheit der Bevölkerung vorzusehen.

---

In letzter Zeit haben die Anstrengungen um internationale Vereinbarungen zum Schutz der Umwelt an Bedeutung gewonnen. Dazu zählt insbesondere der "Erdgipfel", die Konferenz der Vereinten Nationen zu Umwelt und Entwicklung in Rio de Janeiro 1992 mit der Klimarahmenkonvention. In einer Reihe von darauf aufbauenden Konferenzen wurde seitdem über die Minderung der Emission von Treibhausgasen auf internationaler Ebene verhandelt.

## 1.1 Die Konferenz der Vereinten Nationen (UNCED) in Rio de Janeiro 1992

Die UNCED wird mit über 15.000 Delegierten aus insgesamt 178 Staaten und 115 teilnehmenden Staats- und Regierungschefs als eine der größten internationalen Konferenzen gewertet. In der Präambel der Abschluss-Deklaration (Rio-Deklaration) wird das Ziel erwähnt, *"... eine neue und gerechte globale Partnerschaft durch die Schaffung neuer Kooperationsebenen zwischen Staaten, Schlüsselsektoren der Gesellschaft und Menschen zu schaffen, ..., internationale Vereinbarungen zu treffen, welche die Interessen aller respektieren und die Einheit des globalen Umwelt- und Entwicklungssystems schützen, in Anerkennung der Einheit und wechselseitigen Abhängigkeit der Natur der Erde, unserer Heimat ..."*.

Damit war die UNCED nicht einfach eine "Umweltkonferenz", ihre politische Bedeutung besteht gerade in der Verknüpfung der ökologischen und sozialen Dimension von Entwicklung. Armut, Umweltzerstörung und westliches Konsumniveau sind in dieser Sicht nicht unabhängig voneinander.

**The Rio Declaration On Environment And Development (Auszug)**

The United Nations Conference on Environment and Development, having met at Rio de Janeiro from 3 to 14 June 1992, reaffirming the Declaration of the United Nations Conference on the Human Environment, adopted at Stockholm on 16 June 1972, and seeking to build upon it, with the goal of establishing a new and equitable global partnership through the creation of new levels of cooperation among States, key sectors of societies and people, working towards international agreements which respect the interests of all and protect the integrity of the global environmental and developmental system, recognizing the integral and interdependent nature of the Earth, our home, proclaims that:

Principle 1: Human beings are at the centre of concerns for sustainable development. They are entitled to a healthy and productive life in harmony with nature.

Principle 2: States have, in accordance with the Charter of the United Nations and the principles of international law, the sovereign right to exploit their own resources pursuant to their own environmental and developmental policies, and the responsibility to ensure that activities within their jurisdiction or control do not cause damage to the environment of other States or of areas beyond the limits of national jurisdiction.

Principle 3: The right to development must be fulfilled so as to equitably meet developmental and environmental needs of present and future generations.

Principle 4: In order to achieve sustainable development, environmental protection shall constitute an integral part of the development process and cannot be considered in isolation from it.

Principle 7: States shall cooperate in a spirit of global partnership to conserve, protect and restore the health and integrity of the Earth's ecosystem. In view of the different contributions to global environmental degradation, States have common but differentiated responsibilities. The developed countries acknowledge the responsibility that they bear in the international pursuit of sustainable development in view of the pressures their societies place on the global environment and of the technologies and financial resources they command.

**Principle 8:** To achieve sustainable development and a higher quality of life for all people, States should reduce and eliminate unsustainable patterns of production and consumption and promote appropriate demographic policies.

**Principle 9:** States should cooperate to strengthen endogenous capacity-building for sustainable development by improving scientific understanding through exchanges of scientific and technological knowledge, and by enhancing the development, adaptation, diffusion and transfer of technologies, including new and innovative technologies.

**Principle 10:** Environmental issues are best handled with the participation of all concerned citizens, at the relevant level. At the national level, each individual shall have appropriate access to information concerning the environment that is held by public authorities, including information on hazardous materials and activities in their communities, and the opportunity to participate in decision-making processes. States shall facilitate and encourage public awareness and participation by making information widely available. Effective access to judicial and administrative proceedings, including redress and remedy, shall be provided.

**Principle 11:** States shall enact effective environmental legislation. Environmental standards, management objectives and priorities should reflect the environmental and developmental context to which they apply. Standards applied by some countries may be inappropriate and of unwarranted economic and social cost to other countries, in particular developing countries.

**Principle 12:** States should cooperate to promote a supportive and open international economic system that would lead to economic growth and sustainable development in all countries, to better address the problems of environmental degradation. Trade policy measures for environmental purposes should not constitute a means of arbitrary or unjustifiable discrimination or a disguised restriction on international trade. Unilateral actions to deal with environmental challenges outside the jurisdiction of the importing country should be avoided. Environmental measures addressing transboundary or global environmental problems should, as far as possible, be based on an international consensus.

**Principle 16:** National authorities should endeavour to promote the internalization of environmental costs and the use of economic instruments, taking into account the approach that the polluter should, in principle, bear the cost of pollution, with due regard to the public interest and without distorting international trade and investment.

**Principle 27:** States and people shall cooperate in good faith and in a spirit of partnership in the fulfilment of the principles embodied in this Declaration and in the further development of international law in the field of sustainable development.

Ist die nachhaltige Entwicklung (Sustainable Development) das Schlüsselwort der UNCED, so ist das zentrale Dokument die Agenda 21, ein nicht-rechtsverbindliches Dokument mit politischen Grundsatzerklärungen und Empfehlungen. Die Agenda 21 entwirft in 40 Kapiteln einen Aktionsplan für einen nachhaltigen Entwicklungsweg in das 21. Jahrhundert. Sie beschreibt die Wechselwirkungen zwischen Umwelt und Entwicklung unter Einbeziehung ökologischer, sozialer und ökonomischer Aspekte. Der Agenda-Prozess soll der gemeinsamen Erarbeitung zukunftsfähiger Leitbilder und der Vereinbarung entsprechender Maßnahmen unter möglichst breiter gesellschaftlicher Beteiligung dienen.

### Zentrale Themen der Agenda 21

- Internationale Zusammenarbeit zur Beschleunigung nachhaltiger Entwicklung in den Entwicklungsländern
- Armutsbekämpfung, Bevölkerungsdynamik und nachhaltige Entwicklung
- Schutz und Förderung der menschlichen Gesundheit und umweltverträgliche Nutzung der Biotechnologie
- Förderung einer nachhaltigen Siedlungsentwicklung und Initiativen der Kommunen zur Unterstützung der Agenda 21
- Schutz der Erdatmosphäre und Bekämpfung der Entwaldung, der Wüstenbildung und Dürren
- Nachhaltige Bewirtschaftung von Bodenressourcen und Berggebieten
- Nachhaltige Landwirtschaft und Entwicklung des ländlichen Raums und Erhaltung der biologischen Vielfalt
- Schutz und Nutzung der Meere, der Küstengebiete und der Süßwasserressourcen

Unter dem Stichwort "Lokale Agenda 21" soll die Verantwortung der Kommunen bei der Umsetzung der Agenda 21 verdeutlicht werden.

In Kapitel 28 der Agenda 21 heißt es unter der Überschrift "Initiativen der Kommunen": *Da viele der in der Agenda 21 angesprochenen Probleme und Lösungen auf Aktivitäten auf der örtlichen Ebene zurückzuführen sind, ist die Beteiligung und Mitwirkung der Kommunen ein entscheidender Faktor bei der Verwirklichung der in der Agenda enthaltenen Ziele. ... Als Politik- und Verwaltungsebene, die den Bürgern am nächsten ist, spielen sie eine entscheidende Rolle bei der Informierung und Mobilisierung der Öffentlichkeit und ihrer Sensibilisierung für eine nachhaltige umweltverträgliche Entwicklung. ...* Allerdings verläuft dieser in der Tat wichtige Prozess vielerorts eher schleppender angesichts der leeren Kassen der Kommunen.

### Der Weg zum Dresdner-Agenda-21-Prozess

Neue Wege an der Schwelle zum 21. Jahrhundert: In der Landeshauptstadt Dresden sind seit Anfang der 90iger Jahre vielfältige Ansätze erarbeitet worden, um eine nachhaltige Stadtentwicklung zu befördern. Ausdruck dieses Bemühens sind neben vielen einzelnen Projekten, Vorhaben, Initiativen und Förderungen, die vom Stadtrat beschlossenen Konzepte und Leitlinien, wie z.B. das Leitbild Innenstadt, der Flächennutzungsplan, das Verkehrskonzept, das Wohnkonzept, die wirtschaftspolitischen Leitlinien und das Unternehmenskonzept der Technische Werke Dresden GmbH. Die Stadtverordnetenversammlung in Dresden beschließt 1994 mehrheitlich, dem "Bündnis der europäischen Städte und der Indianervölker Amazoniens für den Schutz der Regenwälder, des Klimas und des Lebens der Menschheit" beizutreten. Damit verpflichtet sie sich, die $CO_2$-Emissionen bis zum Jahr 2010 um 50% gegenüber 1987 zu reduzieren.
Gleichzeitig sind zahlreiche Gruppen, Verbände und Vereine entstanden, in denen sich Bürgerinnen und Bürger Dresdens mit der Entwicklung der Stadt auf den unterschiedlichsten Gebieten beschäftigen und diese auf neuen, auch zum Teil unkonventionellen Wegen voranzutreiben suchen. ...
(Quelle: http://www.dresdner-agenda21.de/ddagenda21.htm)

Rechtsverbindlich ist dagegen die Klimarahmenkonvention der UNCED zur späteren Ergänzung durch Protokolle mit konkreten Reduktionsvorgaben und Zeitzielen. Diese Rahmenkonvention sieht u.a. eine Stabilisierung der Treibhausgasemissionen der Industrieländer bis 2000 auf dem Niveau von 1990 vor. Allerdings ist diese Verpflichtung nicht verbindlich und wurde demzufolge von den meisten Industrieländern auch nicht erfüllt. Das "Kyoto-Protokoll" von 1997 sowie die weiteren "Vertragsstaaten-Konferenzen" dienen der vorgesehenen Ergänzung der Klimarahmenkonvention mit konkreten Reduktionsvorgaben. Der folgende Abschnitt bringt einen Überblick zu den Vereinbarungen des Kyoto-Protokolls sowie zum Stand des Verhandlungsprozesses.

## 1.2 Das Kyoto-Protokoll zur UN-Klimarahmenkonvention

Am 11. Dezember 1997 wurde in Kyoto auf der 3. Vertragsstaaten-Konferenz der Klimarahmenkonvention der Vereinten Nationen nach zweijährigen schwierigen und komplexen Verhandlungen das so genannte "Kyoto-Protokoll" zur UN-Klimarahmenkonvention einstimmig verabschiedet. Das Protokoll sieht erstmals rechtlich verbindliche Verpflichtungen für die Industrieländer vor, ihre Treibhausgasemissionen in der Periode 2008 bis 2012 in der Summe um 5.2% gegenüber dem Niveau von 1990 zu reduzieren. Dabei haben die Industrieländer unterschiedliche Reduktions- bzw. Begrenzungsverpflichtungen übernommen, z.B. die EU-Länder als Gemeinschaft eine Reduzierung um 8%, die USA um 7% und Japan um 6%. Russland muss seine Emissionen auf dem Niveau von 1990 stabilisieren, während andere Länder diese noch steigern dürfen, wie z.B. Australien um 8%. Die EU konnte durchsetzen, dass sie ihre 8%ige Reduktionsverpflichtung in einem "Burden Sharing" zwischen den Mitgliedstaaten (so genanntes EU-Bubble) erbringen kann, bei dem einigen EU-Ländern, beispielsweise Spanien und Portugal, noch deutliche Emissionserhöhungen erlaubt sein werden, die durch deutlich höhere Reduktionen als 8% in anderen Ländern, z.B. Deutschland, kompensiert werden. Die Bundesrepublik hat eine Reduktion um 25% bis zum Jahr 2005 zugesagt.

Das Protokoll ist national und international zwiespältig aufgenommen worden, wenngleich es die Regierungen der meisten Industrieländer als Erfolg gewertet haben. Von Umweltorganisationen und der Öffentlichkeit, insbesondere der deutschen, wurde es eher als ein mageres Ergebnis für die Belange des Umweltschutzes angesehen, obwohl sich hier auch Differenzierungen in der Bewertung finden.

Die in Deutschland häufig geäußerte Kritik an den beispielsweise im Vergleich zum EU-Vorschlag einer Reduktion von 15% relativ niedrigen Reduktionsverpflichtung im Kyoto-Protokoll muss vor dem

Hintergrund der schwierigen und sehr unterschiedlichen Ausgangsbedingungen, Interessenlagen und Verhandlungspositionen in der internationalen Staatengemeinschaft relativiert werden. So waren die USA damals nur mit dem Vorschlag einer Stabilisierung der Emissionen auf dem Niveau von 1990 und Japan mit einem Vorschlag von minus 2.5% in die abschließenden Verhandlungen gegangen. Auch bezüglich anderer Elemente und Bausteine des Protokolls (z.B. Zulassung des Handels mit Emissionsrechten, Senkenproblematik, d.h. Berücksichtigung der Aufnahme und Abgabe von $CO_2$ durch Landnutzungsänderungen und Forstwirtschaft, Differenzierung der Ziele für die Industrieländer, Einbindung der Entwicklungsländer) bestanden bis zuletzt in Kyoto sehr unterschiedliche Positionen, die erst durch eine so genannte Paketlösung (Package Deal) im Grundsatz auf einen gemeinsamen Nenner gebracht werden konnten. Allerdings konnten die nach wie vor offenen Detailfragen auch bis zur 6. Vertragsstaaten-Konferenz im November 2000 in Den Haag nicht zufriedenstellend gelöst werden.

Bei der Bewertung der vereinbarten quantitativen Reduktionsziele muss man berücksichtigen, dass die Treibhausgasemissionen in verschiedenen westlichen Industrieländern seit 1990 erheblich gestiegen sind. Damit dürften auch die jetzt eingegangenen Verpflichtungen für einige Länder an der Grenze des technisch und ökonomisch Machbaren liegen, obwohl man diesen Ländern zu Recht vorhalten muss, dass sie sich zu wenig um ihre bisherigen Verpflichtungen gekümmert haben, gemäß den Beschlüssen der Klimarahmenkonferenz ihre Emissionen bis 2000 zu stabilisieren.

Berücksichtigt man z.B. im Falle der USA den seit 1990 eingetretenen Anstieg der $CO_2$-Emissionen, so bedeutet das, dass die USA in der Budgetperiode 2008 bis 2012 ihre Emissionen gegenüber dem heutigen Niveau um fast 20% zurückführen müssten, um ihre Verpflichtung einer Reduktion von 7% unter dem Niveau von 1990 erreichen zu können. Auch die bisher in Deutschland beschlossenen Maßnahmen werden bis zum Jahr 2005 nur eine Verringerung um etwa 17% bringen. Allerdings bieten das im Protokoll eingeführte "Emission Trading" und die Berücksichtigungsmöglichkeit von Senken sowie die Anrechenbarkeit von Emissionsreduktionen aus gemeinsamen Projekten von Industrie- und Entwicklungsländern (Joint Implementation) Schlupflöcher, um Reduktionen im Inland zumindest zum Teil zu vermeiden bzw. die inländischen Reduktionserfordernisse zu verringern.

Allerdings ergeben sich beim internationalen Handel mit Emissionsrechten andere Schwierigkeiten. Diese werden wir in Teil IV in einem formalen Kontext analysieren, mit durchaus überraschenden Ergebnissen und neuen, interessanten Einblicken. Der Vorteil der formalen Betrachtungsweise wird in diesem Kontext besonders ersichtlich (vgl. Kapitel 16).

---

**Neue Zürcher Zeitung vom 06.11.2000:** "Wenig Interesse der USA am Klimaprotokoll: Keine Grundlage für griffige Beschlüsse in Den Haag"

...Die amerikanische Regierung hat sich zwar mit der Aushandlung des Kyoto-Protokolls 1997 zu einer 7-prozentigen Reduktion der Treibhausgas-Emissionen gegenüber dem Stichjahr 1990 verpflichtet. Allerdings muss diese Reduktion erst bis zum Zeitraum 2008-2012 erfolgen und hängt von der Formulierung verschiedener noch offener Punkte des Protokolls ab, über die nun in Den Haag verhandelt werden soll. Voraussetzung ist aber auch die Zustimmung des amerikanischen Kongresses. Schon 1997 hatte der Senat mittels einer Resolution den Präsidenten davon unterrichtet, dass eine Behandlung und Ratifikation des Kyoto-Protokolls nur unter zwei Bedingungen möglich seien: Erstens müssten sich wichtige Entwicklungsländer ebenfalls zu Emissionsreduktionen verpflichten, und zweitens habe die Administration nachzuweisen, dass die Umsetzung der amerikanischen Wirtschaft keine Kosten verursache. Es ist nicht anzunehmen, dass der amerikanische Kongress selbst in neuer Zusammensetzung von diesen Prinzipien abweichen wird. Beide Bedingungen sind in absehbarer Zukunft aber nicht erfüllbar. Die Kosten des Protokolls für die Wirtschaft werden heute vielerorts sogar noch höher eingeschätzt als vor drei Jahren.

Die Erreichung der Kyoto-Ziele wird für die USA kaum möglich sein. Die amerikanischen Treibhausgas-Emissionen haben seit 1990 im Durchschnitt jährlich um 1.2 Prozent, der Energiekonsum sogar um 2.2 Prozent zugenommen. ... Präsident Clintons 1993 lancierter Klima-Aktionsplan hatte zwar zum Ziel, mittels weitgehend freiwilliger Energiesparmaßnahmen die $CO_2$-Emissionen der USA auf dem Niveau von 1990 zu stabilisieren. Diese haben sich jedoch um 11 Prozent erhöht. ...

Das Protokoll ist bislang von 47 Staaten (Stand März 2002), die meisten davon aus der Dritten Welt, ratifiziert worden. Rechtsverbindlich wird das Abkommen erst, wenn sich 55 Länder beteiligen. Darunter müssen sich allerdings Industriestaaten befinden, auf die mindestens 55% der Emissionen aller Industriestaaten entfallen. Konkrete Entscheidungen für die Umsetzung des Kyoto-Protokolls werden von den weiter regelmäßig stattfindenden "Vertragsstaaten-Konferenzen der Klimarahmenkonvention" erwartet, wenngleich die Erfahrungen mit den bisherigen Konferenzen nach dem Protokoll von Kyoto 1997 (Buenos Aires 1998, Bonn 1999, Den Haag 2000, Marrakesch 2001) eher zur Vorsicht, vielleicht auch zu Geduld raten.

Immerhin hat der Rat der Umweltminister der EU am 4. März 2002 die Reduktion der $CO_2$-Emissionen auf der Grundlage des Kyoto-Protokolls unter Berücksichtigung des EU-Bubbles rechtlich verbindlich beschlossen. Bis zum 1. Juni 2002 wollen die Mitgliedsländer der EU das Kyoto-Protokoll ratifizieren.

Dennoch sind Fortschritte in diesem Kontext außerordentlich mühsam zu erzielen, wie auch die bisher letzte Vertragsstaaten-Konferenz in Marrakesch im November 2001 zeigt. Dort ging es vor allem um die "flexiblen Instrumente" des Klimaschutzes.

---

**EUmagazin 12/2001:** "Marrakesch bringt Klimaschutz nicht weiter"

Auf dem Klimagipfel in Marrakesch wurde Mitte November diesen Jahres das detaillierte Regelwerk zur Umsetzung des 1997 verabschiedeten Kioto-Protokolls festgelegt. ...Diskutiert wurde in Marrakesch über die "flexiblen Instrumente" des Klimaschutzes und über die Kontrollmechanismen, mit denen Fortschritte der einzelnen Staaten bei der Emissionsreduktion von Kohlendioxid ($CO_2$) und anderen Treibhausgasen festgestellt werden sollen. Die flexiblen Instrumente des Klimaschutzes umfassen:

• den Handel mit Emissionsrechten. Dabei kann ein Land einem anderen Land Emissionszertifikate abkaufen. Es kann so die eigenen Verpflichtungen zur Reduzierung des Ausstoßes von $CO_2$ etwa durch Industrie und Verkehr vermindern. Hauptverkäuferland wird Russland sein, das aufgrund seines wirtschaftlichen Zusammenbruchs weit weniger $CO_2$ produziert, als ihm laut Kioto-Protokoll auf der Berechnungsbasis von 1990 zusteht.

## 1.2 Das Kyoto-Protokoll zur UN-Klimarahmenkonvention

- Projekte von Industrieländern zur Förderung einer umweltfreundlichen Entwicklung in ärmeren Ländern. Hierzu zählt beispielsweise der Bau regenerativer Energieanlagen. In geringem Maße dürfen auch Aufforstungsmaßnahmen in Entwicklungsländern angerechnet werden.
- Projekte von Industrieländern in anderen Industrieländern, also etwa der Bau energieeffizienterer Kraftwerke durch OECD-Staaten in Ländern Osteuropas.

Trotz ihrer ökologischen Fragwürdigkeit wurden in Marrakesch auch so genannte "Senken" als nationaler Beitrag zum Klimaschutz zugelassen. Damit sind insbesondere Wälder und Böden gemeint, deren Kapazität als Kohlenstoffspeicher innerhalb bestimmter Grenzen in die Reduktionsverpflichtung der Einzelstaaten einberechnet werden kann. Bezüglich der Entwicklungsländer wurden Ausnahmeregeln vereinbart: Sie sollen bis 2012 nicht in die Pflicht genommen werden und über mehrere Fonds Gelder erhalten, die sie für Maßnahmen einsetzen können, die geeignet sind, eine umwelt- und klimafreundliche Entwicklung zu fördern.

Eine Kommission soll über die Umsetzung der Reduktionsverpflichtungen wachen. Um dies zu ermöglichen, werden die Teilnehmerländer dazu verpflichtet, regelmäßig Daten über den nationalen Treibhausgasausstoß und dessen Verminderung vorzulegen. ...

Klimaforscher und Umweltschützer hat die Konferenz von Marrakesch enttäuscht. Eine Reduktion um 5.2 Prozent sei entschieden zu wenig, meinen viele von ihnen. Der bescheidenen Absichtserklärung steht zudem die besorgniserregende Tatsache gegenüber, dass seit 1990 die Treibhausgasemissionen nicht etwa gesunken, sondern weltweit um weitere acht Prozent gestiegen sind.

---

Die USA haben sich mittlerweile von den Vorgaben des Kyoto-Protokolls weitgehend verabschiedet, Präsident G. W. Bush will das Kyoto-Protokoll jedenfalls nicht ratifizieren. Sein am 14. Februar 2002 vorgelegter Klimaschutzplan wird nach allgemeiner Einschätzung bis zum Jahr 2010 zu einem Anstieg der $CO_2$-Emissionen der USA um 30 bis 40% gegenüber dem Niveau von 1990 führen.

Im Konflikt zwischen den eher kurzfristigen Belangen des Wirtschaftswachstums und den eher langfristig angelegten Wirkungen des Umweltschutzes gewinnt das Wachstumsziel, so wird diese Entscheidung jedenfalls in der Öffentlichkeit gesehen. Damit wird ein weiteres

Mal der Graben zwischen Ökologie und Ökonomie vertieft. In Teil II des Buches werden wir sehen, dass diese Diskrepanz zwischen Wirtschaft und Umweltschutz im Grundsatz nicht besteht. Teil III wird dann Erklärungen bringen für die mittlerweile sprichwörtliche "Unversöhnbarkeit" von Ökonomie und Ökologie.

---

**Frankfurter Allgemeine Zeitung vom 15.02.2002:** "Bush legt seinen Klimaschutzplan vor: Statt Verringerung der Treibhausgase nur langsamerer Anstieg"

Die amerikanische Regierung will die Emission von Treibhausgasen so weit begrenzen, wie es das Wirtschaftswachstum nicht gefährdet. Das geht aus einem Entwurf zur Klimaschutzpolitik hervor, den Präsident George Bush am Donnerstag vorgestellt hat. Im Gegensatz zum Klimaschutzabkommen von Kyoto, in dem feste Zielwerte für den Ausstoß von Kohlendioxid vereinbart wurden und eine Verringerung der Emissionen auf das Niveau des Jahres 1990 angestrebt wird, setzt Bush auf eine Koppelung von Wachstum und Emissionsniveau.

Es ist vorgesehen, nicht die absolute Menge der Treibhausgase zu verringern, sondern ihre Intensität gemessen an der wirtschaftlichen Leistung Amerikas. Bei einem Wirtschaftswachstum von zum Beispiel drei Prozent im Jahr soll nach den Vorstellungen Bushs der Anstieg der Kohlendioxidemissionen auf ein Prozent begrenzt werden. Auf diese Weise lasse sich der Ausstoß von Kohlendioxid von derzeit 183 Tonnen je einer Million Dollar des Bruttoinlandsprodukts bis zum Jahr 2012 auf 151 Tonnen verringern, erwartet der Präsident.

Bush bekräftigte seine Auffassung, dass gesundes und kräftiges Wirtschaftswachstum der "Schlüssel zu Fortschritten im Umweltschutz" sei, weil es Investitionen in bessere Techniken zum Schutz der Umwelt möglich mache. Bestandteil des Plans sind unter anderem Steuervorteile über 4.6 Milliarden Dollar für die kommenden fünf Jahre, die Anreize zum Energiesparen und zu dem verstärkten Einsatz erneuerbarer Energien bieten sollen. Bushs Entwurf beruht weitgehend auf Freiwilligkeit, ein Zwang zur Verringerung der Kohlendioxidintensität soll vorerst nicht ausgeübt werden. Kraftwerke und andere Unternehmen sollen lediglich verpflichtet werden, Emissionen von Schwefeldioxid, Quecksilber und Stickoxid zu begrenzen.

Die amerikanische Regierung lehnt das Klimaschutz-Protokoll von

Kyoto ab, weil sie Nachteile für das Wirtschaftswachstum befürchtet. Die Wissenschaft hat nach Ansicht Bushs bisher keine Beweise für die nachteiligen Folgen der Kohlendioxidemissionen für die Klimaentwicklung erbracht, die weitreichende Zwangsmaßnahmen rechtfertigen würden. Umweltschutzorganisationen kritisierten Bushs Pläne. Sie seien darauf ausgerichtet, den Anstieg der Emissionen dauerhaft auf hohem Niveau zu ermöglichen.

---

Vor einigen Anmerkungen zur Umweltsituation in der Europäischen Union und in der Bundesrepublik Deutschland soll im folgenden Abschnitt ein kurzer Einblick in Theorie und Praxis des Umweltschutzes in den zentralen Planwirtschaften der sozialistischen Staaten gegeben werden.

## 1.3 Umweltschutz in einer zentralen Planwirtschaft

Die Möglichkeiten einer gut durchdachten zentralen Planung bei sozialistischem Eigentum an den Produktionsmitteln wurden in den sozialistischen Ländern als wichtiger Systemvorteil gegenüber den Marktwirtschaften betrachtet. Insbesondere versuchte man, ein inhärent harmonisches Verhältnis der sozialistischen Staaten zur Natur herauszuarbeiten. So schreibt der sowjetische Ökonom Chatchaturow im Jahr 1985: *"Bei sozialistischem Eigentum an den Produktionsmitteln und der planmäßigen wirtschaftlichen Entwicklung fehlen die objektiven Voraussetzungen für das Entstehen des Konflikts zwischen der Gesellschaft und der Natur; ..."* (vgl. Welfens (1993), S. 165f). Konsequenterweise ging man bei der Analyse des Umweltproblems davon aus, dass vor allem der Kapitalismus für den zerstörerischen Umgang mit der Natur verantwortlich sei, dass genauer das Umweltproblem im Sozialismus ein Überbleibsel des Kapitalismus darstelle. Noch 1979 heißt es in einem DDR-Werk: *"Nachdem die sozialistischen Länder die schwerwiegendsten sozialen Folgen der für den Kapitalismus typischen antagonistischen Beziehungen zwischen Gesellschaft und natürlicher Umwelt überwunden hatten, konnten sie sich die Aufgabe stellen, im Rahmen des Aufbaus der entwickelten sozialistischen Gesellschaft und mit dem allmählichen Übergang zum Kommunismus die noch verbliebenen Wi-*

*dersprüche zu beseitigen und das Mensch-Umwelt-Verhältnis nach der marxistischen Maxime zu gestalten . . . "* (vgl. Welfens (1993), S. 107).

Bei derartigen ideologischen Vorgaben konnte es kaum gelingen, die Planaufgaben zum Umweltschutz in eine vernünftige Beziehung zu anderen wirtschaftlichen Planzielen zu setzen. Insgesamt war es offenbar nicht möglich, die für eine erfolgreiche Planung notwendigen Informationen zu sammeln und angemessen zu verwerten. Als Beispiel sind die monetären Investitionsziele im Umweltbereich anzuführen, die wenig Bezug zur eigentlichen Umweltsituation aufwiesen. Weiterhin bestand das Problem der Informationsasymmetrie in dem Sinne, dass die einzelnen Betriebe über ihre Produktionsgegebenheiten besser informiert waren als die Planzentrale. Auf der Grundlage ihrer diesbezüglich gleichsam monopolistischen Stellung konnten sie dann ihre Produktionsinteressen, die nicht immer vom Gedanken des Umweltschutzes gekennzeichnet waren, überzeugend darlegen und durchsetzen (vgl. Welfens (1993), S. 118ff).

Die ideologische Komponente darf bei der Beurteilung der Umweltpolitik in den früheren sozialistischen Ländern nicht übersehen werden. Dennoch ist der eigentliche Grund für das Scheitern ihrer Umweltpolitik im Fundament der Planwirtschaft zu suchen. Es ist nicht möglich, die Vielzahl an Informationen an zentraler Stelle zu sammeln und zu verarbeiten, die zur erfolgreichen Steuerung eines komplexen Wirtschaftssystems notwendig sind. Darüber hinaus wird manche Information bewusst verzerrt oder verfälscht an die zentrale Planungsinstanz weitergegeben werden, wenn damit bei gesamtgesellschaftlichem Eigentum an den Produktionsmitteln keine individuellen Kosten, jedoch individuelle Vorteile verbunden sind. Die Planerfüllung ist wichtiger als die Frage, wie der Plan erfüllt wird.

## 1.4 Die Europäer und die Umwelt

1995 ließ die Generaldirektion XI "Umwelt, nukleare Sicherheit und Verbraucherschutz" der EU-Kommission im Rahmen des Eurobarometers eine Umfrage zum Stand des Umweltbewusstseins in der Europäischen Union durchführen. Der Vergleich mit den entsprechenden Umfragen in den Jahren 1988 und 1992 führt zu einigen interessanten Ergebnissen, die kurz betrachtet und ausgewertet werden sollen.

So befasst sich der in Tabelle 1.2 aufgegriffene Fragenkomplex mit der Bedeutung des Umweltschutzes in der Europäischen Union an sich und in Beziehung zur wirtschaftlichen Entwicklung. Wenngleich Umweltschutz und Wirtschaft über die Jahre hinweg weitgehend als gleichrangig akzeptiert werden, erkennt man, dass die Umweltproblematik auch gegenüber den Erfordernissen der wirtschaftlichen Entwicklung an Aktualität eingebüßt hat.

Eine genauere Betrachtung der erhobenen Daten zeigt, dass lediglich in Dänemark und in Schweden dem Umweltschutz mit einer Zustimmungsquote von 33% eine höhere Priorität eingeräumt wird, dagegen geben die Österreicher und die Spanier der wirtschaftlichen Entwicklung mit einer Zustimmungsquote von 10% Vorrang vor dem Umweltschutz (vgl. Wepler (1999), S. 502). Insgesamt ergeben sich deutliche Unterschiede zwischen den einzelnen Mitgliedsländern der EU. Es wäre sicherlich interessant, den Grund für diese Differenzen ausfindig zu machen.

**Tabelle 1.2.** Änderung der Bedeutung der Umweltproblematik

Fragen: (1) Relevanz des Umweltschutzes? (2) Was ist höherrangig: Umweltschutz oder wirtschaftliche Entwicklung? Zustimmung jeweils in % der befragten Personen.

| Jahr | 1995 | 1992 | 1988 |
|---|---|---|---|
| (1) Umweltschutz ist ein ... | | | |
| – drängendes Problem | 82 | 85 | 74 |
| – eher ein Problem für die Zukunft | 14 | 11 | 20 |
| – nicht wirklich ein Problem | 2 | 2 | 2 |
| (2) Umweltschutz und Wirtschaft: | | | |
| – Wirtschaft höherrangig | 6 | 4 | 7 |
| – gleichrangig | 72 | 69 | 31 |
| – Umweltschutz höherrangig | 18 | 22 | 55 |

Quelle: Eurobarometer 43.1: Europeans and the Environment in 1995, Brüssel: Europäische Kommission, Generaldirektion XI. Vgl. auch Wepler (1999), S. 502.

Interessant sind auch die Antworten auf die Fragen nach den glaubwürdigsten Informationsquellen in Umweltangelegenheiten sowie nach der Akzeptanz geläufiger umweltpolitischer Instrumente in Tabelle 1.3.

## 22   1. Stand der internationalen Umweltpolitik

Man erkennt an diesen Antworten, dass die Wissenschaft ihr Vertrauen bei den Verbrauchern noch nicht ganz verspielt hat, wenngleich der Abstand zur Bedeutung der zahlreichen Umweltschutzorganisationen als maßgebliche Informationsquelle nach wie vor beachtlich ist. Wichtig ist auch, dass umweltpolitische Instrumente wie Ökosteuern durchaus auf Akzeptanz in der europäischen Bevölkerung stoßen. Auch hier findet man deutliche Unterschiede mit der höchsten Zustimmung in den skandinavischen Mitgliedsländern der EU (vgl. Wepler (1999), S. 504).

**Tabelle 1.3.** Änderungen in den Einstellungen zur Umweltpolitik

Fragen: (1) Welches sind die glaubwürdigsten Informationsquellen in Umweltfragen? (2) Befürwortung umweltpolitischer Instrumente: Ökologische Steuern, auch wenn sie das wirtschaftliche Wachstum bremsen? Verursacherprinzip: Kosten der Umweltverschmutzung sollten vom Verursacher getragen werden? Zustimmung jeweils in % der befragten Personen.

| Jahr | 1995 | 1992 |
|---|---|---|
| (1) Glaubwürdigste Informationsquellen: | | |
| – Umweltschutzorganisationen | 62 | 63 |
| – Wissenschaftler | 51 | 50 |
| – Verbraucherschutzorganisationen | 41 | 44 |
| (2) Umweltpolitische Instrumente: | | |
| – ökologische Steuern | 72 | k.A. |
| – Verursacherprinzip | 86 | k.A. |

Quelle: Eurobarometer 43.1: Europeans and the Environment in 1995, Brüssel: Europäische Kommission, Generaldirektion XI. Vgl. auch Wepler (1999), S. 504.

Insgesamt spiegelt sich in diesen Fragen und Antworten der schon angesprochene, offenbar weithin unterstellte Gegensatz zwischen Umweltschutz und wirtschaftlicher Entwicklung, zwischen Ökologie und Ökonomie. Die in der Öffentlichkeit gelegentlich zitierte "Unversöhnbarkeit" von Ökologie und Ökonomie bringt dies noch drastischer zum Ausdruck. Spätestens in Teil III des Buches werden wir den Ursprung dieses Gegensatzes genauer verstehen.

Vorweg sei schon gesagt, dass dieser Gegensatz dann in Erscheinung treten kann, wenn allein das Volumen der wirtschaftlichen Aktivitäten, etwa gemessen am Bruttoinlandsprodukt, zum Maßstab der Leistungsfähigkeit der Ökonomie genommen wird. Widmet sich die Ökonomie aber ihrem ureigensten Anliegen, nämlich dem Wohlergehen der Konsumenten, so löst sich dieser Konflikt zumindest in den theoretischen Ansätzen auf. Insofern haben Bestrebungen, die Berechnung des Sozialprodukts auf eine breitere ökologische Basis zu stellen, durchaus ihre Berechtigung. Dieses Ziel wird mit dem Begriff der "Ökologischen Gesamtrechnung" (vgl. Samuelson/Nordhaus (1998), S. 491) verfolgt.

# 2. Zur Umweltsituation in Deutschland

## 2.1 Die Beurteilung der Umweltverhältnisse in West und Ost

In einer im Januar und Februar 1996 im Auftrag des Umweltbundesamtes durchgeführten repräsentativen Bevölkerungsumfrage (vgl. Umweltbundesamt (1997), S. 85) wurden politische Maßnahmen zur Verbesserung des Umweltschutzes in einem Spektrum von sieben gesellschaftspolitischen Problemfeldern von den Befragten in Westdeutschland auf den dritten Rang (hinter Arbeitslosigkeits- und Kriminalitätsbekämpfung) und von den Befragten in Ostdeutschland auf den vierten Rang (zusätzlich noch hinter den Erhalt des Sozialstaates) platziert. Damit deutet sich an, dass im Vergleich zu Erhebungen Anfang der 90iger Jahre der Umweltschutz in seinem Stellenwert geringfügig zurückgegangen ist, eine Beobachtung, die auch für die EU Gültigkeit hat, wie die Ergebnisse des letzten Abschnitts zeigten. Die allgemeine Einschätzung, ob die Umweltverhältnisse in Ostdeutschland eher gut oder eher schlecht sind, hat sich im Zeitraum von 1991 bis 1996 erheblich geändert. Weniger Bewegung ist – nicht sehr überraschend – bei der Einschätzung der Umweltverhältnisse in Westdeutschland aus Sicht der Westdeutschen zu konstatieren (vgl. Tabelle 2.1).

Gemäß Tabelle 2.1 hat sich die Einschätzung der Umwelt in Ostdeutschland bei vielen Befragten aus den neuen Ländern erheblich verbessert. Mehr als die Hälfte gab 1997 schon eine gute Beurteilung ab. Auch bei den Befragten aus den alten Ländern wurden die negativen Einschätzungen der Umweltverhältnisse im Osten geringer, allerdings ist dieser Trend bei weitem nicht so ausgeprägt und erst in den letzten Jahren augenscheinlich. Deutlich wiederum ist der Rückgang der positiven Stellungnahmen bei den Befragten im Osten in Hinblick auf die Umweltverhältnisse im Westen. Offenbar mussten auf beiden Seiten Vorurteile und falsche Einschätzungen korrigiert werden.

**Tabelle 2.1.** Einschätzung der Umweltverhältnisse in Ost- und Westdeutschland 1991 bis 1996 (Anteile der Befragten, welche die Umweltverhältnisse als gut bzw. sehr gut einschätzten):

Fragen: (1) Wie beurteilen Sie insgesamt die Umweltverhältnisse im Osten Deutschlands, also in den neuen Ländern? Sind die Umweltverhältnisse im Osten zur Zeit: sehr gut, gut, schlecht oder sehr schlecht? (2) Und wie schätzen Sie insgesamt die Umweltverhältnisse im Westen Deutschlands ein, also in den alten Ländern? Sind die Umweltverhältnisse im Westen zur Zeit: sehr gut, gut, schlecht oder sehr schlecht? (Weitere Antwortvorgabe: weiß nicht).

| Jahr | 1991 | 1992 | 1993 | 1994 | 1996 |
|---|---|---|---|---|---|
| Lage in Ostdeutschland: Befragte Ost | 4 | 13 | 27 | 26 | 51 |
| Lage in Ostdeutschland: Befragte West | 3 | 5 | 5 | 8 | 12 |
| Lage in Westdeutschland: Befragte Ost | 77 | 62 | 70 | 66 | 53 |
| Lage in Westdeutschland: Befragte West | 49 | 45 | 46 | 51 | 52 |

Quelle: Gesellschaft für Marketing-, Kommunikations- und Sozialforschung mbH, Institut für praxisorientierte Sozialforschung (1991-1994), GFM-GETAS 1996.

## 2.1.1 Einstellung zu umweltrelevanten Aktivitäten

Tabelle 2.2 zeigt, dass die Anteile der Befragten, die für die letzten fünf Jahre große Fortschritte in verschiedenen Bereichen des Umweltschutzes sehen, zum Teil hoch sind. Dabei fallen mit wenigen Ausnahmen die Beurteilungen der Befragten aus den neuen Ländern meist deutlich positiver aus (vgl. auch Umweltbundesamt (1997), S. 86ff oder Umweltbundesamt (2000) für weitere diesbezügliche Daten).

Den Schwerpunkt wahrgenommener Umweltbelastungen im persönlichen Lebensumfeld bilden gemäß dieser Umfrage die vom Straßen- und Autoverkehr ausgehenden Belästigungen. In Westdeutschland fühlen sich in ihrem eigenen Wohnumfeld 12% stark vom Straßenverkehrslärm und 14% stark von Autoabgasen belästigt; die entsprechenden Prozentwerte in Ostdeutschland belaufen sich auf 22% und 19%. Bei der Belästigung durch Straßen- und Fluglärm deutet sich seit Anfang der 90iger Jahre ein gewisser Rückgang an. Gemäß den allgemeinen Einstellungsfragen in der Bevölkerungsumfrage 1996 zeigt sich eine weiter anhaltende hohe Beunruhigung der Bürger durch unzureichend gelöste Umweltprobleme, denn

- fast drei Viertel der Befragten (in Ost und West) zeigen sich beunruhigt beim Gedanken an die Umweltverhältnisse, unter denen Kinder und Enkelkinder zu leben gezwungen sein könnten,

2.1 Die Beurteilung der Umweltverhältnisse in West und Ost

- rund zwei Drittel der Befragten (in Ost und West) stimmen der Aussage zu, dass ein Weitermachen wie bisher ein Zusteuern auf eine Umweltkatastrophe bedeute,
- 70% der Befragten aus den neuen Ländern und 65% der Befragten aus den alten Ländern sind der Meinung, dass die Politiker noch immer viel zu wenig für den Umweltschutz tun würden,
- 59% der West- und 55% der Ostdeutschen denken, dass sich der größte Teil der Bevölkerung wenig umweltbewusst verhält.

**Tabelle 2.2.** Wahrgenommene Verbesserungen und Fortschritte in verschiedenen Bereichen des Umweltschutzes (Angaben in Prozent).

Frage: Gab es Ihrer Meinung nach in den letzten fünf Jahren in folgenden Bereichen des Umweltschutzes: große Fortschritte, keine wesentlichen Fortschritte oder ist es im Gegenteil eher schlimmer geworden?

|  | große Fortschritte | keine wesentlichen Fortschritte | eher schlimmer geworden | weiß nicht / keine Angabe |
|---|---|---|---|---|
| **Befragte WEST:** | | | | |
| Reinheit der Gewässer | 39 | 35 | 12 | 14 |
| Energieeinsparung | 30 | 47 | 8 | 15 |
| Verpackungsmaterial | 27 | 52 | 8 | 13 |
| Sauberkeit der Luft | 25 | 42 | 21 | 12 |
| Zustand des Bodens | 14 | 45 | 17 | 24 |
| Klimaschutz | 12 | 41 | 33 | 14 |
| **Befragte OST:** | | | | |
| Reinheit der Gewässer | 57 | 25 | 5 | 13 |
| Sauberkeit der Luft | 51 | 30 | 9 | 10 |
| Energieeinsparung | 38 | 38 | 5 | 19 |
| Zustand des Bodens | 22 | 44 | 6 | 28 |
| Verpackungsmaterial | 15 | 56 | 21 | 8 |
| Klimaschutz | 12 | 43 | 21 | 24 |

Quelle: Gesellschaft für Marketing-, Kommunikations- und Sozialforschung mbH, Institut für praxisorientierte Sozialforschung (1991-1994), GFM-GETAS 1996.

Die eigene Bereitschaft zu umweltgerechtem Verhalten wird dagegen sehr hoch eingeschätzt, denn 73% der Befragten West und 78% der Befragten Ost stimmen der Aussage zu, sich selber unabhängig vom Verhalten der Mitmenschen so weit wie möglich umweltgerecht zu verhalten. Dabei zeigte sich allerdings bei dieser Umfrage, dass das Faktenwissen in der Bevölkerung über Umweltgegebenheiten und Umweltproblematik nicht sehr hoch ist. So entschied sich beispielsweise nur knapp die Hälfte der Befragten bei der Frage, wo hohe Ozonwerte eine Gefahr für Mensch und Umwelt darstellen würden (anhand der Antwortvorgaben: am Boden, in der Erdatmosphäre und weiß nicht) für die richtige Antwortalternative: am Boden. Ebenfalls nur etwas über die Hälfte der Befragten konnte korrekt einschätzen, dass im Haushalt die meiste Energie bei der Heizung (und nicht bei Beleuchtung, Kochen bzw. Backen oder Warmwasser) verbraucht wird.

Insofern relativiert sich die eigene Einschätzung eines umweltgerechten Verhaltens natürlich, und es stellt sich die Frage, woher die Umweltbelastungen kommen, wenn sich ein Großteil der Bevölkerung offenbar intensiv um den Erhalt der Umwelt bemüht. Wir werden diese offensichtliche Diskrepanz im nächsten Teil des Buches erneut aufgreifen und sie in gewissen Besonderheiten der Natur der Umweltgüter begründet finden.

Die Notwendigkeit erheblich verstärkter Aufklärungs- und Umweltbildungsbemühungen wird vor allem bei Antworten auf Fragen deutlich, die auf die allgemeineren Aspekte der heute viel diskutierten Vorschläge zur Behebung der ökologischen Krise abzielen:

- 68% der Befragten West und 76% der Befragten Ost hatten 1996 gemäß eigener Angabe noch nichts von der Diskussion um die ökologische Steuerreform gehört, 1998 ist der Bekanntheitsgrad des Begriffs ökologische Steuerreform in Deutschland auf 35% gestiegen, allerdings konnten im Jahr 2000 trotz der mittlerweile viel umfassenderen öffentlichen Diskussion immer noch 22% der Bevölkerung nichts mit dem Begriff anfangen (vgl. Umweltbundesamt (2000), Abschnitt 4.5),
- vom Begriff der "nachhaltigen Entwicklung" (der englische Ausdruck "Sustainable Development" war wegen der uneinheitlichen Übersetzungsweisen in der Frage sicherheitshalber ebenfalls erwähnt worden) hatten 1996 nur 11% der Befragten in den alten und 7% der Befragten in den neuen Bundesländern etwas gehört. Im Jahr 2000 ist dieser Anteil auf 13% in ganz Deutschland gestiegen, wenngleich eine breite Zustimmung zu den inhaltlichen Zielen dieses Leitbilds, wie Gerechtigkeit zwischen den Generationen, Schonung der natürlichen Ressourcen und fairer Handel zwischen reichen und armen Ländern,

gegeben ist. Hier erreichen die Zustimmungsquoten bis zu 90% der Befragten (vgl. Umweltbundesamt (2000), Abschnitt 8.1).

Insgesamt bestehen demnach auch heute noch Kommunikationsdefizite für wichtige ökologische Begriffe und Leitbilder.

### 2.1.2 Umweltverhalten privater Haushalte

Werden bei den Befragten schon bei den allgemeinen Beurteilungen in Bezug auf die Entwicklung der Umweltverhältnisse Ambivalenzen deutlich, so erhärtet sich dieses Bild, wenn einzelne Verhaltensbereiche des Alltags, hier etwa die Mobilität, genauer betrachtet werden (vgl. Umweltbundesamt (1997), S. 87 ff).

Den Angaben in Tabelle 2.3 und Tabelle 2.4 zufolge ergeben die Umfragen einen eindeutigen, in den neuen Ländern noch stärker ausgeprägten Trend, allein im Auto zum Arbeitsplatz zu fahren. Weiterhin ist das Auto das eindeutig dominierende Verkehrsmittel für Ausflüge am Wochenende, für die Fahrt in den Urlaub und für die Erledigung größerer Haushaltseinkäufe.

**Tabelle 2.3.** Auto und Arbeit in Ost- und Westdeutschland

| Erwerbstätige Befragte (%) | 1991 | 1992 | 1993 | 1994 | 1996 |
|---|---|---|---|---|---|
| Befragte WEST: | | | | | |
| Allein im Auto | 52 | 52 | 51 | 59 | 61 |
| Mit Auto in Fahrgemeinschaft | 16 | 16 | 16 | 12 | 12 |
| Nicht mit Auto | 32 | 32 | 33 | 29 | 27 |
| Befragte OST: | | | | | |
| Allein im Auto | 31 | 42 | 53 | 53 | 57 |
| Mit Auto in Fahrgemeinschaft | 10 | 16 | 13 | 13 | 10 |
| Nicht mit Auto | 59 | 42 | 42 | 34 | 33 |

Quelle: Gesellschaft für Marketing-, Kommunikations- und Sozialforschung mbH, Institut für praxisorientierte Sozialforschung (1991-1994), GFM-GETAS 1996.

Der Eindruck vom "Auto als Buhmann der Umweltschützer" ("Umweltschützer kritisieren viel zu einseitig immer nur die Autofahrer") besteht bei 51% der Befragten im Westen und 57% im Osten. Mit 48% bzw. 46% geht aber auch knapp die Hälfte der Bevölkerung davon aus, dass in Deutschland das Auto auf jeden Fall zu den wichtigsten Umweltsündern gehört.

Der Anteil der Bevölkerung, der sich für Geschwindigkeitsbegrenzungen auf Autobahnen ausspricht, ist von 1991 bis 1996 zurückgegangen, und selbst diejenigen, die für ein Tempolimit plädieren, haben ihre Vorstellungen bezüglich dessen Höhe nach oben geändert.

Mit Befürwortungsquoten von 79% bis 91% finden mehr Fußgängerzonen in größeren Städten und mehr Tempo-30-Zonen in Wohngebieten große Zustimmung. Der Anteil derer, die sich für eine Sperrung der Innenstadt für den Autoverkehr aussprechen, ist jedoch von 1991 bis 1996 deutlich gesunken.

Lediglich 28% im Westen und 22% im Osten wären mit einer Erhöhung der Parkgebühren einverstanden. Dem Vorschlag, das Autofahren sollte verteuert werden, schlossen sich im Westen 1991 noch 39% an, mittlerweile nur noch 26%; in Ostdeutschland fällt die Unterstützung von 28% auf 20% (vgl. Umweltbundesamt (1997), S. 87 ff für weitergehende Informationen). Auch hier also wieder diese Diskrepanz zu der angegebenen Einschätzung des eigenen Verhaltens in Bezug auf die Umwelt!

**Tabelle 2.4.** Auto und Arbeit in Ost- und Westdeutschland: Zusatzfragen bei Personen "Allein im Auto"

Fragen: (1) Brauchen Sie Ihr Fahrzeug während der Arbeitszeit? (2) Inwieweit wäre es für Sie möglich, für den Weg zu Ihrer Arbeit ausschließlich öffentliche Verkehrsmittel zu verwenden? (3) Wenn sich der Benzinpreis verdoppeln würde, würden Sie dann auch weiterhin das Auto für den Weg zu Ihrem Arbeitsplatz benutzen?

| Angaben in % | alte | & neue Länder |
|---|---|---|
| (1) Auto nötig während der Arbeitszeit: | | |
| ja: | 25 | 30 |
| teils / teils: | 12 | 16 |
| nein: | 63 | 54 |
| (2) Nutzung öffentlicher Verkehrsmittel: | | |
| ganz und gar unmöglich: | 38 | 44 |
| möglich unter größten Schwierigkeiten: | 26 | 30 |
| möglich mit Einschränkungen: | 17 | 14 |
| wäre möglich: | 19 | 12 |
| (3) Auto und Verdoppelung der Benzinpreise: | | |
| ja: | 54 | 69 |
| nein: | 20 | 9 |
| weiß nicht: | 26 | 22 |

Quelle: Gesellschaft für Marketing-, Kommunikations- und Sozialforschung mbH, Institut für praxisorientierte Sozialforschung (1991-1994), GFM-GETAS 1996.

## 2.2 Zur Umweltsituation in Sachsen

In den vergangenen Jahren waren die im Freistaat Sachsen getroffenen Umweltschutzmaßnahmen überwiegend nachsorgender Art, galt es doch die gröbsten Altlasten zu beseitigen. So gab es 1997 nur noch 50 der einst 1800 Deponien für Siedlungsabfall, fast 300 Kläranlagen wurden seit 1990 neu errichtet oder grundlegend saniert. Lagen 1989 die $SO_2$-Emissionen in Sachsen mit zwei Megatonnen pro Jahr doppelt so hoch wie die Gesamtmenge aller alten Bundesländer zusammen, so werden nach Schätzungen des sächsischen Umweltministeriums die Emissionen bei vielen Schadstoffen in Kürze bis zu 95% unter den Werten von 1989 liegen (vgl. Freistaat Sachsen (1997), S. 4). Tabelle 2.5 zeigt diese Entwicklung für einige Luftschadstoffe.

Tabelle 2.5. Gesamtemissionen im Freistaat Sachsen 1989-1994

| Schadstoff | kt/a | | | |
|---|---|---|---|---|
| Jahr | 1989 | 1992 | 1993 | 1994 |
| $SO_2$ | 1885 | 1105 | 1065 | 975 |
| Staub | 572 | 132 | 104 | 78 |
| $NO_x$ | 167 | 136 | 146 | 141 |
| $NH_3$ | 64 | 29 | 27 | 26 |

Quelle: Institut für Energiewirtschaft und rationelle Energieanwendung, Stuttgart, 1995.

Tabelle 2.6. Umweltschutzinvestitionen der Betriebe des Produzierenden Gewerbes im Freistaat Sachsen nach Investitionsarten 1991-1994 in Mio. DM

| Jahr | Abfall | Gewässer | Lärm | Luft |
|---|---|---|---|---|
| 1991 | 14.60 | 136.96 | 2.08 | 148.83 |
| 1992 | 17.08 | 313.40 | 7.63 | 329.06 |
| 1993 | 24.26 | 168.26 | 35.24 | 395.94 |
| 1994 | 45.98 | 520.50 | 64.95 | 513.86 |

Quelle: Statistische Jahrbücher Sachsen 1993-1996.

Der Anteil der Umweltschutzinvestitionen an den Gesamtinvestitionen des Produzierenden Gewerbes ist von 5.4% im Jahr 1991 auf über

15% im Jahr 1994 gestiegen. Der Schwerpunkt lag bei der Luftreinhaltung (50.67%), beim Gewässerschutz (41.59%), der Lärmbekämpfung (4.01%) und der Abfallbeseitigung (3.72%). Tabelle 2.6 zeigt die Entwicklung der Investitionen in den Umweltschutz. Einer Schätzung der Industrie- und Handelskammern zufolge waren 1995 mehr als 31000 Personen in 1775 Unternehmen im Umweltschutz tätig (vgl. Freistaat Sachsen (1997), S. 8).

Ökologische Probleme bereitet nach wie vor die Energieerzeugung. Die jährlichen $CO_2$-Emissionen in Sachsen von ca. 60 Mio. Tonnen sind maßgeblich auf den Einsatz der heimischen Braunkohle zurückzuführen. Auch das Verkehrsaufkommen nimmt stark zu, so dass die damit einhergehenden Emissionen die in anderen Bereichen erzielten Emissionsminderungen zum Teil kompensieren. Von besonderer Bedeutung sind im Dreiländereck schließlich grenzüberschreitende Maßnahmen auf den Gebieten der Trinkwasserver- und Abwasserentsorgung, des Immissionsschutzes, der Altlastensanierung sowie des Naturschutzes und der Landschaftspflege. Dafür werden Gelder der Europäischen Union, des Bundes und des Freistaates eingesetzt (vgl. Freistaat Sachsen (1997) für weitere Informationen).

# 3. Umweltbewusstsein

Die vorangegangenen Untersuchungen zeigen, dass die Umwelt seit geraumer Zeit ein wichtiges Thema in der öffentlichen Diskussion ist. Dabei werden Fortschritte im Umweltschutz in Bezug auf die Reinheit der Gewässer, bei der Sauberkeit der Luft sowie bei vielen anderen Umweltgütern durchaus konstatiert. Zusätzlich gilt der Klimaschutz als zentrale Aufgabe des Umweltschutzes und viele Haushalte akzeptieren die Grundprinzipien einer "nachhaltigen Entwicklung", wenngleich der Begriff selbst offenbar noch nicht überall bekannt ist, und wenn die Initiativen der Lokalen Agenda 21 gelegentlich in den Hintergrund treten, um augenscheinlich gewichtigeren Themen Platz zu machen.

Kann man dies nun als Ergebnis eines steigenden Umweltbewusstseins interpretieren? Muss man demzufolge nur weiter an der Entwicklung des Umweltbewusstseins in der Bevölkerung arbeiten, um die Umweltprobleme allmählich in den Griff zu bekommen und letztlich zu beseitigen? Umgekehrt, kann man eine erfolgreiche Umweltpolitik messen an der Einstellung der Bevölkerung zur Umwelt, am Umweltbewusstsein also?

Dies sind interessante und für die Umweltökonomie substantielle Fragen, die im positiven Fall hohes Umweltbewusstsein mit sauberer Umwelt und erfolgreicher Umweltpolitik gleichsetzen. Unterstellt man konkreter, dass ein wachsendes Umweltbewusstsein mit einem steigenden persönlichen Nutzen aus dem Konsum relevanter "Umweltgüter" einhergeht, so wird in der Tat eine breitere Schicht der Bevölkerung pfleglicher und sorgfältiger mit der vertrauten Umwelt umgehen. Persönlicher Nutzen schließt dabei die Sorge um das Wohlergehen der nachwachsenden Generationen in keinster Weise aus, altruistische Motive sind durchaus verträglich mit dem individuellen Streben nach Glück.

Die Frage ist nur, ob dieses individualistische Streben nach Glück ähnlich zur Förderung des Gesamtwohls beiträgt oder beitragen kann wie das Verhalten der Wirtschaftssubjekte in einem marktwirtschaftlichen System mit privaten Gütern (vgl. hierzu die Überlegungen in Abschnitt 5.1)? Noch konkreter: Kann man eine "marktorientierte" Umweltökonomie auf der Grundlage eines ausgeprägten Umweltbewusstseins aufbauen, dem dann in etwa vergleichbar die Rolle des Privateigentums in der Marktwirtschaft zukommen müsste?

Um diesen nun zunehmend komplexeren Überlegungen auf den Grund zu gehen, sollten wir den Begriff der "vertrauten Umwelt" genauer betrachten. Analysiert man die vielfältigen Befragungen zum Themenkomplex Umwelt, so wird man doch eine gewisse Ambivalenz in der Einstellung zur Umwelt und zum Umweltschutz feststellen. Typisch und durchaus verständlich ist beispielsweise, dass man häufig Verbesserungen im eigenen unmittelbaren Umweltbereich deutlicher wahrnimmt, als in anderen Regionen (vgl. Tabellen 2.1 und 2.2).

Interessant ist aber auch, dass sich die Forderungen auf intensivierte Umweltschutzmaßnahmen oft auf Bereiche erstrecken, welche die individuelle Einflusssphäre kaum berühren, welche den einzelnen Bürger finanziell nur marginal belasten. Dies gilt etwa für die schon erwähnten Belange des Klimaschutzes, die sich seit geraumer Zeit großer Aufmerksamkeit erfreuen. So halten einer Umfrage des Umweltbundesamtes zufolge nur 2% der Bevölkerung die Reduktion von klimaschädlichen Gasen für "weniger wichtig". 58% der Bürger kritisieren die Bundesregierung, weil sie nicht genug tue, um eine Verminderung der klimaschädlichen Emissionen zu erreichen (vgl. Umweltbundesamt (2000), Abschnitt 4.1). Auch gibt es viele Appelle, den Abholzungen der tropischen Regenwälder Einhalt zu gebieten oder die Überfischung der Weltmeere zu stoppen. Das alles sind letztlich Politikfelder, für die der einzelne Bürger zumindest nicht unmittelbar zur Kasse gebeten wird, im Gegensatz zur Ökosteuer oder zum Pfand für Einweg-Getränkeverpackungen.

Dem individuellen Einflussbereich in diesem Sinne entrückt sind aber nicht nur abstrakte Umweltprobleme wie die Erderwärmung oder Umweltprobleme in weit entfernten Regionen. Nicht selten motiviert das angeblich gestiegene Umweltbewusstsein auch zu Aktionen gegen Kernkraftwerke oder neue Landebahnen, also gegen Einrichtungen, aus deren Existenz der einzelne, durchschnittliche Bürger ebenfalls nur gelegentlich direkten und unmittelbaren Nutzen zieht.

Im Gegensatz dazu gilt die Verkehrspolitik als ein in umweltpolitischer Hinsicht schwieriges Terrain. Der Grund dafür liegt auf der Hand:

Umweltpolitische Maßnahmen, die zu einer Beschränkung des Verkehrs führen, beeinflussen direkt die persönliche Situation vieler sonst durchaus umweltbewusster Mitmenschen. Nur so kann man verstehen, dass lediglich Minderheiten für Geschwindigkeitslimits von Tempo 100 bis Tempo 120 sind, dagegen 40% der Bevölkerung Geschwindigkeitsbeschränkungen ablehnen. Nur so kann man verstehen, dass der Ausbau des ÖPNV und des Radnetzes, die Verlegung des Güterverkehrs auf die Schiene weitgehende Akzeptanz finden, dass aber zugleich die Zahlen für Flugreisen und für Kurzreisen allgemein deutlich ansteigen (vgl. Umweltbundesamt (2000), Abschnitt 6.1).

Es bleibt festzuhalten, dass das Umweltbewusstsein wichtig ist für das unmittelbare Umfeld des einzelnen Entscheidungsträgers. Es repräsentiert dort in gewisser Hinsicht die private Interessensphäre. Allerdings zeigt die durch vielfältige empirische Erhebungen gesicherte Erfahrung, dass die dadurch initiierten individuellen Entscheidungen nicht immer konform sind zu den gesamtwirtschaftlichen Belangen. Drastisch und gelegentlich überzogen formuliert wird Umweltschutz vor allem dort gefordert, wo er dem einzelnen Betroffenen nützt und nichts oder nicht viel kostet. Der Begriff "Kosten" ist in diesem Kontext allgemein im Sinne von Opportunitätskosten zu verstehen und schließt Zeitkosten usw. mit ein. Sobald aber individuelle Kosten unmittelbar entstehen, werden die Forderungen verhaltener akzentuiert.

Diese Verhaltensweise ist an sich nicht zu kritisieren, jedenfalls solange sie auf vernünftigen Informationen beruht. Der betreffende Entscheidungsträger handelt aus seiner Sicht abwägend, durchaus rational. Man muss an dieser Stelle aber den Gegensatz zur reinen Marktwirtschaft mit ausschließlich privaten Gütern erkennen. Dort führt individuelle Rationalität auch gesamtwirtschaftlich zu einem vernünftigen Allokationsergebnis (vgl. wieder Abschnitt 5.1). Dies ist im Bereich der Umwelt offenbar nicht mehr der Fall, jedenfalls nicht mehr in voller Allgemeinheit. Und daran wird auch ein weiter steigendes Umweltbewusstsein im Grundsatz nur eine begrenzte Wirkung haben. Der Gegensatz zwischen individueller und gesamtwirtschaftlicher Rationalität wird bestehen bleiben.

Vor diesem Hintergrund muss man die zum Teil widersprüchlichen Ergebnisse der vielfältigen Erhebungen zum Thema Umweltbewusstsein und umweltfreundliches Verhalten verstehen. Die erwähnte Diskrepanz zwischen dem eigenen Nutzen und dem Gesamtwohl wird die Ergebnisse dieser Befragungen verzerren. Man sollte schließlich beachten, dass auch ein ausgeprägtes Umweltbewusstsein nicht vor bewusst akzeptierten umweltbelastenden Aktivitäten schützt.

Es ist das Anliegen dieses Buches, in den folgenden Kapiteln die hier skizzierte grundlegende Problematik aufzugreifen, zu analysieren und in bestimmten konkreten Fällen nach Möglichkeit einer Lösung zuzuführen. Dabei wird ein breites Spektrum der aktuellen Umweltökonomie abgedeckt werden.

# Teil II

# Theoretische Umweltökonomie

Im zweiten Teil des Buches werden die theoretischen Grundlagen der Umweltökonomie aufbereitet. Dem Begriff des Umweltgutes in Analogie zum Begriff des gewöhnlichen Konsumgutes und den in ökonomischer Hinsicht besonderen Eigenschaften der Umweltgüter kommt dabei eine zentrale Rolle zu. Neben Knappheitsaspekten und externen Effekten, Charakteristika der Umweltgüter, beeinflussen und beeinträchtigen auch Eigenschaften öffentlicher Güter die Allokationsfunktion des Marktmechanismus im Umweltbereich.

Insgesamt ist ein eingehendes Verständnis des Allokationsproblems im Umweltbereich notwendig für eine in ökonomischer und ökologischer Hinsicht erfolgreiche Umweltpolitik. Die relevanten theoretischen Grundlagen dazu werden in den anschließenden Kapiteln erörtert. In diesem Zusammenhang werden erste Lösungsansätze besprochen, welche die Internalisierung externer Effekte sowie die Allokation öffentlicher Güter zum Gegenstand haben. Wert wird dabei auch gelegt auf eine vergleichende Darstellung der verschiedenen umweltpolitischen Instrumente.

Genauer charakterisieren "fehlende Märkte" die Problematik externer Effekte im Allgemeinen und damit das Umweltproblem im Besonderen. Die theoretische Umweltökonomie befasst sich demnach mit geeigneten Ergänzungen des Marktsystems bzw. mit der Zuweisung von Eigentumsrechten für Umweltgüter. Auch dies ist Gegenstand der Diskussion in den folgenden Kapiteln.

# 4. Einführung in die Umweltökonomik

Der Begriff "Umweltökonomik" oder "Umweltökonomie" könnte zunächst eine Einordnung von Umweltbelangen in den nüchternen Kontext der Ökonomie bedeuten, wobei Einordnung häufig als Unterordnung interpretiert werden wird. In der Tat entspricht diese Sicht dem oft genug als unversöhnlich bezeichneten Charakter der Beziehung zwischen den Belangen des Umweltschutzes und der Wirtschaft. Es gibt aber noch eine andere Interpretation: Umweltökonomik könnte auch bedeuten, dass der Zustand der Umwelt das Wohlergehen der Menschen in vielerlei Hinsicht berührt, dass ein angemessener Zustand der Umwelt Nutzen stiftet, genauso wie viele andere ganz gewöhnliche Konsumgüter.

## 4.1 Grundlagen

Vor diesem Hintergrund gehört die Umwelt nach der klassischen Begriffsbildung zur Interessensphäre der Ökonomie - und das nicht erst in jüngster Zeit. Der zentrale Begriff der Ökonomie, der Begriff des Gutes, ist daher auf die nutzenstiftenden Komponenten der "Umwelt" in geeigneter Weise zu übertragen. Relevant für die ökonomische Analyse werden die Umweltgüter allerdings erst unter dem Blickwinkel der Knappheit. Nun kann die Erfahrung der "Knappheit" eines Gutes aber sehr von den sonstigen Lebensumständen abhängen. Insofern ist es nicht verwunderlich, dass heute Umweltbelastungen als solche angeprangert werden, die noch vor wenigen Jahren kaum jemand interessierten. So richteten sich nach dem Zweiten Weltkrieg die ökonomischen Interessen zunächst nahezu ausschließlich auf die Rekonstruktion des Lebensumfelds und des Wirtschaftssystems. Zu diesem Wiederaufbau passten "rauchende Schlote", der Schutz der Umwelt fand dagegen kaum Fürsprecher. Die SPD erntete im Wahlkampf 1961 Spott, als sie den "blauen Himmel über der Ruhr" propagierte. (Malunat (1994), S. 3f).

Konkret werden Umweltgüter wie eine wirklich saubere Luft oder glasklares Wasser oft erst dann als knapp empfunden, wenn die wirtschaftliche Lage eine ausreichende Versorgung mit den allgemein als lebensnotwendig bezeichneten gewöhnlichen Gütern zulässt. Offenbar ist die eigentliche, die "intrinsische" Natur der Umweltgüter in diesem Kontext von höchstem Interesse.

In einem marktwirtschaftlichen System mit überwiegend privaten Gütern werden auch Umweltgüter direkt im Konsum oder indirekt durch Einsatz im Produktionsprozess verbraucht. Selbstverständlich hängt diese Nachfrage nach Umweltgütern, wie die Nachfrage nach anderen Gütern, auch von den sonstigen wirtschaftlichen Gegebenheiten ab. Beispielsweise wurden in der unmittelbaren Nachkriegszeit manche Umweltverschmutzungen wegen übergeordneter Interessen akzeptiert, die Nachfrage nach den damit verbundenen Umweltgütern war dementsprechend gering.

Solange die direkte und indirekte Nachfrage nach den Umweltgütern das verfügbare Angebot nicht übersteigt, solange Umweltgüter also nicht knapp sind, "freie" Güter sind, spielen sie für ökonomische Analysen eigentlich keine Rolle. Insofern ist Umweltökonomie auch als notwendige Reaktion auf die bewusst gewordene Knappheit verschiedener Umweltgüter zu verstehen. Mit der Knappheit stellt sich aber unmittelbar und immer die Frage nach der adäquaten Allokation der Umweltgüter. So fordert Knappheit Anstrengungen, verbrauchte Umweltgüter wiederherzustellen, oder den Konsum der Umweltgüter bzw. einen die Umwelt belastenden Faktoreinsatz zu reduzieren. Dabei stehen im Regelfall nur wenige und dann auch nur unzulänglich bekannte Optionen zum Erhalt oder zur Regeneration eines bestimmten Umweltgutes zur Verfügung.

An dieser Stelle greift das Allokationsproblem für den Umweltbereich: Welche Umweltgüter werden benötigt, wie sollen sie zur Verfügung gestellt werden und für wen sollen sie Verfügung gestellt werden? Darüber hinaus umfasst das Allokationsproblem generell auch die Frage nach einem geeigneten Mechanismus zur Lösung dieser Probleme. Aus naheliegenden Gründen soll hierzu in erster Linie der Marktmechanismus herangezogen werden.

Allerdings setzt die Lösung des Allokationsproblems die Kenntnis einiger besonderer Eigenschaften der Umweltgüter voraus. So führt eine zu intensive Inanspruchnahme der sauberen und oft meist kostenlosen Umweltmedien in Form einer Übernutzung oder Umweltverschmutzung zu externen Kosten, bzw. zu zusätzlichen Belastungen, die den Individuen einer Volkswirtschaft durch die ökonomischen Aktivitäten anderer Wirtschaftssubjekte auferlegt werden. Man spricht von "externen Effekten", die insbesondere die Allokationsfunktion des Marktmechanismus beeinträchtigen. Es kommt zu einer Diskrepanz zwischen den privaten und den sozialen Kosten einer Nutzung der Umweltgüter: Aus individueller, privater Sicht kann die höhere Atmosphäre als Aufnahmemedium für FCKW's kostenlos in Anspruch genommen werden, obgleich die gesamtgesellschaftlichen Kosten dieser Nutzung aus heutiger Sicht sehr hoch sein können. Viele umweltökonomische Instrumente haben folgerichtig die Schließung oder zumindest die Verkleinerung dieser Lücke zwischen privaten und sozialen Kosten der Inanspruchnahme eines Umweltgutes zum Ziel.

Spezieller ist bei bestimmten Umweltgütern noch zu berücksichtigen, dass ein Ausschluss vom Konsum dieser Güter nicht oder kaum möglich ist. Beispielsweise gilt dies für die eben erwähnten Dienste der höheren Atmosphäre als Strahlungsschutz, aber auch für den Anblick einer reizvollen Landschaft. Andererseits wird durch den Konsumverzicht eines einzelnen Individuums die Umweltbelastung meist nicht merklich reduziert. So ändert sich beispielsweise die Verkehrssituation in einer größeren Stadt nicht, wenn ein bisheriger Autofahrer auf öffentliche Verkehrsmittel umsteigt. Der Aspekt der Nicht-Ausschließbarkeit und die Beobachtung, dass die Umweltsituation durch die Aktivitäten eines einzelnen Individuums oft nicht merklich verändert wird, charakterisierende Eigenschaften öffentlicher Güter, verkomplizieren das Allokationsproblem für die Umweltgüter.

Zusammenfassend bleibt festzuhalten, dass die meisten Umweltgüter heute als knappe Güter zu betrachten sind, deren Allokation sich aufgrund ihrer speziellen Eigenschaften dem herkömmlichen Marktmechanismus eher entzieht, zumindest ohne geeignete Anpassung der Rahmenbedingungen. Die detaillierte Untersuchung der zugrundeliegenden Zusammenhänge ist entscheidend für die notwendige Änderung und Ergänzung der Rahmenbedingungen eines marktwirtschaftlichen Systems für eine möglichst marktkonforme Lösung des Allokationsproblems im Umweltbereich. Insgesamt wird so der enge Zusammenhang zwischen Ökologie und Ökonomie nochmals deutlich, ohne dass man von einer Unterordnung der Ökologie unter das Diktat der Ökonomie sprechen könnte. Vielmehr präsentiert sich die Ökologie als substantieller Teil des ökonomischen Systems, das zudem aufgrund eines steigenden Umweltbewusstseins (vgl. Kapitel 3) zunehmend an Bedeutung gewinnt.

An dieser Stelle sei schon hingewiesen auf die Diskrepanz zwischen den Ergebnissen der theoretischen Umweltökonomie und den Erfordernissen der umweltpolitischen Praxis (vgl. Teil III). Dies ändert aber überhaupt nichts an der Tatsache, dass nur ein tiefes Verständnis der theoretischen Grundlagen die Voraussetzungen schafft für eine adäquate und effektive Umweltpolitik. Im Gegenteil, die Notwendigkeit einer sorgfältigen formalen Analyse wird dadurch noch betont!

## 4.2 Effizienz und Ökologie

Ökologische Belange gehören, wie die bisherigen Überlegungen zeigen, zum Kernbereich der Ökonomie, die selbst wiederum auf die Wohlfahrt ihrer Mitglieder ausgerichtet ist. Demzufolge sind die Umweltgüter in die zentralen ökonomischen Begriffe zu integrieren. Wir beginnen mit einigen Gedanken zu den grundlegenden Begriffen "erreichbare Allokation" und "effiziente Allokation".

Unter einer (erreichbaren) Allokation versteht man in der Ökonomie eine Lösung der wirtschaftlichen Grundprobleme, also eine wohlüberlegte Antwort auf die Frage, wie die einer Volkswirtschaft zur Verfügung stehenden Ressourcen in den verschiedenen Produktionsprozessen eingesetzt werden sollen und wie die so produzierten Güter auf die einzelnen Wirtschaftssubjekte verteilt werden sollen. "Wirtschaften" heißt dann letztendlich, aus der Vielzahl möglicher Allokationen nach bestimmten Kriterien eine Allokation auszuwählen. Genügt eine Allokation den vorgegebenen Zielkriterien, so spricht man üblicherweise von einer optimalen oder effizienten Allokation.

In individualistisch strukturierten Volkswirtschaften spielt das Kriterium der Effizienz, genauer der "Pareto-Effizienz", eine wichtige Rolle. Eine erreichbare Allokation heißt dann pareto-effizient, wenn keine andere erreichbare Allokation gefunden werden kann, die das Wohlergehen, den "Nutzen", wenigstens eines Individuums verbessert, ohne das Wohlergehen irgendeines anderen zu schmälern. Unterstellt man, dass Umweltverschmutzung die individuelle Situation eines Wirtschaftssubjektes höchstens beeinträchtigen kann, so kann eine Allokation jedenfalls dann nicht effizient sein, wenn es möglich ist, dieselbe Menge an den "gewöhnlichen" Gütern bei derselben Verteilung mit einer geringeren Umweltbelastung, also mit mehr Umweltgütern zu produzieren. Offenbar gibt es hier keinen Gegensatz zwischen ökonomischen und ökologischen Zielen. Im Gegenteil, Ökologie und Ökonomie gehen gleichsam Hand in Hand!

Die folgenden Beispiele verdeutlichen die ökologische und ökonomische Relevanz dieser Überlegungen: 1987 etwa fielen Produktion und Konsum je Einwohner in der alten Bundesrepublik deutlich höher aus als in der ehemaligen DDR. Dennoch verbrauchte der DDR-Bürger im Durchschnitt 20% mehr Energie und der $SO_2$-Ausstoß war in der DDR mit 310 kg je Einwohner mehr als zehnmal so hoch wie in der Bundesrepublik mit 30 kg je Einwohner. Zwischen 1991 und 1994 sind mittlerweile bei tendenziell leicht steigendem Bruttoinlandsprodukt die Emissionen der wichtigsten Luftschadstoffe zurückgegangen. Nachdem in den alten Ländern die wesentlichen Emissionsminderungen bereits in den achtziger Jahren erfolgten und eine zunehmende Entkoppelung von Wirtschaftswachstum und Schadstoffausstoß zu verzeichnen war, ist nunmehr eine ähnliche Entwicklung in den neuen Ländern zu beobachten (vgl. Abschnitt 2.1 sowie Umweltbundesamt (1997), S. 29).

Diese und viele weitere Beispiele zeigen, dass der Einsatz der Umweltgüter in vielen Produktionsprozessen "unökonomisch", ineffizient, erfolgt. Ein nicht unbeträchtlicher Teil der Umweltprobleme ist damit die Folge ineffizienter ökonomischer Strukturen. Eine Allokation, die Ressourcen verschwendet und damit in ökonomischer Hinsicht ineffizient ist, wird oft auch in ökologischer Hinsicht nicht unbedenklich sein.

Probleme zwischen der Ökonomie und der Ökologie werden sich dann einstellen, wenn in einer Situation nicht vollständig bekannter ökologischer Wirkungsketten oder ökonomischer Zusammenhänge ökonomische oder ökologische Vorgaben einen Absolutheitsanspruch erhalten, der eine angemessene Integration beider Anliegen unmöglich macht. In derartigen Situationen werden die Vertreter der Ökonomie nur auf die möglichen zusätzlichen Belastungen der Unternehmen durch weitere Umweltschutzmaßnahmen verweisen, nicht aber an deren nutzenstiftende Effekte denken, die Verfechter einer stringenten Umweltpolitik werden die möglichen Konsequenzen für die Wirtschaft kleinreden und apokalyptische Szenarien für den künftigen Zustand der Umwelt heraufbeschwören, wenn nicht diese oder jene Verschärfung der Umweltpolitik erfolgt. Es ist dies der Boden, auf dem die "Unversöhnbarkeit" von Ökologie und Ökonomie zunehmend Wurzeln schlägt. Situationen, in denen derartige Verhaltensweisen individuell rational sind, werden wir noch genauer betrachten (vgl. etwa Abschnitt 6.4).

## 4. Einführung in die Umweltökonomik

Anders formuliert stellt sich in diesem Kontext die grundsätzliche Frage, wie eine effiziente Allokation unter Einbindung der Umweltgüter erreicht werden kann. Beispielsweise gibt es offenbar Möglichkeiten der Güterproduktion mit beträchtlich reduziertem Schadstoffausstoß: Welche ökonomischen Mechanismen führen zur Adaption dieser neuen Technologien und verringern so die Umweltbelastung? Kann man die Rahmenbedingungen in Richtung einer "ökologischen Marktwirtschaft" verändern, so dass diesem Problem adäquat Rechnung getragen wird?

Zusätzlich ist die Verteilungsproblematik zu beachten, die nicht nur in Zusammenhang mit der tatsächlichen Belastung der Individuen durch die Ökosteuer unter Berücksichtigung der Überwälzungsmöglichkeiten eine Rolle spielt. In den einzelnen Volkswirtschaften gibt es oft eine nicht unbeträchtliche Anzahl von Individuen, die vergleichsweise mehr Wert auf eine intakte Umwelt legen als andere und die Entlastung der Umwelt von der Politik auch mit Nachdruck einfordern. Für eine effiziente Allokation bedeutet aber ein Mehr an Umweltgütern cet. par. ein Weniger an anderen Gütern, jedenfalls in einer gewissen Zeitperiode. Es tritt somit das Problem der Wahl einer effizienten Allokation aus der Menge aller effizienten Allokationen auf.

Dies ist ein Problemkreis, der in demokratischen, individualistisch strukturierten Wirtschaftssystemen durchaus wahrgenommen wird, etwa wenn die Haushalte über eine Ökosteuer zur Entlastung der Umwelt zu weniger Fahrten mit dem eigenen PKW angehalten werden sollen. Dieses Verteilungsproblem tritt natürlich auch im Kontext gewöhnlicher Güter auf. Die zusätzliche Schwierigkeit bei Umweltgütern liegt in der meist nur unzulänglichen Möglichkeit einer Allokation dieser Güter über den Marktmechanismus.

Dieser Problemkreis kann auch über Mehrheitsabstimmungen meist nicht zu allseitiger Zufriedenheit gelöst werden. Arrow's Unmöglichkeitstheorem beschreibt die zugrundeliegende Problematik aus theoretischer Sicht und ist der eigentliche Anlass für die Konzentration der weiteren Ausführungen auf den Effizienzaspekt. Dem Unmöglichkeitstheorem zufolge gibt es kein Verfahren, das die individuellen Präferenzen der Mitglieder einer Volkswirtschaft aggregiert und dabei einigen durchaus plausiblen und wünschenswerten Annahmen genügt (vgl. auch Siebert (1992), Kap. 5).

Zusammenfassend und präzisierend bedeutet Umweltökonomie in einem statischen Kontext folglich, das Allokationsproblem unter Einbeziehung der als knapp erkannten Umweltgüter mit ihren besonderen

Eigenschaften effizient zu lösen. In den folgenden Kapiteln wird eine sorgfältige Analyse dieses Problemkreises vorgenommen. Dabei wird sowohl die intrinsische Natur der Umweltgüter herausgearbeitet, als auch der Frage nach einer geeigneten Modifikation des Marktmechanismus nachgegangen.

# 5. Das Allokationsproblem in einer Marktwirtschaft

In den folgenden Abschnitten soll die marktwirtschaftliche Lösung des Allokationsproblems kurz umrissen werden. Die Darstellung konzentriert sich zunächst auf die diesbezügliche Leistungsfähigkeit des Marktmechanismus im Fall privater Güter, die alle auf regulären Märkten gehandelt werden. Dieser klassische Fall wird dann erweitert um externe Effekte, wie sie typischerweise in Zusammenhang mit Umweltbelastungen auftreten.

Ein Großteil der Überlegungen wird anhand einer einfachen, dennoch aber repräsentativen Beispielökonomie demonstriert, die an die jeweiligen Fragestellungen angepasst wird. Natürlich stellt diese Beispielökonomie nicht die Wirklichkeit dar. Sie ermöglicht aber eine präzise Erörterung der notwendigen Begriffe und Zusammenhänge und eröffnet den Einblick in relevante Wirkungsketten. Insbesondere kann so die Leistungsfähigkeit des Marktmechanismus aber auch dessen Grenze deutlich gemacht werden.

Darüber hinaus ist das Beispiel trotz seiner Einfachheit so gewählt, dass die daraus abgeleiteten Ergebnisse auch in einem allgemeineren Kontext qualitativ ihre Gültigkeit behalten. Grundsätzlich lassen sich damit die hier erhaltenen Resultate auf aktuelle Problemstellungen übertragen, wenngleich die in der Praxis gegebenen Rahmenbedingungen eine weitgehende direkte Übernahme in aller Regel unmöglich machen. Dennoch wird sich noch zeigen, dass ohne die Kenntnis dieser theoretischen und formalen Grundlagen auch eine praktische Umweltpolitik sehr schnell an Grenzen stoßen muss.

In diesem Sinne erlaubt die hier verfolgte formale Vorgehensweise eine Abstraktion eines konkreten Problems auf die wesentlichen Zusammenhänge. Auf diese Weise gelingt es, die wirklich relevanten Aspekte eines Problems zu erfassen und zu verstehen. Nur wenn das gesichert ist, können geeignete Maßnahmen ergriffen werden, um beispielsweise eine marktorientierte Umweltökonomie zu konzipieren. Diese Überlegungen sind ausschlaggebend für den formalen Ansatz zur Umweltökonomie in diesem Teil des Buches.

## 5.1 Effizienz

In diesem Abschnitt wird die Leistungsfähigkeit des Marktmechanismus im klassischen Fall einer Ökonomie mit privaten Gütern, die auf regulären Märkten gehandelt werden, untersucht. Dieser Fall dient sozusagen als "Benchmark" für die anschließenden weitergehenden Untersuchungen Wir beginnen mit den grundlegenden Strukturen der schon erwähnten Beispielökonomie.

Hierzu betrachten wir ein Wirtschaftssystem, in dem zwei verschiedene Konsumgüter produziert werden, etwa Gut $F$ ("Fische") und Gut $G$ ("Papier"). Diese beiden Güter werden unter Einsatz des Faktors $L$ ("Arbeit") hergestellt, wobei die Produktionsmöglichkeiten durch die Produktionsfunktionen $f : \Re_+ \to \Re_+$ und $g : \Re_+ \to \Re_+$ beschrieben werden. $f$ und $g$ sind zweimal stetig differenzierbar, strikt monoton und konkav, so dass die Ertragszuwächse, also die physischen Grenzprodukte, mit zunehmendem Faktoreinsatz höchstens abnehmen. Weiter soll $f(0) = g(0) = 0$ gelten, der Faktor $L$ ist also "wesentlich" für die Produktion der beiden Güter.

$f$ und $g$ werden hier und in den folgenden Kapiteln oft als aggregierte oder gesamtwirtschaftliche Produktionsfunktionen angesehen, gelegentlich stellen sie aber auch die Produktionsmöglichkeiten eines "kleinen" Unternehmens der betreffenden Industrie dar. Aus dem Zusammenhang wird jeweils klar werden, welche Interpretation zutrifft.

Ist dann $\bar{L}$ die Verfügbarkeitsschranke für den Faktor, so erhält man formal die Gesamtangebotsmenge $\mathcal{A}$ dieser Ökonomie zu:

$$\mathcal{A} = \{(F, G) \in \Re_+^2 \ : \ F = f(L_F), \ G = g(L_G), \ L_F + L_G \leq \bar{L}\}.$$

$\mathcal{A}$ entspricht offenbar der Menge aller Güterbündel, die in dieser Ökonomie in der betrachteten Periode produziert werden können und somit zur Auswahl stehen. Aufgrund der konkaven bzw. linearen Produktionsfunktionen ist die Gesamtangebotsmenge $\mathcal{A}$ eine konvexe Menge (vgl. etwa Hildenbrand/Kirman (1976). Ihr Rand ist die Transformationskurve $G = G(F) = g(\bar{L} - f^{-1}(F))$ mit der marginalen Transformationsrate $-(dG/dF) = g'(L_G)/f'(L_F)$ oder $-(dF/dG) = f'(L_F)/g'(L_G)$ im Punkt $(F, G) = (f(L_F), g(L_G))$. Damit entspricht die marginale Transformationsrate dem Verhältnis der Grenzprodukte.

**Hinweis 5.1**
Bei den obigen Umformungen ist zu beachten, dass $d(f^{-1}(F))/dF = 1/f'(L_F)$ gilt. Dies folgt aus der Ableitung der identischen Abbildungen $F \mapsto f \circ f^{-1}(F)$ und $F \mapsto F$. Damit zeigt man auch, dass die zweite Ableitung $d^2F/(dG)^2$ im Fall konkaver Produktionsfunktionen nicht positiv ist, dass also die Transformationskurve eine konkave Krümmung aufweist.

**Beispiel 5.1.1**
Für $f(L_F) = 50 \cdot L_F$ und $g(L_G) = 2.5 \cdot L_G$ ergibt sich mit $\bar{L} = 10$ die Transformationskurve zu $G(F) = 25 - (F/20)$ bzw. zu $F(G) = 500 - 20G$ (vgl. Abbildung 5.1).

Weiter bedeutet der Übergang von einem Punkt $(F_0, G_0)$ zu einem anderen Punkt $(F_1, G_1)$ auf der fallend verlaufenden Transformationskurve immer den Verzicht auf eine gewisse Menge eines der beiden Güter. Es ist daher nicht möglich, ausgehend von einem Angebot auf der Transformationskurve mehr von beiden Gütern zu produzieren.

**Abbildung 5.1.** Gesamtangebotsmenge (ohne externe Effekte)

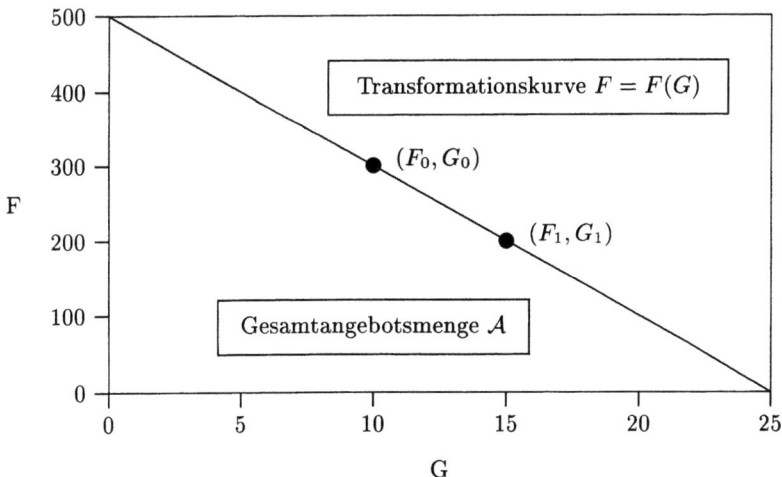

Der einzige Konsument dieser Ökonomie trifft seine Konsumentscheidungen bezüglich der beiden Güter $F$ und $G$ gemäß einer Nutzenfunktion $u : \Re_+^2 \to \Re$. $u$ ist streng monoton auf $\Re_{++}^2$, so dass

$u(\bar{F},\bar{G}) > u(F,G)$ gilt, falls das Güterbündel $(\bar{F},\bar{G})$ von wenigstens einem Gut mehr und vom anderen nicht weniger enthält als das Güterbündel $(F,G)$. Weiter ist $u$ quasi-konkav und zweimal stetig differenzierbar. Die Indifferenzkurven von $u$ sind demnach glatt und zum Ursprung hin konvex gekrümmt (vgl. Abbildung 5.2).

Alternativ könnte hier angenommen werden, dass es viele Konsumenten gibt, die durch identische, homothetische Präferenzen charakterisiert sind. Homothetische Präferenzen lassen sich durch eine linear homogene Nutzenfunktion darstellen. Die zugehörigen Engelkurven sind demzufolge linear und verlaufen durch den Nullpunkt.

Insgesamt wird mit diesen Annahmen eine Behandlung des Verteilungsproblems umgangen, da die Einkommensverteilung in diesem Fall keine Auswirkungen hat auf die aggregierte Nachfrage der Ökonomie. Allerdings ist darauf hinzuweisen, dass die nachfolgenden Überlegungen im Grundsatz auch für den allgemeinen Fall vieler verschiedener Konsumenten gelten.

Das Prinzip der Pareto-Effizienz akzeptiert den Konsum als den letztlich einzigen Zweck der Produktion, dementsprechend ist die Produktion auszurichten. Bei monotonen Präferenzen der Konsumenten führt ein effizienter Einsatz des Produktionsfaktors notwendigerweise zu einem Angebot auf der Transformationskurve. Jeder andere Produktionsplan ist produktionstechnisch ineffizient, denn es gibt dazu offenbar einen weiteren Produktionsplan, der eine Mehrproduktion beider Güter ermöglicht. Werden diese zusätzlichen Güter an die Konsumenten verteilt, so führt dies zu einer Nutzensteigerung bei allen Konsumenten, also zu einer "Pareto-Verbesserung". Pareto-Effizienz impliziert somit die produktionstechnische Effizienz.

Weiter wird ein Gesamtangebot auf der Transformationskurve nur dann zu einer pareto-effizienten Allokation der Beispielökonomie gehören, wenn die durch dieses Güterbündel verlaufende Indifferenzkurve zur Nutzenfunktion $u$ die Transformationskurve dort tangential berührt, wenn also die Grenzrate der Substitution gleich ist der Grenzrate der Transformation. Die Konvexität der Gesamtangebotsmenge impliziert die konkave Krümmung der Transformationskurve und stellt so die Optimalität dieses Güterbündels sicher (vgl. etwa Varian (1989) für diese grundlegenden mikroökonomischen Zusammenhänge).

Es stellt sich nun die Frage, inwieweit der Marktmechanismus die produktionstechnische Effizienz, aber auch die Pareto-Effizienz insgesamt sicherstellen kann. Dazu wird nun eine marktwirtschaftliche Organisation der Ökonomie unterstellt. Konkreter wird angenommen, dass sich sowohl die $F$-Industrie als auch die $G$-Industrie aus vielen "kleinen" Unternehmen zusammensetzt, die keinen Einfluss auf die relevanten Preise ausüben können, die sich also genauso wie der einzige Konsument (vgl. zur Interpretation die obigen Anmerkungen) als Preisnehmer verhalten.

Es besteht Privateigentum an den Produktionsmitteln, die Unternehmen sowie die Faktorvorräte gehören also dem Haushalt, der weiter den Faktor Arbeit anbietet. Wie üblich wird die Nutzenmaximierung als Ziel des Konsumenten betrachtet, die dann über die Eigentumsverhältnisse – der Konsument ist an einem hohen Einkommen, mithin als Anteilseigner an hohen Gewinnen interessiert – auch die Gewinnmaximierung als Unternehmensziel rechtfertigt. Die Lösung des Allokationsproblems erfolgt über den Preismechanismus:

**Definition 5.1.1**
Eine erreichbare Allokation $z^\star = (L_F^\star, L_G^\star, F^\star, G^\star)$ ist ein Marktgleichgewicht, falls ein Preissystem $p^\star = (p_L^\star, p_F^\star, p_G^\star)$ existiert mit folgenden Eigenschaften:

- Die Faktoreinsätze $L_F^\star$ der $F$-Industrie und $L_G^\star$ der $G$-Industrie sind zum gegebenen Preissystem $p^\star$ gewinnmaximal.
- Das Güterbündel $(F^\star, G^\star)$ ist zum Preissystem $p^\star$ nutzenmaximal in der Budgetmenge des Konsumenten.
- Alle Märkte sind geräumt: $L_F^\star + L_G^\star = \bar{L}$, $F^\star = f(L_F^\star)$ und $G^\star = g(L_G^\star)$.

**Hinweis 5.2**
Der Gewinn der $F$-Industrie (analog $G$-Industrie) bei Preisen $p$ und Faktoreinsatz $L_F$ ist gegeben durch: $\pi_F(p, L_F) = p_F f(L_F) - p_L L_F$.

Ist folglich $p^\star = (p_L^\star, p_F^\star, p_G^\star)$ ein Gleichgewichtspreissystem, so gelten für die gleichgewichtigen Faktormengen $L_F^\star$, bzw. $L_G^\star$ und für die gleichgewichtigen Gütermengen $F^\star$, bzw. $G^\star$ die folgenden Bedingungen 1. Ordnung:

$$p_F^\star \cdot f'(L_F^\star) = p_L^\star = p_G^\star \cdot g'(L_G^\star) \quad \text{und}$$

$$\frac{p_F^\star}{p_G^\star} = \frac{u_F(F^\star, G^\star)}{u_G(F^\star, G^\star)} = \frac{g'(L_G^\star)}{f'(L_F^\star)} = -\frac{dG}{dF}\bigg|_{F^\star}.$$

Da ein Gleichgewicht insbesondere durch Markträumung gekennzeichnet ist, gilt $L_F^\star + L_G^\star = \bar{L}$ und das Gesamtangebot $(F^\star, G^\star)$ liegt im Gleichgewicht auf der Transformationskurve. Weiter entspricht die Grenzrate der Transformation im Gleichgewicht dem Verhältnis der Güterpreise und dieses ist wiederum gleich der Grenzrate der Substitution des Haushalts, wie die obige Formel zeigt. Die gleichgewichtige Allokation $z^\star = (L_F^\star, L_G^\star, F^\star, G^\star)$ ist damit pareto-effizient. Im allgemeinen Fall entspricht dieses Ergebnis dem "Ersten Hauptsatz der Paretianischen Wohlfahrtsökonomie" (vgl. Varian (1989)).

Diese ersten formalen Überlegungen gewähren auf einfache Weise einen Einblick in tiefe Zusammenhänge. Der spätere Vergleich komplizierterer Ansätze mit diesem Referenzsystem wird diesen Vorteil der formalen Vorgehensweise noch deutlicher werden lassen.

**Beispiel 5.1.2**
*Ist der Konsument in Beispiel 5.1.1 durch die Nutzenfunktion $u(F,G) = F \cdot G$ charakterisiert, so ist die Allokation $z^\star = (L_F^\star, L_G^\star, F^\star, G^\star) = (5, 5, 250, 12.5)$ ein Gleichgewicht zum Preissystem $p^\star = (p_L^\star, p_F^\star, p_G^\star) = (50, 1, 20)$ (vgl. Abbildung 5.2).*

**Hinweis 5.3**
*Für die Ermittlung des Gleichgewichts in Beispiel 5.1.2 bestimmt man dasjenige Güterbündel $(F^\star, G^\star)$ auf der Transformationskurve, bei dem die Grenzrate der Substitution mit der Grenzrate der Transformation übereinstimmt. Dann erhält man die in diesem Fall einzige pareto-effiziente Allokation, die dann zugleich auch die Gleichgewichtsallokation repräsentiert. Folglich muss gelten:*

$$-\frac{dG}{dF}\Big|_{F^\star} = \frac{1}{20} = \frac{u_F(F^\star, G^\star)}{u_G(F^\star, G^\star)} = \frac{G^\star}{F^\star} = \frac{G^\star}{500 - 20G^\star}.$$

*Daraus errechnet man unmittelbar $G^\star = 12.5$, $F^\star = 250$ und damit auch $L_F^\star = L_G^\star = 5$. Bei den hier gegebenen konstanten Skalenerträgen in den beiden Sektoren gilt im Gleichgewicht die Null-Gewinn-Bedingung, denn eine Allokation mit positivem Gewinn lässt sofort ein beliebige Gewinnsteigerung durch Vervielfachung des Faktoreinsatzes zu. Also muss gelten: $p_F^\star F^\star = p_L^\star L_F^\star$ und $p_G^\star G^\star = p_L^\star L_G^\star$. Mit der frei gewählten Normierung $p_L^\star := 50$ errechnet man $p_F^\star = 1$ und $p_G^\star = 20$.*

**Abbildung 5.2.** Gleichgewicht (ohne externe Effekte)

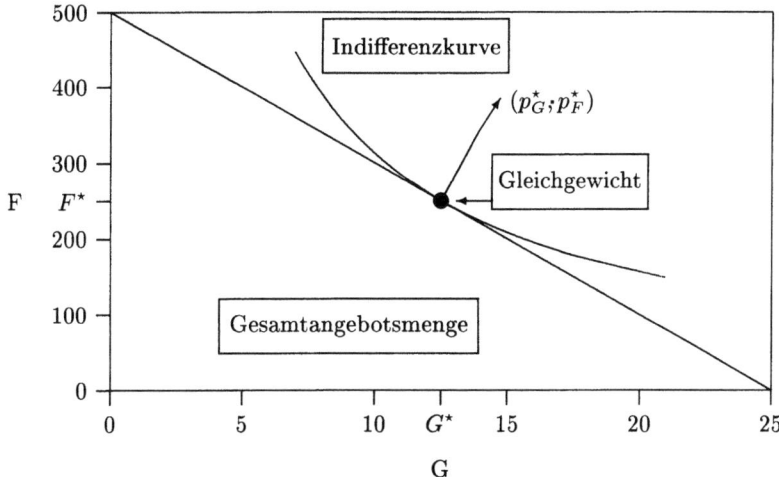

Was passiert nun, falls externe Effekte im Umweltbereich den Konsum oder die Produktion beeinträchtigen? Dieser Frage wird im folgenden Abschnitt nachgegangen.

## 5.2 Externe Effekte

Externe Effekte beschränken und beeinträchtigen die Leistungsfähigkeit des Marktmechanismus. Ohne weitere Eingriffe wird das Marktergebnis unter externen Effekten im Allgemeinen nicht mehr effizient sein, wie wir noch sehen werden. Da der Konsum von Umweltgütern oder deren Einsatz im Produktionsprozess typischerweise Externalitäten hervorruft, Umweltbelastungen schlechthin externe Effekte sind, öffnet sich hier ein umfassendes Problemfeld und ein weites Betätigungsfeld für die Umweltökonomie.

Was versteht man also unter externen Effekten? Häufig findet man für die Definition externer Effekte in etwa die folgende Formulierung (vgl. Baumol/Oates (1988), S. 17):

### Definition 5.2.1
*Man spricht von einer Externalität, wenn in die Präferenzordnung bzw. die Technologie eines Wirtschaftssubjektes reale Variablen eingehen, die durch Aktivitäten anderer Wirtschaftssubjekte festgelegt werden, ohne dass sich diese besonders dieses Effekts bewusst werden.*

Besonders hinzuweisen ist auf den Aspekt der "realen" Variablen, die den Nutzen oder die Technologie eines Individuums beeinflussen. Damit werden "pekuniäre" Effekte ausgeschlossen, die über Preisänderungen auf den Märkten voll berücksichtigt werden. Bei den hier betrachteten externen Effekten geht es folglich um Effekte, die ohne weitere Maßnahmen nicht vollständig in das Marktsystem integriert werden und die damit den Allokationsmechanismus des Marktsystems beeinträchtigen können.

Letztlich führen externe Effekte im Produktionssektor zu einer Divergenz zwischen privaten und gesellschaftlichen Grenzkosten, indem sie die Produktionsmöglichkeiten anderer Produzenten beeinflussen. Im Konsumbereich modifizieren externe Effekte in ähnlicher Weise die ökonomischen Entscheidungen anderer Individuen. Dies geschieht etwa dann, wenn ein Haushalt auf eigene Kosten Schallschutzfenster einbauen lässt.

Die Unterscheidung zwischen den hier zur Diskussion stehenden "eigentlichen" externen Effekten und pekuniären Effekten führt in der Praxis gelegentlich zu kontroversen Diskussionen. Dies gilt beispielsweise für die Frage, ob die Höhe der Mineralölsteuer durch die durch den motorisierten Individualverkehr initiierten externen Effekte zu rechtfertigen ist. Baum/Behnke (1997) liefern einen Beitrag zu dieser Diskussion.

---

**A.C. Pigou: "The Economics of Welfare"** (Pigou (1929), Ch. IX, Auszug)

"I now turn to the second class of divergence between social and private net product.... Here the essence of the matter is that one person A, in the course of rendering some service, for which payment is made, to a second person B, incidentally also renders services or disservices to other persons C, D and E, of such sort that technical considerations prevent payment being extracted from the benefited parties or compensation being enforced on behalf of the injured parties. ...

Among these examples we may set out first a number of instances in which marginal private net product falls short of marginal social net product, because incidental services are performed to third parties from whom it is technically difficult to extract payment. ... It is true of resources devoted to the prevention of smoke from factory chimneys: for this smoke in large towns inflicts a heavy uncharged loss on the community, in injury to buildings and vegetables, expenses for washing clothes and cleaning rooms, expenses for the provision of extra artificial light, and in many other ways. ...

---

Die Definition externer Effekte macht unmissverständlich klar, dass Externalitäten im Umweltbereich ständig anzutreffen sind. Dies gilt für die Belastung der Ozonschicht ebenso wie für Lärm, für Landschaftszerstörung ebenso wie für Luftverschmutzung. Demnach sind die in diesem Abschnitt angestellten Überlegungen zu externen Effekten zugleich charakteristisch für die Umweltökonomie. Wir beschränken uns hier auf externe Effekte im Produktionsbereich. Andere externe Effekte können auf vergleichbare Weise analysiert werden.

Zur Vereinfachung der Darstellung wird nun im Kontext der Beispielökonomie angenommen, dass die Papierproduzenten durch Einleitung verschmutzter Abwässer die weiter flussabwärts angesiedelte Fischzucht beeinträchtigen. Spezieller wird unterstellt, dass mit jeder Einheit Papier ($G$) eine Einheit Abwasser ($A$) in den für die Fischzucht genutzten Fluss eingeleitet wird. Damit ändert sich zwar die Technologie der Papierindustrie nicht, jedoch übt das Produktionsniveau dieses Sektors einen negativen externen Effekt auf die Fischzuchtbetriebe aus.

Formal gilt: $G = g(L_G)$ und $F = f(L_F, A) = f(L_F, G)$ mit $\partial f(L_F, G)/\partial G =: f_2'(L_F, G) < 0$. Dabei wird der Einfachheit halber unterstellt, dass die Emission des verschmutzten Wassers gleich der Immission ist. Das Selbstreinigungspotential des Flusses wird den Fluss bis zum Beginn der nächsten Periode allerdings gereinigt haben, so dass sich die Schadstoffe über die Zeit hinweg nicht aufbauen. Insgesamt wird mit diesen Annahmen die komplizierte Analyse zeitabhängiger Prozesse vermieden.

Die funktionale Darstellung der Transformationskurve ist $F = F(G) = f(\bar{L} - g^{-1}(G), G)$ mit der Grenzrate der Transformation gegeben durch den Betrag der Steigung von $F(G)$:

$$-\frac{dF}{dG}\Big|_G = -\frac{dF(G)}{dG} = \frac{f_1'(L_F, G)}{g'(L_G)} - f_2'(L_F, G)$$

mit $(F, G) = (f(L_F, G), g(L_G))$ (vgl. Hinweis 5.1). Im Unterschied zur Situation ohne externe Effekte wird die 2. Ableitung von $F(G)$, welche die Krümmung von $F(G)$ mitbeschreibt, auch durch die Ableitung von $-f_2'(\bar{L} - g^{-1}(G), G)$ nach $G$ mitbestimmt, so dass zunächst das Vorzeichen dieser zweiten Ableitung und damit die Krümmung von

$F(G)$ nicht geklärt ist. Die Modifikationen (A) und (B) des ursprünglichen Beispiels illustrieren die Möglichkeit einer nicht länger konvexen Gesamtangebotsmenge:

**Beispiel(A) 5.2.1**
Für die Produktionsfunktionen $f^A(L_F, G) = 50 \cdot L_F/(G+1)$ und $g(L_G) = 2.5 \cdot L_G$ errechnet sich die Transformationskurve zu $F(G) = (500 - 20 \cdot G)/(G+1)$. Die dadurch beschränkte Gesamtangebotsmenge $\mathcal{A}$ ist jedoch nicht konvex: Für $\bar{L} = 10$ gehören zwar die Güterbündel $(500, 0)$ und $(0, 25)$ zu $\mathcal{A}$, nicht aber $(250, 12.5)$, das im Mittelpunkt der Verbindungsstrecke der beiden anderen Güterbündel liegt (vgl. Abbildung 5.3).

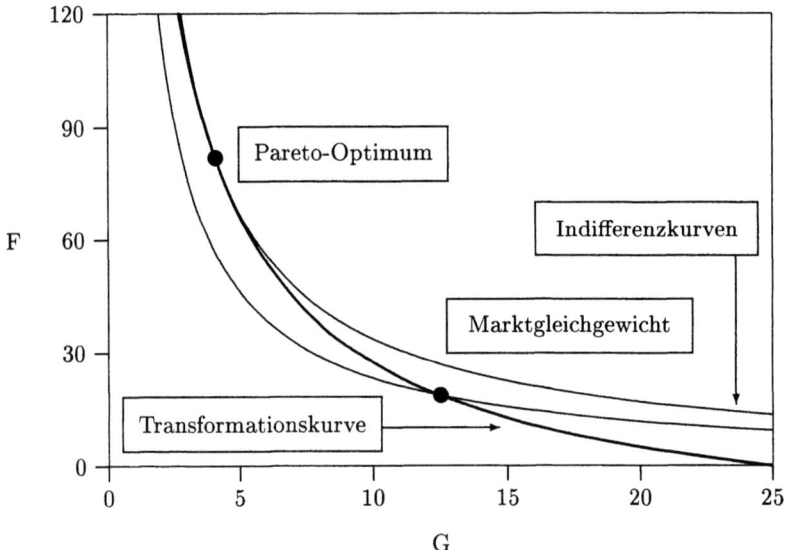

**Abbildung 5.3.** Gleichgewicht bei externen Effekten: Beispiel (A)

**Beispiel(B) 5.2.1**
Für die Produktionsfunktionen $f^B(L_F, G) = 0.08 \cdot L_F \cdot (625 - G^2)$ und $f(L_G) = 2.5 \cdot L_G$ errechnet sich die Transformationskurve zu $F(G) = (500 - 20 \cdot G - 0.8 \cdot G^2 + 20 \cdot G^3/625)$. Die dadurch beschränkte Gesamtangebotsmenge $\mathcal{A}$ ist ebenfalls nicht konvex (vgl. Abbildung 5.4).

## Hinweis 5.4

*Im Vergleich zu den Abbildungen 5.3 und 5.4 lässt Abbildung 5.2 unschwer die Bedeutung einer konvexen Gesamtangebotsmenge erkennen: In dem hier generell betrachteten Fall eines einzigen Konsumenten sind die pareto-effizienten Allokationen bei einer konvexen Gesamtangebotsmenge charakterisiert durch die tangentiale Berührung einer Indifferenzkurve mit der Transformationskurve. Die dadurch definierte Tangente repräsentiert mit dem zugehörigen Preisvektor sowohl die Budgetgerade des Konsumenten als auch die Iso-Gewinngerade bezüglich des Gesamtgewinns aller Unternehmen. Offenbar maximiert das durch die tangentiale Berührung definierte Güterbündel den Nutzen des Konsumenten in der Budgetmenge sowie den Gesamtgewinn der Unternehmen.*

*Ist die Gesamtangebotsmenge nicht mehr konvex, so können diese Eigenschaften verloren gehen, wie man den Abbildungen 5.3 und 5.4 entnimmt. Darüber hinaus muss die individuell rationale Entscheidung nicht mehr optimal sein aus der Sicht der gesamten Ökonomie. Dies und die diesbezüglichen Konsequenzen für die Leistungsfähigkeit des Marktmechanismus werden im Folgenden analysiert.*

Die Bedeutung dieser Beispiele zeigt sich in den folgenden Überlegungen, die auf dem Gleichgewichtsbegriff für externe Effekte beruhen. Für die hier betrachteten Situationen ist dann die nachstehende Definition grundlegend. Im Falle anders strukturierter externer Effekte ist die Definition entsprechend zu modifizieren. Die Kernaussagen zur Ineffizienz eines Gleichgewichts bei externen Effekten bleiben dabei im Grundsatz erhalten.

**Definition 5.2.2**
*Eine Allokation $z^\star = (L_F^\star, L_G^\star, F^\star, G^\star)$ ist ein Marktgleichgewicht bei externen Effekten, falls ein Preissystem $p^\star = (p_L^\star, p_F^\star, p_G^\star)$ existiert mit folgenden Eigenschaften:*

- *Der Faktoreinsatz $L_F^\star$ der F-Industrie ist zum gegebenen Preissystem $p^\star$ und zur gegebenen Ausbringungsmenge $G^\star$ der G-Industrie gewinnmaximal.*
- *Der Faktoreinsatz $L_G^\star$ der G-Industrie ist zum gegebenen Preissystem $p^\star$ gewinnmaximal.*
- *Das Güterbündel $(F^\star, G^\star)$ ist zum Preissystem $p^\star$ nutzenmaximal in der Budgetmenge des Konsumenten.*

- Alle Märkte sind geräumt: $L_F^\star + L_G^\star = \bar{L}$, $F^\star = f(L_F^\star, G^\star)$ und $G^\star = g(L_G^\star)$.

**Hinweis 5.5**
Der Gewinn der $F$-Industrie ist bei gegebener Menge $G^\star$, bei gegebenen Preisen $p^\star$ und beim Faktoreinsatz $L_F^\star$ maximal, falls gilt: $p_F^\star f(L_F^\star, G^\star) - p_L^\star L_F^\star \geq p_F^\star f(L_F, G^\star) - p_L^\star L_F$ für alle $L_F \geq 0$. Die Produktionsmenge $G^\star$ der $G$-Industrie ist aus Sicht der $F$-Industrie nicht beeinflussbar und nicht veränderbar.

**Abbildung 5.4.** Gleichgewicht bei externen Effekten: Beispiel (B)

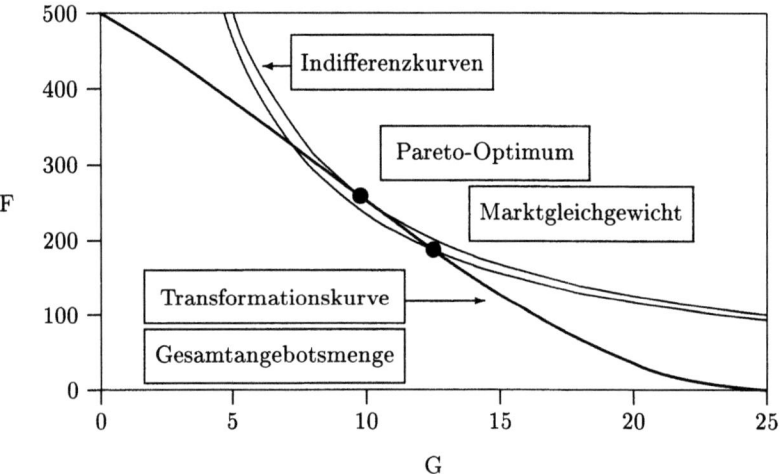

Die obige Definition imitiert die strukturelle Wirkung des externen Effekts: Die Fischzuchtbetreiber sind betroffen von der Verschmutzung durch die Papierproduktion, haben unter den gegebenen Rahmenbedingungen jedoch keine Kontrollmöglichkeit. Dies äußert sich darin, dass $G^\star$ die Gewinnsituation der $F$-Industrie zunächst beeinträchtigt, dass aber darüber hinaus das Niveau $G^\star$ – und damit das Ausmaß der Verschmutzung – von Seiten der $F$-Industrie als gegeben, als nicht beeinflussbar hingenommen wird. Die Papierproduzenten sehen, wieder unter den gegebenen Rahmenbedingungen, keine Veranlassung, das Ausmaß der Verschmutzung in ihren Produktionsentscheidungen zu berücksichtigen. Die höheren Kosten der Fischzucht, die durch die

Papierproduktion herbeigeführt werden, sind somit soziale Kosten der Papierproduktion, die nicht von der Papierindustrie getragen werden. Im Allgemeinen wird daher unter diesen Umständen "zu viel" Papier produziert werden.

Wiederum zeigt sich der Vorteil der formalen Analyse. Die grundlegenden strukturellen Wirkungen externer Effekte können so auf einfache Weise verdeutlicht werden. So erkennt man beispielsweise, dass sich Probleme für den Preismechanismus aus einer nicht mehr unbedingt konvexen Angebotsmenge ergeben können. Konkret können dann die schon angedeuteten Probleme mit den Bedingungen 2. Ordnung für Nutzen- oder Gewinnmaxima auftreten. Maximierung des Gesamtgewinns wird dann möglicherweise zu nicht-effizienten Randlösungen führen. Insgesamt sind die Bedingungen 1. Ordnung nicht mehr hinreichend im Gegensatz zum Fall konkaver Produktionsfunktionen und quasi-konkaver Nutzenfunktionen bei rein privaten Gütern ohne externe Effekte. Die praktische Bedeutung dieses formalen Resultats für die Zuweisung von Eigentumsrechten wird anhand der Beispiele noch demonstriert werden.

Weiter kann man der formalen Analyse entnehmen, dass die Indifferenzkurve durch die Gleichgewichtsallokation die Transformationskurve möglicherweise schneidet. Dies ist eine zusätzliche, jedoch bekanntere Quelle der Ineffizienz, die in den folgenden Beispielen ebenfalls eine Rolle spielt und die anschließend noch genauer betrachtet wird. Auch in diesem Fall führt individuell rationales Verhalten, hier des Konsumenten, nicht mehr zu einem gemäß dem Pareto-Kriterium gesamtwirtschaftlich wünschenswerten Ergebnis.

**Beispiel(A) 5.2.2**
*Im oben definierten Beispiel (A) ermittelt man die hier eindeutig bestimmte pareto-effiziente Allokation $\hat{z} = (\hat{L}_F, \hat{L}_G, \hat{F}, \hat{G})$ zu $\hat{z} \approx (8.36, 1.64, 81.98, 4.1)$ bei einem Nutzenwert von $\hat{u} \approx 336$. Genauer ist $\hat{F} = 20\hat{G}$ mit $\hat{G} = \sqrt{26} - 1$. Dagegen ergibt sich das ebenfalls eindeutig bestimmte Gleichgewicht bei externen Effekten zu $z^\star = (L_F^\star, L_G^\star, F^\star, G^\star)$ mit $z^\star \approx (5, 5, 18.52, 12.5)$ bei Gleichgewichtspreisen $p^\star = (p_L^\star, p_F^\star, p_G^\star) = (50, 13.5, 20)$ und mit einem Nutzenwert von $u^\star \approx 231.5$ (vgl. Abbildung 5.3).*

**Beispiel(B) 5.2.2**
*Im oben definierten Beispiel (B) ermittelt man die ebenfalls eindeutig bestimmte pareto-effiziente Allokation $\hat{z} = (\hat{L}_F, \hat{L}_G, \hat{F}, \hat{G})$ zu*

$\hat{z} \approx (6.1, 3.9, 258.34, 9.76)$ bei einem Nutzenwert von $\hat{u} \approx 2521.4$. Das eindeutig bestimmte Gleichgewicht bei externen Effekten ergibt sich zu $z^\star = (L_F^\star, L_G^\star, F^\star, G^\star)$ mit $z^\star = (5, 5, 187.5, 12.5)$ bei Gleichgewichtspreisen $p^\star = (p_L^\star, p_F^\star, p_G^\star) = (50, 4/3, 20)$ und mit einem Nutzenwert von $u^\star \approx 2343.75$ (vgl. Abbildung 5.4).

---

**Hinweis 5.6**
Im Fall des Beispiels (A) ergibt sich die wiederum einzige pareto-effiziente Allokation aus der tangentialen Berührung der Transformationskurve mit einer Indifferenzkurve:

$$-\frac{dF}{dG}\Big|_{\hat{G}} = \frac{520}{(\hat{G}+1)^2} = \frac{500 - 20\hat{G}}{\hat{G}(\hat{G}+1)} = \frac{F(\hat{G})}{\hat{G}} = \frac{u_G(\hat{F}, \hat{G})}{u_F(\hat{F}, \hat{G})}.$$

Daraus ergibt sich sofort die pareto-effiziente Allokation. In Bezug auf das Gleichgewicht ist die Null-Gewinn-Bedingung zu beachten, die zu den Preisen $p_F^\star = G^\star + 1$ und $p_G^\star = 20$ führt, falls $p_L^\star = 50$ gesetzt wird. Aus der Bedingung 1. Ordnung für die Nutzenmaximierung erhält man:

$$\frac{p_F^\star}{p_G^\star} = \frac{G^\star + 1}{20} = \frac{G^\star(G^\star + 1)}{500 - 20G^\star} = \frac{G^\star}{F(G^\star)} = \frac{u_F(F^\star, G^\star)}{u_G(F^\star, G^\star)}.$$

Die Auflösung dieser Gleichung führt dann unmittelbar zu den gesuchten Daten der Gleichgewichtsallokation. Mit Beispiel (B) verfährt man analog.

---

Die Beispiele verdeutlichen die Konsequenz dieser externer Effekte im Produktionsbereich. Die umweltbelastende Papierproduktion wird im Gleichgewicht auf einem gegenüber der pareto-effizienten Allokation zu hohem Niveau durchgeführt, die Gleichgewichtsallokation ist folglich nicht pareto-effizient. Der Grund für diese Ineffizienz liegt letztlich darin, dass die Papierproduzenten – wie schon oben erwähnt – den negativen Effekt ihrer Aktivitäten auf die Fischzucht nicht "sehen" und nicht berücksichtigen. Andererseits haben die Fischzüchter unter den gegebenen Rahmenbedingungen keine Möglichkeit, die Papierproduzenten zu einer anderen Produktionsweise zu bewegen.

Diese Betonung der geltenden Rahmenbedingungen des Wirtschaftens macht deutlich, dass bei externen Effekten gerade diese geändert werden müssen, dass also im Sinne einer durchdachten Ordnungspolitik gezielte Eingriffe in das Wirtschaftssystem nötig sind, um die Leistungsfähigkeit des Marktmechanismus unter externen Effekten wieder herzustellen.

Ist nun allgemeiner $p^\star = (p_L^\star, p_F^\star, p_G^\star)$ ein Gleichgewichtspreissystem für ein Gleichgewicht $z^\star = (L_F^\star, L_G^\star, F^\star, G^\star)$ der Beispielökonomie bei (negativen) externen Effekten im Produktionsbereich, so erhält man aus den Bedingungen 1. Ordnung für die individuelle Gewinnmaximierung unmittelbar die Beziehung

$$\frac{p_G^\star}{p_F^\star} = \frac{f_1'(L_F^\star, G^\star)}{g'(L_G^\star)} < \frac{f_1'(L_F^\star, G^\star)}{g'(L_G^\star)} - f_2'(L_F^\star, G^\star),$$

da $f_2'(L_F^\star, G^\star)$ dann negativ ist. Der Term auf der rechten Seite entspricht aber gerade der Grenzrate der Transformation im Güterbündel $(F^\star, G^\star)$, so dass die gesamtwirtschaftliche Budgetgerade, deren Steigung betragsmäßig gegeben ist durch $p_G^\star/p_F^\star$, die Transformationskurve echt schneidet. Unter den hier getroffenen Annahmen an die Struktur der externen Effekte ist ein Gleichgewicht damit zwar durch produktionstechnische Effizienz gekennzeichnet, das gesamtwirtschaftliche Angebot liegt auf der Transformationskurve, jedoch ist die Gleichgewichtsallokation generell nicht pareto-effizient (vgl. hierzu die Abbildungen 5.3 und 5.4).

Es stellt sich nun die Frage, wie man diesem "Marktversagen", das durch die Existenz externer Effekte hervorgerufen wird und in der Form ineffizienter Gleichgewichtsallokationen zum Ausdruck kommt, begegnen kann. Eine Reihe von Ansätzen beruht auf der Idee, die schon erwähnte Diskrepanz zwischen privaten und sozialen Kosten durch eine "Internalisierung" der externen Effekte zu schließen. Offenbar sieht der Verursacher der Umweltbelastungen unter den bisherigen Rahmenbedingungen keinen Anlass, seine wirtschaftlichen Aktivitäten abzuändern und die umweltbelastende Produktion zu reduzieren. Daher der Versuch, seine Verhaltensweise durch eine korrekte Anlastung der entstehenden Kosten zu beeinflussen.

Eine Änderung der relevanten Rahmenbedingungen ist demzufolge notwendig, um eine Internalisierung externer Effekte zu ermöglichen. Dabei wird uns wieder die formale Analyse von Nutzen sein, auch um den Zusammenhang der verschiedenen für die Praxis relevanten Methoden zu verstehen. Die verschiedenen Ansätze sollen im Anschluss an die folgenden Überlegungen zur Allokation öffentlicher Güter, die für den Umweltbereich ebenfalls von großer Relevanz sind, angegeben und analysiert werden.

## 5.3 Öffentliche Güter

Reine öffentliche Güter sind ökonomisch charakterisiert durch das Nicht-Auschließbarkeitsprinzip und durch die Nicht-Rivalität des Konsums. Konkreter bedeutet dies, dass Individuen vom Konsum eines öffentlichen Gutes (in einem möglicherweise enger begrenztem Gebiet) nicht ausgeschlossen werden können oder aus anderen Gründen nicht ausgeschlossen werden sollen, und dass der Konsum dieses Gutes durch eine Gruppe von Individuen die verfügbare Menge des öffentlichen Gutes nicht nachhaltig verringert. Umgekehrt impliziert dies, dass eine Menge eines reinen öffentlichen Gutes, die einem Individuum zur Verfügung steht, auch von allen anderen konsumiert werden kann. In diesem Sinne sind öffentliche Güter durch ganz besonders intensive externe Effekte charakterisiert: Die Bereitstellung einer Einheit eines (reinen) öffentlichen Gutes für ein Individuum hat unmittelbare Konsequenzen für das Wohlergehen aller anderen Individuen. Diese Eigenschaft öffentlicher Güter wird bei Mechanismen für effiziente Allokationen eine wichtige Rolle spielen.

Bezogen auf die Umweltproblematik lässt sich feststellen, dass die Umweltgüter zwar meistens keine reinen öffentlichen Güter im Sinne dieser Definition sind, dass jedoch viele zumindest ansatzweise Eigenschaften öffentlicher Güter aufweisen, indem sie das Wohlergehen vieler Individuen positiv oder negativ beeinflussen, wie im Fall sauberen bzw. verschmutzten Wassers, oder indem die zur Verfügung stehende Menge des Umweltgutes durch die Anzahl der konsumierenden Individuen nicht oder nicht nachhaltig beeinflusst wird, wie etwa im Fall der Dienstleistungen der Ozonschicht als Strahlungsschutz.

Aus den genannten Eigenschaften ergeben sich einige Konsequenzen für die Allokation öffentlicher Güter. Wegen des unmittelbaren Bezugs zu externen Effekten sind die folgenden Überlegungen zum "Gefangenendilemma" und zur "Tragedy of the Commons" wieder für weite Bereiche der Umweltökonomie relevant. Sie illustrieren interessante Facetten externer Effekte.

### 5.3.1 Das Gefangenendilemma

Im Kontext der eingeführten Beispiele bezeichne $A^\star$ die Menge an Abwasser, die von der $G$-Industrie bei gewinnmaximaler Produktion zu gegebenen Preisen ohne Reinigung in den Fluss eingeleitet würde. $K_V(A \mid A^\star)$ seien die "Vermeidungskosten", die der $G$-Industrie bei gegebenen Preisen der relevanten Güter entstehen, wenn die Abwassereinleitung von der Menge $A^\star$ auf die niedrigere Menge $A$ reduziert wird. Ist die $F$-Industrie an einem Reinigungsgrad $A < A^\star$ interessiert, so müsste von der $F$-Industrie bei entsprechenden Eigentumsrechten mindestens der Betrag $K_V(A \mid A^\star)$ aufgebracht werden, um die $G$-Industrie zur Abwasserreinigung zu bewegen. Es wird hier folglich unterstellt, dass die $G$-Industrie das "Recht" auf Verschmutzung des Wassers hat. In diesem Sinne liegen die diesbezüglichen Eigentumsrechte bei der $G$-Industrie. In den nächsten Abschnitten kommen wir auf diese Problematik vertiefend zurück.

**Beispiel 5.3.1**
*Ein $G$-Unternehmen produziert gemäß der Produktionsfunktion $G = g(L_G) = 10 \cdot \sqrt{L_G}$. Zusätzlich fällt mit jeder Einheit von $G$ eine Einheit des umweltbelastenden Stoffes $A$ an. Ein $F$-Unternehmen kann dagegen $F = f(L_F, A) = 10 \cdot \sqrt{L_F}/(A+1)$ Einheiten produzieren bei Einsatz von $L_F$ Einheiten des Faktors, wobei die Menge $A$ des $G$-Unternehmens als gegeben hinzunehmen ist. Gelten nun die Preise $p = (p_L, p_F, p_G) = (1, 1, 1)$, so ergibt sich $G^\star = A^\star = 50$ als gewinnmaximale Produktionsmenge. Unterstellt man, dass eine Verringerung der Produktionsmenge von $G$ die einzige Möglichkeit ist, um den Ausstoß von $A$ zu reduzieren, so enstprechen die Vermeidungskosten dem entgangenen Gewinn und die Vermeidungskostenfunktion ergibt sich zu $K_V(A \mid A^\star) = 25 - A + A^2/100$. Insbesondere ist $K_V(0 \mid A^\star) = 25$.*

Nun gebe es zwei Unternehmen der $F$-Industrie, die durch eine vollständige oder partielle Reinhaltung des Wassers einen zusätzlichen Gewinn in Höhe von $\pi_F(A) - \pi_F(A^\star)$ erzielen können. $\pi_F(A)$ beziffert dabei den Gewinn eines Unternehmens der $F$-Industrie, falls die Abwassermenge $A \leq A^\star$ von der $G$-Industrie in den Fluss eingeleitet wird. Es werden die folgenden Relationen zwischen den verschiedenen Größen unterstellt:

$$\pi_F(0) - \pi_F(A^\star) < K_V(0 \mid A^\star) \quad \text{und} \quad \pi_F(0) - \pi_F(A^\star) > \frac{1}{2} K_V(0 \mid A^\star).$$

Diesen Relationen zufolge können beide Unternehmen der $F$-Industrie zusammen die vollständige Abwasserreinigung für sich gewinnbringend in die Wege leiten, eines alleine dagegen nicht.

Ist sowohl die Gewinnfunktion $\pi_F(A)$ als auch die Vermeidungskostenfunktion $K_V(A \mid A^\star)$ stetig in $A$, so gelten beide Ungleichungen und die damit verbundenen Aussagen für alle Werte von $A$ mit

$0 \leq A < A^0$ mit einem bestimmten Wert $0 < A^0 \leq A^\star$. Andererseits kann aber kein Unternehmen der $F$-Industrie von den Vorteilen des sauberen Wassers ausgeschlossen werden, selbst wenn es sich nicht an den Kosten beteiligt. Somit besteht immer ein Anreiz auf Seiten der $F$-Industrie, erst einmal abzuwarten, ob nicht das andere Unternehmen die Wasserreinigung von sich aus finanziert. Da dieses allein dabei aber keinen Gewinn machen würde, jedenfalls nicht bis zu einem Reinigungsniveau unterhalb $A^0$, wird es allenfalls zu einer geringfügigen Klärung des Abwassers bis zum Niveau $A^0$ kommen. Man spricht hier vom "Gefangenendilemma", eine Konstellation, die sich nur durch intensive Kooperation zwischen den Beteiligten vermeiden lassen wird (vgl. die Anmerkungen zum Gefangenendilemma in Weimann (1990), Abschnitt 1.4.1).

Alternativ kann man sich vorstellen, dass ein Kostenbeteiligungsschema ausgehandelt wird, das alle betroffenen Unternehmen miteinbezieht. Aber auch das beseitigt die oben erwähnten Schwierigkeiten nicht grundsätzlich, solange nicht eine unternehmensübergreifende Instanz eingreift (vgl. auch Abschnitt 7.2).

**Beispiel 5.3.2**
*Unter den obigen Annahmen errechnet man $\pi_F(A) = 25/(A+1)^2$. Damit gilt mit approximativen Zahlenangaben die erste der obigen Ungleichungen für $0 \leq A < 49.97$, die zweite in den Bereichen $0 \leq A < 0.42$ und $49.93 < A < 50$.*

*Lediglich für Werte von $A$ nahe bei $A^\star = 50$ ($A \geq 49.97$) lohnt sich demnach die Kompensation der $G$-Industrie auch für ein einzelnes $F$-Unternehmen allein, in diesem Bereich gilt $\pi_F(A) - \pi_F(A^\star) \geq K_V(A \mid A^\star)$. Demzufolge wird das einzelne $F$-Unternehmen nur einen geringfügigen Anreiz haben, die $G$-Unternehmen für die Reinigung des Wassers zu kompensieren.*

Die "Nachfrage" nach den Umweltgütern ist demnach vorhanden, aufgrund der besonderen Eigenschaften dieser Güter wird diese Nachfrage oft nicht in ausreichendem Umfang marktrelevant, wie das obige Beispiel demonstriert. Das durchaus vorhandene Interesse an einer sauberen Umwelt, das durchaus vorhandene Umweltbewusstsein, kann nicht richtig umgesetzt werden. Es ist wichtig zu verstehen, dass dieses Ergebnis sich aus der Natur der Umweltgüter ergibt und kein vordergründig umweltfeindliches Verhalten der Unternehmen zur Ursache hat. Insbesondere wird auch ein steigendes Umweltbewusstsein direkt nur wenig zur Lösung dieser Problematik beitragen können, wenngleich es die Zusammenhänge deutlicher werden lässt (vgl. auch die diesbezügliche Erörterung in Abschnitt 3).

Bei genauerer Analyse des Sachverhalts erkennt man, dass die umweltfreundliche Aktion eines Unternehmens das andere Unternehmen in zweifacher Weise begünstigen würde: Einmal profitiert das andere Unternehmen von der Bereitstellung des Umweltgutes, zum andern wird es nochmals begünstigt durch dessen kostenlose Bereitstellung. Dies ist wiederum eine Folge der Natur der externen Effekte.

In der Praxis findet man vergleichbare Zusammenhänge etwa bei der Problematik der Überfischung der Weltmeere oder bei der Ratifizierung internationaler Umweltabkommen. Einige dieser Aspekte werden in Teil IV vertiefend aufgegriffen.

Der folgende Abschnitt illustriert ein verwandtes Ergebnis in einem etwas modifizierten Kontext. Wiederum wird sich zeigen, dass individuell rationales Handeln den Bedürfnissen des Umweltschutzes zuwider laufen kann.

### 5.3.2 Die "Tragedy of the Commons"

Die eben angesprochene Problematik wird bei einer großen Zahl betroffener Individuen noch verschärft. Setzt sich die $F$-Industrie etwa aus vielen kleinen Unternehmen zusammen, die alle vom Umweltgut sauberes Wasser profitieren würden, so ergibt sich unter einigen Annahmen folgende Überlegung: Trägt ein Unternehmen $i$ der $F$-Industrie mit dem Betrag $b_i$ zur Reinigung des Wassers bei, so steige der Bruttogewinn jedes einzelnen Unternehmens um den Betrag $z = h(\sum_j b_j)$, wobei typischerweise $h'(b) < 1$ anzusetzen ist (Overhead-Kosten, Dämpfungseffekte und dergleichen). Der Reingewinn eines Unternehmens $i$ ändert sich demzufolge um $\pi_i(b_i) = z - b_i = h(\sum_j b_j) - b_i$. Wegen $\pi_i'(b_i) < 0$ ist $b_i = 0$ die optimale Entscheidung.

Für jedes einzelne Unternehmen ist es daher rational, sich auf die Beiträge der anderen Unternehmen zu verlassen, selbst aber nichts zur Entlastung der Umwelt beizusteuern. Es ist daher zu erwarten, dass diese an sich für jedes einzelne Unternehmen vorteilhafte Umweltschutzmaßnahme unter diesen Rahmenbedingungen mangels Unterstützung nicht zustande kommt. (vgl. wieder Weimann (1990), Abschnitt 1.4.2).

Ein Beispiel von vielen für die Wirkung der Tragedy of the Commons im täglichen Leben liefert die Wahl des Verkehrsmittels, um zur

Arbeitsstätte zu gelangen. Die Abwägung zwischen ÖPNV und eigenem Auto wird trotz Stau häufig zugunsten des Autos entschieden. Wenn andere Autofahrer auf die Verkehrsmittel des ÖPNV umsteigen, so wird sich die Verkehrssituation entschärfen und man kann selbst weiter das bequemere Auto unter besseren Verkehrsverhältnissen nutzen. Darüber hinaus ist der eigene Beitrag zum allmorgendlichen Verkehrsstau und zur Umweltbelastung gering (vgl. hierzu auch die Ergebnisse der Umfragen in den Tabellen 2.3 und 2.4).

Wir erkennen wieder, dass das eigene rationale Verhalten aufgrund der Natur der Umweltgüter nicht konform ist zu den Belangen des Umweltschutzes. Aufgabe der Umweltökonomie muss es daher sein, diese Diskrepanz zwischen individueller und kollektiver Rationalität durch eine geeignete Modifikation der wirtschaftlichen Rahmenbedingungen zu schließen. Das folgende Kapitel bringt die dazu benötigten formalen Ansätze und Instrumente.

# 6. Internalisierung externer Effekte

Die bisherigen Überlegungen erlauben folgende grundsätzliche und zusammenfassende Charakterisierung der Umweltökonomie: Umweltgüter dienen der Befriedigung von Bedürfnissen und sind daher Güter im ökonomischen Sinn. Ihre Knappheit unterwirft sie in vielen Fällen dem herkömmlichen Allokationsproblem. Der klassische Marktmechanismus als Allokationsmechanismus für Umweltgüter versagt allerdings, legt man das Effizienzkriterium als Maßstab an. Ursächlich dafür sind die externen Effekte oder auch Eigenschaften öffentlicher Güter, die typischerweise mit der Nutzung von Umweltgütern einhergehen.

Demzufolge gilt es nun, die Rahmenbedingungen für den Marktmechanismus in geeigneter Weise zu modifizieren, um den externen Effekten Rechnung zu tragen, um die externen Effekte zu "internalisieren". Externe Effekte laufen zum Teil an den regulären Märkten vorbei und sind nicht in die Preissignale integriert, sind in diesem Sinne nicht "internalisiert". Insgesamt soll so auf diese Weise die Leistungsfähigkeit des Marktmechanismus mit einem effizienten Allokationsergebnis auch bei Vorhandensein externer Effekte sichergestellt werden. Dabei wird sich eine entscheidende Diskrepanz zwischen den aus der Theorie gewonnenen Erkenntnissen und deren praktischer Umsetzung abzeichnen. Aber auch daraus lässt sich einiges lernen für eine ökonomisch und ökologisch fundierte Umweltpolitik!

Gleichermaßen ist über geeignete Allokationsmechanismen für öffentliche Güter nachzudenken. Hier liegt das Problem in der Existenz einer Vielzahl von Externalitäten: Jeder Nutzer eines (reinen) öffentlichen Gutes stellt dieses Gut auch allen anderen Individuen ungeschmälert zur Nutzung zur Verfügung. Auf diese Weise wird ein externer Effekt auf alle weiteren Individuen ausgeübt. Eine effizienter Allokationsmechanismus für öffentliche Güter muss diese vielfältigen externen Effekte, die mit der Bereitstellung öffentlicher Güter einhergehen, adäquat internalisieren. Diese Problematik wird im nächsten

Kapitel vertiefend aufgegriffen. Auch in diesem Fall wird die direkte Anwendung der theoretischen Resultate in der Praxis auf erhebliche Schwierigkeiten stoßen.

Die im Marktsystem zunächst nicht angemessen berücksichtigten externen Effekte signalisieren fehlende Handelsmöglichkeiten, gar "fehlende Märkte". Konsequenterweise drehen sich die nachfolgenden Überlegungen daher im Kern um eine passende Ergänzung des Marktsystems mit dem Ziel der Internalisierung externer Effekte. Dies kann auf verschiedene Art und Weise geschehen: Denkbar, wenngleich eher unwahrscheinlich, ist die direkte Einrichtung der offenbar fehlenden Märkte auf der Grundlage staatlicher Direktiven, realistischer ist die Ergänzung des Marktsystems über den Handel mit Zertifikaten oder Verschmutzungsrechten. Letztlich können auch Umweltsteuern als Marktpreise für die auf den fehlenden Märkten gehandelten Güter interpretiert werden und manchmal genügen auch schon einfache Verträge zwischen den betroffenen Parteien. Berührt nämlich ein externer Effekt lediglich die Interessen einer kleinen Gruppe von Individuen, so kann ein direktes Aushandeln zur Internalisierung führen, ohne dass dazu ein "Markt" mit vielen Anbietern und Nachfragern etabliert werden müsste.

Mit der Einrichtung neuer Handelsmöglichkeiten, neuer Märkte, ist immer auch die Vergabe von Eigentumsrechten verbunden. Dies lässt wiederum Raum für verschiedene Ausprägungen, die auf eine reziproke Natur externer Effekte aufmerksam machen: In dem hier betrachteten Beispiel beeinträchtigen auf den ersten Blick die Papierproduzenten die Fischzuchtbetriebe, indem sie das Wasser mit Schadstoffen belasten. Andererseits könnte man aber auch argumentieren, dass die Fischzüchter mit ihrem Verlangen nach einem sauberen Wasser die ungehinderte wirtschaftliche Entfaltung der Papierproduzenten stören, wenngleich diese Argumentation nicht richtig zu einer "korrekten" Umweltpolitik zu passen scheint.

Die reziproke Natur der externen Effekte (vgl. auch Coase (1960)) ist die Folge fehlender Eigentumsrechte, eventuell auch fehlender Märkte, mit der schon erwähnten Konsequenz des Marktversagens: Im Beispiel werden die Fischzüchter die Schuld an der Verschmutzung des Wassers den Papierproduzenten geben, umgekehrt werden die Papierproduzenten den Fischzüchtern ihren unpassend gewählten Standort vorhalten. Was fehlt ist offenbar eine geeignete Zuweisung von Eigentumsrechten an dem Umweltgut "sauberes Wasser", vielleicht auch ein

Markt für dieses Umweltgut, um diese reziproke Natur der Externalität aufzubrechen.

Konkret ergeben sich folgende Möglichkeiten: Wenn die Papierproduzenten das Recht auf die Nutzung (und damit die Verschmutzung) des Gewässers haben, so werden die Fischzüchter mit den Papierproduzenten in Verhandlungen eintreten mit dem Ziel, den Unternehmen der $G$-Industrie Verschmutzungsrechte abzukaufen. Ist aber die Verteilung der Eigentumsrechte an der Nutzung des Wassers so, dass den Fischereibetrieben grundsätzlich die Nutzung des unverschmutzten Wassers gestattet ist, so müssen die Papierproduzenten das Recht auf Nutzung und Verschmutzung des Wassers von den Fischzüchtern käuflich erwerben. Diese marktnahen Aktivitäten können dann gegebenenfalls durch die Einrichtung einer "Umweltbank" oder auf andere Art und Weise institutionalisiert werden, so dass sich ein nahezu regulärer Markt für diese Aktivitäten etabliert.

Die Abschnitte dieses Kapitels drehen sich letztlich alle um diese fundamentalen Gedanken. Dabei interessieren in diesem Teil des Buches vorrangig die theoretischen Grundlagen der angesprochenen Fragen. Aspekte der praktischen Umweltökonomie werden im nächsten Teil vor dem Hintergrund der nun gewonnenen Erkenntnisse betrachtet.

Die folgenden Überlegungen und formalen Ausführungen beschränken sich auf den eingangs skizzierten Fall einer Externalität im Produktionsbereich: Die Firmen der $G$-Industrie üben einen negativen externen Effekt auf die Firmen der $F$-Industrie aus, wobei wieder jedes $F$-Unternehmen durch das gesamte Volumen der $G$-Produktion beeinträchtigt wird. Selbstverständlich lassen sich andere externe Effekte in entsprechend strukturierten Modellen analysieren.

## 6.1 Ergänzung des Marktsystems

In der betrachteten Beispielökonomie wird die Umweltbelastung durch ein zusätzliches Gut $A$ ("Abwasser") hervorgerufen, das als Nebenprodukt bei der Papierherstellung anfällt. Für dieses Gut $A$ gibt es keinen Markt, offenbar wegen fehlender Eigentumsrechte. Aufgrund der Sachlage wird sich ein "Markt" für dieses Gut $A$ im Allgemeinen auch nicht aus freien Stücken etablieren, wer will schon "Abwasser" kaufen, mit dem annahmegemäß nichts weiter anzufangen ist. Vielmehr werden die

## 6. Internalisierung externer Effekte

$G$-Unternehmen verpflichtet werden müssen, dieses Gut zu einem negativen Preis anzubieten, die $G$-Unternehmer werden also für den Verkauf dieses "Gutes" bezahlen müssen.

Es ist nun zu untersuchen, ob über die Einrichtung eines Marktes für dieses Gut der externe Effekt internalisiert werden kann, ob damit die Leistungsfähigkeit des Marktmechanismus restauriert werden kann. Vereinfachend wird wieder unterstellt, dass mit jeder Einheit von $G$ auch eine Einheit von $A$ produziert wird. Damit schließen wir der Einfachheit halber die Existenz alternativer, umweltfreundlicherer Technologien zur Produktion von Gut $G$ aus:

$$F = f(L_F, A), \quad G = g(L_G) \quad \text{und} \quad A = g(L_G).$$

Der Marktpreis für "Gut" $A$ wird, wie schon erwähnt, in dem hier unterstellten Kontext negativ sein. Alternativ wäre es auch möglich, $A$ als Faktor zu betrachten, von dem je produzierter Einheit des Gutes $G$ eine Einheit ohne Substitutionsmöglichkeit benötigt wird. In diesem Fall müssten die Unternehmer ganz regulär für dieses Gut als Faktor bezahlen.

Als Käuferin dieses Gutes sollte man sich eine staatliche Instanz vorstellen, die den Erlös in voller Höhe den Konsumenten zukommen lässt. Mit der Rückgabe des Erlöses an die Konsumenten wird das Gleichgewichtsmodell geschlossen. Da wir nur einen wirtschaftlich relevanten Konsumenten haben, gibt es dabei keine Verteilungsprobleme zu beachten, was die Überlegungen vereinfacht.

$p_A$ bezeichne den absoluten Betrag dieses Preises, so dass sich die Bedingungen für die Maximierung des Gewinns in der $F$-Industrie und der $G$-Industrie folgendermaßen darstellen lassen:

$$\max_{L_F} \left[ p_F \cdot f(L_F, G) - p_L \cdot L_F \right] \quad \text{und} \quad \max_{L_G} \left[ (p_G - p_A) \cdot g(L_G) - p_L \cdot L_G \right].$$

Aus den Bedingungen 1. Ordnung für die Gewinnmaximierung und die Nutzenmaximierung erhält man folgende notwendige Bedingungen für ein (inneres) Gleichgewicht:

$$\frac{p_G - p_A}{p_F} = \frac{f_1'(L_F, G)}{g'(L_G)} \quad \text{und} \quad \frac{u_G(F, G)}{u_F(F, G)} = \frac{p_G}{p_F} = \frac{f_1'(L_F, G)}{g'(L_G)} + \frac{p_A}{p_F}.$$

Wählt man nun $p_A := -p_F \cdot f_2'(L_F, G)$, so führen die Bedingungen 1. Ordnung offenbar zu einer Allokation, in der die Indifferenzkurve die Transformationskurve tangiert: Die Grenzrate der Substitution entspricht der Grenzrate der Transformation. Demzufolge ist diese Gleichgewichtsallokation unter diesen Bedingungen wieder pareto-effizient. Dieser Zusammenhang wird anhand unserer Beispiele verdeutlicht.

Wie die Beispiele 5.2.1 (A) und (B) zeigen, muss die Transformationskurve in diesem Kontext nicht mehr konkav sein. Insofern sind allgemein die Bedingungen 2. Ordnung nachzuprüfen. Im Fall unserer Beispiele ist deren Gültigkeit aber sichergestellt (vgl. die Abbildungen 5.3 und 5.4).

**Beispiel(A) 6.1.1**
*Definiert man in Beispiel (A) den Preis $\hat{p}_A = -\hat{p}_F f'_2(\hat{L}_F, \hat{G})$ $(= \hat{F})$ für das Gut A, so ist die effiziente Allokation $\hat{z} = (\hat{L}_F, \hat{L}_G, \hat{F}, \hat{G}) \approx$ (8.36, 1.64, 81.98, 4.1) ein Gleichgewicht mit Preisen $\hat{p} = (\hat{p}_L, \hat{p}_F, \hat{p}_G) \approx$ (50, 5.1, 101.98) und dem zusätzlichen Preis $\hat{p}_A \approx 81.98$. Darüber hinaus gilt $\hat{p}_G - \hat{p}_A = 20$, so dass die obigen Bedingungen 1. Ordnung erfüllt sind. Der "Erlös" $\hat{p}_A \cdot \hat{G}$ fließt in dieser geschlossenen Ökonomie dem Konsumenten neben dem Faktoreinkommen $\hat{p} \cdot \hat{L}$ als zusätzliches Einkommen zu. $(\hat{p}_L, \hat{p}_A, \hat{p}_F, \hat{p}_G)$ ist ein "Effizienzpreissystem", weil es eine effiziente Allokation stützt.*

**Hinweis 6.1**
Aufgrund der konstanten Skalenerträge erhält man mit der Normierung $\hat{p}_L = 50$ folgende Ergebnisse für die Gleichgewichtspreise: $\hat{p}_F = \hat{G} + 1$ und $\hat{p}_G - \hat{p}_A = 20$. Setzt man dies zusammen mit $\hat{p}_A := \hat{F}$ in die obigen Bedingungen ein, so ergibt sich:

$$\frac{\hat{F}}{\hat{G}} = \frac{20}{\hat{G}+1} + \frac{\hat{F}}{\hat{G}+1}.$$

Aus diesem Ausdruck errechnet man schließlich mit $\hat{F} = F(\hat{G}) = (500 - 20\hat{G})/(\hat{G}+1)$ das schon bekannte Ergebnis $\hat{G} = \sqrt{26} - 1$ und die anderen Daten für die nun effiziente Gleichgewichtsallokation (mit $\hat{p}_L = 50$ gilt: $\hat{L}_F = 10 - \hat{L}_G$, $\hat{L}_G = \hat{G}/2.5$, $\hat{F} = 20\hat{G}$, $\hat{p}_G = 20\hat{p}_F$). Man prüft unmittelbar nach, dass der Konsument für den Erwerb des Güterbündels $(\hat{F}, \hat{G})$ zu Preisen $\hat{p}$ neben seinem Faktoreinkommen noch den Erlös auf dem Markt für das Gut A benötigt, so dass das System in der Tat geschlossen ist.

## 6. Internalisierung externer Effekte

**Beispiel(B) 6.1.1**
*Setzt man den Preis $\hat{p}_A = -\hat{p}_F f_2'(\hat{L}_F, \hat{G}) = 0.16 \cdot \hat{L}_F \cdot \hat{G} \cdot 625/(625 - \hat{G}^2) \approx 11.24$ mit $\hat{p}_L = 50$ für das Gut A, so ist die Allokation $\hat{z} = (\hat{L}_F, \hat{L}_G, \hat{F}, \hat{G}) \approx (6.1, 3.9, 258.34, 9.76)$ effizient und ein Gleichgewicht zum Preissystem $\hat{p} = (\hat{p}_L, \hat{p}_F, \hat{p}_G) \approx (50, 1.18, 31.24)$ mit dem Preis $\hat{p}_A \approx 11.24$ in Beispiel (B). Zusätzlich gilt $\hat{p}_G - \hat{p}_A = 20$, so dass die obigen Bedingungen 1. Ordnung erfüllt sind. Der "Erlös" $\hat{p}_A \cdot \hat{G}$ fließt in dieser geschlossenen Ökonomie dem Konsumenten neben dem Faktoreinkommen $\hat{p} \cdot \hat{L}$ als zusätzliches Einkommen zu. $(\hat{p}_L, \hat{p}_A, \hat{p}_F, \hat{p}_G)$ ist wiederum ein "Effizienzpreissystem", weil es eine effiziente Allokation stützt.*

Der Preis $\hat{p}_A$ wird in diesem ersten Ansatz staatlicherseits festgesetzt, wobei weitere, wettbewerbsfreundlichere Rahmenbedingungen noch zu untersuchen sein werden. Der staatlichen Instanz fließen die entsprechenden Einnahmen als Eigentümerin des Umweltgutes zu, die dann als Pauschaltransfers an die Konsumenten zurückgegeben werden. Es kommt damit zu keinen eigentlichen Transaktionen auf einem regulären Markt für das Gut $A$, denn die Emission des umweltbelastenden Stoffes erfolgt weiter, wenngleich auf einem niedrigeren, effizienten Niveau.

Diese letzte Bemerkung gibt Anlass zu folgenden Überlegungen: Eine staatliche Behörde könnte den Preis $\hat{p}_A$ anstatt als Marktpreis als "Steuersatz" interpretieren, der auf jede produzierte Einheit von $G$ erhoben wird. Dann tritt der Markt für Gut $A$ vollkommen in den Hintergrund, obwohl dieser fehlende Markt für Gut $A$ ursächlich ist für diesen korrigierenden Eingriff. Im Fall der hier unterstellten strikten Koppelproduktion von Gut $G$ und Gut $A$ wird sich im Ergebnis kein Unterschied zeigen. Unterschiede werden sich dann ergeben, wenn es umweltfreundlichere Produktionsmethoden für Gut $G$ gibt. In diesem Fall würde der Marktpreis $\hat{p}_A$ Anreize setzen, den Ausstoß von Gut $A$ durch Einsatz der sauberen Technologie zu vermindern. Eine Steuer auf Gut $G$ würde diese Anreize dagegen nicht vermitteln.

Weitergehend könnte eine staatliche Behörde das "Recht" auf eine saubere Umwelt oder auch das "Recht", Gut $A$ zu emittieren, im Sinne eines Eigentumsrechts vergeben oder verkaufen. Auf diese Weise könnte anstelle des seltsam anmutenden Marktes für Gut $A$ ein nahezu regulärer Markt für "Verschmutzungsrechte" oder Zertifikate entstehen. Analog zu der hier betrachteten Situation würde dieser Markt das aufgrund der externen Effekte unvollständige Marktsystem vervollständigen. Es wird zu prüfen sein, ob und gegebenenfalls unter welchen Bedingungen ein effizientes Gleichgewicht auf diesen abgeleiteten Märkten existiert. Die Antwort wird für die verschiedenen Gegebenheiten nicht immer identisch ausfallen.

Diese Gedanken sollen in den nächsten Abschnitten untersucht werden. Wichtig ist dabei, dass es sich um Variationen desselben Themas handelt. Immer geht es um die Zuweisung von Eigentumsrechten für die Umweltgüter und die damit gegebenenfalls einhergehende Etablierung eines geeigneten zusätzlichen Marktes, ohne grundlegende Unterschiede aus rein theoretischer Sicht.

Gleichwohl sind Unterschiede aus ordnungspolitischer Sicht festzuhalten: Die Erhebung einer Umweltsteuer beruht auf einer anderen Philosophie als die Einrichtung eines Marktes für Emissionszertifikate. Legt man im ersten Fall einen "Marktpreis" im Sinne der obigen Interpretation fest, so vertraut man im zweiten Fall den Marktkräften, die den "richtigen" Preis finden werden, auch wenn die "richtige" Menge an Verschmutzungsrechten oder Emissionszertifikaten vorzugeben ist. Diese unterschiedliche Auslegung trennt eine eher interventionistische von einer eher marktorientierten Umweltpolitik mit erheblichen Konsequenzen für die umweltpolitische Praxis. Auch Teil III dieses Buches wird diesen Aspekt nochmals aufgreifen.

Darüber hinaus kann auch die Verteilung der Eigentumsrechte eine Rolle für das Ergebnis spielen. Eine Interessengruppe wird mit den Eigentumsrechten möglicherweise anders umgehen, als eine eher neutrale staatliche Umweltbank. In Abschnitt 6.4 werden wir ausführlich auf diesen Aspekt eingehen.

## 6.2 Die Pigou-Steuer

Auf der Grundlage der vorangegangenen Anmerkungen ist die formale Analyse der "Pigou-Steuer" nun einfach: Anstelle einer Ausgabe für Gut $A$ in Höhe von $p_A$ Geldeinheiten je Einheit des Gutes $A$ auf einem besonderen Markt wird jetzt eine Steuer in Höhe von $t_G$ Geldeinheiten je Einheit des Gutes $G$ erhoben. Das Steueraufkommen fließt an den Haushalt zurück. Die Bedingungen für die Gewinn- und die Nutzenmaximierung ändern sich dabei im Vergleich zum obigen Abschnitt nicht, folglich führt ein Steuersatz $\hat{t}_G := \hat{p}_A$ in den betrachteten Beispielen zur effizienten Gleichgewichtsallokation $\hat{z}$. Falls die $G$-Produzenten die Umweltbelastung auch durch den Einsatz einer anderen Technologie reduzieren können, wird $\hat{t}_G$, wie schon erwähnt, andere Anreize setzen als $\hat{p}_A$.

---

### A.C. Pigou: "The Economics of Welfare" (Pigou (1929), Ch. IX, Auszug)

"It is plain that divergences between private and social net product of the kinds we have so far been considering cannot, like divergences due to tenancy laws, be mitigated by a modification of the contractual relation between any two contracting parties, because the divergence arises out of a service or disservice rendered to persons other than the contracting parties. It is, however, possible for the State, if it so chooses, to remove the divergence in any field by "extraordinary encouragements" or "extraordinary restraints" upon investments in that field. The most obvious forms which these encouragements and restraints may assume are, of course, those of bounties and taxes. ...

The private net product of any unit of investment is unduly large relatively to the social net product in the businesses of producing and distributing alcoholic drinks. Consequently, in nearly all countries, special taxes are placed upon these businesses. ..."

---

Dennoch ist diese Steuer, benannt nach A. Pigou, der schon vor geraumer Zeit vorgeschlagen hat, die übermäßige Belastung der Umwelt durch Steuern oder Subventionen zurückzuführen (vgl. das obige Zitat aus Pigou (1929), Ch. IX), einige weiterführende Gedanken wert: Ein kompetitives Gleichgewicht in einer Ökonomie mit privaten Gütern charakterisiert den Ausgleich von Angebot und Nachfrage auf den verschiedenen Märkten. Die Angebotskurve eines einzelnen Unternehmens entspricht dabei seiner Grenzkostenkurve, das betreffende Unternehmen bringt eine Menge seines Gutes auf den Markt, so dass der Preis gleich den Grenzkosten bei dieser Menge entspricht.

Dies gilt dann auch für die aggregierte Angebotskurve als "horizontale" Summe der individuellen Angebotskurven: Der Marktpreis entspricht den privaten Grenzkosten bei der jeweiligen individuellen Produktionsmenge. Sind mit der Produktion weiter keine externen Effekte verbunden, so sind die privaten Grenzkosten gleich den gesellschaftlichen Grenzkosten. Dies aber ist bekanntermaßen eine wichtige Bedingung für die Effizienz der zugrundeliegenden Allokation.

## Beispiel 6.2.1

Im Beispiel mit den Produktionsfunktionen $f(L_F) = 50 \cdot L_F$ und $g(L_G) = 2.5 \cdot L_G$ und dem Konsumenten charakterisiert durch die Nutzenfunktion $u(F,G) = F \cdot G$ und durch die Erstausstattung $\bar{L} = 10$ ist die Allokation $z^\star = (L_F^\star, L_G^\star, F^\star, G^\star) = (5, 5, 250, 12.5)$ ein Gleichgewicht mit Preissystem $p^\star = (p_L^\star, p_F^\star, p_G^\star) = (50, 1, 20)$ (vgl. Beispiel 5.1.2). Die zusätzlichen Kosten der Produktion einer weiteren Einheit von G sind, aus der Sicht der G-Unternehmen, identisch zu den zusätzlichen Faktorkosten, also $p_L^\star / g'(g^{-1}(G^\star)) = 50/2.5 = 20$ Geldeinheiten.

Aus der Sicht der gesamten Volkswirtschaft führt diese Mehrproduktion an G zu einer geringeren Produktion an F, genauer reduziert sich die Produktionsmenge im Sektor F um $f'(L_F^\star)/g'(L_G^\star) = 20$ Einheiten. Wegen $p_F^\star = 1$ entspricht dies auch dem wertmäßigen Rückgang. Die zusätzlichen Kosten aus privater und aus gesamtgesellschaftlicher Sicht stimmen somit überein.

Verursacht die Produktion eines Gutes nun aber externe Effekte in der Form von Umweltbelastungen, so gibt es, wie schon erwähnt, eine Diskrepanz zwischen privaten und gesellschaftlichen Grenzkosten der Produktion. Marktversagen resultiert daraus, dass im Gleichgewicht auf der Grundlage dezentralisierter individueller Entscheidungen nur die privaten Grenzkosten berücksichtigt werden, Effizienz jedoch die Einbeziehung der gesellschaftlichen Grenzkosten voraussetzt. Diese Quelle des Marktversagens bildet aber zugleich den Ansatz für den korrigierenden Eingriff über die Pigou-Steuer. Erhöht man nämlich die privaten Grenzkosten um einen Steuersatz, der gerade der Differenz zwischen privaten und gesellschaftlichen Grenzkosten im "optimalen" Produktionsniveau entspricht, so verlagert sich die aggregierte Angebotskurve um den Betrag des Steuersatzes nach oben und die Marktlösung führt zum gewünschten effizienten Ergebnis.

Zur weiteren Analyse dieses Sachverhalts werden wieder die modifizierten Standardbeispiele herangezogen.

## Beispiel(A) 6.2.2

Zur Ermittlung der gesellschaftlichen Grenzkosten der Produktion im G-Sektor bewerten wir den Rückgang der F-Produktion, der ausgehend vom Produktionsniveau G durch eine weitere Ausdehnung der G-Produktion um eine kleine Einheit hervorgerufen wird, mit den Preisen $p_F(G) = G + 1$. Dies ist der Preis für das Gut F, der bei $p_L = 50$

und beim Produktionsniveau G im G-Sektor zu einem Gewinn in Höhe von 0 Geldeinheiten im F-Sektor führt. Bei konstanten Skalenerträgen ist dies Voraussetzung für einen gleichgewichtigen Preis. Wertmäßig ist dieser Rückgang dann gegeben durch:

$$S'_F(G) = p_F(G) \cdot |F'(G)| = p_F(G) \cdot \frac{520}{(G+1)^2} = \frac{520}{G+1}.$$

Die privaten Grenzkosten betragen $p_L/g'(g^{-1}(G)) = 20$, so dass $S'_F(G) - 20$ die zusätzlichen gesellschaftlichen Grenzkosten einer Erhöhung der G-Produktion um eine Einheit angibt.

**Abbildung 6.1.** Soziale Grenzkosten der G-Produktion: Beispiel (A)

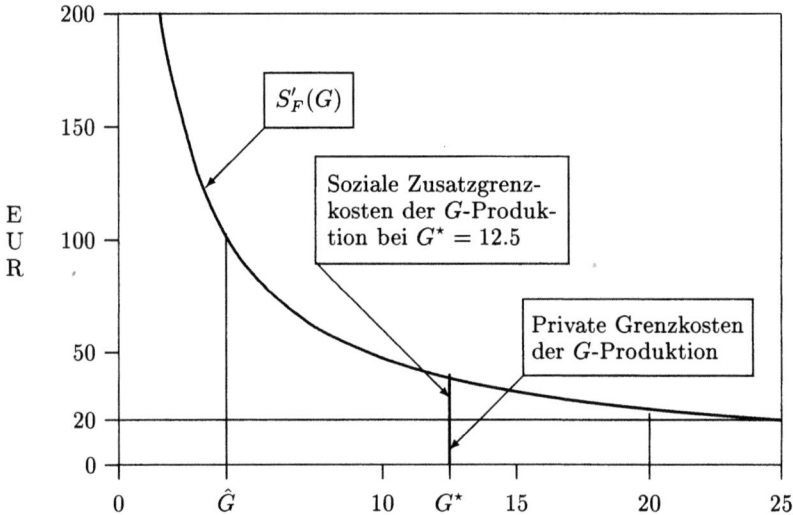

Zu beachten ist, dass in diesem Beispiel zwar die privaten Grenzkosten konstant (=20 Geldeinheiten) sind, dass jedoch die gesellschaftlichen Grenzkosten $S'_F(G)$ mit steigendem G fallen: Der größte Schaden für die Unternehmen der F-Industrie entsteht offenbar bei der Ausdehnung der G-Produktion im Bereich geringer Stückzahlen (vgl. Abbildung 6.1). Die Preise $p_F(G)$ steigen zwar mit G, jedoch können sie die rapide fallenden "physischen" Grenzkosten $|F'(G)|$ der G-Produktion nicht kompensieren. Insgesamt kommt es so zu dem fallenden Verlauf von $S'_F(G)$.

Wegen $S'_F(G) > 20$ für $0 \leq G < 25$ stimmen private und gesellschaftliche Grenzkosten der $G$-Produktion beim Gleichgewichtswert $G^* = 12.5$ nicht überein. Dies signalisiert nochmals die Ineffizienz der Gleichgewichtsallokation $z^*$ in der Beispielökonomie (A) (vgl. Beispiel (A) 5.2.2).

**Hinweis 6.2**
Bei $\hat{G} = \sqrt{26} - 1$ ergeben sich die sozialen Grenzkosten der $G$-Produktion gemäß obiger Formel zu $S'_F(\hat{G}) = 520/(\hat{G}+1) = 20\sqrt{26}$. Damit entsprechen die sozialen Zusatzgrenzkosten mit $20(\sqrt{26}-1) = 20\hat{G}$ gerade dem vorher ermittelten "Marktpreis" $\hat{p}_A$ bzw. dem Wert der Pigou-Steuer $\hat{t}_G$ (vgl. Beispiel(A) 6.1.1).

Etwas anders ist dieser Sachverhalt in Beispiel (B) mit der modifizierten Produktionsfunktion $f_B(L_F, G) = 0.08 \cdot L_F \cdot (625 - G^2)$ für den $F$-Sektor:

**Beispiel(B) 6.2.2**
*Ermittelt man analog die gesellschaftlichen Grenzkosten der Produktionsmenge $G$ im $G$-Sektor zu jeweiligen Gleichgewichtspreisen für $F$ bei $p_L = 50$ und $p_F(G) = 625/(625 - G^2)$ (vgl. die Anmerkungen in Beispiel(A) 6.2.2), so erhält man*

$$S'_F(G) = p_F(G) \cdot |F'(G)| = p_F(G) \cdot (20 + 1.6 \cdot G - (60/625) \cdot G^2).$$

*Die privaten Grenzkosten betragen ebenfalls $p_L/g'(g^{-1}(G)) = 20$ Geldeinheiten, so dass wegen $S'_F(G) > 20$ für $G > 0$ die gesellschaftlichen Grenzkosten der $G$-Produktion bei der Gleichgewichtsmenge $G^* = 12.5$ größer sind als die privaten Grenzkosten (vgl. Beispiel(B) 5.2.2)*

In diesem Beispiel verläuft die Funktion der gesellschaftlichen Grenzkosten $S'_F(G)$ steigend. Der Grenzschaden für die Unternehmen der $F$-Industrie wächst also mit der Ausdehnung der $G$-Produktion (vgl. Abbildung 6.2). Eine genauere Analyse zeigt, dass der "physische" Grenzschaden der $G$-Produktion definiert durch $|F'(G)|$ steigt für $G \leq 25/3$, um anschließend zu fallen. Dieser Effekt wird in obigem Beispiel durch die stärker steigenden Preise $p_F(G)$ kompensiert.

Gemäß den obigen Überlegungen wäre der Steuersatz $\hat{t}_G$ je Einheit von $G$ so zu wählen, dass für die effiziente Menge von $\hat{G}$ die Lücke zwischen den privaten und den gesellschaftlichen Grenzkosten der Produktion von $G$ geschlossen wird. Dazu wieder die Beispielökonomien:

## Beispiel 6.2.3

Unter den gegebenen Annahmen ist $\hat{t} = (520/(\hat{G}+1)) - 20) = 20 \cdot (\sqrt{26}-1) \approx 81.98$ in Beispiel (A) und $\hat{t} = (625/(625-\hat{G}^2)) \cdot (20+1.6 \cdot \hat{G} - (60/625) \cdot \hat{G}^2) - 20) \approx 11.24$ in Beispiel (B) zu wählen. Dies führt jeweils zum Gleichgewicht: Bei einem Nettopreis von $\hat{p}_G - \hat{t} = 20$ ist die Null-Gewinn-Bedingung, die Bedingung für ein Gewinnmaximum, im G-Sektor erfüllt, ebenso gilt sie im F-Sektor aufgrund der jeweiligen Wahl von $\hat{p}_F(G)$. Das Einkommen des Haushalts setzt sich zusammen aus dem Faktoreinkommen $\hat{p} \cdot \hat{L} = 500$ und dem Steueraufkommen $\hat{t} \cdot \hat{G}$, woraus sich die Nachfrage $(\hat{F}, \hat{G})$ nach den beiden Gütern ergibt.

**Abbildung 6.2.** Soziale Grenzkosten der $G$-Produktion: Beispiel (B)

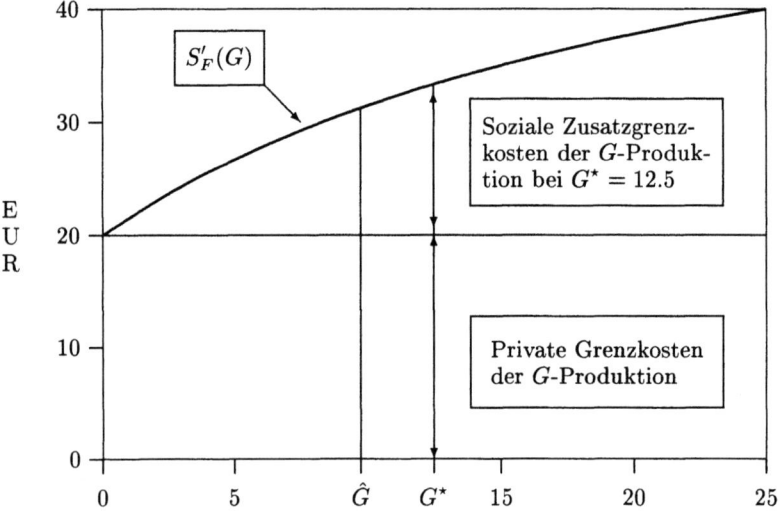

Das durch externe Effekte hervorgerufene Marktversagen kann demnach durch eine Steuer, die Pigou-Steuer, korrigiert werden. Ist diese Steuer in den betrachteten Beispielen auf die produzierten Einheiten des Gutes $G$ bezogen, also eine "Output-Steuer", so könnte sie auch als Faktor- oder "Input-Steuer" eingerichtet werden. Die daraus resultierenden, möglicherweise unterschiedlichen Anreizwirkungen sind im Rahmen der praktischen Umweltökonomie noch zu erörtern.

Konkret wird in dem hier betrachteten Kontext durch die Steuer die Angebotskurve des belastenden Gutes nach oben verlagert, so dass eine effiziente Allokation erreicht wird. Gleichwohl ist zu beachten, dass die exakte Einrichtung einer Pigou-Steuer Detailkenntnisse über die Struktur des betreffenden Marktes verlangt, die im Normalfall nicht zur Verfügung stehen wird. Auch dieser Aspekt wird in Teil III noch aufgegriffen werden.

Zunächst aber soll in Bezug auf die Pigou-Steuer noch ein weiterer Gedanke verfolgt werden: Die bisherige Vorgehensweise überträgt dem Staat die Eigentumsrechte an den Umweltgütern. Gegen Zahlung einer "Gebühr" erwerben die Produzenten des Gutes $G$ das Recht an der Nutzung der Umweltgüter, an der Nutzung des sauberen Wassers. Die Produzenten des Gutes $F$ können das Wasser dagegen unentgeltlich nutzen.

Im Sinne eines naheliegenden "Verursacherprinzips" ist dieser Ansatz und diese Vorgehensweise gerechtfertigt. Auf der Grundlage der an den Staat vergebenen Eigentumsrechte kann man aber auch argumentieren: Sowohl die Produzenten des Gutes $F$ als auch die Produzenten des Gutes $G$ benötigen das Umweltgut "Wasser" für ihre Produktionszwecke, wenn auch in unterschiedlichem Ausmaß und aus jeweils anderen Gründen, und sie hinterlassen es in unterschiedlicher Verschmutzung. Insofern erscheint auch ein Ansatz möglich, der den Produzenten beider Güter eine (unterschiedliche) Steuer auferlegt. Diesem Gedanken soll kurz nachgegangen werden.

Bezeichne dazu $t_F$ bzw. $t_G$ eine Pigou-Steuer, die je produzierte Einheit von den $F$-Unternehmen bzw. den $G$-Unternehmen erhoben wird. Dabei wird unterstellt, dass sowohl zur Produktion von Gut $G$ als auch zur Produktion von Gut $F$ je Einheit eine Einheit Wasser benötigt wird. Dann lauten die Bedingungen für die Gewinnmaximierung wie folgt:

$$\max_{L_F}[(p_F - t_F) \cdot f(L_F, G) - p_L \cdot L_F] \quad \text{und} \quad \max_{L_G}[(p_G - t_G) \cdot g(L_G) - p_L \cdot L_G].$$

Unter Berücksichtigung der Nutzenmaximierung und der Forderung, dass für eine effiziente Allokation in diesem Kontext die Grenzrate der Substitution mit der Grenzrate der Transformation übereinstimmt, ergeben sich die folgenden Bedingungen 1. Ordnung:

$$\frac{p_G - t_G}{p_F - t_F} = \frac{f'_1(L_F, G)}{g'(L_G)} \quad \text{und} \quad \frac{u_G(F, G)}{u_F(F, G)} = \frac{p_G}{p_F} = \frac{f'_1(L_F, G)}{g'(L_G)} - f'_2(L_F, G).$$

Mit den Produktionsfunktionen $f$ und $g$ der Beispielökonomie (A) und den sonstigen Annahmen (vgl. Beispiele 5.2.1 und 5.2.2) erhält man für die (effiziente) Gleichgewichtsallokation $\hat{z} = (\hat{L}_F, \hat{L}_G, \hat{F}, \hat{G})$ aus der Gewinnmaximierung die folgende Bedingung für die gleichgewichtigen Preise und die Pigou-Steuersätze: $\hat{p}_F - \hat{t}_F = \hat{G} + 1$ und $\hat{p}_G - \hat{t}_G = 20$. Insgesamt ergibt sich so die nachstehende Beziehung zwischen den beiden Pigou-Steuersätzen:

$$20 \cdot \hat{G} + 20 \cdot \hat{t}_F = \hat{t}_G.$$

**Hinweis 6.3**
Aus $\hat{p}_F = \hat{t}_F + \hat{G} + 1$ und $\hat{p}_G = 20 + \hat{t}_G$ erhält man unter Beachtung der obigen Bedingungen 1. Ordnung und mit $\hat{F} = 20\hat{G}$ (vgl. Beispiel(A) 6.1.1):

$$\frac{\hat{p}_G}{\hat{p}_F} = \frac{20 + \hat{t}_G}{\hat{t}_F + \hat{G} + 1} = 20 = \frac{\hat{F}}{\hat{G}} = \frac{u_G(\hat{F}, \hat{G})}{u_F(\hat{F}, \hat{G})}.$$

Daraus errechnet man sofort die angegebene Beziehung zwischen den Steuersätzen $\hat{t}_F$ und $\hat{t}_G$.

Somit sind alle möglichen Kombinationen zwischen Steuern einerseits und Subventionen andererseits denkbar. Lediglich der Fall, dass die Produktion von $G$ subventioniert ($t_G < 0$), die Produktion von $F$ jedoch besteuert wird ($t_F > 0$), ist ausgeschlossen. Darüber hinaus ist die Belastung der $G$-Produzenten mit der optimalen Steuer immer größer im Vergleich zur Belastung der $F$-Produzenten. Dies resultiert offenbar aus der belastenden Nutzung des Umweltgutes durch die $G$-Industrie.

Eine genauere Betrachtung dieser Überlegungen zeigt, dass hier eine Art Markt für Wasser etabliert wurde, allerdings mit unterschiedlichen Preisen für die verschiedenen Nutzer. Natürlich sind diese "persönlichen" Preise auf die notwendige Internalisierung der externen Effekte der $G$-Industrie zurückzuführen. Eine vergleichbare Beobachtung werden wir bei den "Lindahl-Preisen" zur Bewertung öffentlicher Güter machen (vgl. Abschnitt 7.1). Des Weiteren werden diese Überlegungen noch im Kontext der Ökosteuer eine Rolle spielen (vgl. Abschnitt 11.2).

## 6.3 Emissionszertifikate

Im Gegensatz zur Preissteuerung auf der Grundlage der Pigou-Steuer beruht dieser Ansatz auf der Mengensteuerung: Eine staatliche Institution ("Umweltbank") bietet diejenige Menge an Emissionszertifikaten an, die zu einer effizienten Allokation führt. Der Marktmechanismus wird dann, so die Vorstellung, unter den Bedingungen des vollkommenen Wettbewerbs einen Gleichgewichtspreis für diese Zertifikate liefern. In den hier betrachteten Beispielen lässt sich dies durch die Analyse der Nachfrage nach den Zertifikaten nachvollziehen. Wichtig ist aber die Feststellung, dass die Eigentumsrechte an dem Umweltgut nach wie vor in den Händen einer staatlichen Institution liegen.

Wir unterstellen wieder eine große Zahl kleiner Unternehmen der $F$-Industrie und der $G$-Industrie, charakterisiert durch die aggregierten Produktionsfunktionen $f$ und $g$. Für jede zu produzierende Einheit von $G$ ist ein Emissionszertifikat $Z$ bei der Umweltbank zum Preis $p_Z$ zu kaufen. Aufgrund der Symmetrie zum Fall der Pigou-Steuer könnte man in der hier betrachteten Situation auch Zertifikate für die $F$-Industrie einrichten. Allerdings zeigen die obigen Überlegungen, dass dann unterschiedliche Zertifikate (mit unterschiedlichen Preisen) für die $F$-Industrie und die $G$-Industrie erforderlich wären.

Beim Preissystem $p = (p_L, p_Z, p_F, p_G)$ errechnet sich der Gewinn der $G$-Industrie bei der Produktion von $G$ Einheiten des Gutes zu:

$$\pi_G(G) = (p_G - p_Z) \cdot G - p_L \cdot g^{-1}(G).$$

Diese Formel für den Gewinn der $G$-Industrie ist uns schon von der Ergänzung des Marktsystems und von der Pigou-Steuer her bekannt. Insofern wird die Gleichgewichtsanalyse zu keinen grundsätzlich neuen Erkenntnissen führen. Eine Ausnahme bilden lediglich die folgenden Überlegungen zur Nachfragefunktion für Emissionszertifikate im Fall einer streng konkaven Produktionsfunktion im $G$-Sektor. Für unsere konkreten Beispiele gilt diese Analyse allerdings nicht, da $g(L_G) = 2.5 \cdot L_G$ nicht streng konkav ist:

Aus der Bedingung 1. Ordnung $(p_G - p_Z) \cdot g'(g^{-1}(G)) = p_L$ für die gewinnmaximale Menge von $G$ ergibt sich implizit ein funktionaler Zusammenhang, eine "Nachfragefunktion", zwischen $Z$ ($= G$) und $p_Z$, die allerdings nur abhängig ist von der Differenz $(p_G - p_Z)$. Aus dem totalen Differential

$$(p_G - p_Z) \cdot \frac{g''(g^{-1}(G))}{g'(g^{-1}(G))} \cdot dG - g'(g^{-1}(G)) \cdot dp_Z = 0$$

der Bedingung 1. Ordnung erkennt man mit $dZ/dp_Z = dG/dp_Z < 0$ den "fallenden" Verlauf der Nachfragekurve $Z(p_Z)$ für eine streng konkave Produktionsfunktion $g$. Der Gleichgewichtspreis für die Zertifikate

$Z$ ergibt sich dann aus dem Schnittpunkt der Nachfragekurve mit dem preisunelastischen Angebot $\hat{Z}$.

**Hinweis 6.4**
*Wird im Fall der Ergänzung des Marktsystems (vgl. Abschnitt 6.1) der Marktpreis von einer staatlichen Behörde festgelegt, so wird in diesem Kontext die Menge an Emissionszertifikaten (vollkommen preisunelastisch) vorgegeben. Aus theoretischer Sicht sind das lediglich zwei Seiten derselben Medaille, beide Ansätze führen, bei "richtiger" Wahl des Preises bzw. der Menge, zu demselben Ergebnis.*
*In praktischer Hinsicht gibt es aufgrund von Informationsdefiziten (vgl. Kapitel 8) sehr wohl Unterschiede zwischen den beiden Ansätzen. So erlauben Emissionszertifikate im Allgemeinen eine zielgenauere Festlegung der Emissionsmengen. Darüber hinaus ist der "politische" Unterschied zu beachten: Rechte für Emissionen auszugeben ist etwas anderes als eine Steuer für Umweltbelastungen zu erheben.*

**Beispiel 6.3.1**
*Im Rahmen der bisher betrachteten Beispiele soll nun die jeweilige pareto-effiziente Allokation $\hat{z} = (\hat{L}_F, \hat{L}_G, \hat{F}, \hat{G})$ über die Ausgabe einer geeigneten Menge $\hat{Z}$ von Emissionszertifikaten als Gleichgewichtsallokation erreicht werden. Unterstellt man wieder, dass die Produktion einer Einheit von G zur Einleitung von einer Einheit Abwasser führt und dass der Erwerb eines Zertifikats zur Einleitung einer Einheit Abwasser berechtigt, so muss in Beispiel (A) offenbar $\hat{Z} = \hat{G} \approx 4.1$ und in Beispiel (B) $\hat{Z} = \hat{G} \approx 9.76$ gewählt werden. Die effiziente Allokation $\hat{z}^Z = (\hat{L}_F, \hat{L}_G, \hat{Z}, \hat{F}, \hat{G})$ ist dann in der jeweiligen Ökonomie ein Gleichgewicht zum Preissystem $\hat{p} = (\hat{p}_L, \hat{p}_Z, \hat{p}_F, \hat{p}_G)$ und es gilt $(\hat{p}_G - \hat{p}_Z) \cdot g'(g^{-1}(\hat{G})) = \hat{p}_L$ mit $\hat{p}_Z = \hat{t}_G$ aus Beispiel 6.2.3.*

Nachdem wir bisher explizit oder implizit immer einer staatlichen Institution die Eigentumsrechte an den Umweltgütern zugeteilt hatten, wird in den folgenden Abschnitten von dieser Annahme abgewichen. Stattdessen werden die Eigentumsrechte einzelnen Gruppen der wirtschaftlichen Akteure zugewiesen. Wiederum stellt sich die Frage, unter welcher Ausgestaltung der Eigentumsrechte ein effizientes Allokationsergebnis erreichbar ist. Im Rahmen der Untersuchung des "Coase-Theorems" (vgl. Abschnitt 6.5) greifen wir diese Frage in einem leicht modifizierten Kontext dann nochmals auf.

## 6.4 Verschmutzungsrechte

Alternativ zur bisherigen Vorgehensweise stellt sich die Frage, ob nicht an die offenbar Geschädigten, also an die Unternehmen der $F$-Industrie, Eigentumstitel an der unbelasteten Natur vergeben werden können. In diesem Fall könnten die $F$-Unternehmen die Verschmutzungsrechte an die $G$-Unternehmen zu einem Marktpreis $p_V$ verkaufen, der sich wiederum aus der Wettbewerbssituation heraus ergibt.

Wir verwenden hierzu die Gleichgewichtspreise $\hat{p} = (\hat{p}_L, \hat{p}_V, \hat{p}_F, \hat{p}_G)$ aus dem letzten Abschnitt, denn die effiziente Allokation $\hat{z}$ erfüllt zusammen mit diesen Preisen unter den gegebenen Rahmenbedingungen die Bedingungen 1. Ordnung des nachfolgenden Maximierungsproblems. Demzufolge wird dieses Preissystem nun zur Bewertung der verschiedenen ökonomischen Entscheidungen eingesetzt. Die Gewinnsituation der $F$-Industrie stellt sich damit wie folgt dar:

$$\max_{L_F, G} H(L_F, G) \quad \text{wobei} \quad H(L_F, G) := [\hat{p}_F \cdot f(L_F, G) + \hat{p}_V \cdot G - \hat{p}_L \cdot L_F].$$

Die Bedingungen 1. Ordnung für ein (inneres) Gewinnmaximum lauten: $\hat{p}_F f_1'(L_F, G) - \hat{p}_L = 0$ und $\hat{p}_F f_2'(L_F, G) + \hat{p}_V = 0$ mit den jeweiligen Effizienzpreissytemen $\hat{p}$ (vgl. Beispiel(A) 6.1.1 und Beispiel(B) 6.1.1). Sie sind erfüllt für die jeweiligen effizienten Allokationen. Die Bedingungen 2. Ordnung für ein inneres Maximum verlangen die Negativ-Definitheit der aus den 2. partiellen Ableitungen resultierenden quadratischen Form. Es zeigt sich, dass diese Bedingungen für die Beispielökonomien (A) und (B) nicht erfüllt sind. Darüber hinaus ist die betreffende quadratische Form nicht positiv-definit (vgl. auch Hinweis 6.5).

**Hinweis 6.5**
*Die Abbildung $H(L_F, G)$ hat ein (inneres) Maximum bei $(\hat{L}_F, \hat{G})$, falls die Bedingungen 1. Ordnung erfüllt sind und falls an der Stelle $(\hat{L}_F, \hat{G})$ die folgenden Bedingungen gelten:*

$$\frac{\partial^2 H}{(\partial L_F)^2} < 0 \quad \text{und} \quad \frac{\partial^2 H}{(\partial L_F)^2} \cdot \frac{\partial^2 H}{(\partial G)^2} - \left(\frac{\partial^2 H}{\partial L_F \partial G}\right)^2 > 0.$$

*Für die Beispielökonomie (A) errechnet man $\partial^2 H/(\partial L_F)^2 = 0$. Insofern sind die beiden hier angeführten Bedingungen für $H(L_F, G)$ verletzt. Ähnliches gilt für die Beispielökonomie (B).*

Eine schlüssige Aussage über ein Maximum bei $(\hat{L}_F, \hat{G})$ ist also zunächst nicht möglich, da die angeführten Bedingungen lediglich hinreichend sind für ein inneres Maximum. Insofern ist es insgesamt zunächst noch offen, ob die hier eindeutig bestimmte effiziente Allokation unter den gegebenen Rahmenbedingungen überhaupt als Gleichgewicht darstellbar ist.

Insgesamt besteht somit die Möglichkeit, dass die effizienten Produktionspläne nicht gewinnmaximal sind. In der Tat gilt dies für die Situation in den Beispielökonomien (A) und (B), wie die folgenden Überlegungen zeigen.

**Beispiel(A) 6.4.1**
Mit Preis $\hat{p}_V \approx 81.98$ für die Verschmutzungsrechte in Beispiel (A) ergibt sich folgender Gewinn für die F-Industrie beim Preissystem $\hat{p} = (\hat{p}_L, \hat{p}_F, \hat{p}_G) \approx (50, 5.1, 101.98)$, wenn $L_F$ gewählt wird und wenn $G$ Verschmutzungsrechte an die Unternehmen der G-Industrie zum Preis $\hat{p}_V$ verkauft werden:

$$H(L_F, G) = \hat{p}_F \cdot 50 \cdot L_F/(G+1) + \hat{p}_V \cdot G - 50 \cdot L_F.$$

Für die effizienten Werte $L_F = \hat{L}_F$ und $G = \hat{G}$ erhält man für den Gewinn $H(\hat{L}_F, \hat{G}) \approx 336.04$; dagegen führt die Wahl von $G = 0$ zu einem Gewinn von $H(\hat{L}_F, 0) \approx 1713.8$, so dass $G = \hat{G}$ nicht gewinnmaximal ist. Die Randlösung mit $G = 0$ ist für die F-Industrie besser, demnach werden sie überhaupt keine Verschmutzungsrechte an die G-Industrie verkaufen. Damit zeigt diese Überlegung, dass der Produktionsplan $(\hat{L}_F, \hat{G})$ für die F-Industrie nicht gewinnmaximal ist und insofern bei freier Entscheidung zu Preisen $(\hat{p}_L, \hat{p}_V, \hat{p}_F)$ von den F-Unternehmen nicht gewählt werden wird.

**Hinweis 6.6**
Die erste partielle Ableitung $\partial H(\hat{L}_F, G)/\partial G = -50\hat{p}_F \hat{L}_F/(G+1)^2 + \hat{p}_V$ der Gewinnfunktion gibt eine Erklärung für dieses Ergebnis. Es gilt für $G < \hat{G}$:

$$\frac{\partial H(\hat{L}_F, G)}{\partial G} = \frac{-50\hat{p}_F \hat{L}_F}{(G+1)^2} + \hat{p}_V < \frac{-50\hat{p}_F \hat{L}_F}{(\hat{G}+1)^2} + \hat{p}_V = -\hat{F} + 20\hat{G} = 0.$$

Demzufolge führt eine kleinere Menge von $G$ zu einer Gewinnsteigerung für die F-Industrie.

Der eigentliche Grund für diese problematische Konstellation liegt in der fallenden Grenzschadenskurve $S'_F(G) = p_F(G) \cdot |F'(G)|$ der $F$-Industrie bewertet mit Preisen $p_F(G) = G + 1$, die der Null-Gewinn-Bedingung in der $F$-Industrie genügen (vgl. auch Beispiel(A) 6.2.2). Abbildung 6.3 zeigt diesen Verlauf nochmals mit den höchsten Grenzschäden bei kleinen Produktionswerten für $G$.

Wird nun $\hat{p}_V := \hat{p}_A \approx 81.98$ gewählt, so entspricht $\hat{p}_G = 20 + \hat{p}_V$ dem Grenzschaden der $G$-Produktion bei der effizienten Menge $\hat{G}$, wobei die privaten Grenzkosten wiederum durch die 20 Geldeinheiten gegeben sind. Offenbar sind dann die bis zur Menge $\hat{G}$ entstehenden Zusatzkosten der $G$-Produktion größer als die Kompensation $\hat{p}_V \cdot \hat{G}$ für die $F$-Industrie (vgl. das dick umrandete Rechteck in Abbildung 6.3). Zudem deckt der Verkaufserlös $(20 + \hat{p}_V) \cdot \hat{G}$ der $G$-Industrie die gesellschaftlichen Kosten der Produktion von $\hat{G}$ Einheiten (entspricht der Fläche unter $S'_F(G)$ zwischen 0 und $\hat{G}$ in Abbildung 6.3) nicht ab.

**Abbildung 6.3.** Eigentumsrechte bei der $F$-Industrie: Beispiel (A)

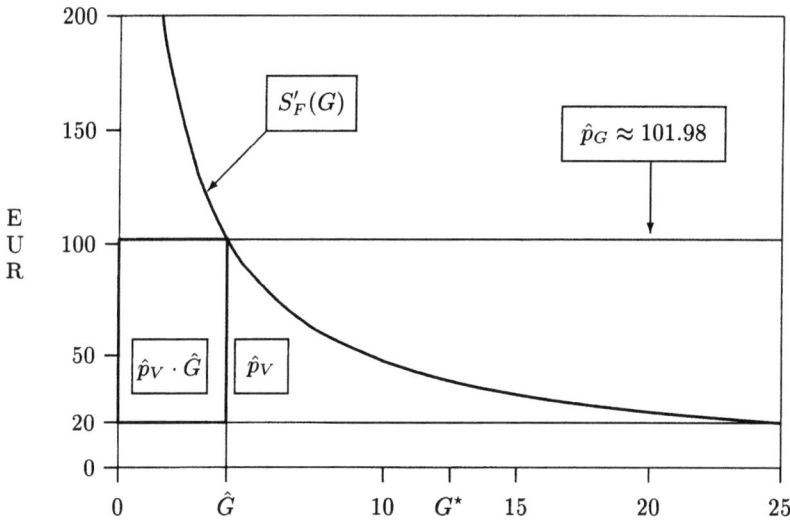

Damit steigt der Gewinn der $F$-Industrie, wenn sie den Verkauf der Zertifikate ausgehend von der Menge $\hat{G}$ sukzessive reduziert. Bei dieser Zuweisung der "Eigentumsrechte" an dem Umweltgut kommt folglich unter den gegebenen Verhältnissen kein funktionsfähiger Markt für die Verschmutzungsrechte zustande.

Die hier skizzierte Situation, charakterisiert durch eine Zuweisung der Eigentumsrechte an eine direkt involvierte Interessengruppe mit einer fallend verlaufenden Grenzschadenskurve, hat eine weit über dieses Beispiel hinausgehende Bedeutung. Wenn beispielsweise eine Gruppe der Bevölkerung eines Landes in der Produktion schon einer Einheit eines bestimmten Gutes Gefahren für die Umwelt oder auch für die persönliche Situation erkennt, und wenn diese Gruppe zugleich die Eigentumsrechte an den diesbezüglichen Umweltgütern besitzt, so wird dieses Gut oft nicht produziert werden können, wenngleich die Produktion aus Effizienzgründen angebracht wäre. Die Interessengruppe wird die Verschmutzungsrechte aufgrund der oben erläuterten Zusammenhänge nicht abtreten, jedenfalls nicht ohne eine erhebliche Kompensation. Im Ergebnis wird sich eine nicht-effiziente Allokation einstellen.

Ursächlich dafür ist die besondere Interessenkonstellation, das Eigentumsrecht führt in diesem Fall zu einer Art Monopol auf Seiten der "Eigentümer" mit zusätzlichen Möglichkeiten für eine Gewinn- oder Nutzensteigerung. Was als ausgeprägtes Umweltbewusstsein ausgegeben wird und oft auch so charakterisiert wird, ist in Wirklichkeit eine durch (legitimes) Eigeninteresse insgesamt verzerrte Sorge um die Belange der Umwelt. Das individuell rationale Verhalten führt bei dieser Verteilung der Eigentumsrechte unter den genannten Umständen nicht zu einer effizienten Allokation.

Diese Situation spiegelt in gewisser Hinsicht die Diskussion um die Nutzung der Kernkraft. Ein beachtlicher Teil der Bevölkerung sieht im Betrieb von Kernkraftwerken schlechthin eine substantielle Gefährdung. Wenn nun die öffentliche Meinung das Recht auf eine unbelastete Natur, in diesem Fall also eine Umwelt ohne Kernkraftwerke, zunehmend der "Bevölkerung" einräumt, so können sich meinungsbildende Prozesse immer stärker gegen die Nutzung der Kernkraft richten und zu entsprechenden politischen Entscheidungen beitragen. Wiederum zeigt die Analyse von Beispiel (A), dass dieser Verzicht keineswegs zu einer effizienten Allokation führen muss.

Um eine effiziente Allokation zu erreichen, wäre an die Einrichtung einer staatlich organisierten, neutralen Umweltbank zu denken, von der die Energieversorgungsunternehmen das "Recht" auf Nutzung der Kernkraft in Form von Zertifikaten zu Marktpreisen kaufen können. Damit kann die erwähnte Interessenkollision vermieden werden, zumindest solange wie diese Institution unabhängig ist von politischen Wahlzyklen. Die Frage nach der optimalen Nutzung der Kernkraft und damit auch die Frage nach der optimalen Menge an Zertifikaten ist aufgrund von Informationsdefiziten über die mit der Kernkraft verbundenen externen Effekte für die Praxis damit allerdings auch noch nicht gelöst.

Zusammenfassend zeigt diese Analyse, dass die konkrete Ausgestaltung der Eigentumsrechte eine Rolle spielen kann für das Allokationsergebnis, die über reine Verteilungsaspekte weit hinausgeht. Insbesondere ist dann Vorsicht geboten, wenn Interessengruppen ihre "Rechte" verteidigen wollen.

**Hinweis 6.7**
*Im Fall einer steigend verlaufenden Grenzschadenskurve treten die genannten Probleme im Allgemeinen nicht auf. Dies ist der Fall, der typischerweise in den Lehrbüchern behandelt wird. Die Allokation im Produktionsbereich ist unter den hier gegebenen Rahmenbedingungen dann unabhängig von der Zuweisung der Eigentumsrechte an den Umweltgütern.*
*Allerdings gibt es auch Situationen, bei denen Vorsicht geboten ist. Verläuft etwa die physische Grenzschadenskurve teilweise fallend und wird dieser Effekt, wie in Beispiel(B) 6.2.2 durch die Preise $p_F(G)$, die wiederum die Null-Gewinn-Bedingung in der F-Industrie garantieren, kompensiert, so kann es trotzdem zu den Effekten kommen, die in Beispiel 6.4.1 skizziert werden. Wirklich helfen kann letztlich nur ein streng konkaver Verlauf der Produktionsfunktionen $f(L_F, G)$ und $g(L_G)$, der in den hier betrachteten Beispielen nicht gegeben ist.*

**Beispiel(B) 6.4.1**
Mit Preis $\hat{p}_V \approx 11.24$ für die Verschmutzungsrechte in Beispiel (B) ergibt sich folgender Gewinn für die F-Industrie bei Preisen $\hat{p} = (\hat{p}_L, \hat{p}_F, \hat{p}_G) \approx (50, 1.18, 31.24)$, wenn $L_F$ gewählt wird und wenn G Verschmutzungsrechte an die G-Industrie verkauft werden:

$$\pi_F(\hat{p}, L_F, G) \approx 1.18 \cdot 0.08 \cdot L_F \cdot (625 - G^2) + 11.24 \cdot G - 50 \cdot L_F.$$

Für $L_F = \hat{L}_F$ und $G = \hat{G}$ erhält man $\pi_F(\hat{p}, \hat{L}_F) \approx 109.61$; dagegen führen $L_F = 10$ und $G = 5.95$ zum Gewinn von $\pi_F(\hat{p}, 10, 5.95) \approx 123.46$.

Dieses Ergebnis kann man der partiellen Ableitung $\partial H(L_F, G)/\partial L_F = 0.08 \hat{p}_F (625 - G^2) - 50$ entnehmen. Für $G < \hat{G}$ ist diese Ableitung positiv, $L_F$ ist also möglichst groß zu wählen. Nimmt man etwa $L_F = 10$, so ist $\partial H(10, G)/\partial G = -1.6\hat{p}_F G + \hat{p}_V$ positiv für kleine Werte von $G$. Damit ergibt sich zu $L_F = 10$ ein Optimalwert für $G$ von ungefähr 5.95. Insgesamt zeigt die Rechnung, dass diese Randlösung bezüglich des Gewinns der $F$-Industrie besser ist als die effiziente Allokation. In ähnlicher Art und Weise kann man zeigen, dass auch die Randlösung $L_F = 0$ und $G = G^* = 12.5$ zu einem höheren Gewinn führt als die effiziente Allokation.

**Hinweis 6.8**
Natürlich ist die Kombination $L_F = 10$ und $G = 5.95$ wegen der Verfügbarkeitsschranke $\bar{L} = 10$ für die Ressource nicht erreichbar. Aber das ist nicht das Problem. Entscheidend ist vielmehr, dass bei gegebenen Preisen $\hat{p}$ und $\hat{p}_V$ der Produktionsplan $(\hat{L}_F, \hat{G})$ für die $F$-Unternehmen insgesamt nicht gewinnmaximal ist. Die Unternehmen nehmen dabei die Preise als gegeben hin.
Im Fall des Beispiels (B) hat die Grenzschadenskurve $S'_F(G)$ einen steigenden Verlauf (vgl. Beispiel(B) 6.2.2 und Abbildung 6.4). Dennoch impliziert auch dieser "normale" Verlauf, der nicht dem Verlauf der physischen Grenzschadenskurve entspricht, nicht unbedingt, dass die effiziente Allokation $\hat{z}$ zu beliebigen Eigentumsverhältnissen an dem Umweltgut als Gleichgewicht dargestellt werden kann. Dies zeigen jedenfalls die vorangehenden Überlegungen.
Aus Abbildung 6.4 kann man entnehmen, dass bei einem Preis $\hat{p}_V = \hat{p}_G - 20 \approx 11.24$ für die Verschmutzungsrechte die gesellschaftlichen Zusatzkosten der $G$-Produktion (Fläche unter $S'_F(G)$ zwischen 0 und $\hat{G}$ und oberhalb 20 in Abbildung 6.4) mit dem Erlös $\hat{p}_V \cdot \hat{G}$ (vgl. das dick umrandete Rechteck in Abbildung 6.4) aus dem Verkauf der Verschmutzungsrechte mehr als abgedeckt sind.
Dennoch kommt es nicht zum Verkauf der $\hat{G} \approx 9.76$ Einheiten Verschmutzungsrechte von der $F$-Industrie an die $G$-Industrie, weil eben aus Sicht eines einzelnen $F$-Unternehmens die oben konstruierte Vorgehensweise einen höheren Gewinn verspricht. Lediglich eine neutrale Instanz als Eigentümerin des Umweltgutes könnte diese Entwicklung verhindern.

Die bisherigen Schlussfolgerungen gelten auch für den Fall, dass das "Recht" auf Verschmutzung der Umwelt bei den Unternehmen der $G$-Industrie liegt. Die $F$-Unternehmen können im Grundsatz für jede nicht produzierte Einheit von $G$ einen Betrag $p_V$ als Kompensation anbieten.

Die Gewinnfunktion der $F$-Industrie ist dann ähnlich zum obigen Fall strukturiert, die Problematik der Bedingungen 2. Ordnung und damit die Darstellbarkeit der effizienten Allokation als Gleichgewicht stellt sich in vergleichbarer Weise wie die folgenden Überlegungen zeigen:

Nimmt man als Referenzgröße eine Gleichgewichtsmenge $G^\star$, die sich in einem Gleichgewicht mit externen Effekten einstellen würde, so ist der Gewinn der $G$-Industrie gegeben durch:

$$\pi_G(L_G) = p_G \cdot g(L_G) + p_V \cdot (G^\star - g(L_G)) - p_L \cdot L_G.$$

Aus der Bedingung 1. Ordnung lässt sich für den Fall einer streng konkaven Produktionsfunktion $g$ analog zum oben betrachteten Fall das gewinnmaximale Angebot an Verschmutzungsrechten durch die $G$-Industrie als Funktion des Marktpreises $p_V$ herleiten.

**Abbildung 6.4.** Eigentumsrechte bei der $F$-Industrie: Beispiel (B)

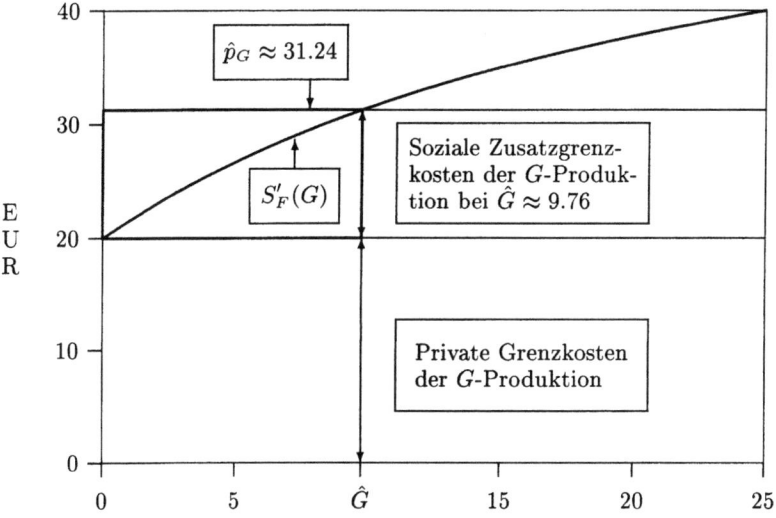

Werden $G^\star - G$ Zertifikate von der $F$-Industrie aufgekauft, so ist der Gewinn der $F$-Industrie entsprechend gegeben durch:

$$\pi_F(L_F, G) = p_F \cdot f(L_F, G) - p_V \cdot (G^\star - G) - p_L \cdot L_F.$$

Man prüft analog zur vorigen Situation nach, dass die effiziente Allokation $\hat{z}$ aus den Beispielen (A) und (B) die Bedingungen 1. Ordnung zum Preissystem $\hat{p}$ erfüllt. Ebenso stellt sich heraus, dass die effiziente Allokation nicht gewinnmaximal ist bezüglich dieser Preise. Im Fall des Beispiels (A) gilt: $\pi_F(\hat{L}_F, 0) > \pi_F(\hat{L}_F, \hat{G})$, für Beispiel (B) erhält man: $\pi_F(10, 5.95) > \pi_F(\hat{L}_F, \hat{G})$. Auch diese Form der Eigentumsrechte führt wie im obigen Fall nicht zum gewünschten Ergebnis, aus vergleichbaren Gründen.

Verschiedene Ausgestaltungen des Marktes für Verschmutzungsrechte führen also nicht in jedem Fall zu einer effizienten Allokation. Offenbar kann es entscheidend sein, welche Interessen die Gruppe mit den Eigentumsrechten an den Umweltgütern hat. Ein ausgeprägtes "Umweltbewusstsein" kann vorgeschoben werden, im Hintergrund steht allemal das individuell rationale Verhalten.

Betrachtet man nochmals den Fall der Emissionszertifikate, die von einer staatlichen Institution ohne "eigenes" Interesse ausgegeben werden, so ist die effiziente Allokation (in den Beispielen) als Gleichgewicht darstellbar. Sobald aber die $F$-Unternehmen oder die $G$-Unternehmen Eigentumsrechte erhalten, werden die jeweiligen Interessen, in diesem Fall die Gewinnerzielung, offenbar überbetont. In den Beispielökonomien lässt sich dieses Ergebnis formal durch die Annahme streng konkaver Produktionsfunktionen $f(L_F, G)$ und $g(L_G)$ vermeiden. Dann gelten für die jeweils effizienten Allokationen, die im Modell mit Emissionszertifikaten als Gleichgewicht darstellbar sind, auch die Bedingungen 2. Ordnung im Modell mit Verschmutzungsrechten und sind als Gleichgewichte darstellbar.

Dieser zuletzt betrachtete Fall ist der Fall, der die Aussagen des "Coase-Theorems" widerspiegelt. Im Kontext unserer Beispielökonomien würde dann jede Zuweisung von Eigentumsrechten an dem Umweltgut im Prinzip zu derselben effizienten Allokation führen. Unterschiede ergeben sich in den Verteilungswirkungen, da beispielsweise einmal die $F$-Industrie das Recht auf eine unbelastete Umwelt besitzt und somit Zertifikate verkaufen kann, das andere Mal hat die $G$-Industrie das Recht auf Verschmutzung der Gewässer, Unternehmen der $F$-Industrie müssen demzufolge Zertifikate kaufen, und ein weiteres Mal fließen die Erlöse über eine staatliche Instanz an die Konsumenten.

In einem wegweisenden Beitrag hat R. Coase die zweiseitige Natur der externen Effekte, die diesem Ergebnis letztlich zugrunde liegt, analysiert und daraus auch politische Schlussfolgerungen gezogen (vgl. Coase (1960)). Der folgende Abschnitt greift diese Überlegungen auf der Grundlage des Ansatzes von Coase kurz auf.

## 6.5 Das Coase-Theorem

Wie die bisherigen Überlegungen zeigen, kann die erwähnte reziproke Natur externer Effekte (vgl. die einleitenden Bemerkungen zu diesem Kapitel) durch eine geeignete Zuweisung von Eigentumsrechten in ihrer Wirkung beseitigt werden. Solange keine Eigentumsrechte an den Umweltgütern bestehen, um im Kontext der Umweltökonomie zu bleiben, solange werden die externen Effekte zum Marktversagen beitragen können.

---

### R.H. Coase: "The Institutional Structure of Production": The 1991 Alfred Nobel Memorial Prize Lecture in Economic Sciences
(Coase (1994), Ch. One, Auszug)

"I now turn to that other article cited by the Swedish Academy, "The Problem of Social Cost", published some thirty years ago. ... I thought that I was exposing the weaknesses of A.C. Pigou's analysis of the divergence between private and social products, an analysis accepted by economists, and that was all. ...
Pigou's conclusion and that of most economists using standard theory was (and perhaps still is) that some kind of government action (usually the imposition of taxes) was required to restrain those whose actions had harmful effects on others (often termed externalities). What I showed in that article, as I thought, was that in a regime of zero transaction costs – an assumption of standard economic theory – negotiations between the parties would lead to those arrangements being made which would maximise wealth, and this irrespective of the initial assignments of rights.
...The significance to me of the Coase Theorem is that it undermines the Pigovian system. Since standard economic theory assumes transaction costs to be zero, the Coase Theorem demonstrates that the Pigovian solutions are unnecessary in these circumstances."

---

Sind allerdings Eigentumsrechte an der Nutzung der Umweltgüter definiert, so kann sich gegebenenfalls ein Handel mit den Zertifikaten bzw. den Verschmutzungsrechten auf Eigeninitiative der betroffenen Parteien etablieren, in gewisser Hinsicht wird das Marktsystem auf diese Weise vervollständigt. Diese Situation wurde in den letzten Abschnitten im Rahmen eines Wettbewerbsmodells analysiert. Sind die nötigen Voraussetzungen erfüllt und gibt es keine Transaktionskosten, so wird das resultierende Allokationsergebnis bis auf Verteilungswirkungen unabhängig von der Zuweisung der Eigentumsrechte sein. Dies ist die Kernaussage des "Coase-Theorems" (vgl. obiges Zitat sowie Coase (1960)).

Schwieriger wird die Analyse im Fall unvollkommener Märkte. Eine konkrete Verhandlungssituation zwischen lediglich zwei Akteuren wird in Weimann (1990), Abschnitt 1.3.2, als dreistufiges Spiel dargestellt mit ebenfalls effizientem Allokationsergebnis.

Zu beachten sind in diesem Kontext allerdings die Transaktionskosten, die mit den Verhandlungen in Form eines zeitlichen oder eines konkreten monetären Aufwands einhergehen. Solange diese "Verhandlungen" nicht auf Märkten institutionalisiert sind, steigt dieser Aufwand mit zunehmender Zahl der beteiligten Individuen typischerweise schnell an, so dass die Verhandlungslösung dann ihre praktische Relevanz verliert. Baumol/Oates geben ein Beispiel für den Fall eines umweltbelastenden monopolistischen Anbieters, der sich einer großen Zahl von betroffenen Bürgern gegenüber sieht (vgl. Baumol/Oates (1988), S. 11, Fußnote 7).

Wichtig sind des Weiteren die Informationen, die den Beteiligten zur Verfügung stehen. Zur "richtigen" Lösung der Verhandlungssituation sind im Allgemeinen Kenntnisse über die "Gewinnsituation" oder die "Nutzensituation" der involvierten Wirtschaftssubjekte nötig. Problematisch ist aber der Zugang zu diesen Informationen, da die jeweiligen Individuen im Allgemeinen ein Interesse daran haben dürften, wichtige Aspekte der ihnen zur Verfügung stehenden Information zu verschweigen oder zu "verdrehen". Darüber hinaus sind die Mechanismen, die zur Enthüllung dieser Information gegebenenfalls eingesetzt werden könnten, im allgemeinen Fall nicht sehr praktikabel (vgl. etwa den Konkurrenzpreismechanismus in Abschnitt 8.1.1). Insgesamt sind daher der Verhandlungslösung auch von dieser Seite her enge Grenzen gesetzt (vgl. Weimann (1990), Abschnitt 1.3.2, für eine ausführlichere Darstellung).

Unzureichende Informationen sind natürlich nicht nur problematisch für die Coase-Lösung, sondern sind mit ursächlich für die Schwierigkeiten bei der Internalisierung konkreter externer Effekte in der Praxis. Teil III des Buches wird diesen Aspekt vertiefen.

Trotz dieser Probleme bleibt zu erwähnen, dass Verhandlungslösungen im Bereich der internationalen Umweltökonomie eine gewisse

Relevanz besitzen. Vergleichbare Problemstellungen treten in den Verhandlungen zwischen der Europäischen Union und den Staaten Mittel- und Osteuropas über eine Reduzierung der grenzüberschreitenden Umweltbelastungen auf. Die Europäische Union stellt in den Programmen PHARE, TACIS und ISPA auch finanzielle Mittel für Investitionen in den Umweltschutz in diesen Ländern zur Verfügung. Diese Situation ist demnach einer Verhandlungslösung ähnlich, bei der diese Staaten zunächst das Recht auf Verschmutzung der Umwelt besitzen. Die Europäische Union versucht diese Belastungen durch die genannten Programme zu reduzieren.

Das erwähnte Informationsproblem macht sich hier gravierend bemerkbar: Die Institutionen der Europäischen Union besitzen in der Regel weder ausreichend Kenntnisse über die entstehenden Kosten, noch über die tatsächlichen Anstrengungen dieser Länder bei der Reduzierung der Umweltbelastungen. Ökonomisch formuliert treten Probleme der "asymmetrischen Information" sowie Probleme des "moralischen Risikos" auf. An die Stelle der Verhandlungslösung treten "Principal-Agent-Probleme", deren Analyse im Allgemeinen nicht einfach ist (vgl. Kölle (1995) für einige Erläuterungen zu dieser Problematik).

Abschließend zeigen diese Überlegungen, dass die Internalisierung der externen Effekte über eine Ergänzung des Marktsystems, über eine Pigou-Steuer, über einen Zertifikatemarkt, über einen Markt für Verschmutzungsrechte oder durch direkte Verhandlungen zwischen den betroffenen Wirtschaftssubjekten ohne zusätzliche Rahmenbedingungen nicht immer zum Erfolg führen wird. So kann die konkrete Ausgestaltung der Eigentumsrechte an den Umweltgütern ausschlaggebend sein für die Funktionsfähigkeit eines in den Rahmenbedingungen derart ergänzten Marktmechanismus. Darüber hinaus sind die verschiedenen Eingriffe in das Marktsystem durchaus von Bedeutung, wie Coase (1994) überzeugend argumentiert (vgl. den obigen Auszug). Unter geeigneten Voraussetzungen wird eine marktnahe Verhandlungslösung genauso zu einem effizienten Ergebnis führen wie der eher dirigistische Eingriff über eine Pigou-Steuer.

Die Probleme, die einer unzureichenden Information der beteiligten Individuen über relevante Sachverhalte entspringen, sind grundlegend für die umweltpolitische Praxis. Zu diesem Komplex gehört vor allem die Integration der Bereitstellung öffentlicher Güter in den Marktmechanismus. Der folgende Abschnitt greift diesen Themenkreis vor dem Hintergrund der Diskussion in Abschnitt 5.3 nochmals auf.

# 7. Die Allokation öffentlicher Güter

Die Überlegungen in Abschnitt 5.3 haben deutlich gemacht, dass Umweltgüter auch durch Eigenschaften öffentlicher Güter charakterisiert sind. Die daraus prinzipiell folgende Nicht-Ausschließbarkeit vom Konsum sowie die weitgehende Unabhängigkeit des Angebots von der Zahl der Nutzer bereiten zusätzliche Schwierigkeiten bei der Allokation dieser Güter, denen in der Umweltökonomie Rechnung getragen werden muss. Dies gilt insbesondere für Konstellationen, die der "Tragedy of the Commons" oder dem "Gefangenendilemma" entsprechen.

Beide Situationen führen in der Regel dazu, dass das Angebot an den betreffenden öffentlichen Gütern übernutzt wird oder dass kein zufriedenstellendes Angebot bereitgestellt wird, trotz eines in der Bevölkerung vorhandenen Umweltbewusstseins. Beispiele für den ersten Fall liefern die Staus im alltäglichen Berufsverkehr und in den Urlaubszeiten oder die Überfischung der Weltmeere. Für den zweiten Fall kann man die Problematik der Durchsetzung höherer Umweltstandards im internationalen Verbund anführen.

Letztlich geht es also um die Frage, wie das Allokationsproblem im Bereich öffentlicher Güter adäquat gelöst werden kann. Wir unterstellen dabei, dass die Verfügbarkeit der Umweltgüter durch den ständigen Konsum gefährdet ist, dass folglich für die künftige Bereitstellung Sorge zu tragen ist.

Welche Ansätze bietet nun die ökonomische Theorie in Hinblick auf das Allokationsproblem im Bereich öffentlicher Güter und speziell im Umweltbereich? Traditionell ist für die formale Allokation öffentlicher Güter das Konzept des "Lindahl-Gleichgewichts" anzuführen. Dieses Gleichgewicht garantiert unter üblichen Annahmen die effiziente Allokation öffentlicher Güter. Allerdings liegt ein erhebliches Problem in der fehlenden Anreizverträglichkeit dieses durch "persönliche", also auf das einzelne Wirtschaftssubjekt bezogene Preise charakterisierten Gleichgewichtskonzepts.

Dieses Problem ist zunächst auch mit dem Begriff des "Kostenteilungsgleichgewichts" verbunden, mit dem ein eher pragmatischer Ansatz zur Finanzierung der Bereitstellungskosten eines öffentlichen Gutes verfolgt wird. Jedoch enthüllt dieser Ansatz eine Eigenschaft, die eine intensivere Beschäftigung mit den Kostenteilungsgleichgewichten nahelegt. Es ist die Eigenschaft der "Kernäquivalenz", welche diese Gleichgewichte auszeichnet.

Kernäquivalenz ist ein Charakteristikum der Menge der Gleichgewichte in einer "großen" Ökonomie mit privaten Gütern (vgl. Hildenbrand/Kirman (1976), Ch. 1). Sie liefert eine gewisse Rechtfertigung für den Einsatz des "anonymen" Marktmechanismus zur Lösung des in sozialer Hinsicht relevanten Allokationsproblems. Im Fall der Kernäquivalenz können Gleichgewichtsallokationen – und nur diese – auch über den auf sozialen Tauschvorgängen beruhenden Kernmechanismus erreicht werden.

In naheliegender Weise kann man dann Kernäquivalenz zur Rechtfertigung oder auch zur Ablehnung von verschiedenen Gleichgewichtskonzepten im Bereich öffentlicher Güter einsetzen, wobei allerdings zusätzliche Probleme zu beachten sind, wie die Größe des Kerns oder die Akzeptanz eines Gleichgewichtskonzepts in der Bevölkerung.

Die folgenden Abschnitte greifen diese Themen auf. Damit wird ein anspruchsvoller Einblick in die Problematik der Allokation öffentlicher Güter gegeben. Die Konzepte und Ergebnisse werden zum Teil wieder anhand von Beispielen illustriert. Im Rahmen des eher praxisorientierten Ansatzes in Teil III des Buches wird diese Thematik erneut angesprochen werden. Es wird sich zeigen, dass selbst derart formale Konzepte wie die Kernäquivalenz praktische Relevanz besitzen.

## 7.1 Das Lindahl-Gleichgewicht

Eine Reihe von Gleichgewichtskonzepten führt im theoretischen Ansatz zu einer effizienten Allokation öffentlicher Güter, allen voran das Konzept des Lindahl-Gleichgewichts (vgl. etwa Siebert (1992), S. 80ff). Im Grundsatz wird mit diesem Begriff eine ganz bestimmte Eigenschaft öffentlicher Güter aufgegriffen: Jeder Konsument eines reinen öffentlichen Gutes stellt dieses Gut prinzipiell auch anderen Konsumenten kostenlos zur Verfügung, verursacht demnach externe Effekte. Natürlich sind diese externen Effekte bei der Allokation zu berücksichtigen. Wurde bei der Pigou-Steuer (vgl. Abschnitt 6.2) auf die Möglichkeit der unterschiedlichen oder persönlichen Besteuerung der Nutzer des Umweltgutes hingewiesen, so ist es nun nicht allzu überraschend, wenn das Konzept des Lindahl-Gleichgewichts "persönliche" Preise aufweist zur Internalisierung einer Vielfalt externer Effekte. Im Gegensatz zu den Analysen im vorhergehenden Kapitel treten diese externen Effekte nun im Konsumbereich auf.

Die folgende Definition eines Lindahl-Gleichgewichts erfolgt für spezielle Rahmenbedingungen: Betrachtet wird eine Ökonomie mit 2 Gütern, dem privaten Gut $x$ und dem öffentlichen Gut $y$. Unter Einsatz 1 Einheit des privaten Gutes kann in dieser Ökonomie bei konstanten Skalenerträgen 1 Einheit des öffentlichen Gutes hergestellt werden. Die beiden Konsumenten $i = 1, 2$ sind charakterisiert durch die Nutzenfunktionen $u_i(x, y)$ und durch die Erstausstattungen $\omega_i$ an dem privaten Gut. Folglich wird eine Allokation $z = (x_1, x_2, y)$ dieser Ökonomie beschrieben durch den jeweiligen Konsum des privaten Gutes $x$ und durch den gemeinsamen Konsum des öffentlichen Gutes $y$. Die Allokation $z = (x_1, x_2, y)$ ist dann erreichbar, falls $x_1 + x_2 + y = \omega_1 + \omega_2$ gilt.

**Definition 7.1.1**
*Eine erreichbare Allokation $z^L = (x_1^L, x_2^L, y^L)$ der betrachteten Ökonomie ist ein Lindahl-Gleichgewicht, falls ein Preissystem $p^L = (p_x, p_y^1, p_y^2)$ mit dem Preis $p_x$ für das private Gut und den persönlichen Preisen $p_y^i$, $i = 1, 2$, für das öffentliche Gut existiert mit:*

- *$(x_i^L, y^L)$ ist nutzenmaximal in der Budgetmenge $\{(x, y) \in \Re_+^2 : p_x x + p_y^i y \leq p_x \omega_i\}$ des Konsumenten $i$, $i = 1, 2$,*
- *die Unternehmen produzieren bei den unterstellten konstanten Skalenerträgen gewinnmaximal, also $p_x = p_y^1 + p_y^2$ (vgl. Hinweis 5.3).*

Unter den üblichen Stetigkeits-, Monotonie- und Konvexitätsannahmen an die Präferenzen der Individuen existiert in diesem Kontext ein Lindahl-Gleichgewicht (vgl. etwa Muench (1972)).

Die Bedingungen 1. Ordnung für die Pareto-Effizienz einer erreichbaren Allokation $z = (x_1, x_2, y)$ in dieser Ökonomie mit einem öffentlichen Gut erhält man aus dem folgenden Maximierungsproblem unter Nebenbedingungen:

$$\max_{x_1, x_2, y} u_1(x_1, y), \text{ so dass } u_2(x_2, y) = u_2^0 \text{ und } x_1 + x_2 + y = \omega_1 + \omega_2.$$

Der Lagrange-Ansatz führt zur bekannten "Samuelson-Bedingung": Die Summe der Grenzraten der Substitution entspricht der Grenzrate der

Transformation (vgl. Henderson-Quandt (1971), Abschnitt 7-2). Berücksichtigt man, dass die Grenzrate der Transformation in dem hier unterstellten Kontext den Wert 1 annimmt, so erhält man:

$$\frac{\partial u_1(x_1,y)/\partial y}{\partial u_1(x_1,y)/\partial x_1} + \frac{\partial u_2(x_2,y)/\partial y}{\partial u_2(x_2,y)/\partial x_2} = 1.$$

**Hinweis 7.1**
Die Lagrange-Funktion zu dem eben genannten Maximierungsproblem unter Nebenbedingungen lautet mit den Lagrange-Multiplikatoren $\lambda$ und $\mu$:

$$L(x_1,x_2,y,\lambda,\mu) = u_1(x_1,y) - \lambda(u_2(x_2,y) - u_2^0) - \mu(x_1+x_2+y-\omega_1-\omega_2).$$

Die Bedingungen 1. Ordnung für eine innere Lösung bezüglich der Variablen $x_1$, $x_2$ und $y$ ergeben sich dann aus den entsprechenden partiellen Ableitungen:

$$\frac{\partial L(x_1,x_2,y)}{\partial x_1} = \frac{\partial u_1(x_1,y)}{\partial x_1} - \mu = 0,$$

$$\frac{\partial L(x_1,x_2,y)}{\partial x_2} = -\lambda \frac{\partial u_2(x_2,y)}{\partial x_2} - \mu = 0,$$

$$\frac{\partial L(x_1,x_2,y)}{\partial y} = \frac{\partial u_1(x_1,y)}{\partial y} - \lambda \frac{\partial u_2(x_2,y)}{\partial y} - \mu = 0.$$

Die Ermittlung der Werte von $\lambda$ und $\mu$ aus den ersten beiden Gleichungen und Einsetzen in die dritte Gleichung führt schließlich zur oben erwähnten Samuelson-Bedingung. Dabei bleibt lediglich zu beachten, dass im Fall einer inneren Lösung $\lambda$ und $\mu$ aufgrund der Bedingung der "Complementary Slackness" Werte ungleich 0 annehmen.

Ist nun $z^L = (x_1^L, x_2^L, y^L)$ ein Lindahl-Gleichgewicht zum Preissystem $p = (p_x, p_y^1, p_y^2)$, so führt die Nutzenmaximierung der Haushalte auf der jeweiligen Budgetmenge mit persönlichen Preisen zu den Bedingungen:

$$\frac{\partial u_1(x_1^L, y^L)/\partial y}{\partial u_1 x_1^L, y^L)/\partial x_1} = \frac{p_y^1}{p_x} \quad \text{und} \quad \frac{\partial u_2(x_2^L, y^L)/\partial y}{\partial u_2(x_2^L, y^L)/\partial x_2} = \frac{p_y^2}{p_x}.$$

Wegen $p_y^1 + p_y^2 = p_x$ genügt $z^L$ der Samuelson-Bedingung. Mit den angenommenen Monotonie- und Konvexitätseigenschaften der Präferenzen sind auch die Bedingungen 2. Ordnung erfüllt und die Gleichgewichtsallokation $z^L$ ist damit pareto-effizient.

Der Marktmechanismus auf der Grundlage des Lindahl-Gleichgewichts führt demnach zu einer effizienten Allokation mit öffentlichen Gütern. Eine Problematik dieses Ansatzes liegt allerdings in der fehlenden Anreizverträglichkeit: Die Wirtschaftssubjekte müssen der Versuchung widerstehen, als "Trittbrettfahrer" nur die Vorteile einer Umweltschutzmaßnahme mitzunehmen, andere aber dafür bezahlen zu lassen. Die verantwortliche staatliche Instanz benötigt Informationen über die tatsächliche wirtschaftliche Situation der Wirtschaftssubjekte, die diese in der Regel nicht uneingeschränkt zur Verfügung stellen wollen und auch nicht werden.

Konkret hängen, wie schon im Kontext der Pigou-Steuer deutlich wurde, die Werte für die Pigou-Steuer und damit auch die persönlichen Preise für ein öffentliches Gut von den Produktionsfunktionen und individuellen Präferenzen ab. Da diese aber normalerweise nicht bekannt sind, eröffnen sich vielfältige Möglichkeiten für falsche Angaben zum eigenen Vorteil. Dies demonstriert das folgende Beispiel für das Lindahl-Gleichgewicht:

**Beispiel 7.1.1**
*In der betrachteten Ökonomie kann eine Einheit des öffentlichen Gutes durch Einsatz einer Einheit des privaten Gutes produziert werden. Konsument 1 handelt gemäß der Nutzenfunktion $u_1(x,y) = x \cdot y$, Konsument 2 gemäß der Nutzenfunktion $u_2(x,y) = x \cdot y^\alpha$, wobei $x$ die Einheiten des privaten Gutes und $y$ die Einheiten des öffentlichen Gutes bezeichnet. $\alpha \in [0,1]$ ist ein Parameter, der die Nutzenfunktion $u_2$ charakterisiert. Jeder Konsument ist mit 1 Einheit des privaten Gutes ausgestattet. Die Berechnung des Lindahl-Gleichgewichts für diese Ökonomie liefert die folgende effiziente Lindahl-Allokation:*

$$z^L = (x_1^L, x_2^L, y^L) = \left(\frac{1}{2}, \frac{1}{1+\alpha}, \frac{1}{2} + \frac{\alpha}{1+\alpha}\right)$$

*zum Lindahl-Gleichgewichtspreissystem:*

$$p^L = (p^x, p_1^y, p_2^y) = \left(1, \frac{0.5}{0.5 + (\alpha/(1+\alpha))}, \frac{\alpha/(1+\alpha)}{0.5 + (\alpha/(1+\alpha))}\right).$$

*Ist nun $\alpha = 0.5$ der "wahre" Wert des Parameters, so erreicht Konsument 2 das Nutzenniveau $u_2^L = (2/3) \cdot \sqrt{5/6} \approx 0.608$, falls gegenüber der verantwortlichen staatlichen Instanz auch $\alpha = 0.5$ angegeben* wird. Gibt Konsument 2 allerdings einen niedrigeren Wert von $\alpha$ an, etwa $\alpha = 0$, so wird beim richtigen Wert $\alpha = 0.5$ das Nutzenniveau $u_2^0 = \sqrt{0.5} \approx 0.707$ erreicht. In diesem Sinne lohnt es sich für Konsument 2, gegenüber der staatlichen Instanz seine Präferenzen für das öffentliche Gut zu "untertreiben".

**Hinweis 7.2**
*Für die Ermittlung des Lindahl-Gleichgewichts in diesem Beispiel betrachtet man die Bedingungen 1. Ordnung für die Nutzenmaximierung auf der jeweiligen Budgetmenge mit $p_x = 1$:*

$$\frac{u_{1y}(x_1^L, y^L)}{u_{1x}(x_1^L, y^L)} = \frac{x_1^L}{y^L} = p_1^y \quad \text{und} \quad \frac{u_{2y}(x_2^L, y^L)}{u_{2x}(x_2^L, y^L)} = \frac{\alpha x_2^L}{y^L} = p_2^y.$$

*Setzt man diese Ausdrücke für die Lindahl-Preise in die Budgetbeschränkung $x_1^l + p_1^y y^L = 1$ bzw. $x_2^L + p_2^y y = 1$ ein, so erhält man $2x_1^L = 1$ bzw. $x_2(1 + \alpha) = 1$ und daraus sofort die Ergebnisse für $x_1^L$ und $x_2^L$. Die Werte für $y^L$ sowie für die Lindahl-Preise ergeben sich unmittelbar daraus durch weiteres Einsetzen in die relevanten Beziehungen.*

Es ist kurz darauf hinzuweisen, dass statt einer Ökonomie mit zwei Konsumenten auch eine Ökonomie mit zwei Typen von Konsumenten (vgl. Hildenbrand/Kirman (1976), Ch. 1) betrachtet werden könnte mit beliebig vielen (identischen) Konsumenten von jedem Typ. Bei geeigneter Interpretation bleibt die obige Analyse auch für den Fall dieser "Typenökonomie" gültig.

Die fehlende Anreizverträglichkeit des Lindahl-Gleichgewichts gibt Anlass zur Suche nach alternativen Lösungskonzepten für die Allokation öffentlicher Güter. Ein Verfahren, das in der Praxis eine gewisse Rolle spielt, ist das "Kostenteilungsgleichgewicht". Von der Grundidee her findet man diesen Ansatz im Bereich der Gebühren für öffentliche Dienstleistungen, wobei dort das Prinzip der Kostendeckung üblicherweise eine dominante Rolle spielt. Proportionale Verfahren, bei denen eine feste Gebühr je Einheit des betreffenden Gutes zu bezahlen ist, sind dabei ebenfalls anzutreffen.

Sehr häufig ist dagegen die Kombination aus einer Grundgebühr und einem leistungsabhängigen, proportionalen "Arbeitstarif". In vielen Kommunen erfolgen die Wasserversorgung und die Abwasserentsorgung auf der Grundlage dieser Form der Kostenteilung. Dabei kann die Grundgebühr durchaus verschieden sein für unterschiedliche Wirtschaftssubjekte. Auch auf der internationalen Ebene der Vereinten Nationen, der NATO oder der Europäischen Union sind proportionale Kostenteilungen zu beobachten. Dort ist der Bezugsmaßstab häufig das Sozialprodukt der beteiligten Länder (vgl. Weber/Wiesmeth (1991b)).

Mit diesen Beobachtungen sind eine Reihe von Fragen verbunden. Zunächst geht es um die theoretische Charakterisierung von Verfahren zur Teilung der Kosten eines öffentlichen Gutes: Kann man damit effiziente Allokationen erreichen, die vielleicht noch durch weitere Eigenschaften ausgezeichnet sind? Welche Rolle kommt schließlich den proportionalen Verfahren zu? Wodurch heben sie sich von den übrigen Verfahren ab? Der folgende Abschnitt bringt eine Einführung zu dieser Methode der Kostenallokation.

## 7.2 Das Kostenteilungsgleichgewicht

Die Möglichkeiten einer angemessenen Aufteilung der Kosten zur Bereitstellung eines öffentlichen Gutes sollen in diesem Abschnitt mittels einer theoretischen Analyse illustriert werden. Die Darstellung orientiert sich an Weber/Wiesmeth (1990), wobei es gemäß Young (1985) die Aufgabe einer theoretischen Analyse in dem hier betrachteten Kontext ist, Kriterien anzugeben und Wege zu finden, um das Kostenteilungsproblem zu lösen "... *in a just, equitable, fair, and reasonable manner*".

Der hier verfolgte Gleichgewichtsansatz geht zurück auf Arbeiten von Kaneko (1977), Mas-Colell (1980) und Mas-Colell/Silvestre (1989), wobei insbesondere der von Mas-Collel/Silvestre (1989) eingeführte Begriff des "Balanced Linear Cost Share Equilibrium" wegweisend ist. Damit wird eine Brücke geschlagen zwischen den axiomatischen Methoden der Kostenteilung einerseits (vgl. etwa Moulin (1987)) und den Gleichgewichtsansätzen andererseits.

Betrachtet wird wieder eine Ökonomie mit 2 Gütern, dem privaten Gut $x$ und dem öffentlichen Gut $y$. Eine Einheit des öffentlichen Gutes kann bei konstanten Skalenerträgen unter Einsatz einer Einheit des privaten Gutes hergestellt werden. Die beiden Konsumenten $i = 1, 2$ sind charakterisiert durch die Nutzenfunktionen $u_i(x, y)$, die streng monoton und stetig differenzierbar sind mit streng konvexen Indifferenzkurven enthalten in $\Re^2_{++}$. Die Erstausstattungen $\omega_i$ an dem privaten Gut werden für den Konsum bzw. zur Produktion des öffentlichen Gutes eingesetzt. Mit $t_i$, $0 \leq t_i \leq \omega_i$ bezeichnen wir den Beitrag von Konsument $i = 1, 2$ zur Produktion des öffentlichen Gutes.

Anstatt durch $(x_1, x_2, y)$ können wir eine Allokation dann auch beschreiben durch $(t_1, t_2, t)$ mit $t_i := \omega_i^L - x_i$ und $t := y$. $(t_1, t_2, t)$ ist erreichbar, falls $t_1 + t_2 = t$ gilt, so dass mit den individuellen Beiträgen $(t_1, t_2)$ die Menge $t = t_1 + t_2$ des öffentlichen Gutes hergestellt werden kann. Das Nutzenniveau der Konsumenten aus der "Allokation" $(t_1, t_2, t)$ ergibt sich dann zu $u_i(\omega_i - t_i, t)$ für $i = 1, 2$.

**Definition 7.2.1**
*Eine "Kostenteilungsmethode" für das öffentliche Gut ist ein System $\phi = (\phi_1, \phi_2)$ stückweise stetig differenzierbarer Abbildungen $\phi_i$ : $[0, \omega] \to [0, \omega_i]$ mit $\phi_1(t) + \phi_2(t) = t$ für $0 \leq t \leq \omega$, wobei $\omega := \omega_1 + \omega_2$.*

Das folgende Beispiel zeigt, dass das Konzept des Lindahl-Gleichgewichts eng mit dem Begriff der Kostenteilungsmethode verwandt ist:

**Beispiel 7.2.1**
*Eine spezielle Kostenteilungsmethode ist das "proportionale" Verfahren mit $\phi_i^p(t) := \lambda_i \cdot t$ mit $\lambda_1 + \lambda_2 = 1$ für $t$ mit $\phi_i^p(t) \leq \omega_i$, $i = 1, 2$. Ist in diesem Kontext $z^L = (x_1^L, x_2^L, y^L)$ ein Lindahl-Gleichgewicht mit Preisen $p^L = (p_x, p_y^1, p_y^2)$, so ist $(\phi_1^p, \phi_2^p)$ mit $\phi_i^p(t) := (p_y^i/p_x) \cdot t$ die $z^L$ "zugeordnete" proportionale Kostenteilungsmethode. Offenbar gilt $\phi_1^p(t) + \phi_2^p(t) = t$ und insbesondere $\phi_1^p(y^L) + \phi_2^p(y^L) = y^L$.*

Ein weiteres wichtiges Konzept ist das einer $\phi$-Allokation. Dazu sei eine Kostenteilungsmethode $\phi$ gegeben. Die Allokation $(t_1, t_2, t)$ ist eine $\phi$-Allokation, falls $t_i = \phi_i(t)$ für $i = 1, 2$.

Ist nun die Grenzrate der Substitution $\mathrm{GRS}_i^\phi(t)$ bezüglich der Kostenteilungsmethode $\phi$ definiert durch:

$$\mathrm{GRS}_i^\phi(t) := \frac{\partial u_i(\omega_i - \phi_i(t), t)/\partial y}{\partial u_i(\omega_i - \phi_i(t), t)/\partial x_i} \quad \text{für } i = 1, 2,$$

so lautet die (in diesem speziellen Fall notwendige und hinreichende) Samuelson-Bedingung (vgl. Abschnitt 7.1) für die Effizienz einer Allokation $(t_1^\star, t_2^\star, t^\star)$ : $\mathrm{GRS}_1^\phi(t^\star) + \mathrm{GRS}_2^\phi(t^\star) = 1$.

In der Notation des Abschnitts 7.1 wäre die Allokation $(x_1, x_2, y)$ zu betrachten mit $x_i := \omega_i - t_i^\star$ für $i = 1, 2$ und $y := t^\star$. Die Samuelson-Bedingung des Abschnitts 7.1 kann so unmittelbar auf die neue Notation übertragen werden.

Aus der Stetigkeit von $\phi$ folgt nun zusammen mit den Randbeschränkungen für die Indifferenzkurven:

$$\text{GRS}_1^\phi(t) + \text{GRS}_2^\phi(t) \to \begin{cases} \infty & \text{für } t \to 0 \\ 0 & \text{für } t \to \omega. \end{cases}$$

Aus diesem Randverhalten folgt aber sofort die Existenz eines $t^\star \in [0,\omega]$ so dass $\text{GRS}_1^\phi(t^\star) + \text{GRS}_2^\phi(t^\star) = 1$. Demzufolge gibt es aufgrund der unterstellten Randbedingungen zu jeder Kostenteilungsmethode $\phi$ zumindest eine pareto-effiziente $\phi$-Allokation $(t_1^\star, t_2^\star, t^\star)$ mit $0 < t^\star < \omega$.

Im nächsten Schritt kommen wir nun zum zentralen Konzept des Kostenteilungsgleichgewichts. Eine Kostenteilungsmethode $\phi$ definiert für jeden Konsumenten zunächst eine Budgetmenge. Die herkömmliche Budgetmenge $\{(x_i, y) \in \Re_+^2 : x_i + (p_i^y/p_x)y \leq \omega_i\}$ wird dabei allerdings ersetzt durch den Ausdruck $\{(x_i, y) \in \Re_+^2 : x_i + \phi_i(y) \leq \omega_i\}$. Ein Gleichgewicht ergibt sich dann, wenn dieselbe Menge des öffentlichen Gutes für jeden Konsumenten in seiner Budgetmenge nutzenmaximal ist. Bis auf die mögliche Nicht-Linearität der Budgetbeschränkung ist dies auch ein Charakteristikum des Lindahl-Gleichgewichts.

**Definition 7.2.2**
*Gegeben seien die Nutzenwerte $w_i(t) := u_i(\omega_i - \phi_i(t), t)$ für $i = 1, 2$, $t \in [0,\omega]$ und die Kostenteilungsmethode $\phi$. Die $\phi$-Allokation $(\phi_1(t^\star), \phi_2(t^\star), t^\star)$ ist ein $\phi$-Kostenteilungsgleichgewicht, falls $t^\star$ die Funktionen $w_1(t)$ und $w_2(t)$ auf $[0,\omega]$ maximiert.*

Wiederum liegt der Bezug zum Konzept des Lindahl-Gleichgewichts nahe. Ist beispielsweise $z^L = (x_1^L, x_2^L, y^L)$ ein Lindahl-Gleichgewicht zum Preissystem $p^L = (p_x, p_y^1, p_y^2)$ mit der zugeordneten proportionalen Kostenteilungsmethode $\phi^p = (\phi_1^p, \phi_2^p)$ mit $\phi_i^p(t) = (p_y^i/p_x) \cdot t$, so ist die $\phi^p$-Allokation $(\phi_1^p(y^L), \phi_2^p(y^L), y^L)$ auch ein $\phi^p$-Kostenteilungsgleichgewicht, da die Güterbündel $(x_i^L, y^L)$ nutzenmaximal sind in der jeweiligen Budgetmenge und damit auch die Funktionen $w_i(t)$ für $t = y^L$ maximieren.

Ist umgekehrt ein $\phi$-Kostenteilungsgleichgewicht $(\phi_1^p(t^\star), \phi_2^p(t^\star), t^\star)$ gegeben zu einer proportionalen Kostenteilungsmethode $\phi^p$ mit $\phi_i^p(t) = \lambda_i \cdot t$, so ist die Allokation $(x_1^L, x_2^L, y^L)$ mit $x_i^L := \omega_i - t_i^\star$ und $y^L := t^\star$ ein Lindahl-Gleichgewicht zum Preissystem $(p_x, p_y^1, p_y^2) = (1, \lambda_1, \lambda_2)$.

Natürlich lassen sich keineswegs alle $\phi$-Kostenteilungsgleichgewichte als Lindahl-Gleichgewichte darstellen. Vielmehr wird die Menge der

Lindahl-Gleichgewichte echt in der Menge der $\phi$-Kostenteilungsgleichgewichte enthalten sein.

Dennoch ist die Effizienz der $\phi$-Kostenteilungsgleichgewichte gesichert: Jedes derartige Gleichgewicht $(\phi_1(t^\star), \phi_2(t^\star), t^\star)$ ist paretoeffizient. Differenziert man nämlich $w_i(t)$ an der Stelle $t^\star$, so erhält man für $i = 1, 2$:

$$\frac{dw_i(t^\star)}{dt} = \frac{\partial u_i(\omega_i - \phi_i(t^\star), t^\star)}{\partial y} - \frac{\partial u_i(\omega_i - \phi_i(t^\star), t^\star)}{\partial x_i} \cdot \phi_i'(t^\star).$$

Mit der Bedingung 1. Ordnung ergibt sich daraus $\text{GRS}_i^\phi(t^\star) = \phi_i'(t^\star)$ und damit auch die Samuelson-Bedingung wegen $\phi_1'(t^\star) + \phi_2'(t^\star) = 1$. Die Bedingungen 2. Ordnung sind aufgrund der Annahmen an die Nutzenfunktionen erfüllt. Ein $\phi$-Kostenteilungsgleichgewicht ist folglich pareto-effizient. Bleibt anzumerken, dass $\phi$-Kostenteilungsgleichgewichte durch weitere Effizienz- und Gerechtigkeitseigenschaften ausgezeichnet sind (vgl. dazu Weber/Wiesmeth (1990)).

Die Frage, die nach wie vor im Raum steht, ist die nach der Anreizverträglichkeit der Kostenteilungsgleichgewichte. Es ist offensichtlich, dass die "richtige" Vorgabe einer Kostenteilungsmethode $\phi$, die zu einem effizienten $\phi$-Kostenteilungsgleichgewicht führt, auf individuellen Daten beruht, die der nationalen oder supranationalen Instanz in der Regel nicht bekannt sein dürften. Demzufolge kann die Angabe falscher Daten wie im Fall des Lindahl-Gleichgewichts vorteilhaft sein.

Was also fehlt, ist eine gewisse Rechtfertigung für die Verwendung von Kostenteilungsverfahren in der Praxis für das Ziel einer effizienten Allokation. Im folgenden Abschnitt wird gezeigt, dass Kostenteilungsgleichgewichte in der Tat durch eine besondere Eigenschaft ausgezeichnet sind, durch die "Kernäquivalenz".

## 7.3 Kernäquivalenz

Die Suche nach einer überzeugenden Stabilitätseigenschaft für Kostenteilungsgleichgewichte führt zur folgenden Überlegung: Angenommen, eine staatliche Instanz schlägt im Rahmen des bisherigen Modells die erreichbare Allokation $(t_1, t_2, t)$ zur Bereitstellung und zur Finanzierung der Menge $t$ des öffentlichen Gutes vor. Diese Allokation ist dann stabil, falls keine Gruppe von Individuen, keine "Koalition", in der Lage ist, aus ihren eigenen Mittel, gegeben durch ihre Erstausstattungen, für sich selbst, also für alle Mitglieder der Koalition, eine bessere Allokation vorzugeben. $(t_1, t_2, t)$ kann unter diesen Umständen von keiner Koalition "blockiert" oder "verbessert" werden.

Zu einer gegebenen Verteilung der Erstausstattungen ist der "Kern" einer Ökonomie gerade die Menge der erreichbaren Allokationen mit dieser besonderen Eigenschaft, die Menge aller erreichbaren Allokationen also, die von keiner Koalition verbessert werden können. Üblicherweise wird der Kern als ein zum Marktmechanismus alternatives Lösungskonzept für das Allokationsproblem betrachtet. Da Kernallokationen offenbar von der gegebenen Verteilung der Erstausstattungen abhängen, handelt es sich ebenfalls um einen Allokationsmechanismus für Ökonomien mit Privateigentum. Im Gegensatz zur "Anonymität" des Preismechanismus ist dieses Konzept aber durch eine intensive soziale Interaktion gekennzeichnet. Es stellt sich die Frage nach dem Zusammenspiel oder der Abgrenzung der beiden Lösungsverfahren.

Für "große" Ökonomien mit privaten Gütern stimmt der Kern der Ökonomie mit der Menge der Marktgleichgewichte überein (vgl. Hildenbrand/Kirman (1976), Ch. 5), ein Charakteristikum, das als "Kernäquivalenz" bezeichnet wird. Dabei versteht man in der theoretischen Ökonomie unter einer "großen" Ökonomie im Allgemeinen eine Kontinuumsökonomie, eine Ökonomie mit einem Kontinuum an Konsumenten. Dann hat das einzelne Individuum mit seinen Aktionen keinen Einfluss mehr auf das Preissystem, so dass der Idealfall eines vollkommenen Wettbewerbs in einer Kontinuumsökonomie verwirklicht wird (vgl. Hildenbrand/Kirman (1976), Ch. 4). Im Sinne der obigen Überlegungen sind demnach allein Marktgleichgewichte in großen Ökonomien mit privaten Gütern durch diese zusätzliche soziale Stabilitätsbedingung ausgezeichnet. Interessanterweise gelingt so eine Charakterisierung der Gleichgewichtsallokationen ohne Marktpreise.

Anders stellt sich die Sachlage für eine Ökonomie mit öffentlichen Gütern dar. In diesem Fall ist es ungleich schwieriger, eine vorgeschlagene Allokation zu blockieren oder zu verbessern, da eine Gruppe von Individuen, eine Koalition, auf die Beiträge der Individuen, die nicht zur Koalition gehören, verzichten muss. Hier zeigt sich deutlich die charakterisierende Eigenschaft öffentlicher Güter. Demzufolge wird der Kern einer Ökonomie mit öffentlichen Gütern typischerweise "groß" sein, er wird im Allgemeinen die Menge der Lindahl-Gleichgewichte als echte Teilmenge enthalten. Muench (1972) hat gezeigt, dass selbst für Kontinuumsökonomien mit öffentlichen Gütern die Menge der Lindahl-

Gleichgewichte eine echte Teilmenge des Kerns darstellen kann. Für den Fall unserer Ökonomie zeigen dies die folgenden Überlegungen im Anschluss an die formale Definition des Kerns:

**Definition 7.3.1**
*Eine erreichbare Allokation $z = (x_1, x_2, y)$ gehört zum Kern der Ökonomie, falls gilt:*

- *es gibt kein $(\tilde{x}_1, \tilde{y})$ mit $\tilde{x}_1 + \tilde{y} = \omega_1$ und $u_1(\tilde{x}_1, \tilde{y}) > u_1(x_1, y)$,*
- *es gibt kein $(\tilde{x}_2, \tilde{y})$ mit $\tilde{x}_2 + \tilde{y} = \omega_2$ und $u_2(\tilde{x}_2, \tilde{y}) > u_2(x_2, y)$,*
- *es gibt keine erreichbare Allokation $(\tilde{x}_1, \tilde{x}_2, \tilde{y})$, so dass $u_i(\tilde{x}_i, \tilde{y}) > u_i(x_i, y)$ gilt für $i = 1, 2$.*

Offenbar kann eine Kernallokation durch keinen Haushalt allein und auch nicht durch beide Haushalte gemeinsam "verbessert" werden, Kernallokationen sind also insbesondere pareto-effizient. Darüber hinaus sind Kernallokationen wie Marktgleichgewichte abhängig von der Verteilung der Erstausstattung. Das folgende Beispiel illustriert dies:

**Beispiel 7.3.1**
*$\alpha = 0.5$ sei nun der konkrete Wert des Parameters in der Nutzenfunktion des zweiten Haushalts unserer Ökonomie. Ermittelt man zunächst die pareto-effizienten Allokationen, so ergibt sich aus den Bedingungen 1. Ordnung: $x_1 + 0.5 x_2 - y = 0$. Kombiniert man dies mit der Erreichbarkeit $x_1 + x_2 + y = 2$, so errechnet man $x_1 = 3y - 2$ und $x_2 = 4 - 4y$. Beachtet man noch $x_i \geq 0$, so ergibt sich die Menge der pareto-effizienten Allokationen der Ökonomie:*

$$\{z = (x_1; x_2; y) = (3y - 2; 4 - 4y; y) : 2/3 \leq y \leq 1\}.$$

*Nun sind noch die Allokationen auszuschließen, die durch einen der beiden Konsumenten allein verbessert werden können. Für den ersten Konsumenten sind dabei alle Allokationen mit $2/3 \leq y \leq (1/3) + \sqrt{7}/6 \approx 0.77$ aus obiger Menge herauszunehmen. Analog fallen für den zweiten Konsumenten alle Allokationen heraus, für die $(4 - 4y)\sqrt{y} \leq (2/3)\sqrt{1/3}$ gilt. Dies sind näherungsweise alle Allokationen mit $y \geq 0.9$. Damit erhalten wir approximativ für den Kern der Ökonomie:*

$$\{z = (x_1; x_2; y) = (3y - 2; 4 - 4y; y) : 0.77 \leq y \leq 0.9\}.$$

*Das in diesem Fall eindeutig bestimmte Lindahl-Gleichgewicht ergibt sich für $y^L = 5/6$ und ist im Kern enthalten: Aufgrund der Nutzenmaximierung auf der Budgetmenge ist die Gleichgewichtsallokation in* *keinem Fall schlechter als die Erstausstattung; die Effizienz der Gleichgewichtsallokation verhindert darüber hinaus, dass beide Konsumenten gemeinsam die Allokation verbessern können.*

**Hinweis 7.3**
Um die Allokationen anzugeben, die beispielsweise der erste Konsument aus eigenen Kräften verbessern kann, bestimmt man zunächst das maximale Nutzenniveau unter diesen Umständen. Die Maximierung von $u_1(x_1, y) = x_1 \cdot y$ unter $x_1 + y = 1$ liefert den maximal allein erreichbaren Nutzenwert $1/4$ mit $x_1 = y = 1/2$.
Folglich sind alle erreichbaren Allokationen auszuschließen mit $u_1(x_1, y) = x_1 \cdot y < 1/4$. Für die Kernallokationen bedeutet dies in Hinblick auf das obige Ergebnis für effiziente Allokationen: Alle Allokationen mit $x_1 \cdot y = (3y - 2) \cdot y < 1/4$ gehören nicht zum Kern. Die Lösung der quadratischen Gleichung $3y^2 - 2y = 1/4$ zeigt dann, dass dafür $y$ größer sein muss als $(1/3) + \sqrt{7}/6 \approx 0.77$.
Ähnlich verfährt man mit dem zweiten Konsumenten. Hier ist das aus eigenen Kräften maximal erreichbare Nutzenniveau $(2/3)\sqrt{1/3}$ mit $x_2 = 2/3$ und $y = 1/3$. Auszuschließen als Kernallokationen sind demnach alle effizienten Allokationen mit $(4 - 4y) \cdot y < (2/3)\sqrt{1/3}$. Dies führt näherungsweise zu Werten $y \geq 0.9$.

Diese Überlegungen stellen nun das Problem für das Konzept des Lindahl-Gleichgewichts klar dar: Auch wenn Lindahl-Gleichgewichte zum Kern der Ökonomie gehören, also die Kerneigenschaft besitzen, sind sie durch diese Stabilitätseigenschaft nicht ausgezeichnet: Es gibt andere stabile Allokationen, die nicht als Lindahl-Gleichgewichte darstellbar sind. Demzufolge kann aus der Beobachtung einer stabilen Allokation kein Rückschluss auf ein Lindahl-Gleichgewicht gemacht werden. Dies ist ein Ergebnis, das im Gegensatz zu Ökonomien mit rein privaten Gütern auch für große Ökonomien mit öffentlichen Gütern prinzipiell gültig bleibt (vgl. Muench (1972)).

In diesem Abschnitt wird nun gezeigt, dass die Menge der $\phi$-Kostenteilungsgleichgewichte dem Kern der Ökonomie zur vorgegebenen Verteilung der Erstausstattung entspricht. Damit kommt diesem Gleichgewichtskonzept in Hinblick auf die eben geführte Diskussion eine Sonderstellung zu: $\phi$-Kostenteilungsgleichgewichte sind durch die Kerneigenschaft charakterisiert. Die praktische Relevanz dieses Ergebnisses erörtern wir in Kapitel 12. Zunächst beginnen wir mit einer formalen Definition des Kerns auf der Grundlage der Notation, die in Zusammenhang mit dem Kostenteilungsgleichgewicht im letzten Abschnitt eingeführt wurde. Eine Verallgemeinerung dieser Definition auf den Fall von mehr als zwei Konsumenten ist unmittelbar möglich (vgl. Weber/Wiesmeth (1990)).

**Definition 7.3.2**
Eine erreichbare Allokation $(t_1, t_2, t)$ der betrachteten Ökonomie mit einem öffentlichen Gut gehört zum Kern der Ökonomie, falls es keine nicht-leere Koalition $S \subseteq \{1,2\}$ mit Beiträgen $(\tau_j)_{j \in S}$ zur Finanzierung des öffentlichen Gutes gibt, so dass $\tau_j \leq \omega_j$ und $u_j(\omega_j - \tau_j, \sum_{j \in S} \tau_j) > u_j(\omega_j - t_j, t)$ für alle $j \in S$ gilt.

Auch in dieser Definition wird die angesprochene Intention deutlich: Kernallokationen können durch keine Koalition mit deren eigenen Mitteln verbessert werden.

$\phi$-Kostenteilungsgleichgewichte sind effizient, sie gehören aber auch zum Kern der Ökonomie mit gegebener Verteilung der Erstausstattung: Zunächst kann aufgrund der Nutzenmaximierung kein Individuum allein das Allokationsergebnis eines $\phi$-Kostenteilungsgleichgewichts verbessern, da aufgrund der Kostenteilung aus eigenen Mitteln höchstens weniger als $y$ zur Finanzierung der Menge $y$ des öffentlichen Gutes beizutragen ist. Darüber hinaus impliziert die Effizienz der Gleichgewichtsallokation, dass dies auch für die Gesamtkoalition gilt.

Interessant ist nun die Umkehrung dieses Resultats: Die Darstellung einer Kernallokation $(t_1^\star, t_2^\star, t^\star)$ als $\phi$-Kostenteilungsgleichgewicht für eine geeignete Kostenteilungsmethode $\phi$. Wir führen diese Konstruktion im Rahmen der hier betrachteten Ökonomie mit zwei Konsumenten durch unter der Annahme strikter individueller Rationalität. Anzumerken ist jedoch, dass dieses Äquivalenzresultat allgemeiner gilt für eine Ökonomie mit einem öffentlichen Gut und beliebig vielen Konsumenten (vgl. Weber/Wiesmeth (1991a).

Die Kerneigenschaft von $(t_1^\star, t_2^\star, t^\star)$ impliziert individuelle Rationalität im Sinne von $u_i(x_i^\star, t^\star) = u_i(\omega_i - t_i^\star, t^\star) \geq u_i(\omega_i - \tau_i, \tau_i)$ für $\tau_i \in [0, \omega_i]$ und alle $i \in S$: In Abbildung 7.1 liegt das optimale Güterbündel jeweils oberhalb der gestrichelten individuellen Budgetgeraden.

Weiter sind die Grenzraten der Substitution gegeben durch $\text{GRS}_i^\star := \text{GRS}_i(\omega_i - t_i^\star, t^\star)$ für $i = 1, 2$. Aufgrund der Effizienz der Kernallokation $(t_1, t_2, t)$ addieren sich diese Steigungen zu eins. Definiere $\bar{t}_i := (\omega_i - t_i^\star)/\text{GRS}_i^\star + t^\star$ für $i = 1, 2$. Es gelte etwa $\bar{t}_1 \leq \bar{t}_2$ wie in Abbildung 7.1 dargestellt. Darüber hinaus erhalten wir $(\omega_1-d_1)+(\omega_2-d_2) = 0$ mit den Bezeichnungen aus Abbildung 7.1.

**Abbildung 7.1.** Kernäquivalenz für Kostenteilungsgleichgewichte (vgl. auch Beispiel 7.3.2)

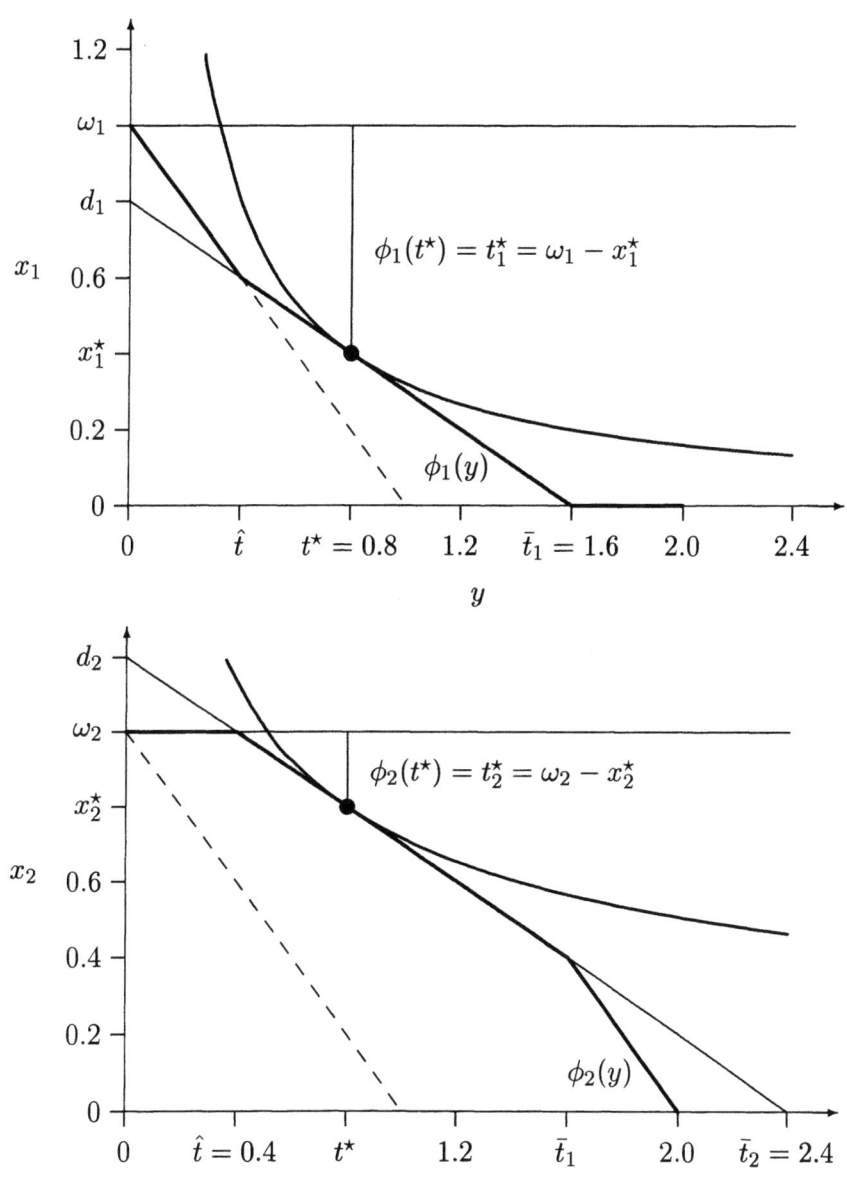

Die Kostenteilungsmethode $\phi$ wird dann mit $\omega := \omega_1 + \omega_2$ folgendermaßen definiert (vgl. wieder Abbildung 7.1). Zunächst zu $\phi_1$:

$$\phi_1(t) = \begin{cases} t & \text{für } t \in [0, \hat{t}] \\ t_1^\star + (t - t^\star) \cdot \text{GRS}_1^\star & \text{für } t \in [\hat{t}, \bar{t}_1] \\ \omega_1 & \text{für } t \in [\bar{t}_1, \omega] \end{cases}$$

$\phi_2$ wird in analoger Weise definiert, so dass sich $\phi_1(t)$ und $\phi_2(t)$ wie gefordert zu $t$ aufaddieren:

$$\phi_2(t) = \begin{cases} 0 & \text{für } t \in [0, \hat{t}] \\ t_2^\star + (t - t^\star) \cdot \text{GRS}_2^\star & \text{für } t \in [\hat{t}, \bar{t}_1] \\ t - \omega_1 & \text{für } t \in [\bar{t}_1, \omega] \end{cases}$$

Die Konstruktion impliziert $\phi_1(t) + \phi_2(t) = t$ für $t \in [0, \omega]$. Darüber hinaus macht die Annahme der strikten individuellen Rationalität der Kernallokation $(t_1^\star, t_2^\star, t^\star)$ die Konstruktion möglich.

Im Ergebnis erhalten wir so eine stückweise lineare Kostenteilungsmethode $\phi$, bezüglich der die Kernallokation $(t_1^\star, t_2^\star, t^\star)$ ein Kostenteilungsgleichgewicht darstellt. Folglich gilt hier das Resultat der Kernäquivalenz für $\phi$-Kostenteilungsgleichgewichte.

**Beispiel 7.3.2**
*Wir verwenden die Daten von Beispiel 7.3.1 und betrachten die Kernallokation, die zu $y = 0.8$ gehört: $z^K = (x_1^K, x_2^K, y^K) = (0.4, 0.8, 0.8)$ (vgl. Abbildung 7.1). Diese Allokation entspricht nicht dem hier eindeutig bestimmten Lindahl-Gleichgewicht, da dieses durch $y^L = 5/6$ charakterisiert ist. Konstruiert man nun gemäß der obigen Methode eine Kostenteilungsmethode zu dieser Allokation, so erhält man aus einfachen Überlegungen und Rechnungen und durch Vergleich mit Abbildung 7.1:*

$$\phi_1(t) = \begin{cases} t & \text{für } t \in [0, 0.4] \\ 0.2 + 0.5t & \text{für } t \in [0.4, 1.6] \\ 1 & \text{für } t \in [1.6, 2] \end{cases} \quad \text{und}$$

$$\phi_2(t) = \begin{cases} 0 & \text{für } t \in [0, 0.4] \\ -0.2 + 0.5t & \text{für } t \in [0.4, 1.6] \\ t - 1 & \text{für } t \in [1.6, 2] \end{cases}.$$

Offen ist noch die Konstruktion eines geeigneten Mechanismus, um ein $\phi$-Kostenteilungsgleichgewicht zu erreichen. Unter der Annahme, dass der staatlichen Instanz die Verteilung der Erstausstattung der Individuen bekannt ist, zeigen Weber/Wiesmeth (1990), dass Kostenteilungsgleichgewichte als "starke Nash-Gleichgewichte" eines speziellen nicht-kooperativen Spiels erhalten werden können. Dieser Ansatz ist insofern interessant, als die Kenntnis der Nutzenfunktionen auf Seiten der staatlichen Instanz nicht vorausgesetzt wird. Auf diese Überlegungen soll hier aber nicht weiter eingegangen werden.

Im folgenden Abschnitt werden die bisherigen Ergebnisse nochmals konkretisiert für den Kontext der Umweltökonomie. Insbesondere soll herausgestellt werden, welche Implikationen diese Überlegungen für die optimale Bereitstellung von Umweltgütern haben.

## 7.4 Implikationen für die Umweltökonomie

In dem betrachteten Kontext wird das Allokationsproblem für öffentliche Güter auf ein Problem der Kostenteilung bezogen. Die Äquivalenz zwischen Kernallokationen und Kostenteilungsgleichgewichten rechtfertigt diesen Ansatz aus theoretischer Sicht.

Dabei werden konstante Skalenerträge in der Produktion des öffentlichen Gutes unterstellt. Im Fall strikt abnehmender Skalenerträge, also im Fall einer streng konvexen Kostenfunktion für die Produktion des öffentlichen Gutes, gilt zwar weiterhin die Äquivalenz zwischen Kern und Kostenteilungsgleichgewichten, jedoch gehören die Lindahl-Gleichgewichte nicht mehr notwendigerweise zum Kern der Ökonomie (vgl. Weber/Wiesmeth (1991a)).

Es ergeben sich einige Implikationen für die umweltpolitische Praxis. So repräsentiert das Kostenteilungsgleichgewicht ein dezentrales Entscheidungsverfahren zur Bereitstellung eines öffentlichen Gutes. Es ist in diesem Sinn der dezentralisierten Entscheidungsfindung in einem marktwirtschaftlichen System vergleichbar, wenn auch die Angabe einer (geeigneten) Kostenteilungsmethode durch eine übergeordnete Instanz erfolgen muss.

Die von den einzelnen Individuen zu übernehmenden Kostenanteile orientieren sich an deren Erstausstattungen, aber auch am Nutzen, den diese Individuen aus dem Konsum des öffentlichen Gutes ziehen. Demzufolge muss eine geeignete Kostenteilungsmethode nicht notwendigerweise proportional und schon gar nicht identisch sein für die verschiedenen Individuen. Möglich und dann aus Effizienzüberlegungen auch gerechtfertigt sind also sowohl nicht-lineare Preisänderungen mit variierender Menge des öffentlichen Gutes und unterschiedliche Preise für die einzelnen Haushalte.

In der Praxis spiegelt sich dies zumindest ansatzweise in den Tarifen und Gebühren für öffentliche Dienstleistungen, wobei die in diesen Systemen zu beachtende Fixkostendegression diese Strukturen zum Teil verschleiert. So wird häufig eine Grundgebühr verlangt, die den Konsum bis zu einer bestimmten Menge mit abdeckt, oder es kommt zu zweiteiligen Tarifen, die aus einer Grundgebühr und einem variablen Gebührenteil bestehen. Bei genauerer Überprüfung zeigt sich, dass dahinter letztlich geeignete Kostenteilungssysteme stecken.

Auch die Frage, ob sich eine ungleiche Verteilung der Kosten, etwa zu Lasten der "Reicheren", aus der Theorie rechtfertigen lässt, kann ohne weitere Kenntnis der individuellen Entscheidungsgrundlagen nicht beantwortet werden. Folglich sind Klagen über eine ungerechte Kostenteilung, verbunden mit entsprechenden Forderungen, mit Vorsicht zu behandeln. Weber/Wiesmeth (1991b) untersuchen diese Problematik am Beispiel der Kostenteilung in der NATO.

In Hinblick auf diese Unzulänglichkeiten ist die praktische Vorgehensweise bei der Allokation öffentlicher Güter oft durch andere Verfahren bestimmt, die allerdings auch nicht frei sind von Problemen. Ein derartiges Verfahren, das in der Bundesrepublik für größere öffentliche Projekte gesetzlich vorgeschrieben ist, ist die "Kosten-Nutzen-Analyse". Mit Methoden der Kosten-Nutzen-Analyse versucht man, die tatsächliche Einschätzung ("aggregierte Zahlungsbereitschaft") eines öffentlichen Projekts, in diesem Zusammenhang etwa eine Maßnahme zur Reinigung der Luft, zu ermitteln. Ein Vergleich mit den anfallenden Kosten zeigt dann, ob eine Durchführung dieses Projekts aus gesamtwirtschaftlicher Sicht wünschenswert ist. Für weitere Einzelheiten zu diesem Verfahren, insbesondere auch zu den damit verbundenen Problemen, sei auf die entsprechende Literatur verwiesen (vgl. etwa Johansson (1991)).

Ein anderes Verfahren beruht, etwa in der Form eines Volksentscheids, auf den Prinzipien der Mehrheitsabstimmung. Auch dieser Ansatz zur Lösung eines Allokationsproblems ist mit verschiedenen Schwierigkeiten verbunden, die im Rahmen des "Public Choice" abgehandelt werden. Für weitere Einzelheiten sei wiederum auf die relevante Literatur verwiesen (vgl. etwa Mueller (1979)).

Zusammenfassend bleibt festzuhalten, dass das Allokationsproblem für Umweltgüter im Rahmen eines marktwirtschaftlichen System in der

## 7.4 Implikationen für die Umweltökonomie

Praxis zu einigen nicht unerheblichen Schwierigkeiten führt, die noch genauer zu betrachten sein werden. Dies geschieht im nun folgenden Teil des Buches. Dort werden Ansätze der praktischen Umweltökonomie aufgegriffen und analysiert anhand von theoretischen Modellen. Öffentliche Güter werden auch in diesem Kontext wieder eine Rolle spielen, die Relevanz der Kernäquivalenz für praktische Ansätze wird nochmals herausgearbeitet.

Interessanterweise wird sich zeigen, dass die Theorie auch konkret zur Lösung praktischer Probleme beitragen kann.

# Teil III

# Praktische Umweltökonomie

Der dritte Teil des Buches ist der praktischen Umweltökonomie gewidmet. Genauer geht es um die Analyse der Schwierigkeiten, die bei der praktischen Umsetzung der von der Theorie bereitgestellten Instrumente zu beachten sind. Interessanterweise wird sich gerade auch dabei die Theorie als hilfreich erweisen.

Konkret werden die "klassischen" Instrumente der praktischen Umweltpolitik bis hin zur Ökosteuer behandelt. Vorrangig werden dabei die verschiedenen Instrumente einer ökonomisch fundierten Umweltpolitik eingeführt und hinsichtlich ihrer ökologischen und ökonomischen Wirksamkeit untersucht. Die Analyse ist von der ökologischen Zielsetzung sowie von der Struktur der betroffenen Märkte abhängig zu machen, weiter spielt private Information eine entscheidende Rolle. Es wird sich zeigen, dass es ein für alle Umweltbelange gleichermaßen geeignetes Instrument nicht gibt, dass vielmehr die speziellen Eigenschaften einer gegebenen Umweltsituation berücksichtigt werden müssen, um Umweltpolitik mit einigermaßen Aussicht auf Erfolg betreiben zu können. Eine eigenständige Zielsetzung für die Umweltpolitik erscheint unter diesen Umständen notwendig.

Die Überlegungen werden ergänzt um eine Analyse von Beispielen aus der aktuellen umweltpolitischen Praxis. Dazu dient die Verpackungsverordnung als Beispiel einer Maßnahme der Auflagenpolitik, die Diskussion um die Ökosteuer in Deutschland als Beispiel für den Ansatz einer sehr speziellen Pigou-Steuer sowie RECLAIM (Regional Clean Air Incentives Market) aus Kalifornien als Beispiel eines Zertifikate-Modells.

# 8. Von der Theorie zur Praxis: Informationsprobleme

Die Ausführungen in Teil II zeigen einerseits, dass eine Lösung der Umweltprobleme im Sinne einer Internalisierung der damit einhergehenden externen Effekte prinzipiell möglich ist. Eine Auswahl der "klassischen" Instrumente beinhaltet die Pigou-Steuer sowie das Zertifikate-Modell oder den Markt für Verschmutzungsrechte. Unter bestimmten Bedingungen liefern all diese Ansätze auf der Grundlage des Marktmechanismus eine effiziente Allokation und erlauben in diesem Sinne eine adäquate Einbindung der Umweltgüter in einen marktwirtschaftlichen Rahmen. Lediglich die Instrumente, die auf einer Zuweisung der Eigentumsrechte an den Umweltgütern an unmittelbar betroffene Interessengruppen beruhen, bringen unter gewissen Umständen grundsätzliche Schwierigkeiten für die Effizienz der resultierenden Gleichgewichtsallokation mit sich.

Andererseits hängen die in Teil II abgeleiteten Effizienzresultate in meist substantieller Weise von Informationen ab, welche den verschiedenen Wirtschaftssubjekten, insbesondere auch einer Umweltbehörde, zugängig sein müssen, damit diese ihre umweltrelevanten Entscheidungen dem Sachverhalt angemessen treffen können. Man denke etwa an die optimale Einrichtung einer Pigou-Steuer, die typischerweise die Kenntnis der zu erreichenden effizienten Allokation voraussetzt.

Natürlich gibt es neben diesem aus der ökonomischen Situation heraus gegebenen Informationsdefizit noch andere Quellen der Unsicherheit, mit denen eine praktische Umweltpolitik häufig belastet ist. An erster Stelle ist in diesem Zusammenhang das Gefährdungspotential verschiedener Güter und Produktionsprozesse zu nennen, das auf eine unzulängliche Kenntnis etwa der Langzeitwirkung bestimmter Stoffe zurückgeht.

Ein weiteres Problemfeld findet sich in der internationalen Umweltpolitik mit ihren vergleichsweise geringen Möglichkeiten, grenzüberschreitende Umweltbelastungen vor dem Hintergrund gegensätzlicher

Meinungen über das Gefährdungspotential in den Griff zu bekommen. Hierfür liefern die Nachfolgeverhandlungen zum Kyoto-Protokoll ein anschauliches Beispiel.

Es ist daher nicht verwunderlich, dass derartige Informationsdefizite einer geradlinigen Umsetzung der klassischen Instrumente der Umweltökonomie im Wege stehen. So war in den Anfangszeiten der Umweltbewegung die ökonomische Reaktion zunächst durch einen Rückgriff auf dieses klassische Instrumentarium geprägt. Jedoch stellte sich bald heraus, dass das Ziel der Effizienz zumindest in der umweltpolitischen Praxis damit im Allgemeinen unscharf vorgegeben war.

In diesem Abschnitt sollen diese Informationsdefizite zusammenfassend dargestellt werden. Die Schlussfolgerungen, die sich daraus für eine "praktische" Umweltökonomie ergeben, werden in den nachfolgenden Abschnitten genauer analysiert. Als wichtige Konsequenz bleibt schon jetzt festzuhalten, dass der eigenständige Rang, den die Umweltpolitik gegenüber der sonstigen Wirtschaftspolitik mittlerweile erhalten hat, wesentlich dieser Informationsproblematik zuzurechnen ist. Die im vorhergehenden Teil des Buches noch prinzipiell gegebene Verträglichkeit des Effizienzziels mit dem Ziel der Reinhaltung der Umwelt wird sich so nicht mehr aufrecht erhalten lassen, Maßnahmen zur Verbesserung der Umweltsituation werden zunehmend in Konflikt geraten mit allgemeinen wirtschaftspolitischen Zielsetzungen. Jedenfalls ist dieser Eindruck von der schon mehrfach erwähnten "Unversöhnbarkeit" von Ökologie und Ökonomie weit verbreitet und oft Gegenstand erbitterter Diskussionen unter Vertretern der beiden Lager.

## 8.1 Informationsdefizite bezüglich der Marktgegebenheiten

In diesem Abschnitt wird die Unsicherheit über die Struktur und die konkreten Daten effizienter Allokationen aufgegriffen. Dabei soll die Komplexität des Problems auch anhand eines Mechanismus dargestellt werden, der unter gewissen, allerdings nicht sehr praxisrelevanten Bedingungen das Allokationsproblem bei externen Effekten löst.

Das Entstehen regulärer Märkte für Umweltgüter wird durch externe Effekte und Eigenschaften öffentlicher Güter behindert. Pigou-Steuern im Fall externer Effekte oder persönliche Preise, die das Konzept des Lindahl-Gleichgewichts charakterisieren (vgl. Kapitel 7.1), verlangen Kenntnisse über die individuellen Präferenzen der Wirtschaftssubjekte, die in der Realität nicht erreichbar sind.

Genauer benötigen die Instrumente zur Internalisierung der externen Effekte zur exakten Implementierung detaillierte Kenntnisse über die gewünschte effiziente Allokation (vgl. Kapitel 6). Dies gilt sowohl für die Erhebung einer Pigou-Steuer, als auch für die optimale Menge an Verschmutzungsrechten oder Emissionszertifikaten oder für die Bestimmung persönlicher Preise im Fall eines öffentlichen Gutes. In der Regel werden die Wirtschaftssubjekte diesbezügliche Angaben entweder aus eigener Unkenntnis des Sachverhalts oder aus strategischen Erwägungen heraus "verzerrt" angeben (vgl. die Ausführungen in Kapitel 7.1). Sind den staatlichen Institutionen beispielsweise Grenzgewinnkurven für bestimmte umweltrelevante Aktivitäten nicht ausreichend bekannt, so können umweltpolitische Eingriffe zu unerwünschten "Vermeidungsaktivitäten" führen. So stellte der "Mülltourismus" als Vermeidungsaktivität infolge einer Verschärfung der Abfallgesetzgebung vor etlichen Jahren die Behörden vor ein nicht unerhebliches Problem.

In der Theorie wurden "anreizverträgliche Mechanismen" diskutiert, die zu einer wahrheitsgemäßen Offenbarung der individuellen Präferenzen beitragen sollen. Der Groves-Ledyard-Mechanismus ist ein prominentes Beispiel für ein Verfahren, das für die Allokation öffentlicher Güter konzipiert wurde. Als Beispiel für einen derartigen Mechanismus im Bereich externer Effekte wird nun der einfachere "Konkurrenzpreismechanismus" vorgestellt. Später werden wir noch auf die praktische Relevanz der Kernäquivalenz zu sprechen kommen.

### 8.1.1 Konkurrenzpreismechanismus

Vor dem skizzierten Hintergrund stellt sich die Frage nach Mechanismen, die den tatsächlichen Verlauf der relevanten Marktdeterminanten offenbaren, sofern sie den betreffenden Wirtschaftssubjekten selbst hinreichend bekannt sind. Wie schon erwähnt, bedeutet eine unzulängliche Kenntnis des Gefährdungspotentials auch ein Informationsdefizit bezüglich des Verlaufs der Grenzschadenskurve. Wird der Verlauf der aggregierten Grenzschadenskurve dagegen als gegeben unterstellt, so kann der "Konkurrenzpreismechanismus" in diesem Zusammenhang der Ermittlung der aggregierten Grenzgewinnkurve dienen (vgl. Weimann (1990), S. 145ff).

**Abbildung 8.1.** Konkurrenzpreismechanismus

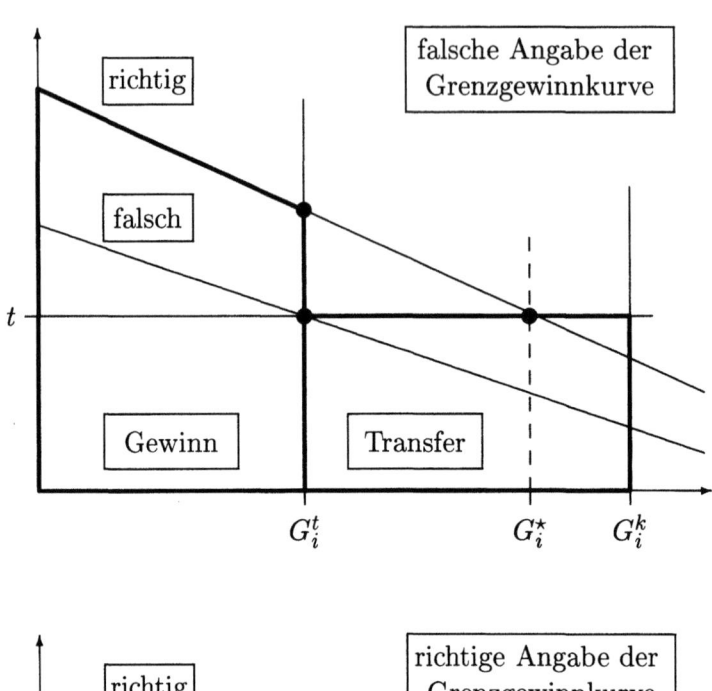

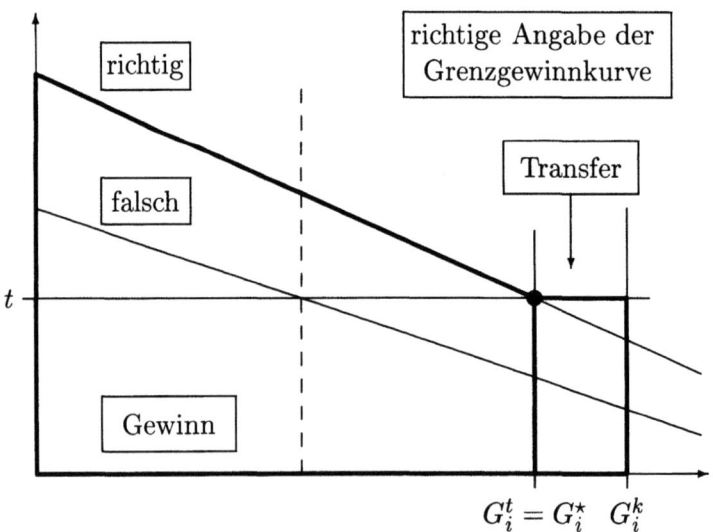

Gegeben sind hierzu die Produktionsfunktionen $F = f(L_F, G)$ und $G_i = g_i(L_G^i)$ mit vielen kleinen $G$-Unternehmen. $p_G - p_L/g_i'(g^{-1}(G_i))$ repräsentiert dann die Grenzgewinnkurve des Unternehmens $i$ bei der Produktionsmenge $G_i$. Der Einfachheit halber entsprechen die umweltbelastenden Emissionen der $G$-Industrie insgesamt wieder genau der Produktionsmenge $G$.

Jedem Unternehmen $i$ der $G$-Industrie wird von einer staatlichen Stelle zunächst ein so genanntes "kritisches" Emissionsniveau $G_i^k$ zugewiesen. Nach der Befragung nach dem Verlauf seiner Grenzgewinnkurve wird ein Steuersatz $t$ angekündigt und dem Unternehmen $i$ wird diejenige Ausbringungsmenge $G_i^t$ zugewiesen, für die der (angegebene) Grenzgewinn dem Steuersatz entspricht. Gilt dann $G_i^t \geq G_i^k$, so ist der Betrag $t \cdot (G_i^t - G_i^k)$ an die staatliche Instanz zu entrichten. Im umgekehrten Fall erhält Unternehmen $i$ den Betrag $t \cdot (G_i^k - G_i^t)$. In Abbildung 8.1 führt die Menge $G_i^\star$ jeweils zum (tatsächlichen) Grenzgewinn $t$, doch nur im Fall der korrekten Angabe der Grenzgewinnkurve gilt $G_i^t = G_i^\star$.

Insgesamt soll der Steuersatz $t$ so eingerichtet werden, dass er zu einer effizienten Allokation führt, also durch den Schnittpunkt der (als bekannt vorausgesetzten) aggregierten Grenzschadenskurve und der mit diesem Mechanismus ermittelten aggregierten Grenzgewinnkurve bestimmt wird. Jedem Unternehmen ist diese Verfahrensweise von Anfang an bekannt. Darüber hinaus ist sich jedes Unternehmen bewusst, dass es aufgrund der zahlreichen Konkurrenten allein mit seinen Aktionen den Wert des Steuerparameters $t$ nicht beeinflussen kann. Der Name "Konkurrenzpreismechanismus" soll dies zum Ausdruck bringen.

Einfache graphische Überlegungen zeigen dann, dass es für ein einzelnes Unternehmen immer besser ist, den tatsächlichen Verlauf seiner Grenzgewinnkurve anzugeben. In Abbildung 8.1 ist die individuelle Grenzgewinnkurve eines Unternehmers einmal als "richtige" und einmal als "falsche" Kurve angegeben. Bei der falschen Angabe der Grenzgewinnkurve (oberes Bild) erzielt der betrachtete Produzent $i$ ein Nettoeinkommen (staatliche Transfers und Gewinn) in Höhe der stark umrandeten Flächen. Dabei entspricht die rechteckige Fläche der staatlichen Transferzahlung $t \cdot (G_i^k - G_i^t)$, die übrige Fläche entspricht als Fläche unter der Grenzgewinnkurve dem Gewinn. Führt der Produzent dagegen die obere, richtige Grenzgewinnkurve an, so erzielt er einen zusätzlichen Gewinn. Im unteren Bild der Abbildung 8.1 entspricht der Gewinn der Fläche unter der Grenzgewinnkurve zwischen 0 und $G_i^\star$, der Betrag der Transferzahlung geht auf $t \cdot (G_i^k - G_i^\star)$ zurück. Eine analoge Überlegung kann für den Fall $G_i^k < G_i^t$ geführt werden oder für einen anderen relativen Verlauf der richtigen und falschen Grenzgewinnkurve.

Zu beachten ist, dass die staatliche Instanz durch die Wahl der kritischen Emissionsniveaus eine gewisse Kontrolle über das zur Durchführung des Verfahrens notwendige Budget hat. Werden die kritischen Emissionsniveaus allerdings vergleichsweise hoch angesetzt, so kommt es zu einem Abfluss von Mitteln aus dem Staatssektor. Für eine korrekte Wahl sind demnach weitere Informationen nötig. Dies gilt erst recht in Bezug auf die aggregierte Grenzschadenskurve, die als bekannt vorausgesetzt wird, genauso wie die individuellen Grenzgewinnkurven der Unternehmen.

Ein weiterer problematischer Aspekt dieses Mechanismus liegt in der Konkurrenzannahme, also in der Annahme, dass für jedes Unternehmen der Parameter $t$ außerhalb seines Einflussbereichs ist. Ergibt sich für ein größeres Unternehmen die Möglichkeit einer Beeinflussung des Steuersatzes, so wird strategisches Verhalten unvermeidlich sein und die Funktionsweise des Mechanismus beeinträchtigen (vgl. etwa Weimann (1990), S. 151ff).

Die theoretischen Untersuchungen in Teil II zeigen darüber hinaus, dass noch andere Bedingungen erfüllt sein müssen, damit ein Markt für Zertifikate oder Verschmutzungsrechte in einer bestimmten Ausgestaltung zustande kommt (vgl. Abschnitt 6.4). Insbesondere ist dann Vorsicht geboten, wenn die Grenzschadenskurve fallend verläuft, wenn also schon die erste Einheit eines Gutes den größten Schaden in der Ökonomie hervorruft. Folglich ist die geeignete Strukturierung dieser Märkte von der Kenntnis dieser zusätzlichen Bedingungen abhängig.

## 8.2 Informationsdefizite im Bereich der internationalen Umweltpolitik

Die weitgehend auf Umweltschutz bedachten industrialisierten Länder sehen sich heute zunehmend konfrontiert mit einer Reihe von globalen Umweltproblemen, die sie nicht alleine kontrollieren können. Dazu gehört die Belastung der Atmosphäre mit Treibhausgasen oder die Verschmutzung der Weltmeere (vgl. Teil I). Es stellt sich daher die Frage nach einer erfolgreichen Institutionalisierung einer "internationalen" Umweltpolitik (vgl. auch Teil IV).

So versucht z.B. die Europäische Union, über die Programme PHARE und TACIS die Umweltbemühungen in den Staaten Mittel- und Osteuropas zu erhöhen. Hierbei handelt es sich um typische "Principal-Agent-Probleme", der Prinzipal (die EU) möchte, dass der Agent (die betreffenden Staaten Mittel- und Osteuropas) bestimmte Aufgaben im Umweltbereich bestens erledigt. Aufgrund unzulänglicher Informationen über die in diesen Ländern vorhandenen Technologien treten Probleme einer "adversen Selektion" auf; zusätzlich ist das "moralische Risiko" zu beachten, das mit einer unzulänglichen Überprüfbarkeit der erbrachten Leistungen einhergeht (vgl. Kölle (1995) für eine ausführliche Diskussion dieses Sachverhalts).

Diese und andere Schwierigkeiten einer Umweltpolitik auf internationaler Ebene resultieren letztlich aus den unzulänglichen Einwirkungsmöglichkeiten eines Landes auf ein anderes. Darüber hinaus sind internationale Vereinbarungen im Umweltbereich ein langwieriges Vorhaben, wie nicht zuletzt die Umsetzung des Kyoto-Protokolls deutlich macht. Wir greifen diese Aspekte in Teil IV nochmals auf.

## 8.3 Informationsdefizite bezüglich des Gefährdungspotentials

Natürlich gibt es neben diesen bezüglich der Details der ökonomischen Situation gegebenen Informationsdefiziten noch andere Quellen der Unsicherheit, mit denen eine praktische Umweltpolitik häufig belastet ist. An erster Stelle ist in diesem Zusammenhang das Gefährdungspotential verschiedener Güter und Produktionsprozesse zu nennen. Dieses Gefahrenpotential ist oft nur unzulänglich bekannt, beispielsweise war die Deponierung von Abfällen lange Zeit die wesentliche "Entsorgungstechnik" für Reststoffe. Aus heutiger Sicht werden viele dieser Deponien noch lange Zeit biologisch aktiv sein, so dass entsprechende Sicherungsmaßnahmen zu treffen sind für Handlungsweisen, die vor nicht allzu langer Zeit noch völlig unbedenklich erschienen.

Weiter gibt es auf internationaler Ebene gelegentlich substantielle Meinungsverschiedenheiten bezüglich des Gefährdungspotentials bestimmter grenzüberschreitender Umweltbelastungen. Die jüngsten Diskussionen in den Vertragsstaaten-Konferenzen der Klimarahmenkonvention machen dies deutlich. So lehnen die USA das Kyoto-Protokoll ab, weil die Wissenschaft nach Ansicht der amerikanischen Regierung bisher keine Beweise für die nachteiligen Folgen der $CO_2$-Emissionen für die Klimaentwicklung erbracht hat, die weitreichende Zwangsmaßnahmen rechtfertigen würden (vgl. Abschnitt 1.2).

Aktueller Natur ist auch der Streit zwischen der EU und den USA um die ökologische und gesundheitliche Relevanz von eventuellen Rückständen von Wachstumshormonen im Rindfleisch. Auch in diesem Fall fehlen – jedenfalls nach Ansicht der USA – verlässliche und wirklich begründete Kenntnisse über ökologisch bedenkliche Wirkungsketten.

Mögliche Folgen dieses Informationsdefizits sind gegebenenfalls unnötig restriktive gesetzliche Vorschriften, wie vielleicht im Hinblick auf die Entsorgung ausgedienter Öl-Plattformen oder wie vielleicht im Fall des unbedingten Ausstiegs aus der Kernenergie. Das in diesem Zusammenhang oft zu hörende Argument, man will mit einer vorsichtigen Politik jegliches Risiko beseitigen, trägt nur bedingt. Solange riskante Techniken in anderen, weit weniger entwickelten Ländern zum Einsatz kommen, begeben wir uns mit unserem Verzicht auch der Möglichkeit einer Unterstützung dieser Anwender mit Sicherheitskonzepten. Darüber hinaus ist nicht immer gesagt, dass die nun verstärkt herangezogenen alternativen Technologien in ökologischer Hinsicht unbedenklicher sind.

Andererseits ist es aufgrund von Informationsdefiziten auch denkbar, dass auf diese Weise bestimmten ökologischen Zusammenhängen heute nicht die erforderliche Aufmerksamkeit zukommt mit der Folge später notwendig werdender Beseitigungen von Altlasten aufgrund zu lascher früherer Bestimmungen.

Zusätzlich führt ein nicht ausreichend bekanntes Gefährdungspotential eines bestimmten Gutes oder Prozesses zu einem Informationsdefizit bezüglich der zugeordneten Grenzschadenskurve. Dies aber hat wiederum unmittelbare Konsequenzen für die Bestimmung und Implementierung einer geeigneten effizienten Allokation, da damit die sozialen Grenzkosten des betrachteten Produktionsvorgangs nicht ermittelt werden können. Dieses Informationsproblem erschwert folglich die eigentlich notwendige Ermittlung einer effizienten Allokation über das schon angesprochene grundsätzliche Informationsdefizit.

Letztlich bleibt eine Gratwanderung, deren Kurs jede Generation auf der Grundlage des vorhandenen Wissens erneut festlegen muss. Dass dabei rückblickend Fehler unterlaufen, wird auch künftig nicht ausbleiben.

## 8.4 Schlussfolgerungen für die praktische Umweltökonomie

Die angesprochenen Informationsdefizite führen zu schwerwiegenden Problemen bei der Umsetzung der theoretisch fundierten Instrumente der Umweltökonomie in die Praxis. Eine direkte Anwendung der in Teil II skizzierten "theoretischen" Instrumente scheidet jedenfalls aus den genannten Gründen in vielen Fällen aus. Konsequenterweise lassen sich auch die folgenden "klassischen" Ausprägungen der Umweltpolitik auf diese Informationsdefizite zurückführen:

**Reaktion auf Umweltschäden:** Die Beseitigung von vorhandenen Umweltschäden charakterisiert insbesondere die Anfänge einer Umweltpolitik in der Bundesrepublik und in der EU. Sie spielt heute vor allem eine Rolle bei der Beseitigung von Umweltaltlasten, die allerdings aufgrund unzulänglicher Kenntnisse über ökologische Wirkungsketten und damit einhergehende ökologische Fehlentscheidungen auch in Zukunft anfallen werden (vgl. Henigin (1999) für einen guten Einblick in die ingenieurwissenschaftlichen Bemühungen zur Reduzierung des mit Hausmülldeponien verbundenen ökologischen Gefahrenpotentials).

Abgesehen von der Notwendigkeit, erkannte Altlasten zu beseitigen, ist diese Umweltpolitik auf der Grundlage des Gemeinlastprinzips sowohl in ökologischer als auch in ökonomischer Hinsicht problematisch. Zunächst können durch die Umweltverschmutzung irreparable Schäden entstehen, so dass jede Reaktion zu spät kommen muss, andererseits hat eine derartige Politik keinen oder höchstens einen geringen Einfluss auf das ökologisch-ökonomische Verhalten der Wirtschaftssubjekte, da das direkte Wechselspiel zwischen umweltgerechtem Verhalten und ökonomischen Konsequenzen keine Rolle spielt.

Aufgrund der Informationsdefizite hinsichtlich des Gefährdungspotentials bestimmter Stoffe wird diese Form der Umweltpolitik allerdings immer ihre Aktualität bewahren.

**Auflagenpolitik:** Von der Entwicklung her gesehen dominiert diese Gebots- und Verbotspolitik die zweite Phase der Umweltpolitik in den westlichen Ländern. Der öffentlichen Meinung zufolge erlaubt sie präzise und vorbeugende Eingriffe in das umweltrelevante Geschehen. Zum speziellen Instrumentarium der Auflagenpolitik zählen die in verschiedenen Vorschriften, wie etwa in den örtlichen Bauleitplänen, enthaltenen Umweltverträglichkeitsprüfungen. Weiter gehören dazu Überwachungs- und Vorsorgeinstrumente, wie die schon erwähnten Technischen Anleitungen, die die Rechtsetzung durch Verwaltungsvorschriften konkretisieren (vgl. Stober (1991), S. 17f für eine ausführliche Zusammenstellung).

## 8. Von der Theorie zur Praxis: Informationsprobleme

Aus ökologischer Sicht stellt sich die Auflagenpolitik positiv dar, da sie offenbar ein direktes Instrumentarium liefert, über das schnell in den Wirtschaftsablauf zur Vermeidung weiterer tatsächlicher oder vermeintlicher Umweltbelastungen eingegriffen werden kann.

Dies ist sicherlich ein wichtiger Grund für die Prävalenz der Auflagenpolitik in der praktischen Umweltpolitik. Doch sollte man nicht übersehen, dass Gebote und Verbote auch die Grundbausteine einer diskretionären Umweltpolitik bilden. Für Politiker ist dies eine wichtige Möglichkeit, Handlungsfähigkeit demonstrieren zu können.

Wiederum sind Informationsdefizite über das Gefährdungspotential für die Häufigkeit der Auflagenpolitik ausschlaggebend. So heißt es im §1 des Bundes-Immissionsschutzgesetzes (BImSchG): *"Zweck dieses Gesetzes ist es, Menschen, Tiere und Pflanzen, den Boden, das Wasser, die Atmosphäre sowie Kultur- und sonstige Sachgüter vor schädlichen Umwelteinwirkungen und, soweit es sich um genehmigungsbedürftige Anlagen handelt, auch vor Gefahren, erheblichen Nachteilen und erheblichen Belästigungen, die auf andere Weise herbeigeführt werden, zu schützen und dem Entstehen schädlicher Umwelteinwirkungen vorzubeugen."* Das Vorsorgeprinzip steht damit im Mittelpunkt der Auflagenpolitik, die sich in ihren einzelnen Vorschriften am "Stand der Technik" orientiert (vgl. Stober (1991), BImSchG, §3(6)). Darin liegt allerdings sowohl aus ökologischer Sicht, als auch aus ökonomischer Sicht ein Stück der Problematik dieser Gebots- und Verbotspolitik. Soll nämlich diese Auflagenpolitik nicht auf einem bestimmten technischen Niveau "erstarren", so sind in der Tat derartige Anpassungsvorschriften nötig. Nur, was Stand der Technik ist, wird in vielen Fällen auch von den Unternehmen mitbestimmt, die von diesen Auflagen betroffen sind. Interessenkonflikte zu Lasten des Umweltschutzes sind so vorprogrammiert durch eine in gewisser Hinsicht "umgekehrte" Anreizstruktur (vgl. Kemper (1989), S. 106).

Die aktuelle Auflagenpolitik, charakterisiert durch vielerlei Grenzwerte, verdankt ihr Entstehen somit ebenfalls der Informationsproblematik. Mangelnde Kenntnis effizienter Allokationen sowie Informationsdefizite hinsichtlich des Gefährdungspotentials führen zu Grenzwerten und den damit einhergehenden Geboten und Verboten. Implizit gewinnt die Umweltpolitik dadurch an Eigenständigkeit gegenüber der Wirtschaftspolitik, wenngleich der natürlicherweise enge Zusammenhang zwischen Ökologie und Ökonomie (vgl. Abschnitt 4.2) damit ein Stück weit aufgelöst wird.

**Ökonomisch fundierte Umweltpolitik:** Diese vor allem auf eine Marktwirtschaft bezogene Umweltpolitik umfasst im wesentlichen die "Zertifikatslösung" sowie die allgemeinen "Abgabenlösungen" als Instrumente einer anreizorientierten Umweltsicherung. Ihnen liegt die Idee zugrunde, den marktwirtschaftlichen Lenkungsmechanismus auch in Bezug auf die "Umweltgüter" anzuwenden (vgl. die diesbezüglichen Ausführungen in Kapitel 6).

Die "ökonomisch fundierte" Umweltpolitik versucht auf der Grundlage des Verursacherprinzips das ökologisch relevante Verhalten der Wirtschaftssubjekte zu beeinflussen und gegebenenfalls zu ändern. Jedoch stehen die erwähnten Informationsdefizite einer unmittelbaren Umsetzung der aus der Theorie bekannten Instrumente im Wege. Analog zur Auflagenpolitik muss man wieder eigenständige Ziele der Umweltpolitik definieren. Das Ergebnis ist der Preis-Standard-Ansatz, auf den wir noch zu sprechen kommen werden (vgl. Kapitel 10).

Die folgenden Kapitel greifen diese Informationsproblematik und daraus sich ergebende Lösungsansätze vertiefend auf.

# 9. Die Auflagenpolitik am Beispiel der Verpackungsverordnung

Die theoretische Umweltökonomie betrachtet ein breites Spektrum von Instrumenten zur Internalisierung der mit Umweltbelastungen verbundenen externen Effekte. Hingewiesen sei nur auf die Pigou-Steuer und die handelbaren Emissionszertifikate, jeweils in vielen unterschiedlichen Ausprägungen. Nicht zuletzt aufgrund der erwähnten Informationsdefizite wird die umweltpolitische Praxis in Deutschland, aber auch in anderen Ländern, allerdings von der Auflagenpolitik dominiert. Mit einer Auflage soll dabei ein Umweltziel erreicht werden, das meist unabhängig von irgendwelchen Effizienzüberlegungen oder Effizienzzielen vorgegeben wird. Maßstab dafür sind häufig vermeintliche oder tatsächliche Gefährdungspotentiale.

Zweifelsohne besteht wegen der erwähnten Informationsdefizite die Notwendigkeit für eine derartige klar strukturierte Vorgehensweise, die darüber hinaus den Bürgern vergleichsweise leicht verständlich gemacht werden kann. Dennoch ist, abgesehen von den auch hier relevanten Informationsdefiziten, die Auflagenpolitik nicht frei von prinzipiellen Schwierigkeiten. Dies sollen die folgenden Ausführungen zu einigen Aspekten der Auflagenpolitik am Beispiel der deutschen Verpackungsverordnung zeigen.

Die "Verordnung über die Vermeidung von Verpackungsabfällen", verabschiedet im Juni 1991 und novelliert im August 1998, zielt darauf ab, die Verwendung umweltverträglicherer Stoffe bei der Herstellung von Verpackungen festzuschreiben und das Verpackungsaufkommen und damit den Verpackungsmüll zu minimieren. Dies soll grundsätzlich geschehen durch volumen- und gewichtsmäßige Beschränkungen von Verpackungen auf das unmittelbar notwendige Maß, durch eine kostenlose Rücknahme und Wiederverwendung der unterschiedlichen Verpackungstypen und, sofern diese nicht realisierbar, durch eine kostenlose Rücknahme und stoffliche Verwertung der Verpackungstypen außerhalb der kommunalen Abfallbeseitigung.

## 9.1 Ziele und Auflagen der Verpackungsverordnung

Im Folgenden werden Auszüge aus der novellierten Verpackungsverordnung (VerpackV) zitiert. Einige dieser Passagen werden anschließend hinsichtlich ihrer ökonomischen Relevanz analysiert.

- **VerpackV §1 (Abfallwirtschaftliche Ziele):** Diese Verordnung bezweckt, die Auswirkungen von Abfällen aus Verpackungen auf die Umwelt zu vermeiden oder zu verringern. Verpackungsabfälle sind in erster Linie zu vermeiden; im Übrigen wird der Wiederverwendung von Verpackungen, der stofflichen Verwertung sowie den anderen Formen der Verwertung Vorrang vor der Beseitigung von Verpackungsabfällen eingeräumt. Bis zum 30. Juni 2001 sollen von den gesamten Verpackungsabfällen 65 Masseprozent verwertet und 45 Masseprozent stofflich verwertet werden. Die Bundesregierung führt die notwendigen Erhebungen durch.

Genauer sieht die Novelle der Verpackungsverordnung vom 21. August 1998 für Verkaufsverpackungen unter anderem vor, dass ab 1. Januar 1999 mindestens 75% der Glasverpackungen und mindestens 70% aller Verpackungen aus Papier, Pappe und Karton einer stofflichen Verwertung zugeführt werden müssen. Zusätzlich sind mindestens 60% der Kunststoffverpackungen einer Verwertung zuzuführen. Dabei sind mindestens 60% dieser Verwertungsquote durch Verfahren sicherzustellen, bei denen stoffgleiches Neumaterial ersetzt wird oder der Kunststoff für eine weitere stoffliche Nutzung verfügbar bleibt(werkstoffliche Verfahren).

- **VerpackV §4 (Rücknahmepflichten für Transportverpackungen):** (2) Die zurückgenommenen Transportverpackungen sind einer erneuten Verwendung oder einer stofflichen Verwertung zuzuführen, soweit dies technisch möglich und wirtschaftlich zumutbar ist (§5 Abs. 4 des Kreislaufwirtschafts- und Abfallgesetzes), insbesondere für einen gewonnenen Stoff ein Markt vorhanden ist oder geschaffen werden kann. Bei Transportverpackungen, die unmittelbar aus nachwachsenden Rohstoffen hergestellt sind, ist die energetische Verwertung der stofflichen Verwertung gleichgestellt.

Diese Regelung, die gemäß §5, Abs. 4, des Kreislaufwirtschafts- und Abfallgesetzes (KrW-/AbfG) zu den Grundpflichten der Kreislaufwirtschaft zählt, gilt für die tatsächlich erfasste Menge an Verpackungen, unbeschadet der schon erwähnten Quoten, die im Anhang zu §6 der

Verpackungsverordnung die Gewichtsprozent an Verpackungen angeben, die im Jahresmittel einer stofflichen Verwertung zuzuführen sind (vgl. VerpackV, Anhang zu §6, 1. (5)).

- **VerpackV §6 (Rücknahmepflichten für Verkaufsverpackungen):** (3) Die Verpflichtungen ... entfallen bei Verpackungen, für die sich der Hersteller oder Vertreiber an einem System beteiligt, das flächendeckend im Einzugsgebiet ... eine regelmäßige Abholung gebrauchter Verkaufsverpackungen beim privaten Endverbraucher oder in dessen Nähe in ausreichender Weise gewährleistet ....

Ein derartiges flächendeckendes System ist beispielsweise die Duales System Deutschland AG, die zur Bewältigung dieser Verpackungsmengen in den letzten Jahren eine große Bandbreite werkstofflicher und rohstofflicher Verwertungsverfahren sowie entsprechende Kapazitäten aufgebaut hat, um ein aus Sicht der Verpackungsverordnung ökologisch wie ökonomisch sinnvolles Recycling zu gewährleisten.

- **VerpackV §8 Pfanderhebungspflicht** ... : (1) Vertreiber, die flüssige Lebensmittel in Getränkeverpackungen, die keine Mehrwegverpackungen sind, in Verkehr bringen, sind verpflichtet, von ihrem Abnehmer ein Pfand in Höhe von mindestens 0.50 Deutsche Mark einschließlich Umsatzsteuer je Verpackung zu erheben; ab einem Füllvolumen von mehr als 1.5 Liter beträgt das Pfand mindestens eine Deutsche Mark einschließlich Umsatzsteuer. Das Pfand ist von jedem weiteren Vertreiber auf allen Handelsstufen bis zur Abgabe an den Endverbraucher zu erheben. Das Pfand ist jeweils bei Rücknahme der Verpackungen nach §6 Abs. 1 und 2 zu erstatten.

- **VerpackV §9 Befreiung von Pfandpflichten,** ... : (1) §8 findet keine Anwendung auf Verpackungen, für die sich der Hersteller oder Vertreiber an einem System nach §6 Abs. 3 beteiligt. ... (2) Sofern der Anteil der in Mehrwegverpackungen abgefüllten Getränke für Bier, Mineralwasser (einschließlich Quellwässer, Tafelwässer und Heilwässer), Erfrischungsgetränke mit Kohlensäure, Fruchtsäfte (einschließlich Fruchtnektare, Gemüsesäfte und andere Getränke ohne Kohlensäure) und Wein (ausgenommen Perl-, Schaum-, Wermut- und Dessertweine) im Kalenderjahr insgesamt im Geltungsbereich dieser Verordnung unter 72 vom Hundert sinkt, wird für den Zeitraum von 12 Monaten nach der Bekanntmachung des Unterschreitens der Mehrweganteile eine erneute Erhebung über die erheblichen

Mehrweganteile durchgeführt. Liegt danach der Mehrweganteil im Bundesgebiet unter dem nach Satz 1 festgesetzten Anteil, gilt die Entscheidung nach §6 Abs. 3 vom ersten Tage des auf die Bekanntgabe nach Absatz 3 folgenden sechsten Kalendermonats bundesweit für die Getränkebereiche als widerrufen, für die der im Jahr 1991 festgestellte Mehrweganteil unterschritten ist.

Der Anteil der Mehrweg-Getränkeverpackungen geht seit einigen Jahren zurück, genauer wurde die geforderte Gesamtquote von 72 Prozent seit 1997 nicht mehr erreicht. 1997 lag sie bei 71.33 Prozent und 1998 bei 70.13 Prozent. In den folgenden beiden Jahren sank sie auf 68.68 Prozent (1999) und 65.46 Prozent (2000). Die zuletzt veröffentlichte Nacherhebung von Mai 2000 bis April 2001 ergab einen Anteil für Mehrwegverpackungen von 63.81 Prozent. Demzufolge greift §9 der Verpackungsverordnung und die Pfanderhebungspflicht gemäß §8 tritt in Kraft. Vor diesem Hintergrund sind die Bestrebungen des Bundesumweltministers zu sehen, ab 1. Januar 2003 ein Pflichtpfand auf bestimmte Getränkeverpackungen einzuführen. Diese Maßnahme wird insbesondere von Einzelhandelsverbänden und der Verpackungswirtschaft kritisiert, wohingegen mittelständische Brauereien mit einem regional beschränkten Absatz und der Getränkefachhandel eher Zustimmung äußern.

---

**Frankfurter Allgemeine Zeitung vom 21.3.2002:** "25 Cent Pfand auf Bier- und Cola-Dosen: Von Januar 2003 an / Milch und Wein ausgenommen / Unternehmen kündigen Verfassungsklage an"

Das umstrittene Pfand auf Einwegverpackungen für Getränke soll nach einem Beschluss der Bundesregierung zum 1. Januar kommenden Jahres eingeführt werden. Das kündigte Umweltminister Jürgen Trittin nach der Kabinettssitzung am Mittwoch an. Wenn im Juli die Mehrwegquoten im Bundesgesetzblatt veröffentlicht werden, müssen die Verbraucher sechs Monate später auf alle Einwegverpackungen mit Bier, Mineralwasser, Cola und Limonade ein Pfand von 25 oder 50 Cent bezahlen: Die Opposition kritisierte die Entscheidung, ebenso wie weite Teile der Wirtschaft. Mehrere Unternehmen wollen noch in dieser Woche Klage vor dem Bundesverfassungsgericht einreichen. Zustimmung kam dagegen von SPD und Grünen sowie von Umweltverbänden, dem Getränkefachhandel und Brauereien.

Die Höhe des Pfands hängt von der Größe der Verpackungen ab: Bis zu einem Fassungsvermögen von 1.5 Liter sind 25 Cent Pfand fällig, bei größeren Behältnissen 50 Cent. Von den Getränkekartons, den "Tetra-Paks", sind nur die mit stillem Mineralwasser von der Pfandregelung betroffen. Flaschen und "Tetra-Paks" mit Wein, Sekt oder Spirituosen und Fruchtsäften fallen bis auf weiteres nicht unter die Pfandpflicht. Gleiches gilt für Milch.

Trittin rechtfertigte die Verordnung mit dem Rückgang der Mehrwegverpackungen und der starken Zunahme von Dosen und anderen Einwegverpackungen aus Glas und Kunststoff. Die Mehrwegquote werde weiter fallen, "wenn keine Gegenmaßnahmen ergriffen werden". Die Wirtschaft dürfte dadurch mit Zusatzkosten von rund 135 Millionen Euro belastet werden. Je Einweggetränk sei das weniger, als ein Cent. Der Bund für Umwelt und Naturschutz (BUND) erwartet von der Pfandregelung eine Stabilisierung des Mehrwegsystems. Die Mehrwegquote werde durch das Pfand kurzfristig um "mindestens 7 Prozent steigen", prognostizierten der Getränkefachhandel und mittelständische Brauereien.

Das bezweifeln Kritiker der Lösung. Vor allem kleine Einzelhändler und Kioskbesitzer würden unter dem Pfand leiden, sagte der wirtschaftspolitische Sprecher der FDP, Rainer Brüderle. Der Bundesverband der Deutschen Industrie (BDI) warnte, das Zwangspfand koste in der kommenden Legislaturperiode 3 Milliarden Euro. Dem stehe nur eine marginale Entlastung der Umwelt gegenüber.

Die Einzelhandelsverbände kritisierten den Kabinettsbeschluss ebenfalls massiv. Sie äußerten sich zudem überzeugt, das Zwangspfand noch abwenden zu können. Die Bundesvereinigung Deutscher Handelsverbände (BDH) und die Handelsvereinigung für Marktwirtschaft (HfM) bemängeln die Rechtsunsicherheit. "Das Kabinett hat lediglich seine bekannte Absicht bekräftigt, das Zwangspfand einzuführen, aber nicht die rechtlichen Voraussetzungen geschaffen", sagte BDH-Generalsekretär Holger Wenzel. Deshalb fehle den Einzelhandelsunternehmen die Planungssicherheit, die für die Anschaffung von Rücknahmeautomaten und den Aufbau eines Verrechnungssystems unverzichtbar sei. Erst wenn Trittin die endgültigen Zahlen für die Mehrwegquote bekanntgebe, seien die rechtlichen Voraussetzungen zur Einführung des Zwangspfands gegeben. Bis dahin werde man weder unumkehrbare Umsetzungsschritte einleiten, noch in entsprechende Verhandlungen mit den Marktpartnern eintreten, kündigte die HfM an, zu der die Filialisten Aldi, AVA, Edeka, Globus, Metro, Rewe, Spar und Tengelmann gehören.

Die Handelsverbände erwarten, dass vor Bekanntmachung der Pfandpflicht eine ökologisch und wirtschaftlich vernünftigere Lösung vereinbart werden kann. Daneben würden die Unternehmen alle rechtlichen Mittel bis zum Bundesverfassungsgericht ausschöpfen, um das Pfand abzuwenden. Auch die Hersteller des betroffenen Verpackungsmaterials und die Verpackungswirtschaft bereiten Klagen vor. Die deutsche Entsorgungswirtschaft befürchtet, dass sich nach der Einführung des Pflichtpfands die bisherige Altglassammlung in Containern wirtschaftlich kaum noch lohnen werde, weil die Glasmengen deutlich zurückgingen. Das zukünftig im Handel gesammelte Mischglas sei zudem kaum verwendbar.

---

Neben den Einwänden gegen das geplante Zwangspfand stellen Kritiker immer häufiger die Frage, ob es für die Umwelt und für die Minimierung der Umweltgüterverbräuche sinnvoll sein kann, nun mit einem Übermaß an Energieverbrauch und neuerlichen Wirkungsgradverlusten die Verpackungsmittel aus der gesamten Bundesrepublik wieder einzusammeln, zu sortieren, zu waschen, womöglich zu fraktionieren und in Werkstoffe zu verwandeln, die ihr Ausgangspotential an Materialeigenschaften möglicherweise nicht mehr erreichen. Gerade auch in Hinblick auf das geforderte Recycling von Kunststoffverpackungen sowie in Bezug auf die zu erfüllenden und einzuhaltenden Quoten für Mehrweg-Getränkeverpackungen werden so Zweifel an der ökonomischen und ökologischen Sinnhaftigkeit der Verpackungsverordnung geäußert. Die vorgegebenen Quoten sind nicht immer ökologisch oder ökonomisch nachvollziehbar, weil eben die Anbindung an das ökonomische Effizienzkriterium nicht mehr strikt gegeben ist. Zugleich machen diese Probleme auch die prinzipiellen Schwierigkeiten einer Auflagenpolitik deutlich.

Zwei problematische Aspekte sollen kurz herausgegriffen und in ökonomischer Hinsicht analysiert werden: Die Frage der Einhaltung der geforderten Mehrwegquote für Getränkeverpackungen von 72% (vgl. §9, VerpackV) sowie die begriffliche Abgenzung der "wirtschaftlichen Zumutbarkeit" einer stofflichen Verwertung von Verpackungsabfällen (vgl. §4, VerpackV). In beiden Fällen zeigt die ökonomische Theorie den eigentlichen Grund der beobachtbaren Schwachstelle der Verordnung auf und gibt gleichzeitig Hinweise für alternative Regularien.

## 9.2 Die Mehrwegquote für Getränkeverpackungen

Sofern der Anteil der in Mehrwegverpackungen abgefüllten Getränke für Bier, Mineralwasser und Wein im Kalenderjahr insgesamt unter 72% sinkt, wird für den Zeitraum von 12 Monaten nach der Bekanntmachung des Unterschreitens der Mehrweganteile eine erneute Erhebung über die erheblichen Mehrweganteile durchgeführt. Liegt danach der Mehrweganteil im Bundesgebiet erneut unter dem Anteil, ist ein Pflichtpfand auf die betroffenen Einwegverpackungen vorgesehen.

So in etwa lautet die betreffende Vorschrift der Verpackungsverordnung, die sich auf die Gesamtmenge der Getränkeverpackungen bezieht, und nicht auf den diesbezüglichen Anteil eines einzelnen Unternehmens der Getränkeindustrie (vgl. §9, VerpackV). Wie sieht die Überlegung zur Erhöhung des Mehrweganteils nun aus Sicht eines Unternehmens aus, wenn der Anteil insgesamt nahe bei oder sogar über den besagten 72% liegt?

Angenommen, das Unternehmen müsste eine größere Investition tätigen, um die Abfüllanlagen und andere Geräte sowie die Logistik auf einen höheren Mehrweganteil umzustellen. Dann stellt sich sofort die Frage nach der Rentablilität dieser Investition. Bei den Nachfragern sind Einwegverpackungen nach wie vor beliebt, trotz eines gestiegenen Umweltbewusstseins, eine Diskrepanz, auf die wir schon aufmerksam gemacht haben (vgl. Kapitel 3). Insofern ist in erster Näherung mit Kostensteigerungen zu rechnen, die nicht unbedingt durch entsprechende Erlössteigerungen kompensiert werden.

Andererseits wäre diese Investition aus Sicht des Unternehmens eigentlich nicht notwendig, wenn durch die Aktivitäten der anderen Unternehmen die Mehrwegquote erreicht oder gar überschritten wird. Insbesondere gilt diese Überlegung für ein kleines Unternehmen, das sowieso nur geringfügig zur Reduzierung der Einwegquote beitragen kann. Interessanterweise gilt diese Überlegung aber auch für den Fall, dass die geforderte Quote nicht erreicht wird. Denn dann wäre die an sich schon unrentable Investition aus Sicht des Unternehmens möglicherweise auch noch umsonst gewesen.

Was wird also insgesamt geschehen? Nun, die geschilderte Situation ist dem Gefangenendilemma (vgl. Abschnitt 5.3.1) bzw. im Fall von kleineren Unternehmen der Tragedy of the Commons (vgl. Abschnitt 5.3.2) vergleichbar. Demzufolge wird die Interessenlage zumindest die kleineren, nicht im Rampenlicht stehenden Unternehmen dazu verleiten, sich im Zweifelsfall nicht dieser Initiative anzuschließen. Das

Ergebnis ist aus der Theorie und in diesem konkreten Fall auch aus der Praxis wohlbekannt.

Fatal an der Entwicklung ist, dass die individuelle Rationalität aufgrund der durch die Verordnung vorgegebenen Rahmenbedingungen dieses Ergebnis letztlich "erzwingt", dass aber in der Öffentlichkeit ein anscheinend wenig umweltfreundliches Verhalten der Getränkeindustrie bzw. der Verpackungswirtschaft dafür verantwortlich gemacht wird.

Was müsste anders gemacht werden, um die Zwänge der Tragedy of the Commons zu neutralisieren? Ein naheliegender Ausweg bestünde darin, nicht die gesamte Wirtschaft in Haft zu nehmen für das "Fehlverhalten" einiger Unternehmen. Vielmehr wäre es angebracht, jeden einzelnen relevanten Betrieb in die Auflage mit einer konkreten Quote einzubinden. Damit wäre jedenfalls die jetzige Anreizproblematik beseitigt.

In der Praxis könnten diese individuellen Quoten mit entsprechenden Zuteilungen von Zertifikaten bei einem vielleicht etwas höheren Verwaltungs- und Kontrollaufwand realisiert werden. Ließe man darüber hinaus den Handel mit diesen Zertifikaten zu, so wäre wahrscheinlich eine weitere Kostensenkung bei den betroffenen Unternehmen zu erwarten (vgl. auch Kapitel 10.3).

## 9.3 Der Begriff der "wirtschaftlichen Zumutbarkeit"

Die wirtschaftliche Zumutbarkeit der stofflichen Verwertung bestimmter Abfälle ist ein Dreh- und Angelpunkt des Kreislaufwirtschafts- und Abfallgesetzes von 1996. Können Abfälle nicht vermieden werden, sind sie "ordnungsgemäß und schadlos", also umweltverträglich zu verwerten. Das Gesetz stellt dadurch klar, dass nicht "um jeden Preis" verwertet werden darf, sondern nur, wenn die Verwertung der Umwelt zuträglich ist. Zudem muss sie für den Betroffenen technisch möglich und eben "wirtschaftlich zumutbar" sein.

Folgerichtig wird im zitierten §4 der Verpackungsverordnung die wirtschaftliche Zumutbarkeit im Kontext der Verwertung von Transportmaterialien explizit angesprochen. Es stellt sich die Frage nach der Abgrenzung der wirtschaftlichen Zumutbarkeit, was hat man aus ökonomischer Sicht darunter zu verstehen, lässt sich dieser Begriff überhaupt exakt fassen? Dieser Frage soll anhand einiger vertiefender, auch formaler Überlegungen nachgegangen werden.

## 9.3.1 Wirtschaftlich zumutbare stoffliche Verwertung

Zunächst kann eine einfache und eindeutige Antwort auf der Grundlage des Kreislaufwirtschafts- und Abfallgesetzes und der Verpackungsverordnung auf diese Frage kaum gegeben werden, jedenfalls dann nicht, wenn man "wirtschaftlich zumutbar" mit "wirtschaftlich profitabel", mit gewinnbringend im betriebswirtschaftlichen Sinn gleichsetzt. Dies wird aus folgenden Zusammenhängen deutlich.

Sind Recycling-Aktivitäten von sich aus gewinnbringend, so braucht sich der Staat darum nicht zu kümmern. Findige Unternehmer werden dieses Geschäftsfeld aufgreifen und so für eine Verwertung der Abfälle sorgen. Als Beispiel kann die Verwertung graphischen Altpapiers dienen. Lange Zeit war Altpapier ein gefragter Stoff, der Preis war niedrig aufgrund vielfältiger und meist kostenlos durchgeführter Sammelaktionen zur Unterstützung karitativer Zwecke. Auf diese Weise konnte Altpapier rentabel dem Recycling zugeführt werden, ohne dass ein Kreislaufwirtschafts- und Abfallgesetz oder eine Verpackungsverordnung dies ausdrücklich steuerten.

Interessant sind folglich gerade die Recyclingaktivitäten, die unter den jeweils gegebenen Marktverhältnissen ohne Subventionen oder andere Eingriffe in den Markt im Allgemeinen nicht gewinnbringend sind, die aber dem allgemeinen Empfinden nach "sinnvoll" sind.

Betrachten wir in diesem Zusammenhang zunächst die Gemeinden. Die bestehenden Systeme der kommunalen Gebietskörperschaften sollen in die Sammelsysteme gemäß §6, Absatz 3, VerpackV einbezogen werden. Die öffentlich-rechtlichen Entsorgungsträger können die Mitbenutzung der Einrichtungen, die für die Sammlung und Sortierung von Verpackungen erforderlich sind, "gegen ein angemessenes Entgelt" verlangen (vgl. Anhang zu §6, Abs. 3, VerpackV). Insgesamt könnte so manche Recycling-Aktivität profitabel werden, wenn die Entgeltforderungen der öffentlich-rechtlichen Entsorgungsträger niedrig gehalten werden.

Eine weitere Möglichkeit liegt in der wirtschaftlichen Tätigkeit eines Systems nach §6, Abs. 3, der Verpackungsverordnung, das sich aber, wie die Duales System Deutschland AG, auch über Beiträge der Hersteller und Vertreiber finanzieren wird. Bei hinreichend hohen Beiträgen wird irgendwann aber jede Verwertungsaktivität wirtschaftlich zumutbar.

Schließlich könnten auch noch die Verwertungsbetriebe selbst zur Klärung der Frage der wirtschaftlichen Zumutbarkeit herangezogen werden. Doch auch in diesem Fall sind die für die Erzielung eines betriebswirtschaftlichen Gewinns relevanten Preise durch eine Reihe von gesetzlichen Auflagen und durch offene und verdeckte Subventionen verzerrt.

Diese Ausführungen zeigen, dass durch entsprechende Markteingriffe wirtschaftliche Aktivitäten auf jeder Stufe des Recyclingprozesses gewinnbringend und damit "wirtschaftlich zumutbar" gemacht werden können. Offenbar bietet dieses Ergebnis aber keine allseits zufriedenstellende Antwort auf die zentralen Probleme der Kreislaufwirtschaft. Es fehlt in dieser Verordnung eine volkswirtschaftlich begründete Klärung des Begriff der wirtschaftlichen Zumutbarkeit einer stofflichen Verwertung von Verpackungsabfällen. Die folgenden theoretischen Überlegungen anhand einer einfachen Beispielökonomie sollen Lösungsansätze und prinzipielle Schwierigkeiten bei der Festlegung dieses Begriffs in einer Verordnung herausarbeiten (vgl. Wiesmeth (1998)).

### 9.3.2 Formale Analyse des Begriffs der wirtschaftlichen Zumutbarkeit

Es wird eine Modellökonomie betrachtet, in der die beiden Güter $F$ ("Nahrungsmittel") und $G$ ("Verpackungsmaterial") unter Einsatz des Faktors $L$ ("Arbeit") hergestellt werden können. Natürlich ist zur Produktion von $G$ beispielsweise auch Zellstoff notwendig. Dieser sei aber der Einfachheit halber ausreichend vorhanden, so dass nur der knappe Faktor Arbeit ökonomische Relevanz besitzt. Die Produktionsmöglichkeiten werden wieder durch die Produktionsfunktionen $f : \Re_+ \to \Re_+$ und $g : \Re_+ \to \Re_+$ beschrieben. Wie in den Beispielökonomien von Teil II sind $f$ und $g$ zweimal stetig differenzierbar, strikt monoton und konkav, so dass die Ertragszuwächse, die Grenzprodukte, mit zunehmendem Faktoreinsatz höchstens abnehmen. Weiter soll $f(0) = g(0) = 0$ gelten, der Faktor $L$ ist also "wesentlich" für die Produktion der beiden Güter.

Die Konsumenten $i$ dieser Ökonomie sind alle charakterisiert durch dieselbe homothetische Nutzenfunktion $u(F_i, G_i, G)$, die ihre Präferenzen bezüglich der beiden Güter, die sie in den Mengen $F_i$ und $G_i$ konsumieren, repräsentiert (vgl. auch Abschnitt 5.1). Die Nutzenfunktion ist monoton, der Nutzen des Konsumenten steigt insbesondere mit steigendem $G_i$, falls $G$ konstant bleibt. Allerdings führt eine Vergrößerung der Produktion von $G$ cet. par. zu einer Verringerung des Nutzens. Dies soll die negativen Auswirkungen von Abfällen aus Verpackungen auf

## 9.3 Der Begriff der "wirtschaftlichen Zumutbarkeit"

die Umwelt (vgl. VerpackV, §1, Abs. 1) zum Ausdruck bringen. Ansonsten sind die Rahmenbedingungen eines marktwirtschaftlichen Systems unterstellt. Die Konsumenten besitzen folglich alle Anteile an den betreffenden Unternehmen, und es gibt Märkte für die Güter $F$, $G$ und $L$. Wiederum handelt es sich um eine Ökonomie mit Privateigentum und externen Effekten. Im Unterschied zur im Teil II betrachteten Beispielökonomie berühren die externen Effekte dieses Mal die Konsumenten direkt.

Zusätzlich gibt es eine Recycling-Technologie beschrieben durch die Produktionsfunktion $g_R : \Re^2 \to \Re$. Diese Technologie ermöglicht es, unter Einsatz des Faktors Arbeit und altem Papier neues Papier herzustellen.

**Beispiel 9.3.1**
*Im konkreten Beispiel werden die Produktionsfunktionen $f(L_F) = 50 \cdot L_F$ und $g(L_G) = 2.5 \cdot L_G$ betrachtet mit der Verfügbarkeitsschranke $\bar{L} = 10$ für den Faktor $L$ (vgl. auch die grundlegenden Beispiele in Teil II). Die Nutzenfunktion ist gegeben durch $u(F_i, G_i; G) = (F_i \cdot G_i)/(G+1)$. Die Funktion $g_R(L_R, G) := \min(L_R, G)$ beschreibt die Recycling-Technologie.*

**Abbildung 9.1.** Gleichgewicht ohne Recycling-Technologie

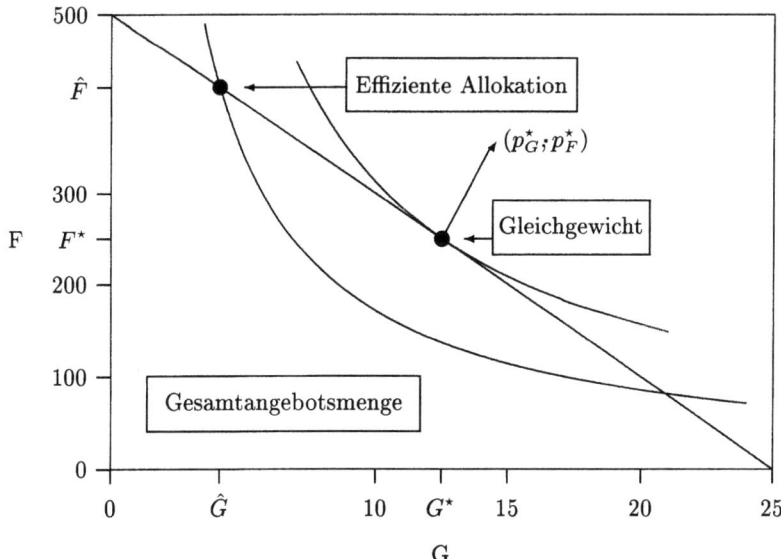

Die Produktionsmöglichkeiten dieser Ökonomie nebst effizienten Allokationen mit und ohne Recycling-Technologie sind in den Abbildungen 9.1 und 9.2 dargestellt. Abbildung 9.1 veranschaulicht das Gleichgewicht bei externen Effekten, das sich ohne weitere gesetzliche Forcierung der Recycling-Aktivitäten ergibt.

**Beispiel 9.3.2**
*Die Gleichgewichtsallokation bei externen Effekten ohne Recycling-Aktivitäten ergibt sich zu $z^\star = (L_F^\star, L_G^\star, F^\star, G^\star) = (5, 5, 250, 12.5)$. Das Gleichgewichtspreissystem ist gegeben durch $p^\star = (p_L^\star, p_F^\star, p_G^\star) = (50, 1, 20)$.*

**Hinweis 9.1**
*Für die Ermittlung des Gleichgewichts bestimmt man zunächst die Gleichgewichtspreise aus den Nullgewinn-Bedingungen. Man erhält sofort: $p^\star = (p_L^\star, p_F^\star, p_G^\star) = (50, 1, 20)$ bei geeigneter Normierung. Aus den Bedingungen 1. Ordnung für die Nutzenmaximierung ergibt sich dann*

$$-\frac{dG}{dF}\bigg|_{F^\star} = \frac{1}{20} = \frac{u_F(F^\star, G^\star; G^\star)}{u_G(F^\star, G^\star; G^\star)} = \frac{G^\star}{F^\star} = \frac{G^\star}{500 - 20G^\star}.$$

*und damit das gleichgewichtige Güterbündel $(F^\star, G^\star) = (250, 12.5)$ auf der Transformationskurve, bei dem die Grenzrate der Substitution mit der Grenzrate der Transformation übereinstimmt. Man muss lediglich beachten, dass die Gesamtmenge $G^\star$ von Gut G, die in der Nutzenfunktion des Konsumenten im Nenner steht, als Externalität nicht vom Konsumenten beeinflusst werden kann. Insofern spielt sie als "konstanter Faktor" bei der Ermittlung des Nutzenmaximums auch weiter keine Rolle, wenngleich sie das Nutzenniveau mitbestimmt.*

Bei diesen Preisen ist es ohne Subvention für keinen Unternehmer interessant, G gemäß der verfügbaren Technologie zu sammeln und zu verwerten: Selbst bei einer kostenlosen Verfügbarkeit von G (alt) würde je Einheit von G mit dem Recycling-Verfahren bei den gegebenen Preisen ein Verlust von 30 Geldeinheiten erzielt: Für die Produktion einer Einheit von G benötigt man mit der Recycling-Technologie auch eine Einheit des Faktors L zum Preis $p_L^\star = 50$.

Weiter führt im Beispiel in der Situation ohne Recycling-Technologie das im Sinne des erreichbaren Nutzenniveaus bestmögliche "Wirtschaf-

## 9.3 Der Begriff der "wirtschaftlichen Zumutbarkeit"

ten" zu den Gütermengen $(\hat{F}, \hat{G}) = (20\sqrt{26}(\sqrt{26}-1), \sqrt{26}-1) \approx$ (418.0, 4.1) mit den zugehörigen Faktoreinsätzen. Folglich gilt $\hat{F} = 20\hat{G}(\hat{G}+1)$. Dieses Güterbündel ergibt sich aus der Maximierung der Nutzenfunktion $u(F, G; G) = F(G) \cdot G/(G+1)$, wobei nun $G$ insgesamt als variabel zu betrachten ist. Die entsprechende Allokation ist dann pareto-effizient.

Man beachte, dass die Indifferenzkurve zum effizienten Güterbündel die Transformationskurve (entspricht im Fall der hier gegebenen identischen und homothetischen Nutzenfunktionen der gesamtwirtschaftlichen Budgetgerade) echt schneidet. Weiter liegt die Indifferenzkurve zur pareto-effizienten Allokation unter der zur gleichgewichtigen Allokation (vgl. Abbildung 9.1), ohne dass sich dabei aber ein niedrigeres Nutzenniveau ergibt. Dies ist eine Folge der durch die Verpackungsmaterialien hervorgerufenen externen Effekte.

Führt man nun auf den Konsum von $G$ eine Pigou-Steuer $\hat{t} = 20 \cdot (\sqrt{26} - 1)$ ein, so ergibt sich die effiziente Allokation als Marktgleichgewicht mit (Käufer-) Preisen $\hat{p} = (\hat{p}_L, \hat{p}_F, \hat{p}_G) = (50, 1, 20\sqrt{26})$. Auch bei diesen Preisen ist die Aufnahme der Recycling-Technologie für die $G$-Unternehmen nicht rentabel, da der Verkäuferpreis des Gutes $G$ nach wie vor 20 Geldeinheiten beträgt.

**Hinweis 9.2**
*Um die Allokation $(\hat{F}, \hat{G})$ als Gleichgewicht darzustellen, sind die Käuferpreise $(\hat{p}_F, \hat{p}_G)$ gemäß den Bedingungen 1. Ordnung so einzurichten, dass*

$$-\frac{dG}{dF}\bigg|_{\hat{F}} = \frac{\hat{p}_F}{\hat{p}_G} = \frac{u_F(\hat{F}, \hat{G}; \hat{G})}{u_G(\hat{F}, \hat{G}; \hat{G})} = \frac{\hat{G}}{\hat{F}} = \frac{1}{20(\hat{G}+1)}.$$

*Daraus folgt die Behauptung, wenn man die Verkäuferpreise so definiert, dass sie der Nullgewinn-Bedingung genügen. Wie üblich ist das Aufkommen aus der Pigou-Steuer als Pauschalbetrag an den Konsumenten zurückzugeben.*

Eine andere Situation ergibt sich, wenn man die Möglichkeit des Recyclings im Sinne der angegebenen Technologie eröffnet. Für die graphische Darstellung in Abbildung 9.2 wurde angenommen, dass $L_R = 5$ Arbeitseinheiten in der Recycling-Technologie eingesetzt werden, so dass unter zusätzlichem Einsatz von fünf Einheiten $G$ (alt) fünf Einheiten von $G$ (neu) produziert werden können. In der Tat führt dies zu einem Pareto-Optimum, keine andere Faktormenge lässt ein höheres Nutzenniveau zu. Die pareto-effizienten Gütermengen errechnen sich zu $(F_R, G_R) = (250, 5)$.

**Abbildung 9.2.** Gleichgewicht mit Recycling-Technologie

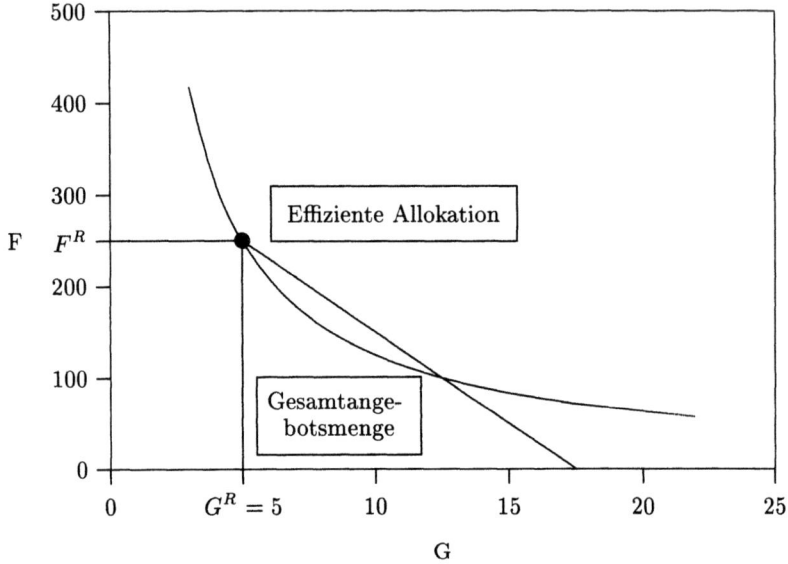

**Hinweis 9.3**
*Die Gesamtangebotsmenge modifiziert sich wie folgt: Es bleiben 5 Einheiten des Faktors L zur Produktion von F und G gemäß den herkömmlichen Technologien. Dies erlaubt eine maximale Produktion von 250 Einheiten von F und 12.5 Einheiten von G. Addiert man die 5 Einheiten von G aus der Recycling-Technologie, so kann man maximal 17.5 Einheiten von G produzieren. Berücksichtigt man schließlich noch, dass man auch mindestens 5 Einheiten von G (alt) benötigt, um 5 Einheiten von G (neu) über Recyling herzustellen, so ergibt sich die in Abbildung 9.2 angebene Struktur der Gesamtangebotsmenge.*

Bezüglich der Lage der Indifferenzkurven zur Transformationskurve gilt das oben Gesagte. Somit wird in diesem Beispiel das Gut G nur mittels der Recycling-Technologie produziert, der Verzicht auf die höhere Effektivität der ursprünglichen Technologie wird durch die Reduzierung der Umweltbelastung überkompensiert. Genauer wird Gut $G$ (alt) vollständig eingesammelt und einer stofflichen Verwertung zugeführt. Es ergibt sich ein Nutzenniveau von 1250 im Gegensatz zu einem Nutzenniveau von etwa 231.5 im Marktgleichgewicht bei externen Effekten und von etwa 336 in der pareto-effizienten Allokation in der Situation ohne Recycling-Aktivitäten.

Es ist aber an dieser Stelle anzumerken, dass modifizierte Ausgangsdaten, etwa eine geänderte Nutzenfunktion, zu einem anderen Ergebnis führen können. Dies demonstriert das Beispiel mit der Nutzenfunktion $u_i(F_i, G_i) = F_i G_i / (0.1G + 1)$. Im Fall dieser Nutzenfunktion ist es optimal, Recycling-Aktivitäten für das Gut $G$ ganz zu unterlassen. Offenbar wirken sich hier die externen Effekte weniger nachteilig aus als in der zuerst betrachteten Situation. Man beachte, dass sich dieses Ergebnis ohne weitere Änderung der Technologien zur Produktion der beiden Güter ergibt. Dies ist ein deutlicher Hinweis darauf, dass nicht allein technologische Aspekte für die ökonomische und ökologische Sinnhaftigkeit einer gegebenen Recycling-Technologie verantwortlich zu machen sind.

**Hinweis 9.4**
*Für den Fall der modifizierten Nutzenfunktion berechnet man die pareto-effiziente Allokation zu $(\tilde{F}, \tilde{G}) \approx (325.83, 8.71)$. Der zugehörige Nutzenwert beträgt $\tilde{u} \approx 1516.68$. Man prüft dann nach, dass jeder Einsatz der Recycling-Technologie nur zu geringeren Nutzenwerten führen kann.*

Des Weiteren könnte man sich vorstellen, dass das Einsammeln einer höheren Quote von Verpackungsmaterialien mit steigenden Kosten verbunden ist. Im Hinblick auf die Recycling-Technologie würde dies bedeuten, dass mehr Arbeit zur Bewältigung einer höheren Quote einzusetzen ist. Ein nicht länger linearer Zusammenhang zwischen Arbeitseinsatz und Produktion wäre die Folge. Es sind dann effiziente Allokationen zu erwarten, die kein vollständiges Recycling von Gut $G$ (alt) verlangen.

Was lässt sich diesen Überlegungen nun in Bezug auf die Frage einer "wirtschaftlich zumutbaren" Verwertung entnehmen? Zunächst zeigen die obigen Ergebnisse, dass Recycling-Aktivitäten sinnvoll sind, wenn sie eine Verbesserung der individuellen Wohlfahrt der Wirtschaftssubjekte herbeiführen können. So dominiert im ersten Beispiel die effiziente Allokation der Ökonomie mit Recycling diejenige der Ökonomie ohne

Recycling im Sinne des Pareto-Kriteriums, die Recycling-Technologie ist folglich "sinnvoll" und mit diesen Anmerkungen auch wirtschaftlich zumutbar. Man beachte, dass dieses Ergebnis keinen Widerspruch zur allgemeinen Definition einer pareto-effizienten Allokation darstellt, da es sich formal um zwei verschiedene Ökonomien handelt, allerdings mit denselben Haushalten.

Andererseits unterstellt dieses Ergebnis auch nicht, dass Recycling-Aktivitäten in einer gegebenen Marktsituation grundsätzlich gewinnbringend sein müssen, so dass sie von den Unternehmern selbsttätig aufgegriffen werden. Damit wird der Begriff der wirtschaftlichen Zumutbarkeit über den normalen betriebswirtschaftlichen Kontext hinaus erweitert. Dies entspricht sicherlich der Intention des Kreislaufwirtschafts- und Abfallgesetzes sowie der Verpackungsverordnung, denn für gewinnversprechende Recycling-Aktivitäten wird sich ein geeigneter Unternehmer auch ohne gesetzliche Vorgaben finden.

Diese Untersuchungen erlauben nun eine Klärung des Begriffs einer wirtschaftlich zumutbaren Verwertung aus volkswirtschaftlicher Sicht. Dabei ist zu beachten, dass im Allgemeinen die individuellen Haushalte durch unterschiedliche Präferenzordnungen gekennzeichnet sein werden und dass vor allem viele pareto-effiziente Allokationen existieren werden. Das "Kriterium der potentiellen Pareto-Verbesserung", das in der Kosten-Nutzen-Analyse eine zentrale Rolle spielt, bietet sich hier an, da es einen Vergleich zwischen verschiedenen Allokationen erlaubt. Für die exakte Definition dieses Kriteriums sowie für die mit ihm einhergehenden Probleme vergleiche man etwa Sohmen (1975), S. 307 ff. Grundsätzlich ist jedenfalls anzumerken, dass diese Definition und die damit verbundene Vorgehensweise einen detaillierten Einblick in die Grundstruktur der Ökonomie voraussetzt.

Natürlich ist die folgende Definition damit nur beschränkt praxisrelevant, weil eben aufgrund der schon angesprochenen Informationsdefizite eine unmittelbare Umsetzung nicht möglich sein wird. Andererseits kann aber aus diesen Überlegungen auch für die abfallwirtschaftliche Praxis lernen. Immerhin wird deutlicher, was man unter wirtschaftlicher Zumutbarkeit in diesem Kontext verstehen könnte. Darüber hinaus greift die Definition zu auf Methoden der Kosten-Nutzen-Analyse:

**Definition 9.3.1**
*$\hat{z}$ sei eine pareto-effiziente Allokation der Ökonomie ohne Recycling-Technologie und $\hat{z}^R$ eine pareto-effiziente Allokation der Ökonomie mit Recycling-Technologie. Beide Allokationen seien als Gleichgewichte mit*

## 9.3 Der Begriff der "wirtschaftlichen Zumutbarkeit"

*Preisen $p$ bzw. $p^R$ (jeweils unter Einbeziehung von Pigou-Steuern) darstellbar. Ist dann $\hat{z}^R$ besser als $\hat{z}$ im Sinne des Kriteriums der potentiellen Pareto-Verbesserung, so ist die Recycling-Technologie "wirtschaftlich zumutbar".*

**Hinweis 9.5**
*Im Allgemeinen gibt es viele pareto-effiziente Allokationen in einer Ökonomie, die man untereinander gemäß dem Pareto-Kriterium natürlich nicht vergleichen kann. Auch eine effiziente Allokation der um eine Recycling-Technologie erweiterten Ökonomie muss nicht unbedingt für jeden Konsumenten besser sein als eine gegebene effiziente Allokation der ursprünglichen Ökonomie.*
*In diesen Fällen bietet sich das Kriterium der "potentiellen Pareto-Verbesserung" an. Kurz (und nicht ganz präzise) formuliert besagt dieses Kriterium in dem hier zur Diskussion stehenden Zusammenhang etwa folgendes: Ein Konsument $i$ erreiche bezüglich der ursprünglichen Allokation das individuelle Nutzenniveau $u_i^0$, bezüglich der neuen Allokation unter Berücksichtigung der Recycling-Aktivitäten komme er auf das Nutzenniveau $u_i^1$. Gilt $u_i^1 > u_i^0$, so sei $CV_i$ der maximale Betrag, den Konsument $i$ aus Sicht der neuen Allokation zu zahlen bereit wäre, damit die neue Allokation realisiert wird. Gilt $u_i^1 \leq u_i^0$, so sei $CV_i$ der minimale Betrag, der Konsument $i$ aus Sicht der neuen Allokation geboten werden müsste, um seinen Nutzenverlust durch die neue Allokation zu kompensieren.*
*$CV_i$ ist die kompensierende Variation bezüglich Haushalt $i$ und bezüglich der betrachteten Problemstellung, insbesondere auch bezüglich der jeweils geltenden Preise. Ist dann $\sum_i CV_i > 0$, so ist die neue Allokation dem Kriterium der potentiellen Pareto-Verbesserung gemäß besser als die ursprüngliche.*

Um eine im Sinn dieser Definition wirtschaftlich zumutbare Verwertung durchzusetzen, bedarf es folglich im Allgemeinen staatlicher Vorgaben, wie sie vergleichsweise detailliert in der Verpackungsverordnung formuliert werden. Dies schließt nicht aus, dass es zur selbständigen Aufnahme von Recycling-Aktivitäten durch die private Wirtschaft kommen kann, wenn neue Recycling-Technologien eine stoffliche Verwertung bisheriger Abfälle überhaupt erst möglich machen oder wenn neue Produkte aus Reststoffen hergestellt werden können, für die sich profitable Absatzchancen abzeichnen.

Im Rahmen des hier betrachteten Beispiels könnte der Einsatz der ursprünglichen Technologie zur Produktion von $G$ einfach untersagt werden, so dass nur die Recycling-Technologie zur Anwendung kommen kann. Man prüft leicht nach, dass die effiziente Allokation mit dem Güterbündel $(F^R, G^R) = (250, 5)$ dann als Gleichgewicht zu Preisen $(p_L^R, p_F^R, p_G^R) = (50, 1, 50)$ darstellbar ist, in diesem Sinne "funktioniert" diese Verordnung. Allerdings würde sie im Fall der betrachteten modifizierten Nutzenfunktion zu einer Fehlallokation führen.

Selbstverständlich lässt sich die effiziente Allokation auch mittels einer Pigou-Steuer auf den Konsum des nicht aus Recycling-Material produzierten Papiers als Gleichgewicht erhalten. Bei einer Steuer in Höhe von 30 Geldeinheiten ergibt sich im Gleichgewicht die Allokation $\hat{z}^R = (\hat{L}_F, \hat{L}_G^R, \hat{L}_G, \hat{F}, \hat{G}^R, \hat{G}) = (5, 5, 0, 250, 5, 0)$ bei Preisen $\hat{p} = (\hat{p}_L, \hat{p}_F, \hat{p}_G^R, \hat{p}_G) = (50, 1, 50, 50)$. Dabei bezeichnen die mit einem Superskript "R" versehenen Größen die Recycling-Komponenten. Alternativ ist es auch möglich, den Einsatz des Faktors zur herkömmlichen Produktion von $G$ zu besteuern. Der Steuersatz müsste in diesem Fall 75 Geldeinheiten betragen.

Diese Überlegungen zeigen – in gewissen Grenzen – die Gleichwertigkeit von Auflagen und Pigou-Steuern, jedenfalls in dem hier betrachteten Kontext. Die präzisere und schnellere Eingriffsmöglichkeit über Verordnungen rechtfertigt dann offenbar das Primat der Auflagenpolitik. Dennoch sind einige weitere, auch kritische Gedanken zur Auflagenpolitik angebracht.

## 9.4 Das Dilemma der Auflagenpolitik

Informationsdefizite im Bereich der Umweltökonomie lassen eine Gestaltung der Umweltpolitik über im Vergleich zu Pigou-Steuern und sonstigen Umweltabgaben präzise und schnell wirksame Auflagen naheliegend erscheinen. Im Bereich der Verpackungsabfälle soll dies über vorgegebene Sammel- und Verwertungsquoten erreicht werden. Man setzt auf zentrale Vorgaben, die aber möglicherweise aufgrund von Skaleneffekten zu einem bis jetzt im wesentlichen monopolistisch strukturierten System der Sammlung und stofflichen Verwertung von Verpackungsabfällen führen.

Allerdings gibt es auch hier Unsicherheiten über die technischen Möglichkeiten. Dies wird besonderes deutlich in der Diskussion um

## 9.4 Das Dilemma der Auflagenpolitik

die Sammlung und stofflichen Verwertung kleinteiliger Kunststoffabfälle. Durch die Kontamination von gebrauchten Lebensmittelverpackungen mit anhaftenden Lebensmittelresten, die sukzessive verderben, sind rund die Hälfte aller gebrauchten Kunststoffverpackungen nicht mehr durch die werkstoffliche Verwertung zu neuen Lebensmittelverpackungen geeignet. Durch die geltende Lebensmittelgesetzgebung schließt sich dies von selbst aus. Dadurch ergeben sich Grenzen der werkstofflichen Verwertung. Dies führt nach Ansicht des Deutschen Verpackungsinstituts in einer Stellungnahme vom 21. Januar 1997 dazu, dass die werkstoffliche Verwertung für gebrauchte Verpackungen nicht mit fixen Quoten vorgeschrieben werden sollte.

In der Verpackungsverordnung wird des Weiteren die wirtschaftliche Zumutbarkeit einer stofflichen Verwertung angesprochen. Nun haben die vorhergehenden Überlegungen aber gezeigt, dass diese Problematik im allgemeinen nicht nur von den zur Verfügung stehenden Technologien abhängen wird, sondern auch über die sich gegebenenfalls durch Recycling-Aktivitäten ändernden Preise von den Präferenzen der Wirtschaftssubjekte. Diese sind den staatlichen Instanzen aber nicht bekannt, so dass der Begriff "wirtschaftlich zumutbar" letztlich unklar bleiben muss. In der Praxis ergeben sich so oft willkürlich anmutende Vorgaben, wobei allerdings nicht ausgeschlossen werden soll, dass diese Vorgaben in die ökologisch wie ökonomisch richtige Richtung zeigen können.

Andererseits kann die verlässliche Vorgabe einer Steuer, die zwischen den verschiedenen Produktionsmöglichkeiten eines Gutes diskriminiert, zur profitablen Anwendung der erwünschten Recycling-Technologie führen. Demzufolge werden sich Unternehmer finden, die diese Technologie zum Einsatz bringen, ohne dass staatlicherseits Rücknahmepflichten für Verpackungen vorgeschrieben und Aussagen zur Struktur des Verwertungssystems gemacht werden müssen, wie dies in der Verpackungsverordnung geschieht. Diese Aufgaben werden dann dezentral gelöst unter Verwendung der bei den einzelnen Wirtschaftssubjekten vorhandenen Kenntnisse und Informationen. Dies könnte für die effiziente Organisation der stofflichen Verwertung äußerst wichtig sein. Die tatsächlich erreichbare Verwertungsquote ergibt sich dann aus den Rahmenbedingungen, insbesondere natürlich aus der Höhe des Satzes der Pigou-Steuer.

Ein weiterer Vorteil eines ökonomisch "fundierten" Ansatzes liegt in dem Anreiz, selbständig nach weiteren profitablen Recycling-Technologien zu suchen. Beispielsweise lässt sich so die kontrovers diskutierte Frage der Mehrweg-Getränkeverpackungen angehen. Hierbei handelt es sich zunächst um eine weitere Technologie zur stofflichen Verwertung von Verpackungen: Jede gebrauchte Verpackungseinheit wird durch die sorgfältige Reinigung wieder zu einer neuen Verpackungseinheit, ähnlich der Recycling-Technologie im Beispiel des letzten Abschnitts. Ist diese Technologie zu den geltenden Marktbedingungen zumindest regional profitabler als das Recycling von Einweg-Getränkeverpackungen, so werden sich Mehrweg-Getränkeverpackungen in den betreffenden Regionen ohne weiteres Zutun staatlicher Behörden durchsetzen. Natürlich ist es möglich, diesen Prozess über eine entsprechende steuerliche Diskriminierung zu forcieren. In jedem Fall aber könnte man auf die in der Verpackungsverordnung (vgl. VerpackV, §7) vorgesehene Pfanderhebungspflicht verzichten, die darüber hinaus in ein dem Gefangenendilemma vergleichbares Anreizsystem eingebunden ist (vgl. dazu Abschnitt 9.2).

Informationsdefizite beeinflussen demnach die ökologische Effektivität und die ökonomische Zumutbarkeit von Auflagen zum Schutz der Umwelt. Die scheinbar präzisen Formulierungen von Auflagen und die schnellen Eingriffsmöglichkeiten, die sie nach allgemeiner Ansicht bieten, überdecken die ökonomischen und ökologischen Unsicherheiten, die strukturell im Hintergrund vorhanden sind. Neue umweltrelevante Erkenntnisse führen zu oft langwierigen Änderungen und Ergänzungen der bestehenden Auflagen. Gelegentlich werden die geltenden Auflagen auch ergänzt, um diejenigen, die sich nicht an die Spielregeln halten, stärker in das System einzubinden. So sollte mit der Novellierung der Verpackungsverordnung unter anderem das in der Vergangenheit gelegentlich zu beobachtende "Trittbrettfahrerverhalten" von Herstellern oder Vertreibern, die sich nicht dem Dualen System angeschlossen hatten, dennoch aber von seiner Einrichtung profitierten, unterbunden werden.

Ein weiterer Aspekt, der hier noch nicht angesprochen wurde, betrifft die Kosteneffizienz bezüglich der Erfüllung der Auflagen. Wiederum aufgrund unzulänglicher Informationen gelten umweltrelevante Auflagen im Normalfall für alle Wirtschaftssubjekte. Oft würde aber eine Differenzierung der Auflagen nach den technischen Gegebenheiten vor Ort eine Verringerung der gesamtwirtschaftlichen Kosten bedeuten. Mithin bleibt zu prüfen, inwieweit nicht der dezentral strukturierte Marktmechanismus die Zielsetzungen einer zentral ausgerichteten Auflagenpolitik kosteneffektiver erfüllen kann. Dies ist auch ein Aspekt des im Folgenden zu diskutierenden "Preis-Standard-Ansatzes", der darüber hinaus maßgebend ist für die Trennung von Ökologie und Ökonomie.

# 10. Der Preis-Standard-Ansatz

Die bisherigen Überlegungen zur Gestaltung umweltpolitischer Eingriffe machen die Problematik deutlich: In der Regel fehlt den staatlichen Instanzen die Information, die zu einer optimalen Anpassung der Instrumente unerlässlich ist. Der naheliegende Griff zum Verordnungsinstrumentarium einer Auflagenpolitik bringt keine grundsätzlich neuen Erkenntnisse, demonstriert aber den politischen Willen, Maßnahmen zum Schutz der Umwelt zu ergreifen.

Diese problematische Lage, in der sich die Umweltpolitik damit befindet, ist nicht der Umweltökonomie oder der Ökonomie allgemein zuzurechnen. Vielmehr hat die Ökonomie mithilfe theoretischer Überlegungen erst auf diese Problematik aufmerksam gemacht, die übrigens nicht nur für eine Marktwirtschaft gilt, sondern in analoger Form auch für andere Wirtschaftssysteme, die sie sich an individualistischen Werturteilen orientieren. Damit setzen diese Ergebnisse den Rahmen für die praktische Umweltpolitik in weiten Bereichen dieser Welt.

Dennoch stellt sich die Frage, ob nicht eine marktwirtschaftliche Struktur des Wirtschaftssystems unter den gegebenen Umständen von Nutzen sein kann für eine "marktorientierte" Umweltpolitik. Mit den folgenden Überlegungen soll auch dieser Frage nachgegangen werden.

## 10.1 Grundlagen des Preis-Standard-Ansatzes

Das im Rahmen der Umweltökonomie aufgrund der Informationsdefizite nur schwer zu erfüllende ökonomische Effizienzkriterium wird nun durch ein ökologisches Effizienzkriterium ersetzt. Ähnlich wie bei den Vorgaben gewisser Zielgrößen für die makroökonomischen Variablen Wachstumsrate, Inflationsrate und Arbeitslosenquote, die über eine geeignete Wirtschaftspolitik erreicht werden sollen, werden nun ökologische Ziele, "Umweltziele", vorgegeben. Dies geschieht in Analogie zu den Verordnungen der Auflagenpolitik beispielsweise in der Form maximaler Belastungen durch bestimmte Schadstoffe oder auch in der Form minimaler Recyclingquoten für bestimmte Abfälle. Der eigentliche Grund für diese Vorgehensweise liegt, um es nochmals deutlich zu sagen, einerseits in der offenkundigen Notwendigkeit, Umweltpolitik zu betreiben, andererseits in der Problematik nicht hinreichend bekannter Einzelheiten effizienter Allokationen.

Eine gewisse ökonomische Rechtfertigung für die Verwendung von Umweltstandards kann in der Monotonieannahme bezüglich der Umweltpräferenzen gesehen werden: Die Bereitstellung einer festen Gütermenge bei einer reduzierten Umweltbelastung wird von allen Individuen präferiert. Für die Einrichtung strengerer Standards kann dies aber nur begrenzt als Begründung herangezogen werden. Denn diese Argumentation ist nur uneingeschränkt richtig, solange die Umweltbelastung eben ohne volkswirtschaftliche Kosten vermindert werden kann, oder solange das Erreichen des Umweltziels noch für alle Individuen vorrangig ist. Wird allerdings schon effizient produziert, so ist zumindest kurzfristig ein weiteres Anheben der Umweltstandards nur durch eine Verringerung der Produktion anderer Güter zu erreichen. In diesem Fall wird in demokratischen Systemen mithilfe von Mehrheitsabstimmungen entschieden. Das Ergebnis einer Abstimmung rechtfertigt gegebenenfalls die Durchsetzung stringenter Umweltziele.

**Hinweis 10.1**
*Die Frage, ob Verschärfungen der Umweltstandards letztlich zu volkswirtschaftlichen Kosten führen, wird in Theorie und Praxis umfassend diskutiert. Ein Argument, das in Teil IV aufgegriffen wird, ist der drohende Verlust der Wettbewerbsfähigkeit im Außenhandel. Ein anderes Argument verweist gerade gegenteilig auf die Möglichkeit einer Steigerung der Wettbewerbsfähigkeit durch den Zwang, innovative Technologien zu entwickeln. Dies ist im Kern die Aussage der "Porter-Hypothese" (vgl. Porter (1990)).*

**Beispiel 10.1.1**
*Werden die Risiken, die mit dem Betrieb von Kernkraftwerken einhergehen, von einem substantiellen Teil der Stimmberechtigten als nicht (mehr) akzeptabel eingeschätzt, so wird der über kurz oder lang resultierende Verzicht auf diese Technologie zur Nutzung alternativer, möglicherweise auch weniger kostengünstiger Verfahren zur Energiegewinnung führen. Demzufolge wird die Produktion mancher Güter*

*eingestellt oder neu ausgerichtet werden, entsprechend ändert sich der Konsum aufgrund von Preisverschiebungen.*

*Diese durch die Änderung eines Umweltstandards erzwungenen Verhaltensänderungen können die Grundlage volkswirtschaftlicher Kosten sein, wenn etwa die Güterproduktion auf breiter Front reduziert werden muss.*

Zusammenfassend ist also festzuhalten, dass die Einführung von Standards, ähnlich wie die in Verordnungen vorgegebenen Auflagen, die Verzahnung von Ökologie und Ökonomie aufzubrechen droht: Umweltpolitik gewinnt an eigenständiger Bedeutung. Dabei besteht allerdings die Gefahr, dass ökonomische Aspekte im Rahmen der Umweltpolitik immer weniger beachtet werden. Dies erkennt man an der Entwicklung anderer ökonomisch relevanter Politikfelder: So hat sich beispielsweise die Arbeitsmarktpolitik in den letzten Jahren sehr verselbständigt. Das vorrangige ökonomische Ziel, die Reduzierung der Arbeitslosigkeit, wird nun zunehmend mit Methoden verfolgt, die mit Ökonomie oder gar Marktwirtschaft nur noch wenig gemein haben. Gelegentlich erkennt man ähnliche Tendenzen im Bereich der Umweltpolitik.

Die vorgegebenen Umweltstandards können mit verschiedenen Instrumenten erreicht werden. An erster Stelle stehen dabei die Abgaben, genauer die Umweltabgaben. Im Gegensatz zu einer Auflage eröffnen sie dem individuellen Wirtschaftssubjekt den kostengünstigsten Weg zur Erfüllung eines Umweltstandards. Die regionale Differenzierung einer Abgabe verstärkt diesen Kosteneffekt.

Wird mit der Höhe einer Abgabe ein bestimmtes Mengenziel über eine pretiale Lenkung verfolgt, so wird dieses Ziel mit handelbaren Emissionszertifikaten direkt vorgegeben. Der Marktpreis der Zertifikate ist im Idealfall identisch zur Höhe einer Umweltabgabe mit demselben mengenmäßigen Effekt. Problematisch und besonders zu beachten ist bei handelbaren Emissionszertifikaten die Frage der Erstausstattung mit Zertifikaten und die Integration von neuen Marktteilnehmern in das System.

Wir greifen die verschiedenen Ausprägungen des Preis-Standard-Ansatzes in den folgenden Abschnitten auf. Ein weiterer Themenkreis, den man zum Preis-Standard-Ansatz rechnen kann, ist die ökologische Steuerreform, in der Bundesrepublik besser bekannt unter dem Schlagwort "Ökosteuer". Wir befassen uns mit den gängigen Meinungen und Fehlmeinungen, auch im Rahmen eines einfachen theoretischen Ansatzes, im anschließenden Kapitel.

## 10.2 Die Abgabenlösung

Mit einer Umweltabgabe oder einer "Umweltsteuer", ohne dabei auf die finanzwissenschaftlichen Unterschiede zwischen Abgaben und Steuern eingehen zu wollen, sollen analog zur Pigou-Steuer die externen Effekte einer umweltbelastenden Aktivität internalisiert werden. Das Effizienzziel einer Pigou-Steuer wird allerdings ersetzt durch einen Umweltstandard, der in der Regel auf der Grundlage ingenieurwissenschaftlicher, medizinischer und ökonomischer Erkenntnisse oder auch politischer Notwendigkeiten festgelegt wird.

Dazu gehören beispielsweise die Schadstoffkonzentrationen im Abwasser, die mithilfe der Abwasserabgabe bestimmte Werte aus gesundheitlichen Gründen nicht überschreiten sollen. Für den Klimaschutz hat die Bundesregierung ein weiteres Umweltziel formuliert: Bis zum Jahr 2005 sollen die deutschen $CO_2$-Emissionen um 25 bis 30 Prozent gegenüber dem Niveau von 1987 sinken (vgl. auch Teil I). Dieses Umweltziel soll auch mittels der Ökosteuer erreicht werden. Dadurch soll die Energienachfrage und mit ihr der $CO_2$-Ausstoß in der erwünschten Größenordnung zurückgehen.

In der Bundesrepublik findet man Umweltabgaben beispielsweise im Bereich der Abwassergebühren und im Bereich der Abfallentsorgung. Darüber hinaus haben Energiesteuern im Allgemeinen und die Ökosteuer im Besonderen den Charakter einer Umweltabgabe.

Eine Umweltabgabe oder eine Umweltsteuer zur Reduzierung oder Vermeidung einer Umweltbelastung kann im Allgemeinen auf verschiedene Arten erhoben werden. In den in Teil II betrachteten Beispielen (vgl. insbesondere die Ausführungen in Kapitel 6) wurde die Pigou-Steuer auf die Ausbringungsmenge des belastenden Gutes $G$ erhoben, demzufolge handelt es sich um eine "Output-Steuer". Dieselbe Wirkung kann hier auch über eine "Schadstoffsteuer" in derselben Höhe erreicht werden, da annahmegemäß mit jeder Einheit des Gutes $G$ auch eine Einheit Schadstoffe erzeugt wird. Alternativ kann noch der Faktor $L$ besteuert werden, der in der Produktion von $G$ eingesetzt wird. Man prüft leicht nach, dass im Kontext von Beispiel 6.2.3 unter den Annahmen von Beispiel (A) der Steuersatz $\hat{t}_L = 2.5 \cdot \hat{t}$ betragen müsste, damit eine pareto-effiziente Allokation erreicht wird. Somit liefert auch eine "Input-Steuer" das gewünschte Ergebnis.

Im Gegensatz zur einfachen Sachlage in den Beispielen ist es bei realen Anwendungen im Allgemeinen von erheblicher Bedeutung, ob eine Umweltsteuer als Output-Steuer, als Schadstoffsteuer oder als Input-

Steuer erhoben wird. Mit der speziellen Form der Steuer werden Anreizeffekte hervorgerufen, die in den einfachen Beispielen nicht nachgebildet werden können.

Betrachten wir hierzu die Problematik einer Reduzierung der Autoabgase. Gegenwärtig ist die Mineralölsteuer, eine typische Faktor- oder Input-Steuer, im wesentlichen die einzige lenkende Steuer in diesem Bereich. Der Anteil der Ökosteuer am Preis für Kraftstoffe ist im Vergleich zum Anteil der Mineralölsteuer noch sehr gering. Versucht man nun, über eine Erhöhung dieser Steuer die Abgasmenge zu reduzieren, so ist zu bedenken, dass diese Erhöhung vielleicht die Entwicklung verbrauchsgünstigerer Motoren beschleunigen wird, jedoch nicht notwendigerweise die Entwicklung abgasärmerer Motoren, beispielsweise in Hinblick auf die Emission von Stickoxiden. Wie eine Mineralölsteuer wird auch eine Kilometer-Steuer (Output-Steuer) das Fahrverhalten und damit die Abgasmenge beeinflussen, sie wird aber noch weniger als die Mineralölsteuer die technische Entwicklung stimulieren. Allerdings kann eine geeignet modifizierte Kilometer-Steuer helfen, andere externe Effekte, die mit dem Straßenverkehr verbunden sind, zu regulieren. Dies gilt beispielsweise für die zeitweise Überfüllung der Straßen (Stau-Effekte). Bleibt als letzte Möglichkeit die Schadstoffsteuer in der Form einer Abgassteuer. In ökologisch-ökonomischer Hinsicht würde eine derartige Steuer das Ziel einer Reduzierung der Abgase sicherlich am besten erreichen können. Jedoch sind mit der Einführung einer derartigen Steuer eine ganze Reihe von anderen Problemen verbunden. So stellt sich zunächst die Frage, auf welche Abgaskomponenten ($CO_2$, CO, Stickoxide, ...) diese Steuer erhoben werden sollte. Des Weiteren ist das technische Problem der ständigen Messung und Überwachung der Abgase und der damit verbundenen Erhebung der Steuer zwar in Prinzip lösbar, jedoch sind die Kosten für den notwendigen Ausbau der Infrastruktur auch nicht zu vernachlässigen.

Die ökonomische und ökologische Wirksamkeit einer Steuer oder einer Abgabe beruht oft auf den Ausweichmöglichkeiten, die den Individuen offenstehen, um die Steuer ganz oder teilweise zu vermeiden. Oft sind diese Ausweichmöglichkeiten erwünscht, etwa wenn es sich dabei um den Einsatz alternativer, die Umwelt weniger belastende Produktionsverfahren handelt. Andererseits gibt es aber auch Ausweichmöglichkeiten, die nicht mit dem eigentlichen Sinn einer Umweltabgabe zu vereinbaren sind. Ein Beispiel dafür bietet der "Mülltourismus", der deutschen Müll vor einigen Jahren bis nach Rumänien und Estland brachte. Problematisch für die Einrichtung einer Umweltabgabe ist damit, dass im Allgemeinen den staatlichen Stellen das ganze Spektrum erwünschter und weniger erwünschter Ausweichmöglichkeiten nicht immer ausreichend bekannt ist. Überraschungseffekte sind damit einprogrammiert.

Bevor wir die Emissionszertifikate als weitere wichtige Ausprägung des Preis-Standard-Ansatzes behandeln, soll noch das Problem der Kosteneffizienz angesprochen werden. Dieses Problem ist gleichermaßen für Umweltabgaben und Emissionszertifikate relevant.

### 10.2.1 Kosteneffizienz der Abgabenlösung

Unter der Vorgabe von Umweltstandards verbleibt der Ökonomie, einer modifizierten Umweltökonomie, die Aufgabe, Verfahren anzugeben bzw. zu entwickeln, die ein Erreichen dieser Standards mit geringstem Aufwand ermöglichen. Das globale Effizienzziel bleibt im Hintergrund sicherlich erhalten, verschwindet aber aus dem konkreten Aufgabenkatalog. Das folgende Beispiel verdeutlicht diese geänderte Aufgabenstellung und demonstriert zugleich, dass eine Auflagenpolitik einer richtig ausgestalteten umweltökonomischen Maßnahme vom Standpunkt der Kosteneffizienz in der Regel unterlegen ist.

**Beispiel 10.2.1**
*Zwei Unternehmen der G-Industrie emittieren bei normalem Ablauf der Produktion $A_1^\star = 100$ bzw. $A_2^\star = 50$ Einheiten eines bestimmten Schadstoffs während einer vorgegebenen Zeitperiode. Das Umweltziel ist nun eine Reduzierung des Schadstoffausstoßes um 50%. Dabei werden die Vermeidungskosten der beiden Unternehmen beschrieben durch die Kostenfunktionen $K_V^1(A_1 \mid A_1^\star) = 0.1(A_1^\star - A_1)$ bzw. $K_V^2(A_2 \mid A_2^\star) = 0.2(A_2^\star - A_2)$, wobei $A_i$, $i = 1, 2$, die letztlich emittierte Schadstoffmenge angibt.*

Zwei Maßnahmen zur Erreichung des Ziels bieten sich an: Eine umweltpolitische Auflage mit der Maßgabe, die Schadstoffemission bei jeder Quelle um 50% zu reduzieren, und eine Umweltabgabe, die auf die Emission des Schadstoffs erhoben wird und die hinreichend hoch angesetzt wird, um das vorgegebene Ziel zu erreichen. Wir untersuchen kurz die Wirkungsweisen beider Maßnahmen:

**Umweltauflage:** Die ökonomischen Kosten der Auflage ergeben sich zu $K_V^1(50 \mid 100) = 5$ und $K_V^2(25 \mid 50) = 5$, also insgesamt zu 10

Geldeinheiten. Damit wird die ökologische Zielsetzung offenbar erreicht, Anreize zur weiteren Reduzierung der Schadstoffemissionen gibt es dabei nicht.

**Umweltabgabe:** Für jede emittierte Einheit des betreffenden Schadstoffs wird eine Abgabe in Höhe von z.B. 0.12 Geldeinheiten erhoben. Für das erste Unternehmen wird es dann aufgrund der konstanten Vermeidungsgrenzkosten von 0.1 Geldeinheiten billiger, die entsprechenden Vermeidungsinvestitionen zu tätigen und $A_1 = 0$ zu wählen. Das zweite Unternehmen wird weiterhin $A_2 = A_2^*$ wählen, da in diesem Fall die Vermeidungsgrenzkosten mit 0.2 Geldeinheiten höher sind als der Abgabensatz.

Insgesamt entstehen in beiden Fällen volkswirtschaftliche Kosten, also Verbräuche von Ressourcen, in Höhe von 10 Geldeinheiten. Allerdings wird mit der Umweltabgabe die Schadstoffemission um $A_1 = 100$ gesenkt und nicht nur um die 75 Einheiten der Auflagenpolitik. Weiter muss das zweite Unternehmen eine Abgabe in Höhe von 6 Geldeinheiten entrichten. Diese Abgabe ist als Umverteilung natürlich nicht zu den volkswirtschaftlichen Kosten der Maßnahme zu rechnen, stellt aber trotzdem eine möglicherweise erhebliche Kostenbelastung für dieses zweite Unternehmen dar. Allerdings vermittelt sie auch Anreize, im Fall der Verfügbarkeit einer kostengünstigeren Möglichkeit der Schadstoffreduzierung diese auch wahrzunehmen.

Im Allgemeinen ist es nicht möglich, die Auflagenpolitik direkt an die Struktur der Vermeidungskosten anzulehnen, wie dies in Prinzip bei der Abgabenpolitik durch die Unternehmen selbst vorgenommen wird. Dies ist wiederum darin begründet, dass der staatlichen Instanz die notwendige Information über die Kosten nicht zur Verfügung steht. Dagegen haben die Unternehmen bei vorgegebenem Abgabesatz natürlich einen Anreiz, gemäß ihrer individuellen Kostenstruktur zu reagieren. Anders ausgedrückt: Eine Auflagenpolitik kann in der Regel aufgrund fehlender Information nicht das kostengünstigste Erreichen eines gegebenen Umweltstandards garantieren, dagegen vermittelt eine Abgabe Anreize, das im Unternehmen vorhandene Wissen effizient zur Kostenminimierung einzusetzen.

Zur formalen Diskussion dieses Problemkreises betrachten wir nun eine modifizierte Version des Modells $F = f(L_F, G)$ und $G = g(L_G)$ aus Teil II (vgl. etwa Beispiel 5.2.1). Genauer nehmen wir an, dass verschiedene $G$-Unternehmen existieren, die mit dem Gut $G$ auch ein umweltbelastendes Produkt $A$ ("Abwasser") herstellen. Dieses Abfallprodukt $A$ wird nun als zusätzlicher Produktionsfaktor aufgefasst, so dass gilt: $G_i = g_i(L_G^i, A^i)$. Unter den üblichen Substitutionsannahmen kann also eine geringere Menge von $A_i$ durch einen höheren Einsatz des Faktors $L_G^i$ kompensiert werden. Damit wird dem Aspekt der Vermeidungskosten explizit Rechnung getragen.

Zunächst soll nun bei Preisen $p = (p_L, p_F, p_G)$ die volkswirtschaftlich gesehen kostengünstigste Möglichkeit der Produktion von $G_i$ Einheiten des Gutes $G$ in Unternehmen $i$ untersucht werden, wobei der Umweltstandard $\sum_i A^i \leq A^\star$ einzuhalten ist. Die Tatsache, dass insbesondere der Wert $G_i$ vorgegeben ist, weist darauf hin, dass man sich im Preis-Standard-Ansatz eben nur noch mit einem Teilaspekt eines ökonomischen Problems befasst bzw. in Hinblick auf die Informationsdefizite nur mit einem Teilaspekt des ökonomischen Problems befassen kann. Formal ergibt sich das folgende Minimierungsproblem:

$$\min_{(L_G^i, A^i)} \sum_i p_L \cdot L_G^i \quad \text{unter} \quad g_i(L_G^i, A^i) \geq G_i \quad \text{für alle } i \text{ und} \quad \sum_i A^i \leq A^\star.$$

Unter der Annahme einer inneren Lösung führt der Lagrange-Ansatz zu den folgenden Bedingungen 1. Ordnung, wobei $\lambda_i$ und $\mu$ die zugeordneten Lagrange-Multiplikatoren bezeichnen. Die Bedingungen 2. Ordnung sind aufgrund unserer Konkavitätsannahme an die Produktionsfunktion $g$ erfüllt:

$$p_L - \lambda_i \cdot \frac{\partial g_i(L_G^i, A^i)}{\partial L} = 0 \quad \text{und} \quad \lambda_i \cdot \frac{\partial g_i(L_G^i, A^i)}{\partial A} + \mu = 0 \quad \text{für alle } i.$$

Alternativ wird nun eine "dezentralisierte" Lösung dieses Problems betrachtet, indem die Emission von $A$ mit einem Abgabensatz $t$ belegt wird, ansonsten die Entscheidung über den geeigneten Faktoreinsatz aber den Unternehmen überlassen bleibt. Die Wahl einer kostenminimalen Faktoreinsatzkombination führt in Unternehmen $i$ zu folgendem Minimierungsproblem:

$$\min_{(L_G^i, A^i)} (p_L \cdot L_G^i + t \cdot A^i) \quad \text{unter} \quad g_i(L_G^i, A^i) \geq G_i.$$

Wiederum führt der Lagrange-Ansatz unter der Annahme einer inneren Lösung zu den folgenden Bedingungen 1. Ordnung, wobei $\lambda_i$ den entsprechenden Lagrange-Multiplikator bezeichnet:

$$p_L - \lambda_i \cdot \frac{\partial g_i(L_G^i, A^i)}{\partial L} = 0 \quad \text{und} \quad \lambda_i \cdot \frac{\partial g_i(L_G^i, A^i)}{\partial A} + t = 0.$$

Diese Bedingungen ergeben sich für jedes Unternehmen $i$ und man erkennt aus dem Vergleich der beiden Gleichungssysteme, dass sie zu derselben Lösung führen, wenn $t$ gleich dem Wert des Multiplikators $\mu$ in der Lösung zum ersten System gesetzt wird.

Die Abgabenlösung liefert somit im Vergleich zu einer Auflage in der Regel eine kostengünstigere Produktion des Gutes $G$ unter Einhaltung eines vorgegebenen Umweltstandards. Sie kann sogar, wie die obigen Überlegungen zeigen, die kostengünstigste Lösung herbeiführen. Beachtenswert dabei ist nochmals, dass der staatlichen Instanz Detailinformationen über die Kostenstrukturen der betreffenden Unternehmen nicht vorliegen müssen, dass vielmehr die "Marktkräfte" diese Problematik lösen. In diesem Sinne kann man den Preismechanismus vielleicht nicht zur Lösung des Effizienzproblems insgesamt, jedoch zur kosteneffizienten Lösung eines Umweltproblems heranziehen.

### 10.2.2 Kosteneffizienz bei räumlicher Differenzierung

In vielen Umweltbereichen, etwa bei der Abwasserbelastung oder bei der Luftverschmutzung, spielt weniger die Emission bestimmter Schadstoffe eine Rolle für die Beeinträchtigung der Natur oder des Wohlergehens der Menschen, vielmehr ist von Bedeutung, welche Menge dieses Schadstoffs die Natur oder die Menschen letztendlich erreicht. Dies ist die so genannte "Immissionsmenge", und es ist offensichtlich, dass nicht jede Emissionsquelle gleichermaßen zur Immission an einer bestimmten Messstelle zu einem bestimmten Zeitpunkt beiträgt. Dies erfordert nun allerdings eine Revision der Umweltabgabe, falls man einen Immissionsstandard vorgibt, der wiederum kostengünstigst erreicht werden soll. Ein einfaches Beispiel soll dies verdeutlichen (vgl. Baumol/Oates (1988), S. 169):

**Beispiel 10.2.2**
*Zwei Unternehmen der G-Industrie sind an einem Fluss angesiedelt und leiten belastetes Abwasser ein, etwa zu gleichen Teilen. Bevor der Fluss nun eine größere Stadt erreicht, soll er von den schädlichen Stoffen weitgehend gereinigt werden. Für das weiter oben am Fluss angesiedelte Unternehmen betragen die Reinigungskosten ("Vermeidungskosten") dabei 10 EUR je $m^3$, wohingegen für das andere Unternehmen bedingt durch eine andere Technologie 15 EUR je $m^3$ anfallen. Zu berücksichtigen ist noch, dass von den Schadstoffen des ersten Unternehmens lediglich 50% an der Messstelle vor der Stadt ankommen, aufgrund der*

*Selbstreinigungskraft des Flusses. Das zweite Unternehmen aber ist nahe an der Stadt angesiedelt, so dass die eingeleiteten Schadstoffe voll zu Buche schlagen.*

**Einheitliche Umweltabgabe:** Zur Reduzierung der Abwasserbelastung auf die Hälfte des früheren Wertes wird nun eine einheitliche Abgabe in Höhe von 12 EUR je $m^3$ Abwasser eingeführt. Damit wird das weiter oben am Fluss angesiedelte Unternehmen die notwendigen Reinigungsinvestitionen vornehmen und die Abwasserbelastung vollständig abbauen, wohingegen das andere Unternehmen es vorziehen wird, bei gleicher Umweltbelastung die Abgabe zu bezahlen.

Man erreicht eine Reduzierung der Schadstoffemission um 50%, die bei der Stadt gemessene Immissionsmenge sinkt aber nur um ein Drittel, da die still gelegte Emissionsquelle nur zu 50% in die Schadstoffbilanz eingeht. Dies bedeutet volkswirtschaftliche Kosten von 20 EUR je $m^3$ vermiedenen Abwassers mit der ursprünglichen Schadstoffkonzentration.

**Differenzierte Umweltabgabe:** Nun wird das näher an der Stadt angesiedelte Unternehmen mit 16 EUR je $m^3$ Abwasser belastet, wohingegen das andere Unternehmen keine Abgabe zahlen muss. In diesem Fall wird das weiter unten am Fluss angesiedelte Unternehmen die Emission einstellen.

Dieser Ansatz einer räumlichen Differenzierung ist volkswirtschaftlich kostengünstiger. Man erreicht wieder eine Reduzierung der Schadstoffemission um 50%, wobei die bei der Stadt gemessene Immissionsmenge allerdings um zwei Drittel sinkt bei volkswirtschaftlichen Kosten von 15 EUR je $m^3$ vermiedenen Abwassers mit der ursprünglichen Schadstoffkonzentration.

Im Fall zweier Emittenten und einer Immissionsmessstelle lässt sich das Problem formal folgendermaßen darstellen: $K_V^i(A_i \mid A_i^\star)$, $i = 1, 2$, seien die Vermeidungskosten dieser Emittenten, wenn das Emissionsniveau von ursprünglich $A_i^\star$ auf $A_i$ reduziert wird. Quelle $i$ trägt mit dem Faktor $d_{i1}$ mit $0 < d_{i1} < 1$ zur Immission an der Messstelle 1 bei. Dort soll allerdings der Standard $Q_1^\star$ bezüglich dieses Schadstoffs eingehalten werden. Folglich lautet das ökonomisch-ökologische Problem:

$$\min_{A_1, A_2} \left( K_V^1(A_1 \mid A_1^\star) + K_V^2(A_2 \mid A_2^\star) \right) \text{ unter } d_{11} A_1 + d_{21} A_2 \leq Q_1^\star.$$

Für eine innere Lösung erhält man unter Verwendung des Lagrange-Ansatzes folgende Bedingungen 1. Ordnung:

$$\frac{dK_V^1(A_1 \mid A_1^\star)}{dA_1} + \lambda \cdot d_{11} = 0 \quad \text{und} \quad \frac{dK_V^2(A_2 \mid A_2^\star)}{dA_2} + \lambda \cdot d_{21} = 0.$$

Lässt man eine dezentralisierte Lösung mit firmenspezifischen Abgabesätzen $t_1$ und $t_2$ zu, so führt $t_i := \lambda \cdot d_{i1}$, $i = 1, 2$, wiederum zur obigen Lösung. Demzufolge kann auch in diesem Fall die kostengünstigste Lösung über firmenspezifische Abgabesätze erreicht werden.

Die Abgabesätze sind dabei abhängig von den Immissionswerten, von der Wirkung einer Emissionsquelle auf eine gegebene Messstelle. Bei zehn gegebenen Emissionsquellen und fünf Messstellen allerdings ist die Struktur der Abgabensätze, die zur kostengünstigsten Einhaltung der Umweltstandards führt, nicht mehr so einfach festzustellen. Vor allem wird dann auch das Auftreten von Randlösungen wahrscheinlich. Spätestens hier verliert die Abgabenlösung ihren Reiz für die umweltpolitische Praxis!

Zusammenfassend bleibt für den Preis-Standard-Ansatz das grundlegende Problem der Wahl "richtiger" Umweltziele. Dieses Problem ist im Kern vergleichbar mit der Wahl optimaler Mengen für die vom Staat bereitzustellenden öffentlichen Güter. Baumol/Oates (1988), S. 173 ff, machen hierzu einige weitergehende Ausführungen.

## 10.3 Handelbare Emissionszertifikate

Ein System handelbarer Emissionszertifikate bietet oft eine akzeptable und unter gewissen Umständen auch eine bessere Alternative zur regulären Abgabenlösung. Die Idee ist zunächst einfach: Es werden Eigentumsrechte in Bezug auf die Nutzung der Umweltgüter definiert ("Zertifikate"), die dann an die Meistbietenden verkauft werden (vgl. auch Abschnitt 6.3). Durch die Beschränkung der insgesamt zum Verkauf angebotenen Zertifikate kann ein vorgegebener Umweltstandard recht einfach eingehalten werden.

Handelbare Emissionszertifikate stellen somit in gewisser Hinsicht eine Flexibilisierung der Auflagenpolitik dar: Die in einer Verordnung präzisierten Grenzwerte für die Emission bestimmter Schadstoffe werden nicht länger in derselben Höhe auf jedes Unternehmen bezogen, sondern können eben gehandelt werden. Damit bleibt die gesamte maximale Schadstoffbelastung unverändert, jedoch gewinnen die verschiedenen Unternehmen an Handlungsspielraum, sie können ihre jeweils spezifische Situation berücksichtigen, vor allem in Hinblick auf Kosteneffizienz.

### 10.3.1 Grundlagen der Zertifikatemodelle

Ein wesentlicher Vorteil eines Systems handelbarer Zertifikate gegenüber der Abgabenlösung liegt sicherlich darin, dass damit die Unsicherheit, die mit der Anpassung der Abgabensätze an das passende Niveau verbunden ist, zusammen mit den dadurch entstehenden Kosten, reduziert werden kann. Dies bezieht sich insbesondere auch auf Perioden hoher Inflationsraten, hoher Wirtschaftswachstumsraten etc., die eine ständige Anpassung der Abgabensätze erforderlich machen, um die vorgegebenen Umweltstandards einzuhalten. Beispielsweise hat sich ein Liter Benzin 1999 um etwa 40 Pfennig verteuert, wovon aber nur etwa 7 Pfennige auf das Konto der ab 1. April 1999 erhobenen Ökosteuer gehen. Schließlich ist auch noch zu berücksichtigen, dass Abgaben hohe Kosten für die Industrie bedeuten können, wenn es sich dabei auch nicht um Kosten im volkswirtschaftlichen Sinne, sondern um Umverteilungen handelt. Das folgende Beispiel demonstriert diesen Aspekt (vgl. Baumol/Oates (1988), S. 179):

**Beispiel 10.3.1**
*Untersuchungen über die Möglichkeiten zur Regulierung der FCKW-Emissionen in den USA im Jahr 1980 zeigen, dass eine Auflagenpolitik zu volkswirtschaftlichen Kosten in Höhe von etwa 230 Mio. US-Dollar führen würde, also viel im Vergleich zu den Kosten von etwa 110 Mio. US-Dollar, die eine Abgabenlösung verursachen würde. Allerdings hätte die Abgabenlösung damals über die zu zahlenden Abgaben zusätzliche Kosten für die Unternehmen in Höhe von etwa 1400 Mio. US-Dollar bedeutet.*

Es ist richtig, dass auch ein Verkauf der Emissionszertifikate zu entsprechenden zusätzlichen Kosten führen würde. Aber hier gibt es eben auch andere Möglichkeiten der Allokation, wie z.B. eine kostenlose Verteilung der Zertifikate an die Unternehmen, die momentan im Markt sind. Genauer könnte diese "Erstausstattung" sich an den historischen Emissionswerten dieser Unternehmen orientieren ("Grandfathering"). Insgesamt könnte man damit die vergleichsweise hohen Zusatzkosten für die Unternehmen, wie sie etwa bei der Abgabenlösung oder beim Verkauf der Zertifikate entstehen, reduzieren oder sogar ganz beseitigen.

Andererseits ist die Zertifikatslösung gegenüber der Abgabenlösung nicht nur von Vorteil. So können die Abgaben selbst eine willkommene Einnahmenquelle für den öffentlichen Sektor darstellen. Darüber hinaus kommt in ihnen eher das "Verursacherprinzip" zum Ausdruck: Wer Umweltbelastungen herbeiführt, soll auch dafür bezahlen. Dieses Prinzip wird von der Öffentlichkeit anscheinend eher akzeptiert als der Kauf von "Verschmutzungsrechten" im Handel mit Emissionszertifikaten.

Zusätzlich ist auch jede Form der Verteilung einer Erstausstattung an Zertifikaten mit Verteilungsproblemen, Transaktions- und Suchkosten verbunden. Beispielsweise benachteiligt das "Grandfathering" neu in den Markt eintretende Unternehmen, wenngleich diese Vorgehensweise charakteristisch zu sein scheint für existierende Systeme handelbarer Zertifikate in den USA (vgl. Baumol/Oates (1988), S. 179). Alternativ kann eine Versteigerung als Erstvergabeverfahren gewählt werden, so dass von Anfang an ein Emissionsmarkt vorhanden ist. Damit werden bestehende Unternehmen und neu in den Markt eintretende Unternehmen gleichgestellt. Allerdings entstehen dadurch wieder zusätzliche Ausgabenbelastungen für die Unternehmen.

Die Ausgestaltung des Handels mit Emissionszertifikaten kann wiederum geographischen Verhältnissen und ökologischen Erfordernissen angepasst werden. Im folgenden Abschnitt werden kurz einige wesentliche Systeme erläutert.

### 10.3.2 Die Ausgestaltung des Handels mit Zertifikaten

Betrachtet wird ein geographisches Gebiet mit einer gegebenen Anzahl $m$ von Emissionsquellen, die auf die Umweltqualität an $n$ Messstellen dieser Region einwirken. Der zu erreichende bzw. einzuhaltende Umweltstandard ist durch einen Vektor $Q^\star = (Q_1, \ldots, Q_n)$ vorgegeben, wobei $Q_j$ die an der Messstelle $j$, $j = 1, \ldots, n$, maximal erlaubte Konzentration eines bestimmten Schadstoffs darstellt. Die $m \times n$-Matrix $D = ((d_{ij}))_{i,j}$ beschreibt die Verteilung der Emissionen: $d_{ij}$ gibt an, in welchem Ausmaß eine Einheit der Emissionen der Quelle $i$ zur Schadstoffkonzentration an der Messstelle $j$ beiträgt. Bezeichnet man mit $K_V^i(A_i \mid A_i^\star)$ die Vermeidungskosten mit den nicht regulierten Emissionen $A_i^\star$ und den tatsächlichen Emissionen $A_i$, $i = 1, \ldots, m$, so ergibt sich das volkswirtschaftliche Minimierungsproblem zu:

$$\min_{(A_i)_i} \sum_{i=1}^{m} K_V^i(A_i \mid A_i^\star) \text{ unter } \sum_{i=1}^{m} d_{ij} A_i \leq Q_j \text{ für } j = 1, \ldots, n.$$

Unterstellt man eine innere Lösung, so erhält man mit den Lagrange-Multiplikatoren $\lambda_j$, $j = 1, \ldots, n$, die folgenden Bedingungen 1. Ordnung:

$$K_V^{i'}(A_i \mid A_i^\star) + \sum_{j=1}^n \lambda_j d_{ij} = 0 \text{ für } i = 1, \ldots, m.$$

Für die konkrete Ausgestaltung eines Marktes für Emissionszertifikate gibt es nun zwei grundsätzliche Möglichkeiten, die zusammen mit einer kombinierten Ausgestaltung kurz vorgestellt werden sollen (vgl. auch Baumol/Oates (1988), Abschnitte 12.2 und 12.3). Allen Ansätzen ist gemein, dass die zuständigen staatlichen Instanzen Informationen über die Koeffizienten-Matrix $D$ haben müssen. Kenntnisse über die individuellen Vermeidungskosten der Unternehmen sind jedoch nicht notwendig. Ähnlich wie bei der Abgabenlösung liegt es im Interesse des einzelnen Unternehmens, die jeweiligen Gegebenheiten möglichst kosteneffektiv zu nutzen.

**Ambient-Permit-System (APS):** Bei diesem Ansatz werden für eine Messstelle $j$ insgesamt $Q_j$ Zertifikate ausgegeben, die dann unter den Interessenten frei gehandelt werden können, allerdings mit einer Einschränkung: Emittent $i$ muss für eine Emissionsmenge $A_i$ in Bezug auf die $j$-te Messstelle $A_i d_{ij}$ Zertifikate erwerben. Die Zertifikate im APS sind damit immissionsorientiert, sie orientieren auf die Schadstoffmenge, die an den Messstellen und damit bei den Haushalten ankommt.

Die Zertifikate für verschiedene Messstellen werden so in der Regel nicht direkt gegeneinander austauschbar sein: Eine Emissionsquelle, die stärker zur Verschmutzung an einer bestimmten Messstelle beiträgt, wird je Emissionseinheit relativ mehr Zertifikate benötigen, als eine andere Quelle, deren Emissionen weniger relevant sind für die Belastung an der betrachteten Messstelle. Insgesamt entsteht für jede einzelne Messstelle ein separater Markt und jeder Emittent muss auf allen diesen Märkten tätig werden.

Ein derartiges System führt im Grundsatz zur obigen kostenminimalen Lösung, wenn die entsprechenden Parameter und Preise für die Zertifikate geeignet gewählt werden (vgl. auch Abschnitt 10.2.2). Dazu betrachten wird das Kostenminimierungsproblem aus Sicht der einzelnen Unternehmen:

$$\min_{A_i} K_V^i(A_i \mid A_i^\star) + \sum_{j=1}^n p_j d_{ij} A_i, \quad i = 1, \ldots, m.$$

$p_j$ ist dabei der Preis für ein Zertifikat an der Messstelle $j$. Für eine unterstellte innere Lösung errechnet man die Bedingungen 1. Ordnung unmittelbar zu:

$$K_V^{i'}(A_i \mid A_i^\star) + \sum_{j=1}^{n} p_j d_{ij} = 0, \quad i = 1, \ldots, m.$$

Mit $p_j = \lambda_j$ an allen Messstellen $j$ führt der dezentrale Ansatz somit zur gesamtwirtschaftlich kostenminimalen Lösung. Für die praktische Anwendung ist jedoch diese Vielzahl von Märkten zu bedenken, auf denen ein Interessent seine Zertifikate "zusammenkaufen" muss. Vergleichsweise hohe Transaktionskosten werden mit diesem Ansatz verbunden sein, was seine Praxisrelevanz natürlicherweise beschränkt.

**Emissions-Permit-System (EPS):** Bei diesem Ansatz wird die betrachtete geographische Region in Zonen eingeteilt. Für jede Zone wird ein bestimmtes Kontingent an Zertifikaten von der Umweltbehörde zur Verfügung gestellt, die Zertifikate können von den Emittenten in der Zone frei gehandelt werden.
Dieser Ansatz, der folglich auf die Einhaltung von Emissionsstandards abzielt, ist einfacher strukturiert als das auf Immissionsstandards ausgerichtete APS. Allerdings geht die Eigenschaft der kostenminimalen Allokation in Bezug auf die Einhaltung der Umweltstandards an den Messstellen im Allgemeinen verloren, da innerhalb einer Zone sich die Zertifikate auf die Emissionen beziehen und nicht auf die jeweiligen Beiträge zur Immission an den einzelnen Messstellen. Die Kosteneffizienz der Lösung liegt somit auch an dem geeigneten Zuschnitt der Zonen, wobei auf möglichst homogene Beiträge der einbezogenen Emissionsquellen zu den Immissionen zu achten sein wird, sowie an dem Kontingent an Zertifikaten, das für jede Zone zur Verfügung gestellt wird.
Genauer lautet das Kostenminimierungsproblem mit dem Preis $p$ für ein Emissionszertifikat aus Sicht des Unternehmens $i$ in einer gegebenen Zone:

$$\min_{A_i} K_V^i(A_i \mid A_i^\star) + p A_i.$$

Der Vergleich mit dem obigen Ansatz zeigt, dass damit aufgrund der fehlenden Differenzierung bezüglich der Immissionswerte im allgemeinen keine gesamtwirtschaftlich kostenminmale Lösung in Bezug auf die Einhaltung der Umweltstandards an den Messstellen erreicht werden kann.

**Offset-System:** Unter diesem "gemischten" Ansatz sind die Zertifikate wie im EPS ebenfalls auf die Emissionen bezogen, jedoch können die Zertifikate nur ähnlich wie im APS gehandelt werden. Genauer gilt die Regelung, dass ein Transfer von Zertifikaten an keiner Messstelle zu einer Überschreitung der vorgegebenen Standards führen darf.

**Abbildung 10.1.** Offset-System mit 2 Messstellen und 2 Emissionsquellen

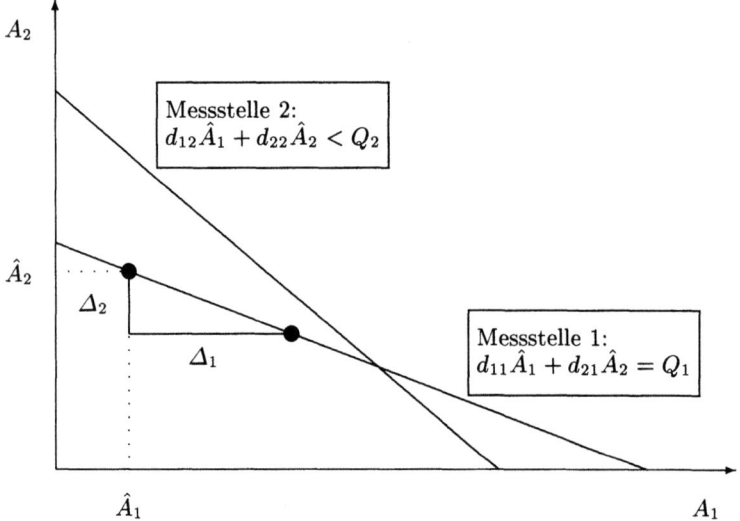

Gibt es demnach an der Messstelle 1 schon eine bindende Restriktion mit den Emissionen $\hat{A}_1$ und $\hat{A}_2$ zweier Emittenten, so darf Emittent 1 von Emittent 2 Zertifikate nur im Verhältnis der Koeffizienten $d_{21}$ und $d_{11}$ kaufen. Wenn also Emittent 2 $\Delta_2$ Zertifikate abgibt, so kann Emittent 1 $\Delta_1 = (d_{21}/d_{11}) \cdot \Delta_2$ Zertifikate zusätzlich kaufen wegen $\Delta_2/\Delta_1 = d_{11}/d_{21}$ (vgl. Abbildung 10.1). Die gesamte Änderung der Immissionswerte an Messstelle 1 ist dann $-d_{21}\Delta_2 + d_{11}\Delta_1 = 0$. Wenn die gehandelte Menge an Zertifikaten ausgehend von den Emissionswerten $(\hat{A}_1, \hat{A}_2)$ nicht zu groß ist, wird der Grenzwert der Immission an Messstelle 2 auch weiter nicht überschritten werden.

Damit wird klar, dass in einem "Gleichgewicht" die Tauschpreise für die Zertifikate verschiedener Emittenten in Bezug auf eine bindende Restriktion an einer bestimmten Messstelle sich wie oben nach den Koeffizienten $d_{ij}$ richten werden. Genauer werden sich, falls die Werte an der Messstelle 1 bindend sind, die Preise $p_A^2/p_A^1 = d_{21}/d_{11}$ für die Zertifikate und die beiden Unternehmen einstellen. Damit wird sich im Gleichgewicht ausgehend von einer weitgehend beliebigen Erstausstattung wieder eine die volkswirtschaftlichen Kosten minimierende Allokation der Zertifikate und damit der Emissionen unter Einhaltung der Umweltstandards ermöglichen lassen (vgl. Baumol/Oates (1988), S. 185 ff).

Die Vorteile des Offset-Systems liegen gegenüber dem EPS in dem geringen Informationsbedarf der Umweltbehörde, gegenüber dem APS fällt für Unternehmen die Notwendigkeit weg, auf einer Vielzahl von Zertifikatemärkten tätig werden zu müssen. Damit können auch die Messstellen einfacher geändert oder ergänzt werden, ohne dass "institutionalisierte" Märkte aufgegeben und neu eingerichtet werden müssen.

Soweit diese Darstellung möglicher Strukturen eines Zertifikatemarktes (vgl. auch Wicke (1991) für weitere Ausführungen). Anhand eines etablierten Zertifikatemarktes, des "Regional Clean Air Incentives Market" (RECLAIM) in Kalifornien, sollen nun die Erfahrungen mit diesem umweltpolitischen Instrument erörtert werden.

### 10.3.3 Erfahrungen mit dem "Regional Clean Air Incentives Market"

Der "Regional Clean Air Incentives Market" (RECLAIM), ein Umweltlizenzprogramm für große Emittenten von Luftschadstoffen in Südkalifornien, trat am 1. Januar 1994 in Kraft. Die betreffenden Unternehmen wurden dabei mit verbrieften Emissionsrechten (RTC: RECLAIM Trading Credit) ausgestattet, die frei handelbar sind. Die Charakteristiken des RECLAIM-Programms können folgendermaßen skizziert werden (vgl. Börsch-Supan/Schnabel (1998) sowie die Homepage des South Coast Air Quality Management District (SCAQMD) (http://www.aqmd.gov) für weitere Details):

**Teilnahme:** Zur Teilnahme an diesem Programm sind alle Unternehmen mit einer Mindestemission von 4 Tonnen $NO_x$ bzw. $SO_2$ pro Jahr verpflichtet. Die kontinuierliche Messung der Emissionen erfolgt über installierte Messgeräte. Nicht ordnungsgemäße Messungen sowie Überschreitungen der durch Lizenzen abgedeckten Emissionsmengen werden sanktioniert. Mit den zunächst 389 bzw. 41 Unternehmen wurden 65% der $NO_x$-Emissionen bzw. 85% der $SO_2$-Emissionen erfasst. Bis Ende 1999 ging die Zahl der teilnehmenden Emittenten auf 354 und bis Ende 2000 auf 335 zurück. Kleinere Emittenten können auch freiwillig an dem Programm teilnehmen.

**Zuteilungsverfahren:** Die Erstausstattung an Zertifikaten bis zum Jahr 2010 geschieht nach dem Prinzip des "Grandfathering", also kostenlos, wobei die Zuteilungsquote sich nach dem bisherigen Schadstoffausstoß richtet. Genauer berechnet sich die Anzahl der Emissionsrechte in der Erstausstattung nach der maximalen Emission der betreffenden Anlage in den Jahren 1989 bis 1992. Jedes Zertifikat erlaubt die Emission von 1 pound (0.453 kg) bzw. von 1 ton (2000 pounds) Schadstoff innerhalb eines Jahres. Die jeweilige gesamte Zuteilungsmenge verringert den Schadstoffausstoß bis zum Jahr 2000 um 28% bei $NO_x$ und um 35% bei $SO_2$. Laut SCAQMD sollen die Emissionen bis zum Jahr 2003 jeweils um 80% reduziert werden.

**Neuemittenten:** Im Sinne eines Offset-Systems müssen Neuemissionen von mehr als 10 tons pro Jahr durch Vermeidung einer entsprechenden Emissionsmenge in einer Altanlage kompensiert werden. Des Weiteren steht ein Sonderfonds an Zertifikaten für besonders umweltfreundliche Neubetriebe zur Verfügung.

**Räumliche Differenzierung:** $SO_2$ und $NO_x$ sind Oberflächengase mit einer Nahwirkung. Um "Hot Spots" zu vermeiden, wurden zwei Handelszonen (Küstenzone, Binnenzone) gebildet.

**Organisation des Handels:** Der Handel mit den Zertifikaten wird über Makler privat organisiert. Zugelassen ist auch der Handel mit Derivaten wie Futures und Optionen. Die staatliche Umweltbehörde überwacht und registriert die Transaktionen.

Prognosen und Berechnungen zufolge führt die Implementierung des RECLAIM bei den beteiligten Unternehmen zu einer jährlichen Kostenersparnis von etwa 42% gegenüber der früher praktizierten Auflagenpolitik. Durchschnittlichen jährlichen Ausgaben zur Reduzierung der Umweltbelastungen über Auflagen in Höhe von 138.7 Mio. US-Dollar stehen Ausgaben in Höhe von 80.8 Mio. US-Dollar beim RECLAIM gegenüber (vgl. Börsch-Supan/Schnabel (1998), S. 181).

Bis Ende 1996 kamen Transfers in Höhe von mehr als 20 Mio. US-Dollar zustande mit steigender Tendenz bei einem Handelsvolumen von etwa 133.000 Tonnen $NO_x$ und 41.000 Tonnen $SO_2$. Bis Ende 2001 stieg das Handelsvolumen auf über 600 Mio. US-Dollar, davon allein 316 Mio. im Kalenderjahr 2001.

1995 kostete ein $NO_x$-Zertifikat (per ton) für 1995 lediglich 315 US-Dollar, wohingegen 1995 ein $NO_x$-Zertifikat (per ton) für 2002 bereits 1293 US-Dollar kostete (vgl. Börsch-Supan/Schnabel (1998), S. 182). Insgesamt waren zunächst die Lizenzpreise sowie das Handelsvolumen niedriger als erwartet, was durchaus eine Folge niedriger Grenzvermeidungskosten durch eine innovative Umwelttechnologie sein kann.

Das änderte sich infolge der kalifornischen Energiekrise, die Preissteigerungen bis zu 15000 US-Dollar für ein $NO_x$-Zertifikat (per ton) brachte. Nach einigen Bemühungen, die Preise zu stabilisieren, und nach der Installation zusätzlicher Luftreinigungsanlagen in den beteiligten Unternehmen fiel der Preis wieder auf etwa 3 US-Dollar für ein $NO_x$-Zertifikat (per pound). Der durchschnittliche Preis 2001 für ein $NO_x$-Zertifikat (per ton) für 2003 war 17064 US-Dollar und 9510 US-Dollar für ein $NO_x$-Zertifikat (per ton) für 2010 (vgl. hierzu die Informationen auf der Homepage des SCAQMD: http://www.aqmd.gov).

Der wichtigste Vorteil des Zertifikatemodells liegt neben der Kosteneffizienz offenbar in dem Anreiz, verstärkt neue Umwelttechnologien zu entwickeln und zur Reduzierung der Grenzvermeidungskosten auch einzusetzen. Dies sagt jedenfalls die Theorie, und dies zeigt die Erfahrung mit RECLAIM im südlichen Kalifornien. Die Auflagenpolitik schreibt dagegen verbindliche Technologien vor ("Stand der Technik") mit entsprechenden Folgerungen für das Angebot an Umwelttechnologien.

# 11. Ökologische Steuerreform

Eine "Ökosteuer" gibt es mittlerweile nicht nur in Deutschland. Auch in Großbritannien (Abfallsteuer), Spanien (Abwassersteuer) und Dänemark (Energiesteuer) wurden Ökologische Steuerreformen in Angriff genommen, zum Teil schon vor geraumer Zeit. Dabei ist der Grundgedanke einer Ökosteuer einfach: Die Steuer- und Abgabenlast soll auf die Nutzung von Natur und Umwelt verlagert werden und typischerweise soll der Faktor Arbeit aus dem Steueraufkommen von Abgaben entlastet werden. Umweltnutzung wird dadurch teurer und geht zurück. Der Einsatz des Faktors Arbeit wird relativ kostengünstiger und daher ansteigen (Substitutionseffekt durch Veränderung der relativen Preise). Mehr Umweltschutz und mehr Beschäftigung lassen sich so nach Meinung der Befürworter einer derartigen Ökosteuer im Sinne einer "Doppeldividende" gleichzeitig erreichen. Die Abgabenbelastung für die Wirtschaft und für die Bürger steigt dabei insgesamt nicht an (Aufkommensneutralität), für einige Branchen und Haushalte werden sich allerdings Zusatzbelastungen ergeben, je nach konkreter Ausgestaltung der Steuer.

Es ist in Wissenschaft und Politik kaum noch umstritten, dass einzelne Ökosteuern und Sonderabgaben als marktwirtschaftliche Instrumente zur "Internalisierung externer Effekte", durchaus sinnvoll sein können, etwa in Form einer Abwasserabgabe, einer Restverschmutzungsabgabe auf Luftschadstoffe, einer emissionsorientierten Gestaltung der Kfz-Steuer, einer Naturschutzabgabe oder einer Deponieabgabe. Gemeinsame Kennzeichen solcher isolierter preislicher Lenkungsmaßnahmen sind: Relativ geringes Volumen (gemessen am gesamten Steueraufkommen), Ausrichtung auf ein spezifisches Umwelt(teil)problem, Mittelverwendung im jeweiligen Problembereich (Sonderabgabe). Eine umfassende Umstrukturierung des Steuer- und Abgabensystems im Sinne einer Ökologischen Steuerreform hat dagegen einen weiterreichenden Anspruch: Es geht nicht nur darum, dass die Preise "die ökologische Wahrheit" zum Ausdruck bringen, sondern es geht im Sinne der erwähnten Doppeldividende auch um die Erreichung ökonomischer Ziele.

Eine solche umfassende Umstrukturierung des Steuer- und Abgabensystems gilt heute immer noch als illusionär. Auch die bisherige Praxis der Ökosteuer in der Bundesrepublik konnte dieser Meinung keinen Abbruch tun, hat im Gegenteil in weiten Kreisen der Bevölkerung die Vorbehalte gegen die Ökosteuer eher noch intensiviert. Daher sind einige weitergehende Überlegungen angebracht, aus denen das Anliegen, die Grenzen und Möglichkeiten einer Ökologischen Steuerreform ersichtlich werden. Einige Argumente werden auch durch theoretische Ansätze untermauert.

## 11.1 Grundsätzliche Anmerkungen zu Energiesteuern

Das beschränkte Wirkungsfeld herkömmlicher Umweltsteuern und Umweltabgaben legt den Gedanken an eine umfassende Energiesteuer nahe. Mit der Besteuerung der Nutzung von Kohle und Gas, der elektrischen Energie sowie von Kraftstoffen für Transportleistungen wird dagegen die Ursache eines breiten Spektrums von Umweltbelastungen erfasst und zumindest teilweise internalisiert, so die Erwartungen.

Dieser Vorteil relativiert sich allerdings, wenn man nochmals bedenkt, dass die ökologische Wirkung von Umweltsteuern in erster Linie durch "Vermeidungsaktivitäten" begründet wird, die von den Wirtschaftssubjekten zur Reduzierung der Steuerlast ergriffen werden. Somit wird die ökologische Wirksamkeit erheblich durch die vorhandenen Ausweichmöglichkeiten beeinflusst. Gibt es keine oder nur wenige Möglichkeiten, die Steuer zu vermeiden, so ist ihre ökologische Effektivität gering, sie trägt allerdings dann unter Umständen substantiell zum Steueraufkommen bei.

---

**Frankfurter Allgemeine Zeitung vom 29.12.1999:** "Ökosteuer führt zu höheren Fahrpreisen"

Nach den Worten des Hauptgeschäftsführers des Deutschen Städte- und Gemeindebunds, Gerd Landsberg, werden die Ökosteuer und die damit verbundene Preissteigerung von Benzin in den Kommunen zu Mehrkosten von etwa 500 Mio. DM in den nächsten vier Jah-

## 11.1 Grundsätzliche Anmerkungen zu Energiesteuern

ren führen. "Das werden wir natürlich auf die Fahrpreise umlegen müssen", sagte Landsberg im Saarländischen Rundfunk. ... Wegen des befürchteten Anstiegs des Benzinpreises auf 2 DM je Liter haben am Dienstag auch Vertreter von Industrie und Bundestagsopposition die Steuerpolitik der Bundesregierung scharf angegriffen. Der Mineralölwirtschaftsverband (MWV) warf der Bundesregierung vor, mit der Einführung der nächsten Stufe der Ökosteuer zum 1. Januar ihre Steuereinnahmen steigern zu wollen. ... Der Hauptgeschäftsführer des MWV, Peter Schlüter, erklärte, die behauptete Lenkungswirkung der Ökosteuer hin zu geringerem Energieverbrauch sei nur gering. ...

---

Daraus ergibt sich schon ein problematischer Aspekt einer Ökosteuer: Um das ökologische Ziel zu erreichen, ist vor allem die Lenkungswirkung der Steuer gefragt. Viele Wirtschaftssubjekte sollen durch die Existenz der Steuer angehalten werden, Vermeidungsaktivitäten zu ergreifen. Demzufolge wird ein niedriges Steueraufkommen ein Hinweis sein für die ökologische Wirkung der Steuer. Um andererseits den Preis des Faktors Arbeit zu subventionieren, ist ein hohes Steueraufkommen angebracht. Dieser inhärente Widerspruch ist folglich im Konzept der Ökosteuer begründet.

Nun fließt "Energie", in welcher Form auch immer, in nahezu jede produktive Tätigkeit als Faktor ein, letztlich auch in die "Reproduktion" des Faktors Arbeit. Es ist demnach kaum zu erwarten, dass der Energieverbrauch deutlich auf die vorgesehenen Energiesteuern reagieren wird. In der Tat haben verschiedene Untersuchungen der OECD ergeben, dass die mittelfristige Preiselastizität des industriellen Energieverbrauchs in der Bundesrepublik -0.64 bis -0.82, diejenige des Handels -0.27 bis -0.64 beträgt. Dagegen scheint die Einkommenselastizität des Energieverbrauchs leicht über 1 zu liegen.

Betrachtet man in den Beispielen in Teil II (vgl. etwa Beispiel 5.1.2) den Faktor $L$ als "Energie", die zur Produktion aller Güter benötigt wird, so zeigt eine einfache Überlegung, dass eine "Energiesteuer" nur inflationäre Effekte aufweist. In der Tat führt eine aufkommensneutrale Steuer von 10 Prozent auf den Faktor $L$ zu einem Gleichgewicht, bei dem die Gleichgewichtsallokation $z^*$ unverändert, das Preissystem aber um 10 Prozent höhere Preise für alle Güter (einschließlich Steuersatz) aufweist. Allerdings ist zur genaueren Analyse dieser Effekte eine adäquate Berücksichtigung des monetären Sektors einer Volkswirtschaft unerlässlich. Die hier betrachteten Modelle sind in diesem Sinne unvollständig.

---

**Frankfurter Allgemeine Zeitung vom 23.1.2002:** "Eine höhere Inflationsrate liegt nicht pauschal am Euro: Bundesbank-Chefvolkswirt Remsperger über die Preisentwicklung beim Übergang zur neuen Währung"

"Wenn die Inflationsrate in Deutschland im Januar höher ausfällt als im Dezember vergangenen Jahres, dann darf dies wegen der Vielfalt der Ursachen nicht pauschal der Euro-Bargeldeinführung angelastet werden." Das sagte Hermann Remsperger, der Chefvolkswirt der Deutschen Bundesbank, am Dienstag im Gespräch mit dieser Zeitung.

Aus zahlreichen Gründen sei die Entwicklung der Preise im Januar nicht typisch für das Jahr 2002. An erster Stelle nennt Remsperger administrierte Preissteigerungen. Sie entstehen durch die Erhöhung der Benzinpreise aufgrund der Ökosteuer sowie durch höhere Versicherungs- und Tabaksteuern. Eine weitere Ursache für eine vorübergehend leicht steigende Teuerungsrate seien die höheren Preise für Obst und Gemüse infolge der kalten Witterung. "Den kalten Winter kann man nicht dem Euro zuschreiben", sagt er. Dämpfend hingegen wirkten so genannte statistische Effekte verglichen mit den Teuerungsraten im Vorjahr. ...

---

Ein weiterer Grund für zu erwartende Preissteigerungen liegen in der internationalen Mobilität des Faktors "Energie". Die Weltmarktpreise werden sich demzufolge durch eine nationale Energiesteuer kaum verändern, so dass die Steuer weitgehend auf die Endverbraucher überwälzt werden dürfte. Die Veröffentlichungen zu den Inflationsraten in der Bundesrepublik am Jahresanfang jeweils nach einer erneuten Runde der Anhebung der Ökosteuer bestätigen diese Einschätzung.

Fasst man diese Überlegungen zusammen, so wird eine übergreifende Energiesteuer kurzfristig eher inflationäre Tendenzen aufweisen, erst mittel- bis langfristig werden sich vielleicht einige der erhofften ökologischen und ökonomischen Wirkungen einstellen.

Der folgende Abschnitt befasst sich mit der mit großen Erwartungen versehenen Doppeldividende, die seit geraumer Zeit mit Energie- und Ökosteuern in Verbindung gebracht wird.

## 11.2 Die Double-Dividend-Hypothese

Betrachtet man ein Gleichgewichtsmodell einer Ökonomie mit externen Effekten, so können die verzerrenden Wirkungen der externen Effekte im theoretischen Modell durch eine geeignete Pigou-Steuer korrigiert werden. Dies ist das Ergebnis der Untersuchungen in Teil II (vgl. Kapitel 6). Wenngleich das Steueraufkommen pauschal an die Konsumenten zurückgegeben wird, die Pigou-Steuer also aufkommensneutral eingerichtet ist, macht es in diesem Kontext wenig Sinn, von einer doppelten Dividende zu reden: Der Einsatz der Faktoren entspricht jeweils Angebot und Nachfrage, die Pigou-Steuer internalisiert "lediglich" die externen Effekte und führt zu einer effizienten Allokation.

Anders stellt sich die Situation dar, wenn vor der Internalisierung der externen Effekte schon andere Steuern das Allokationsergebnis beeinträchtigen. Dann stellt sich nämlich sehr wohl die Frage, ob über die zusätzliche Einrichtung einer "Ökosteuer" nicht zugleich die externen Effekte internalisiert und die verzerrenden Wirkungen des existierenden Steuersystems korrigiert werden können. Bezogen auf den Arbeitsmarkt könnten demnach die störenden Effekte der Sozialabgaben durch eine Ökosteuer abgeschwächt, wenn nicht sogar neutralisiert werden. In diesem Sinne kann man demnach von einer doppelten Dividende einer Ökosteuer sprechen (vgl. Schöb (1995) für einen umfassenden Überblick über die betreffende Literatur, die allerdings eher partialanalytisch ausgerichtet ist).

Zur genaueren Untersuchung dieser Themenstellung ziehen wir ein Modell heran, dass schon in Teil II eine Rolle gespielt hat. In Abschnitt 6.2 hatten wir festgestellt, dass der Wert der Pigou-Steuer nicht unbedingt eindeutig durch die Höhe der gesellschaftlichen Zusatzkosten gegeben ist. Führt man auf den anderen Märkten ausgleichende Steuern oder Subventionen ein, so hat man gewisse Freiheitsgrade bei der Einrichtung einer Pigou-Steuer. Wir erörtern einige relevante Aspekte des betreffenden Modells und beziehen uns dabei auf das Standardbeispiel aus Teil II, das wir kurz wiederholen:

**Beispiel 11.2.1**
*Die Produktionsfunktionen für die beiden Konsumgüter $F$ und $G$ der Ökonomie sind gegeben durch:*

$$f(L_F, G) = \frac{50 \cdot L_F}{G+1} \quad \text{und} \quad g(L_G) = 2.5 \cdot L_G$$

mit den Faktoreinsatzmengen $L_F$ und $L_G$. Der gesamte Faktorvorrat beträgt $\bar{L} = 10$ Einheiten. Der einzige Konsument dieser Ökonomie ist charakterisiert durch die Nutzenfunktion $u(F, G) = F \cdot G$.

Diese Beispielökonomie wurde ausführlich diskutiert, die Wirkungen der externen Effekte auf die Allokation untersucht, geeignete Gegenmaßnahmen erörtert (vgl. Kapitel 5 und 6).

Wir unterstellen nun die Existenz einer Mengensteuer auf den Konsum des Gutes $F$. Der Steuersatz $t_F$ ist vorgegeben, ohne direkten Bezug zu den externen Effekten, die durch die Produktion von Gut $G$ ausgelöst werden. Daraus lässt sich die resultierende Gleichgewichtsallokation $(F(t_F), G(t_F))$ ermitteln, die nun sowohl durch die externen Effekte der $G$-Produktion, als auch durch die Mengensteuer auf das Gut $F$ verzerrt ist.

### Hinweis 11.1
Aus der Nullgewinn-Bedingung folgt $p_F(t_F) - t_F = G(t_F) + 1$ und $p_G(t_F) = 20$ für die Produzentenpreise, wobei $p_L(t_F) = 50$ gesetzt wurde. Die Bedingungen 1. Ordnung für den Konsumenten lauten:

$$\frac{p_G(t_F)}{p_F(t_F)} = \frac{u_G(F(t_F), G(t_F))}{u_F(F(t_F), G(t_F))} = \frac{F(G(t_F))}{G(t_F)} =$$
$$= \frac{500 - 20 \cdot G(t_F)}{G(t_F) \cdot (G(t_F) + 1)} = \frac{20}{t_F + G(t_F) + 1}.$$

Aus der letzten Identität errechnet man schließlich den Ausdruck für $G(t_F)$ im Gleichgewicht bei externen Effekten. Man erhält:

$$G(t_F) = \pm \frac{1}{4} \cdot \sqrt{729 + 154 \cdot t_F + t_F^2} - (t_F - 23).$$

Nur für $\hat{t}_F := -\hat{G} = -\sqrt{26} + 1$ (vgl. Abschnitt 6.2) erhält man die pareto-effiziente Allokation, in diesem Fall gelingt es, über die Subvention $\hat{t}_F$ im $F$-Sektor die externen Effekte des $G$-Sektors zu internalisieren.

Im allgemeinen Fall wird die Steuer $t_F$ die Wirkung des externen Effekts im $G$-Sektor also nicht neutralisieren. Jedoch zeigen die Überlegungen in Abschnitt 6.2, dass zu einem vorgegebenen Steuersatz $t_F$ in der Tat eine Pigou-Steuer mit Steuersatz $t_G$ existiert, so dass die Pigou-Steuer einerseits den externen Effekt internalisiert, andererseits aber auch die verzerrende Wirkung der Steuer im $F$-Sektor korrigiert. Insofern wirft die Pigou-Steuer eine doppelte Dividende ab.

> **Hinweis 11.2**
> Die Überlegungen in Abschnitt 6.2 zeigen, dass die Beziehung $20 \cdot \hat{G} + 20 \cdot t_F = t_G$ zwischen den Steuersätzen $t_F$ und $t_G$ eine effiziente Gleichgewichtsallokation sicherstellt. $\hat{G}$ ist dabei die effiziente Menge von Gut $G$, gegeben durch $\hat{G} = \sqrt{26} - 1$.

Diese doppelte Dividende ist nun richtig zu interpretieren. Sie korrigiert die verzerrenden Wirkungen einer Steuer sowie eines externen Effekts. Für die Faktornachfrage insgesamt hat dies in dem betrachteten Modell allerdings keine Wirkung. Nach wie vor kommt der gesamte Faktorvorrat zum Einsatz, so dass sich auch in Bezug auf die Nachfrage nach "Arbeit" keine Änderung ergibt. Dies gilt übrigens für alle derartigen Gleichgewichtsmodelle. Um die von den Befürwortern der Ökosteuer erwarteten positiven Wirkungen für den Arbeitsmarkt zu analysieren, bedarf es folglich anderer Modelle, die hier nicht Gegenstand der Diskussion sind (vgl. Schöb (1995) für partialanalytische Modelle).

Darüber hinaus sind auch in diesem Kontext die für die Praxis relevanten Informationsdefizite zu beachten. Wie das obige Beispiel deutlich macht, ist die "zielgenaue" Einrichtung der Pigou-Steuer notwendig, um den gewünschten Effekt der doppelten Dividende tatsächlich zu erreichen. Ansonsten kann die Pigou-Steuer die verzerrenden Wirkungen des vorgegebenen Steuersystems noch verstärken.

Der folgende Abschnitt soll den Weg zur Ökologischen Steuerreform in der Bundesrepublik Deutschland kurz skizzieren. Wert wird dabei vor allem auf die kombinierte $CO_2$-Steuer und Energiesteuer gelegt, die 1993 in den Mitgliedstaaten der EU eingeführt werden sollte. Sie ist gewissermaßen die Wegbereiterin für die heutige Ökosteuer in der Bundesrepublik.

## 11.3 Der Weg zur Ökologischen Steuerreform

Die Diskussion um die Einführung einer nationalen Ökosteuer wurde in einigen Ländern der EU, auch in Deutschland, schon zu Beginn der 90er Jahre geführt. Sie stieß bei der heimischen Industrie überwiegend auf Ablehnung, da eine Beeinträchtigung der internationalen Wettbewerbsfähigkeit befürchtet wurde.

Der anschließende Versuch einer europaweiten Umweltsteuer mündete 1991 zunächst in einen Vorschlag der Kommission der EU für eine Ökologische Steuerreform. Die kombinierte Steuer sollte je zur Hälfte auf Kohlendioxid- und Energiegehalt erhoben werden. Genauer sollte von 1993 an auf Rohöl, Kohle, Erdöl und Erdgas pro Barrel (159 Liter) eine Steuer von drei US-Dollar erhoben werden, die bis zum Jahr 2000 auf zehn US-Dollar ansteigt. Damit wäre beispielsweise ein Liter Benzin bis zum Jahr 2000 um etwa acht Pfennig teurer geworden. Die Einnahmen der Steuer sollten über anderweitige Steuersenkungen an die Haushalte zurückfließen.

1992 modifizierte die Kommission ihren Vorschlag und machte die Einführung der Ökosteuer abhängig von der Einführung einer analogen Steuer in anderen OECD-Ländern. Verschiedene weitere Ansätze einer europaweiten Umweltsteuer scheiterten ebenfalls, so dass der Einstieg in eine Ökologische Steuerreform auf europäischer Ebene noch nicht erfolgen konnte. In gewisser Hinsicht wiederholen sich dann die Diskussionen, die zu Beginn der 90er Jahre schon geführt wurden: Jedes Land denkt über eine nationale Ökosteuer nach, setzt sich mit der heimischen Industrie auseinander und fordert vor diesem Hintergrund eine Harmonisierung der Umweltstandards auf europäischer Ebene. Dies wird dann als grundlegende Voraussetzung für einen "fairen" Wettbewerb gesehen (vgl. Krebs/Reiche (1996) sowie die Ausführungen in Kapitel 15 in Teil IV).

In der Bundesrepublik setzte der Bundestag 1992 eine Enquête-Kommission "Schutz der Erdatmosphäre" ein. Diese Kommission veranlasste eine Reihe von Untersuchungen, die zur Einschätzung der wirtschaftlichen Effekte verschiedener Kohlendioxid- und Energiesteuern beitragen sollten. Insbesondere gab die Enquête-Kommission folgende Szenarien vor:

**Europaweite Steuer:** Hierbei handelt es sich um eine kombinierte Kohlendioxid- und Energiesteuer gemäß den Vorgaben der Kommission der EU, die aber erst ab 1996 europaweit mit 3 US-Dollar pro Barrel Öl hätte erhoben werden sollen. Konkret hätte sich dann 1996 eine Belastung von 0.21 ECU pro GJ Energie und 2.81 ECU pro Tonne $CO_2$ ergeben. Die Steuer wäre dann bis 2005 um jeweils einen US-Dollar je Jahr gestiegen.

**Nationale Energiesteuer:** Hier geht es um eine Energiesteuer auf der Grundlage des Vorschlags der Kommission der EU, die jedoch nur in Deutschland auf den Endverbrauch an Energie hätte ein-

## 11.3 Der Weg zur Ökologischen Steuerreform

geführt werden sollen. 1996 hätte die Energiesteuer 0.42 ECU je GJ Energie betragen, energieintensive Industrien wären mit einem niedrigeren Steuersatz bedacht worden.

Mit diesen beiden Szenarien sind eine Reihe interessanter Fragen verbunden, von denen einige anhand eines ökonometrischen Gleichgewichtsmodells analysiert wurden (vgl. Welsch/Hoster (1995) für eine detaillierte Darstellung zu den folgenden Problemkreisen):

- Wie beeinflusst die Verwendung des Steueraufkommens die ökologische und ökonomische Wirkung der Steuer?
- Wie beeinflussen diese Steuern, vor allem die nationale Energiesteuer, die internationale Wettbewerbsfähigkeit der Industrie?

Die wesentlichen Ergebnisse der Simulationsrechnungen lassen sich wie folgt zusammenfassen (vgl. wieder Welsch/Hoster (1995) für weitere Einzelheiten und Ergebnisse):

**Kohlendioxid-Emissionen:** Die europaweite Steuer bringt Deutschland einen stärkeren Rückgang der $CO_2$-Emissionen als die nationale Steuer. Dies ergibt vor allem sich aus der Exportabhängigkeit der deutschen Industrie, die durch eine europaweite Steuer beeinträchtigt wird.

**Bruttoinlandsprodukt:** Aus demselben Grund führt die europaweite Steuer in Deutschland zu einem in höherem Ausmaß verringerten Wachstum des Bruttoinlandsprodukts als die nationale Steuer. Darüber hinaus ergibt sich der stärkste Rückgang, wenn das Steueraufkommen zur Erhöhung der Staatsausgaben verwendet wird. Der geringste Rückgang ist mit einer Konsolidierung des staatlichen Budgets verbunden, wobei dann Mittel für private Investitionen frei gesetzt werden.

**Makroökonomische Variable:** Hier wirken die Steuern am stärksten auf die Investitionen sowie auf den Import. Bemerkenswerterweise ist der deutsche Export durch die nationale Steuer kaum betroffen, die europaweite Steuer belastet ihn dagegen. Offenbar ist die Preiselastizität für die deutschen Exportgüter im EU-Ausland gering. In Bezug auf die Beschäftigung zeigen beide Steuern kaum Wirkungen.

Interessant an diesen Ergebnissen ist demnach die Feststellung, dass ein deutscher Alleingang in Bezug auf die Energiesteuer zwar geringere ökologische Effekte aufweisen würde, jedoch auch zu einer geringeren Belastung der deutschen Wirtschaft führen würde.

Gerade dieser letzte Punkt, der die internationale Wettbewerbsfähigkeit der deutschen Wirtschaft betrifft, gibt immer wieder Anlass zu Diskussionen um die Beeinträchtigung des Standortes Deutschland in Europa. Um dem vorzubeugen, sollte die Umweltpolitik in der EU stärker harmonisiert werden, es sollten gleiche Ausgangsbedingungen für alle Länder geschaffen werden. Jedoch zeigen die obigen Ergebnisse, dass man diesen Forderungen mit Vorsicht nachkommen sollte. Teil IV greift diese Überlegungen in einem allgemeineren Rahmen nochmals auf (vgl. insbesondere Kapitel 15).

Der folgende Abschnitt knüpft an diese Stationen einer ökologischen Steuerreform an und untersucht einige Aspekte der deutschen "Ökosteuer".

## 11.4 Die "Ökosteuer" in Deutschland

Mit dem "Gesetz zum Einstieg in die Ökologische Steuerreform" hat die Bundesregierung einen neuen Weg in der Umwelt- und Abgabenpolitik eingeschlagen. Zum 1. April 1999 wurde eine Stromsteuer von 2 Pfennig je Kilowattstunde eingeführt und die Mineralölsteuer erhöht (Benzin und Diesel um 6 Pfennig je Liter, Heizöl um 4 Pfennig je Liter sowie Gas um 0.32 Pfennig je Kilowattstunde). Bis zum Jahr 2003 soll die Mineralölsteuer auf Kraftstoffe nochmals jährlich um 6 Pfennig je Liter und die Stromsteuer um 0.5 Pfennig je Kilowattstunde angehoben werden.

Für viele Energienutzer gelten jedoch geringere Steuersätze. Im Gesetz sind Ermäßigungen für Unternehmen des produzierenden Gewerbes sowie der Land- und Forstwirtschaft vorgesehen, um Nachteilen im internationalen Wettbewerb entgegenzuwirken, so jedenfalls die Begründung. Soweit die zusätzliche Steuerbelastung auf Strom und Heizstoffe jeweils 1000 DM im Jahr übersteigt, gelten auf 20% ermäßigte Sätze. Aus ökologischen Gründen wird auch der Stromverbrauch im öffentlichen Verkehr (Bahn, Straßenbahnen, Oberleitungsomnibusse, ...) nur mit einem Pfennig je Kilowattstunde besteuert. Auch für regenerative Energieträger und für Kraft-Wärme-Kopplung gelten Begünstigungen.

Durch eine Erhöhung der Energiebesteuerung sollen der Energieverbrauch in Deutschland und die daraus resultierenden Emissionen vermindert werden. Mit den zusätzlichen Steuereinnahmen wird eine

## 11.4 Die "Ökosteuer" in Deutschland

Senkung der Sozialversicherungsbeiträge und damit der Lohnnebenkosten ermöglicht. Vorgesehen ist, den Beitragssatz zur Rentenversicherung bis 2003 um insgesamt einen Prozentpunkt zurückzuführen (2000 um 0.1 Prozentpunkte sowie 2001, 2002 und 2003 um jeweils 0.3 Prozentpunkte).

Interessant und in wissenschaftlicher Hinsicht umstritten ist der schon angesprochene Kerngedanke der Ökosteuer, die "doppelte Dividende", jedoch in der stärkeren Form einer sinkenden Umweltbelastung und einer steigenden Beschäftigung. Hier eine Auswahl der wissenschaftlichen Untersuchungen zu diesem Thema:

**Deutsches Institut für Wirtschaftsforschung (DIW):** Das DIW hat im Auftrag von Greenpeace e.V. die wirtschaftlichen Auswirkungen einer Ökologischen Steuerreform am Beispiel einer Energiesteuer untersucht, deren Aufkommen an die Unternehmen in Form einer Senkung der Arbeitgeberbeiträge zur Sozialversicherung, an die privaten Haushalte in Form eines Öko-Bonus rückerstattet wird. Die Studie zeigt, dass eine solche Steuerreform auch im nationalen Alleingang rechtlich möglich und wirtschaftlich positiv zu beurteilen ist. Gesamtwirtschaftlich ist selbst bei vorsichtiger Schätzung nach zehn Jahren mit bis zu einer halben Million zusätzlicher Beschäftigter zu rechnen. Durch die Reform wird ein ökologischer und beschäftigungsfördernder Strukturwandel ausgelöst. Einige wenige, besonders energieintensive Branchen wie Eisen und Stahl oder die Grundstoffchemie werden allerdings zusätzlich belastet (vgl. DIW (1995)).

**Sachverständigenrat (SVR):** Der Sachverständigenrat zur Begutachtung der gesamtwirtschaftlichen Entwicklung hat in seinem Jahresgutachten 1994/95 darauf aufmerksam gemacht, dass eine Ökologische Steuerreform kein Nullsummen-Spiel ist. Denn Investitionen in energiesparende Produktionsanlagen, die wegen der Energiesteuer getätigt werden, erhöhen auf Dauer die Kosten für Energiedienstleistungen in den Unternehmen und damit deren Produktionskosten.

Hätten die Energiesparmaßnahmen nun den Effekt, dass die Energiesteuerbelastung der Unternehmen nicht steigt, so entstünde kein zusätzliches Energiesteueraufkommen, das verteilt werden könnte. Als ökonomischer Gesamteffekt bliebe allein die Verschlechterung der Wettbewerbsfähigkeit der Unternehmen, deren Kosten sich durch Energiesparmaßnahmen erhöht haben. Deshalb ist nach

Ansicht des Sachverständigenrates davon auszugehen, dass in der Realität Zielkonflikte zwischen den Größen Umweltqualität, Beschäftigung und Wettbewerbsfähigkeit der Unternehmen auftreten (vgl. SVR (1995)).

**Wissenschaftlicher Beirat:** Der wissenschaftliche Beirat beim Bundesministerium der Finanzen hat in einem 1997 erschienenen Gutachten zu Umweltsteuern aus finanzwissenschaftlicher Sicht die Auffassung vertreten, dass kaum mit einer höheren Beschäftigung infolge einer Ökologischen Steuerreform zu rechnen sei. Der Grund: Umwelt- und Energiesteuern sind aufgrund der besonders wirtschaftlich relevanten Eigenschaften der Bemessungsgrundlage mit hohen steuerlichen Zusatzlasten in Form intensiver wirtschaftlicher Anpassungsprozesse verbunden.

Da Umwelt- und Energiesteuern nur vergleichsweise wenige Unternehmen der Wirtschaft mit einem substantiellen Steuerbetrag treffen, ist deren Belastung wahrscheinlich deutlich größer als die Entlastung, die durch Rückverteilung dieses Steueraufkommens alle Unternehmen der Wirtschaft trifft. Diese steuerlichen Zusatzlasten können nach Einschätzung des wissenschaftlichen Beirates durch eine gleichzeitige Senkung lohnbezogener Abgaben nicht ausgeglichen werden. Auch aus finanzwissenschaftlicher Sicht hält der Beirat Umweltsteuern als tragende Säule des Steuersystems für nicht geeignet.

Im Kern lautet die Botschaft der Wissenschaft also: Eine Steuerumverteilung mittels einer Ökologischen Steuerreform ist kein Garant für eine höhere Beschäftigung. Nach überwiegender Meinung der Wissenschaft werden die negativen Beschäftigungswirkungen höherer Energie- und Umweltsteuern durch die positiven Beschäftigungseffekte sinkender Arbeitskosten nicht kompensiert. Dies zeigt der obige Vergleich der Ergebnisse der vorliegenden Studien über die Auswirkungen einer Ökologischen Steuerreform auf Umwelt und Beschäftigung, wobei lediglich die DIW-Studie zu richtig positiven Wirkungen für Ökologie und Ökonomie kommt.

Eine weitergehende Erklärung für die eher negative Reaktion der Wissenschaft auf die Ökosteuer liefert Richter (1997) mit seinem schon erwähnten Hinweis auf die internationale Mobilität des Faktors Energie, dessen Preise damit am Weltmarkt gebildet werden und durch eine nationale Steuerpolitik nicht spürbar beeinflusst werden. Zugleich scheidet eine Überwälzung der Energiesteuer auf die ausländischen Faktorbesitzer weitgehend aus, ebenso eine Querüberwälzung zu Lasten der Kapitaleinkommen, da Kapital ebenfalls international mobil ist.

Damit wird die Belastung durch die Energiesteuer entweder auf den Faktor Arbeit oder auf den Endverbraucher überwälzt. Bei einer Überwälzung auf den vergleichsweise immobilen Faktor Arbeit verteuert eine nationale Energiesteuer den Einsatz dieses Faktors im Inland, so dass dessen Nutzung eingeschränkt wird.

Können die Unternehmen die Energiesteuern auf den Endverbraucher überwälzen, so entspricht dem Anstieg der Kosumgüterpreise eine Senkung des Reallohnes nach Steuern, so dass die Last einer preiserhöhenden Energiesteuer zumindest zum Teil wieder beim Faktor Arbeit landet. Nur wenn die gestiegenen Preise daneben auch die reale Kaufkraft von Transfer- und Vermögenseinkommen schmälern, wird der Faktor Arbeit im Saldo entlastet. Nur dann kann eine Ökologische Steuerreform zu Beschäftigungsgewinnen führen.

Die Belastung von Transfereinkommen - wie etwa Arbeitslosengeld und Pensionen - dürfte unter verteilungspolitischen Gesichtspunkten als nachteilig bewertet werden. Diese Nachteile können dann nicht auftreten, wenn die Transfereinkommen an die Preisentwicklung gekoppelt wären. Allerdings würden die Lasten einer Energiebesteuerung in diesem Fall wieder vom Faktor Arbeit getragen.

Insgesamt kann so kaum erwartet werden, dass eine Ökologische Steuerreform zu einer wesentlichen Entlastung des Arbeitsmarktes beiträgt. Im Kern liegt das Problem bei der steuerlichen Entlastung des international vergleichsweise immobilen Faktors Arbeit bei gleichzeitiger Belastung des mobilen Faktors Energie (vgl. Richter (1997) für weitere Einzelheiten).

---

**Frankfurter Allgemeine Zeitung vom 29.12.1999:** "Die "Trittin-Preise" werden den Benzinverbrauch kaum senken: Autofahrer und Mineralölgesellschaften sind über die Steuerbelastung verärgert"

Eine beliebige Tankstelle an einem Dezembermorgen in Deutschland: Die Stimmung ist spürbar gereizt. Denn bald wird eine 2 vor dem Komma auf den Preistafeln deutscher Tankstellen stehen. Als Folge der zweiten Stufe der Ökosteuerreform wird ein Liter Super-Plus-Benzin vom 1. Januar 2000 an erstmals mehr als 2 DM kosten.

Die Verbraucher, die an diesem Morgen die Tanks ihrer Autos füllen, sind verärgert. "Die Autofahrer sind die Melkkuh des Staates", sagt ein erboster Kraftfahrer, nachdem er 100 DM für 52 Liter Benzin bezahlt hat. "Wenn irgendwo Löcher im Staatshaushalt auftreten, dann wird die Mineralölsteuer erhöht", ergänzt ein anderer. Die überwiegende Mehrheit der Kraftfahrer macht daher Politiker der Regierung für den bevorstehenden Preissprung verantwortlich. ...

Für weiteren Unmut sorgt die Verwendung der Steuermittel. Trotz einer Steuerbelastung in Höhe von demnächst mehr als 1.35 DM je Liter Normalbenzin tue die Regierung aus ideologischen Gründen nicht genug für Deutschlands Straßen. Die Autofahrer beklagen sich über beschädigte Strecken und Staus auf Grund unzureichend ausgebauter Verkehrswege. ...

An ihrem Benzinverbrauch wollen oder können die Autofahrer trotz Zusatzbelastung nichts ändern. "Ich werde genauso viel Auto fahren wie bisher, auch wenn der Benzinpreis auf 2.50 oder 3 DM steigt", sagt einer. Einige Verbraucher geben zu bedenken, dass sie aus beruflichen Gründen aufs Auto angewiesen seien und schon deshalb ihren Benzinkonsum nicht einschränken könnten. Diese Aussagen werden vom Tankwart bestätigt. Allenfalls junge Leute würden ihren Verbrauch angesichts von Preissteigerungen kurzfristig einschränken. Leute, die mit dem Auto zu ihrem Arbeitsplatz fahren, oder Firmen mit eigenem Fahrzeugpark hätten gar keine Möglichkeit dazu. Diese Beobachtungen stimmen mit Angaben der Mineralölunternehmen überein. Demnach sind 1999 im Vergleich zum Vorjahr weder Fahrleistung noch Benzinverbrauch spürbar zurückgegangen, obwohl innerhalb eines Jahres der Benzinpreis um rund 40 Pfennig gestiegen ist. ...

---

Soviel zur deutschen Ökosteuer, deren Zukunft eher ungewiss ist. Auch der Themenkreis "öffentliche Güter" spielt in der praktischen Umweltpolitik eine substantielle Rolle, wenngleich die politische Relevanz im Vergleich etwa zur Ökosteuer eher gering ist. Im folgenden Kapitel greifen wir insbesondere die in Teil II des Buches (vgl. Abschnitt 7.3) erhaltenen Ergebnisse zur Kernäquivalenz für bestimmte Gleichgewichtskonzepte im Kontext öffentlicher Güter auf.

# 12. Die Kostenteilung für öffentliche Güter in der Praxis

Im Umweltbereich sieht sich der Staat oft vor die Aufgabe gestellt, Umweltgüter mit speziellen Eigenschaften öffentlicher Güter zu erhalten. Dazu gehören beispielsweise eine unversehrte Landschaft und die natürliche Ressource Trinkwasser. Zur Erfüllung dieser Aufgabe bedienen sich die öffentlichen Einrichtungen nicht selten der Dienstleistungen der verschiedenen Versorgungs- und Entsorgungsbetriebe, etwa der Abfall- und Abwasserentsorgung oder der Trinkwasserversorgung.

Für die Bereitstellung dieser Dienstleistungen und damit für den Erhalt der dahinterstehenden öffentlichen Güter ist das Problem einer angemessenen Kostenteilung zu lösen, eine Problematik, die in Kapitel 7 aus theoretischer Sicht ausführlich behandelt wird. Die grundlegende Schwierigkeit liegt dort in der fehlenden Anreizkompatibilität der verschiedenen Gleichgewichtskonzepte: Zur Implementierung werden Informationen benötigt, über die nur der einzelne Konsument oder der einzelne Produzent verfügt und die nicht ohne weiteres zur Verfügung gestellt werden (können). So ist etwa für die angemessene Kostenbeteiligung an einem Abfallentsorgungsbetrieb die individuelle Einschätzung einer unverschmutzten Landschaft vonnöten.

Zur Rechtfertigung gewisser Kostenteilungskonzepte für öffentliche Güter wird in diesem Zusammenhang auf die Bedeutung der Kernäquivalenz verwiesen. Gilt diese Eigenschaft, so sind die betreffenden Gleichgewichte durch die Kerneigenschaft charakterisiert. Wir können diese insbesondere für Kostenteilungsgleichgewichte nachweisen (vgl. Abschnitt 7.3).

Konkreter bedeutet die Kernäquivalenz, dass lediglich die betreffenden Gleichgewichte stabile Zustände sind im Sinne der Kerneigenschaft. Alle anderen erreichbaren Allokationen gehören nicht zum Kern und sind der Kernäquivalenz zufolge auch keine Gleichgewichte. Damit wird diesen besonderen Gleichgewichten eine Stabilitätseigenschaft zuteil, wie sie sonst nur "gewöhnliche" Marktgleichgewichten haben.

Welche Relevanz besitzt die Kernäquivalenz nun für die umweltpolitische Praxis? Im folgenden Abschnitt geht es im Kontext der Kernäquivalenz einerseits um Vorschläge für die Praxis und andererseits um das Verständnis für praktische Vorgehensweisen. Genauer soll versucht werden, gängige Ansätze und Verfahren zur Kostenteilung in der Praxis in Einklang zu bringen mit den erwähnten theoretischen Überlegungen.

## 12.1 Die praktische Rolle der Kernäquivalenz

Die gängige Vorgehensweise bei der Bereitstellung öffentlicher Güter durch staatliche Einrichtungen ist die anteilsmäßige Zurechnung der Kosten in Abhängigkeit von der Nutzung. Dies soll dem Äquivalenzprinzip entsprechen, das zusammen mit dem Kostendeckungsprinzip die Grundpfeiler der staatlichen Gebührenordnungen bildet.

Im konkreten Fall beobachtet man häufig Tarife mit einer Grundgebühr und einem verbrauchsabhängigen Kostenanteil. Oft können die Konsumenten noch wählen unter verschiedenen Tarifen, beispielsweise bei der Abfallentsorgung.

Oberflächlich betrachtet bezahlen die Konsumenten für die Inanspruchnahme einer bestimmten Dienstleistung, etwa für die genannte Abfallentsorgung. Bei genauerer Betrachtung stellt sich allerdings heraus, dass sie mit ihren Gebühren eigentlich die Bereitstellung des im Hintergrund vorhandenen öffentlichen Gutes finanzieren. Also finanzieren die Haushalte mit ihren Abfallgebühren ein bestimmtes Angebot an dem öffentlichen Gut "unversehrte Landschaft", und sie finanzieren mit ihren Abwassergebühren ein bestimmtes Angebot an dem öffentlichen Gut "Trinkwasser".

Mit dieser etwas anderen Sichtweise werden die Gebühren für öffentliche Dienstleistungen zu Kostenanteilen für die Finanzierung der mit den Dienstleistungen verbundenen öffentlichen Güter. Unterschiedliche Haushalte können dabei aufgrund der vorhandenen Wahlmöglichkeiten durchaus unterschiedliche Kostenanteile tragen, so wie dies beispielsweise auch im Begriff des Kostenteilungsgleichgewichts (vgl. Kapitel 7.2) angelegt ist.

Ein stabiler Zustand, eine stabile Allokation, die von Seiten der Bevölkerung über einen längeren Zeitraum nicht ernsthaft kritisiert oder infrage gestellt wird, könnte auf ein Gleichgewicht hindeuten. Jedenfalls gilt dies für Gleichgewichtskonzepte, die durch die Kernäquivalenz charakterisiert sind, denn das sind ja dann gerade diese stabilen

Allokationen: Keine Koalition, keine Gruppe von Individuen kann die vorgeschlagene Allokation der öffentlichen Güter nebst Kostenteilung verbessern.

Gibt es umgekehrt aus der Bevölkerung heraus ernsthafte Bestrebungen, die Finanzierung gewisser öffentlicher Güter grundlegend neu zu ordnen, so spricht dies andererseits für die Verletzung der Stabilitätseigenschaft. Die vorliegende Allokation wird folglich auch kein Gleichgewicht darstellen, da diese üblicherweise die Kerneigenschaft besitzen (vgl. die Abschnitte 7.1 und 7.2).

Beachtenswert an diesen Überlegungen ist, dass die in der Praxis zu findenden Kostenteilungsmethoden im Wesentlichen denen in Abschitt 7.2 entsprechen, für die wir auch die Kernäquivalenz bestätigen konnten.

Interessant wird in diesem Zusammenhang übrigens die Diskussion um die Einführung der Lastwagenmaut für die Nutzung der Bundesautobahnen in Deutschland. Hier geht es letztlich um eine grundlegende Änderung der Kostenteilung mit erwarteten positiven Wirkungen auf die Umwelt: Von der eher anonymen Finanzierung über Steuergelder sollen nun bestimmte Nutzer konkret ihre Finanzierungsbeiträge gemäß dem Äquivalenzprinzip leisten, so wie das schon von anderen staatlichen Gebühren her bekannt ist. Die Stabilitätseigenschaften dieser Allokation werden noch zu charakterisieren sein.

All diese Überlegungen hängen zugegebenermaßen substantiell von der zumindest approximativen Gültigkeit der theoretisch analysierten Zusammenhänge in dem betrachteten praktischen Umfeld ab. Dies in der Praxis nachzuweisen, dürfte wiederum schwierig sein.

Doch darum geht es hier nicht in erster Linie. Denn diese Überlegungen vermitteln trotz allem einen gewissen Einblick in Vorgänge, die man in der umweltpolitischen Praxis bei der Bereitstellung und Finanzierung öffentlicher Güter beobachten kann. Und Allokationen sind ja nicht allein deshalb "stabil", weil sie vom Staat vorgegeben werden, sondern weil sie möglicherweise durch andere, inhärente Eigenschaften charakterisiert sind. Und diese zumindest ansatzweise aufzudecken, ist das eigentliche Ziel dieser Überlegungen. Versteht man schließlich die tieferen Zusammenhänge, so lässt sich dies wiederum gewinnbringend in der Praxis zum Einsatz bringen.

Zusammenfassend zeigt sich, dass auch die umweltpolitische Praxis von theoretischen Ansätzen profitieren kann, wenn sie nur bereit ist, sich dieser Herausforderung in angemessener Form zu stellen. In ähnlicher Weise gilt dies auch für den nun folgenden Themenkreis der internationalen Umweltökonomie und die darin konkret angesprochenen Probleme.

# Teil IV

# Internationale Umweltökonomie

Im diesem letzten Teil steht die Einbindung der nationalen Umweltpolitik in das Geflecht der internationalen Beziehungen zur Diskussion. Dabei wird insbesondere der Freihandel berührt, der genauso wie die Umweltpolitik in den letzten Jahrzehnten an gesellschaftlicher Relevanz gewonnen hat. Die Verzahnung der beiden Felder ist naheliegend: Ein zunehmender Welthandel kann die Umwelt weiter belasten, umgekehrt können höhere Umweltstandards die internationale Wettbewerbsfähigkeit der nationalen Industrie beeinträchtigen.

Dies gilt für die drohende Überfischung der Weltmeere in Zusammenhang mit den Aktivitäten der nationalen Fischfangflotten. Naheliegenderweise wird dafür meist die Ausweitung der internationalen Handelsbeziehungen verantwortlich gemacht, die mit einer deutlich steigenden Nachfrage einhergeht. Es wird sich allerdings zeigen, dass der Außenhandel das Problem möglicherweise verschärft und damit offenlegt, dass aber im Hintergrund ganz andere Mechanismen wirken. Selbstverständlich müssen korrigierende Eingriffe gerade an diesen Mechanismen ansetzen und dürfen sich nicht in einer Beschränkung des Freihandels erschöpfen.

Nun profitiert Freihandel von den freien Marktkräften, wohingegen Umweltschutz in der Regel Eingriffe in das Marktsystem bedingt. Zusätzlich sind Institutionen der Regierung zuständig für die Umweltstandards, wohingegen der Freihandel meist dezentral organisiert ist, abgesehen von der Sicherung der Grundprinzipien durch das GATT bzw. durch die WTO. Furcht vor dem Verlust der internationalen Wettbewerbsfähigkeit führt einerseits zu strategischem Verhalten in der nationalen Umweltpolitik, andererseits gibt es in der Form internationaler Vereinbarungen vielfältige Versuche, eine Harmonisierung der Umweltstandards, also ein abgestimmtes Verhalten anzustreben, mit möglichen und wahrscheinlichen Rückwirkungen auf die Struktur des Außenhandels. Wir untersuchen diese Zusammenhänge anhand eines einfachen Modells und erhalten wiederum beachtenswerte Ergebnisse.

Das letzte Kapitel befasst sich nochmals mit dem Kyoto-Protokoll. Anhand einer interessanten Modellanalyse wird sich herausstellen, dass der dort vorgesehene grenzüberschreitende Handel mit Emissionszertifikaten in seinen Wirkungen sehr wesentlich und in überraschender Weise von den sonstigen Handelsaktivitäten der beteiligten Länder abhängen kann.

# 13. Die internationale Dimension der Umweltökonomie

## 13.1 Grundsätzliches

In den vergangenen 50 Jahren stieg die Weltbevölkerung von etwa 2.5 Milliarden Menschen im Jahr 1950 auf etwa 6 Milliarden Menschen heute, das Weltsozialprodukt hat sich in diesem Zeitraum allerdings versechsfacht. Möglich wurde die damit einhergehende zunehmende Integration der Weltökonomie durch immense Fortschritte im Bereich der Informations- und Kommunikationstechnologien sowie durch einen konsequenten Abbau der Handelsschranken. Seit 1950 sanken die Transaktionskosten des internationalen Handels deutlich mit der Folge eines Anstiegs des Welthandelsvolumens um den Faktor 14.

Dieses außerordentliche Wachstum von Weltbevölkerung und Weltökonomie wird begleitet von vielfältigen Umweltbelastungen und gravierenden Umweltproblemen. Die folgende Liste "Selected Ecological Trends", entnommen der WTO-Studie "Trade and Environment" (vgl. WTO (1999)), verweist auf einige der bedenklichen Entwicklungen:

### Selected Ecological Trends

- Global energy use has increased nearly 70 percent since 1971, and is projected to increase at more than 2 per cent annually over the next 15 years. This will raise greenhouse gas emissions by 50 per cent over current levels unless a concerted effort is made to increase energy efficiency and move away from today's heavily reliance on fossil fuel.
- The consumption of ozone-depleting substances have gone down by 70 per cent since the signing of the Montreal protocol in 1987. Yet, it will still take another 50 years before the ozone layer has returned to normal levels provided that all countries live up to their commitments. A significant black market and trade in CFCs and other ozone-depletion substances is endangering some of the progress already made.

- While acid rain is on the decline in many developed countries due to more stringent regulations on sulphur dioxide and nitrogen oxide emissions, the trend is on the rise in many developing countries. In Asia, sulphur dioxide emissions will double by 2020 if current trends continue.
- In the past 50 years, excess nitrogen – principally from fertilizers, human sewage, and the burning of fossil fuel – has begun to overwhelm the global nitrogen cycle, with a variety of ill effects ranging from reduced soil fertility and over-feeding of lakes, rivers and costal waters. At the current trend, the amount of biologically available nitrogen will double in 25 years.
- Deforestation shows no sign of abating. Between 1960 and 1990, some 20 per cent of all tropical forests in the world were cleared. In the Amazons alone, some 20.000 square kilometres are cleared every year. A leading cause of deforestation in developing countries is extension of subsistence farming and government-backed conversion of forests to large scale ranching and plantations. At the same time, the forest cover in developed countries is stable or even increasing slightly. However, natural forests (that have never been logged) still lack adequate protection in many places.
- Bio-diversity is threatened in many places, not just because of a reduction in the habitats as forests are cleared but also because of pollution. Another reason is the competition from non-native plants introduced by humans. Some statistics suggest that 20 per cent of all endangered species are threatened by so-called "exotic invaders".
- The aquatic environment and its productivity are on the decline. Some 58 per cent of the world's coral reefs and 34 per cent of all fish species are currently at risk from human activities. Most oceans are already overfished with declining yields.
- Global water consumption is rising quickly, and the availability of water is likely to become one of the most pressing issues of the 21st century. One third of the world's population lives in countries already experiencing moderate to high water shortages, and that number could (at given population forecasts) rise to two thirds in the next 30 years without serious water conservation measures.

---

Dennoch resultiert die internationale Dimension der Umweltökonomie nicht allein aus dem Auftreten grenzüberschreitender Umweltbelastungen oder weltweit erkennbarer Umweltveränderungen. Auch lokale und regionale Umwelteffekte haben eine internationale Komponente, die in einer Zeit der Globalisierung und der wachsenden wirtschaftlichen Verflechtung noch an Bedeutung gewinnen wird.

So ist beispielsweise die Frage, ob die Bundesrepublik Deutschland die Umweltstandards für lokale Umwelteffekte erhöhen soll, nicht unabhängig davon zu beantworten, wie die wichtigsten Handelspartner reagieren werden. Zu beachten sind mögliche wirtschaftliche Auswirkungen: Droht ein Verlust der internationalen Wettbewerbsfähigkeit der heimischen Industrie, falls die Umweltstandards im Alleingang erhöht werden? Ist folglich nicht vielmehr eine Harmonisierung der Standards anzustreben, um die Belastung aus den gestiegenen Anforderungen an die Reinhaltung der Umwelt gleichmäßiger zu verteilen? Oder schränkt man durch diese Harmonisierungsbemühungen nicht die Möglichkeiten eines für alle Beteiligten gewinnbringenden Freihandels ein? Aktuelle Diskussionen zeigen die Relevanz dieser Zusammenhänge in aller Deutlichkeit.

Dennoch ist die Angst vor einem zwingenden Rückgang der internationalen Wettbewerbsfähigkeit aufgrund einer unilateralen, restriktiven Umweltpolitik nicht uneingeschränkt zu teilen. So weist Porter (1990) darauf hin, dass bestimmte Regulierungen und Auflagen zum Schutz der Umwelt technische Innovationen anregen können, die selbst wiederum zu Effizienzgewinnen führen und damit die ökonomischen Kosten der Maßnahmen mehr als kompensieren. Im einfachsten Fall können Maßnahmen zur Verringerung von Umweltbelastungen so zu Einsparungen im Bereich der Faktorverbräuche führen mit entsprechenden Kostenentlastungen. Zusätzlich ist noch der Wettbewerbsvorsprung im Bereich der Umwelttechnologie zu beachten, der sich auf der Grundlage dieser Innovationen möglicherweise entwickelt und der den Außenhandel beflügeln kann.

Es bleibt festzuhalten, dass die Berücksichtigung der internationalen Dimension der Umweltökonomie zu einer weiteren Zunahme der Verflechtungen zwischen der Ökologie und der Ökonomie führt. Vor allem aus ökonomischer Sicht sind damit etliche neue Fragestellungen verbunden, die keine einfachen Antworten zulassen. Jedoch gewinnt auch die politische Sicht an Bedeutung, da neben der Umweltpolitik nun noch die Handelspolitik zu berücksichtigen ist. Darüber hinaus sind wirklich internationale Umweltabkommen zum Teil erst im Entstehen begriffen, wobei sich die Frage nach der Wirksamkeit dieser Abkommen ohne den stabilisierenden Einfluss einer supranationalen

Regierung stellt. Dies gilt umso mehr, als sich selbst innerhalb der EU Probleme bei der Abstimmung einer gemeinsamen Umweltpolitik abzeichnen.

Damit ergibt sich in diesem Kontext unmittelbar das Problem der Wahl des geeigneten umweltökonomischen Instrumentariums. Wie soll man etwa in Abwesenheit von internationalen Vereinbarungen mit einer nationalen Umwelt- oder Handelspolitik auf grenzüberschreitende Umweltbelastungen (z.B. Treibhauseffekt) oder Umweltveränderungen (z.B. Gefährdung der Fischbestände) reagieren? Wie soll man eine nationale Umweltpolitik strukturieren angesichts einer möglichen Beeinträchtigung der Wettbewerbsfähigkeit der heimischen Industrie? Sind in diesem Zusammenhang Harmonisierungen der Umweltstandards oder vorhandener Ökosteuern anzustreben? Wie funktionieren internationale Umweltabkommen? Welcher Anreiz besteht, sich an derartigen Abkommen zu beteiligen?

In den folgenden Abschnitten und Kapiteln werden einige dieser Fragestellungen behandelt. Aktuelle Beispiele werden dabei ergänzt durch theoretische Analysen anhand geeigneter Modelle. Alle Überlegungen werden sich – mehr oder weniger offensichtlich – um das Verhältnis zwischen Ökologie und Freihandel drehen. Oft wird nämlich die geschilderte Ausweitung der internationalen Handelsaktivitäten im Kern als ursächlich angesehen für eine ganze Reihe von Umweltproblemen. Eher zögerlich wird zugegeben, dass ein zunehmender Außenhandel auch weniger belastende Produktionsfaktoren (z.B. schwefelärmere Kohle) und umweltfreundlichere Produktionsverfahren (z.B. Abgasreinigungsanlagen) in andere Länder, insbesondere auch Schwellenländer bringen kann.

Vor diesem Hintergrund werden zunächst die rechtlichen Möglichkeiten einer international ausgerichteten Umweltökonomie ausgelotet. Für die Bundesrepublik Deutschland sind vorrangig die Vorschriften der "World Trade Organization" (WTO) als neuer institutioneller Rahmen des "General Agreement on Tariffs and Trade" (GATT) sowie der Europäischen Union (EU) maßgebend. Grundlegend ist dabei anzumerken, dass diese Institutionen vornehmlich aus wirtschaftlichen Erwägungen eingerichtet wurden. Das "Kyoto-Protokoll", das schon in einem anderen Kontext skizziert wurde (vgl. Abschnitt 1.2), wird nach einer Analyse des Problemkreises "Überfischung der Meere" und nach einer genaueren Betrachtung des Verhältnisses zwischen Umweltschutz und Freihandel erneut untersucht. Immer geht es dabei um die Frage, worin die eigentlichen Ursachen für die beobachtete Umweltbelastung liegen. Trotz aller dem Freihandel anlastbaren Umweltwirkungen wird sich immer wieder herausstellen, dass andere Mechanismen, beispielsweise auf der Grundlage mangelnder oder fehlender Eigentumsrechte, einen gewichtigen und oft nicht sofort erkennbaren Anteil an manchen aktuellen Umweltproblemen haben.

Demzufolge wird auch theoretischen Ansätzen wieder ein gebührender Platz eingeräumt. Formale Modelle erlauben einen tiefen Einblick in ökonomische Strukturen und Zusammenhänge, der in rein verbalen Argumentationen verborgen bleiben muss. Ein weiteres Mal soll damit der Vorteil der formalen Analyse demonstriert werden, ohne dabei den Bezug zur Praxis zu vergessen.

## 13.2 Die umweltpolitischen Vorgaben des GATT bzw. der WTO

Die Rekonstruierung des Welthandelssystems nach dem II. Weltkrieg auf der Grundlage des GATT maß den ökologischen Folgen einer zunehmenden Integration der Weltwirtschaft zunächst nur wenig Bedeutung bei. Aus heutiger Sicht sind es lediglich drei der über zwanzig allgemeinen Prinzipien des GATT, die einen unmittelbaren Bezug zu umweltpolitisch begründeten Eingriffen in das Handelssystem haben.

Artikel I des GATT begründet das sehr umfassende Prinzip der Meistbegünstigung. Jeder Handelsvorteil, den ein Land irgendeinem anderen gewährt, gilt damit für alle am GATT beteiligten Handelspartner. Unterscheiden sich folglich vergleichbare Güter aufgrund unterschiedlicher Produktionsmethoden, so dürfen keine Zölle oder Steuern zur Diskriminierung der aufgrund der Produktionsverfahren möglicherweise umweltbelastenden Importgüter erhoben werden.

---

### General Most-Favoured-Nation Treatment
#### Auszug aus GATT, Art. I

(1) With respect to customs duties and charges of any kind imposed on or in connection with importation or exportation or imposed on the international transfer of payments for imports or exports, and with respect to the method of levying such duties and charges, and with respect to

all rules and formalities in connection with importation and exportation, and with respect to all matters referred to in paragraphs 2 and 4 of Article III, any advantage, favour, privilege or immunity granted by any contracting party to any product originating in or destined for any other country shall be accorded immediately and unconditionally to the like product originating in or destined for the territories of all other contracting parties.

---

In Artikel III des GATT wird das Prinzip der Nicht-Diskriminierung formuliert. Diesem Prinzip zufolge sind vergleichbare inländische und importierte Güter gleich zu behandeln. Also dürfen Importgüter nicht mit einem Zoll oder einer Abgabe belegt werden, um die heimische Industrie, die vermeintlich oder tatsächlich höhere Kosten des Umweltschutzes zu tragen hat, zu schützen.

---

**National Treatment on Internal Taxation and Regulation**
Auszug aus GATT, Art. III

(1) The contracting parties recognize that internal taxes and other internal charges, and laws, regulations and requirements affecting the internal sale, offering for sale, purchase, transportation, distribution or use of products, and internal quantitative regulations requiring the mixture, processing or use of products in specified amounts or proportions, should not be applied to imported or domestic products so as to afford protection to domestic production.

(2) The products of the territory of any contracting party imported into the territory of any other contracting party shall not be subject, directly or indirectly, to internal taxes or other internal charges of any kind in excess of those applied, directly or indirectly, to like domestic products. Moreover, no contracting party shall otherwise apply internal taxes or other internal charges to imported or domestic products in a manner contrary to the principles set forth in paragraph 1.

---

Sollte schließlich ein Land versuchen, eventuell anfallende höhere Kosten des Umweltschutzes für die heimische Industrie durch Subventionen aufzufangen, so wird dies durch Artikel XVI ausgeschlossen.

Gemäß diesem Artikel sind alle Handelspartner über eine Subvention zu unterrichten, welche die Handelsbeziehungen berührt. Wird Widerspruch erhoben, so ist die Reduzierung oder die Aufhebung der Subvention zu erörtern.

**Subsidies**
Auszug aus GATT, Art. XVI

(1) If any contracting party grants or maintains any subsidy, including any form of income or price support, which operates directly or indirectly to increase exports of any product from, or to reduce imports of any product into, its territory, it shall notify the contracting parties in writing of the extent and nature of the subsidization, of the estimated effect of the subsidization on the quantity of the affected product or products imported into or exported from its territory and of the circumstances making the subsidization necessary. In any case in which it is determined that serious prejudice to the interests of any other contracting party is caused or threatened by any such subsidization, the contracting party granting the subsidy shall, upon request, discuss with the other contracting party or parties concerned, or with the contracting parties, the possibility of limiting the subsidization.

Oft entstehen Umweltbelastungen durch spezielle Produktionsverfahren, gegen die aber den genannten Prinzipien des GATT zufolge nicht diskriminiert werden kann. Aus diesem Grund wurden diese Prinzipien häufig in Konflikt zu einer wirksamen Umweltpolitik gesehen, vor allem als zu Beginn der 90er Jahre etliche umweltbezogene Handelsstreitigkeiten aufbrachen. Parallel und im Nachgang zur UNCED in Rio de Janeiro 1992 wurden dann multilaterale Umweltvereinbarungen auf ihre Konsequenzen für den internationalen Handel untersucht. Zu diesem Zweck wurde 1994 zum Ende der Uruquay Runde des GATT das "Committee on Trade and Environment" (CTE) etabliert, dessen Aufgabe es insbesondere ist, den Zusammenhang zwischen handelspolitischen und umweltpolitischen Maßnahmen zu identifizieren und diesbezügliche Empfehlungen zu geben (vgl. WTO (1999), Annex V).

In der ursprünglichen Formulierung des GATT von 1947 enthält lediglich Artikel XX eine Anzahl von Gründen, die ein Abweichen von den allgemeinen Prinzipien zulassen. Der folgende Auszug aus Artikel XX führt diese Gründe an:

---

**General Exceptions**
Auszug aus GATT, Art. XX:

Subject to the requirement that such measures are not applied in a manner which would constitute a means of arbitrary or unjustifiable discrimination between countries where the same conditions prevail, or a disguised restriction on international trade, nothing in this Agreement shall be construed to prevent the adoption or enforcement by any contracting party of measures: ...

(b) necessary to protect human, animal or plant life or health; ...
(g) relating to the conservation of exhaustible natural resources if such measures are made effective in conjunction with restrictions on domestic production of consumption; ...

---

Man beachte, dass auch Artikel XX nicht explizit auf Umweltbelange eingeht. Dennoch spielte er in letzter Zeit eine wichtige Rolle in einer Reihe von durchaus beabsichtigten, umweltbezogenen Handelsbeschränkungen. Besondere Bekanntheit wurde dem Thunfischstreit zwischen den U.S.A. und Mexiko zuteil. Dabei ging es um eine spezielle Fangmethode, also um einen speziellen "Produktionsprozess" für Thunfisch, der von mexikanischen Fischern verwendet wurde und der bestimmten Delphinen, welche die Thunfischschwärme begleiten, zum Verhängnis wurde. Die entsprechenden Klagen der U.S.A. wurden mit Verweis auf GATT, Artikel I, abgelehnt. Die Ausnahmeregelungen des Artikel XX wurden nicht akzeptiert, da eine grundsätzliche Gefährdung des Delphinbestandes nicht gesehen wurde. Empfohlen wurde ein Aufdruck, der die Verbraucher beim Kauf einer Thunfischdose über die "delphinfreundliche" Fangmethode informieren soll (vgl. Körber (1998)).

Dieser und andere vergleichbare Vorfälle führten schließlich zu einem Umdenken und einem Nachdenken im GATT. Im Ergebnis der Uruquay Runde finden sich so neben der Einsetzung des CTE einige umweltbezogene "Aufweichungen" der GATT-Regelungen (vgl. Steininger (1994), S. 28). Mit der Gründung der WTO im Jahr 1995 wurden

Umweltziele, sofern sie den internationalen Handel betreffen, direkt in den Gesetzestext aufgenommen. Insbesondere verweist die Präambel explizit auf das Ziel einer nachhaltigen Entwicklung und den Schutz und den Erhalt der Umwelt (vgl. Steininger (1994), S. 26).

## 13.3 Anmerkungen zur Umweltpolitik der EU

Auch für das Verständnis der aktuellen Umweltpolitik der EU ist festzuhalten, dass Konzepte wie "Umweltschutz" oder "Umweltpolitik" in den ursprünglichen Verträgen der Gemeinschaft nicht enthalten sind, dass Umweltschutz somit kein originäres Feld gemeinsamer Kompetenz der Europäischen Gemeinschaft darstellt (vgl. nachfolgende Auszüge aus den entsprechenden Verträgen). Allerdings erlaubte eine extensive Interpretation des EWG-Vertrags Anfang der 70er Jahre den Beginn einer durchaus effektiven Umweltpolitik, motiviert durch vornehmlich wirtschaftliche Interessen: Einheitliche Produkt- und Produktionsstandards sollten eine Gefährdung des Gemeinsamen Marktes durch unterschiedliche Umweltschutznormen in den einzelnen Mitgliedstaaten verhindern.

---

**Die Europäische Gemeinschaft für Kohle und Stahl**
(Auszug aus dem Vertrag vom 18. April 1951)

**Artikel 2:** Die Europäische Gemeinschaft für Kohle und Stahl ist dazu berufen, im Einklang mit der Gesamtwirtschaft der Mitgliedstaaten und auf der Grundlage eines gemeinsamen Marktes, wie er in Artikel 4 näher bestimmt ist, zur Ausweitung der Wirtschaft, zur Steigerung der Beschäftigung und zur Hebung der Lebenshaltung in den Mitgliedstaaten beizutragen.
Die Gemeinschaft hat in fortschreitender Entwicklung die Voraussetzungen zu schaffen, die von sich aus die rationellste Verteilung der Erzeugung auf dem höchsten Leistungsstand sichern; sie hat hierbei dafür zu sorgen, dass keine Unterbrechung in der Beschäftigung eintritt, und zu vermeiden, dass im Wirtschaftsleben der Mitgliedstaaten tiefgreifende und anhaltende Störungen hervorgerufen werden.
**Artikel 4:** Als unvereinbar mit dem gemeinsamen Markt für Kohle und Stahl werden innerhalb der Gemeinschaft gemäß den Bestimmungen dieses Vertrags aufgehoben und untersagt:

a. Ein- und Ausfuhrzölle oder Abgaben gleicher Wirkung sowie mengenmäßige Beschränkungen des Warenverkehrs;
b. Maßnahmen oder Praktiken, die eine Diskriminierung zwischen Erzeugern oder Käufern oder Verbrauchern herbeiführen, insbesondere hinsichtlich der Preis- und Lieferbedingungen und der Beförderungstarife, sowie Maßnahmen oder Praktiken, die den Käufer an der freien Wahl seines Lieferanten hindern;
c. von den Staaten bewilligte Subventionen oder Beihilfen oder von ihnen auferlegte Sonderlasten, in welcher Form dies auch immer geschieht;
d. einschränkende Praktiken, die auf eine Aufteilung oder Ausbeutung der Märkte abzielen.

---

Erst 1987 fand mit der Einheitlichen Europäischen Akte der Umweltschutz formal Eingang in das Vertragswerk. Darin sind die einzelnen Ziele der Umweltpolitik in folgenden drei Punkten beschrieben: Die Umwelt zu erhalten, zu schützen und ihre Qualität zu verbessern, zum Schutz der menschlichen Gesundheit beizutragen und eine umsichtige und rationelle Verwendung der natürlichen Ressourcen zu gewährleisten (vgl. Wepler (1999), S. 175 ff). Entscheidend ist jedoch die neue vertragliche Festlegung, dass der Umweltschutzgedanke bei jedem Handeln der Gemeinschaft einbezogen werden muss.

Seit Einführung der Einheitlichen Europäischen Akte 1987 zählt die Umweltpolitik in der EG auch zu denjenigen Politikbereichen, in denen der Rat der Umweltminister mit Mehrheit entscheidet. Wenn ein Mitgliedstaat eine umweltpolitische Maßnahme im Rat nicht durchsetzen kann, bedeutet dies noch nicht unbedingt, dass darauf verzichtet werden muss. Ein Mitgliedstaat kann über die Entscheidungen des Rats hinaus Beschränkungen erlassen, wenn er dies "in Bezug auf den Schutz der Arbeitsumwelt oder den Umweltschutz" (Artikel 100a, Abs. 4 EGV) für notwendig hält. Die EU-Kommission hat in diesem Fall zu überprüfen, ob es sich bei einer solchen Beschränkung nicht um eine Diskriminierung von Konkurrenten oder um ein Handelshemmnis handelt.

Mit dem Vertrag von Maastricht 1992 wird die EU aufgefordert, sich an internationalen Abkommen zum Schutz der Erde zu beteiligen. Die EU hat diese Aufgabe ausgedehnt und schließt inzwischen fast nur noch Abkommen mit Drittstaaten oder Ländergruppen, in denen

Umweltschutzklauseln enthalten sind. Bei der Vergabe von Subventionsgeldern durch die Kommission und Darlehen durch die Europäische Investitionsbank an Länder außerhalb der EU spielen umweltpolitische Kriterien ebenfalls eine wichtige Rolle.

Nach dem Vertrag von Amsterdam 1997 müssen alle Gemeinschaftspolitiken gemäß dem neu eingeführten Prinzip der "Verstärkten Zusammenarbeit" (Integrationsprinzip) den Erfordernissen des Umweltschutzes Rechnung tragen. Die Binnenmarktprinzipien sollen deshalb bezüglich des Umweltschutzes so präzisiert werden, dass die Mitgliedstaaten wissenschaftlich begründete nationale Vorschriften erlassen dürfen, wenn sie die gemeinschaftlichen Standards nicht für ausreichend ansehen. Aufgabe der Kommission ist es dann zu entscheiden, ob diese Maßnahmen mit den Grundsätzen des Binnenmarktes vereinbar sind. Bei positiver Bewertung muss die Kommission prüfen, ob sie die einzelstaatlichen Regelungen auf die gesamte Union ausdehnen soll (vgl. Wepler (1999), S. 175 ff). Die Vereinbarungen von Nizza im Dezember des Jahres 2000 sehen nun vor, dass schon eine Gruppe von acht Mitgliedstaaten der EU sich zur "Verstärkten Zusammenarbeit" bereit finden kann.

---

**Die Europäische Gemeinschaft und die Umwelt**
(Auszug aus dem EG-Vertrag in der Fassung vom 1. Januar 1995)

**Art. 130r** (Ziele der Gemeinschaft, Zusammenarbeit mit Drittländern, internationalen Organisationen):

(1) Die Umweltpolitik der Gemeinschaft trägt zur Verfolgung der nachstehenden Ziele bei: Erhaltung und Schutz der Umwelt sowie Verbesserung ihrer Qualität; Schutz der menschlichen Gesundheit; umsichtige und rationelle Verwendung der natürlichen Ressourcen; Förderung von Maßnahmen auf internationaler Ebene zur Bewältigung regionaler oder gar globaler Umweltprobleme.

(2) Die Umweltpolitik der Gemeinschaft zielt unter Berücksichtigung der unterschiedlichen Gegebenheiten in den einzelnen Regionen der Gemeinschaft auf ein hohes Schutzniveau ab. Sie beruht auf den Grundsätzen der Vorsorge und Vorbeugung, auf dem Grundsatz, Umweltverträglichkeiten mit Vorrang an ihrem Ursprung zu bekämpfen, sowie auf dem Verursacherprinzip. Die Erfordernisse des Umweltschutzes müssen bei der Festlegung und Durchführung anderer

Gemeinschaftspolitiken einbezogen werden. Im Hinblick hierauf umfassen die derartigen Erfordernisse entsprechenden Harmonisierungsmaßnahmen gegebenenfalls eine Schutzklausel, mit der die Mitgliedstaaten ermächtigt werden, aus nicht wirtschaftlich bedingten umweltpolitischen Gründen vorläufige Maßnahmen zu treffen, die einem gemeinschaftlichen Kontrollverfahren unterliegen.

(3) Bei der Erarbeitung ihrer Umweltpolitik berücksichtigt die Gemeinschaft: Die verfügbaren wissenschaftlichen und technischen Daten; die Umweltbedingungen in den einzelnen Regionen bzw. eines Nichttätigwerdens; die wirtschaftliche und soziale Entwicklung der Gemeinschaft insgesamt sowie die ausgewogene Entwicklung ihrer Regionen.

(4) Die Gemeinschaft und die Mitgliedstaaten arbeiten im Rahmen ihrer jeweiligen Befugnisse mit dritten Ländern und den zuständigen internationalen Organisationen zusammen.

**Art. 130t** (Schutzmaßnahmen der Mitgliedstaaten):
Die Schutzmaßnahmen, die aufgrund des Artikels 130s getroffen werden, hindern die einzelnen Mitgliedstaaten nicht daran, verstärkte Schutzmaßnahmen beizubehalten oder zu ergreifen. Die betreffenden Maßnahmen müssen mit diesem Vertrag vereinbar sein. Sie werden der Kommission notifiziert.

---

Grundsätzlich bleibt anzumerken, dass die EU nicht vom Erfolgsrezept der Europäischen Gemeinschaft abweicht. Nach wie vor liegt der Schwerpunkt der Bemühungen auf der ökonomischen Integration, auf der Förderung des wirtschaftlichen Wachstums und der Beseitigung ökonomischer Ungleichgewichte zwischen den einzelnen Mitgliedstaaten. Diese Konzentration der Politik auf die Verwirklichung des europäischen Binnenmarktes impliziert eine Nachrangigkeit der Umweltziele gegenüber den wirtschaftlichen Zielen und behindert in diesem Sinne das Entstehen wirklich wirksamer Umweltrichtlinien (vgl. Wepler (1999), S. 228). Das jedenfalls ist die von Umweltschützern gelegentlich vorgebrachte Meinung.

Grundlage des europäischen Binnenmarktes sind die vier Freiheiten – die ungehinderte Mobilität von Waren, Dienstleistungen, Arbeit und Kapital. Handelsbeschränkungen sollen nachfrageseitig durch das Prinzip der gegenseitigen Anerkennung (Ursprungslandprinzip) abgebaut werden: Ein Produkt, das rechtmäßig in einem Staat der Gemeinschaft verkauft wird, darf in allen Staaten der Gemeinschaft vermarktet werden. Angebotsseitig sollen Handelsbeschränkungen durch Harmonisierungsbestrebungen reduziert werden. Dabei sollen physische (etwa Zollkontrollen), technische (etwa Nicht-Anerkennung von Qualifizierungen, unterschiedliche Normen) und fiskalische Barrieren (etwa unterschiedliche Mehrwertsteuersätze) abgebaut bzw. angeglichen werden. So hat der Binnenmarkt beispielsweise zu einheitlichen Sicherheits- und Umweltstandards für Kraftfahrzeuge geführt.

Einschränkungen bei den vier Freiheiten kann es u.a. in Belangen des Umweltschutzes geben. Dies zeigt das Vorgehen Dänemarks im Jahr 1981, Getränke fast ausschließlich nur noch in Mehrwegflaschen verkaufen zu lassen. Die Klage der Kommission auf der Basis einer Behinderung des freien Warenverkehrs wurde vom Europäischen Gerichtshof 1988 abgewiesen. In der Begründung wurde angemerkt, dass Umweltschutz eines der Hauptanliegen der Europäischen Gemeinschaft sei und eine gewisse Beschränkung des freien Warenverkehrs rechtfertige (vgl. Steininger (1994), S. 9 f).

Immerhin verzeichnet die EU eine im Vergleich zum GATT doch recht lange Liste von von ca. 300 Direktiven und Regulierungen im Bereich des Umweltschutzes, und ähnlich zum GATT können die einzelnen Mitgliedstaaten schärfere umweltbezogene Vorschriften für Produkte erlassen (vgl. Wepler (1999), S. 39 f).

## 13.4 Folgerungen für eine internationale Komponente der Umweltökonomie

Die bisherigen Ausführungen zeigen, dass nahezu jede umweltpolitische Maßnahme in einem offenen, grenzüberschreitenden Handelssystem eine internationale Dimension hat. Im einfachsten Fall wird selbst eine geringfügige Verschärfung der nationalen umweltpolitischen Auflagen für eine bestimmte Industrie als eine zusätzliche Kostenbelastung gesehen mit entsprechenden Folgen für die Wettbewerbsfähigkeit dieser Industrie auf dem internationalen Markt. Sowohl die WTO als auch die EU lassen ja einseitige Verschärfungen der Umweltauflagen zu, wie oben ausgeführt.

Andererseits plädieren Umweltschützer für eine Beschränkung der Handelsaktivitäten mit dem Argument, dass die mit der Ausweitung der Produktion und der Transportleistungen einhergehenden Umweltbelastungen schon jetzt zu gravierenden Umweltproblemen führen.

Die massiven Demonstrationen im Vorfeld der (gescheiterten) WTO-Konferenz in Seattle 1999 galten auch diesen als möglich angesehenen Konsequenzen einer extensiven Welthandelspolitik.

Vielleicht weniger polarisierend aber dafür komplizierter ist schließlich die Überlegung, unter welchen Umständen es für ein Land lohnend ist, sich an einem Umweltabkommen zu beteiligen mit dem Ziel der Reduzierung grenzüberschreitender Umweltbelastungen. Offenbar zeigt sich das Gefangenendilemma in diesem Kontext besonders deutlich (vgl. Abschnitt 5.3.1), und die mühsamen Fortschritte etwa bei der Ratifizierung des Kyoto-Protokolls belegen dies in der politischen Praxis.

Dieser zweifelsohne enge Zusammenhang zwischen Umweltpolitik und Handelspolitik führt immer wieder zu wechselseitigen Schuldzuweisungen: So wird einerseits die Umweltpolitik verantwortlich gemacht für anscheinend ungebührliche Belastungen der heimischen Wirtschaft, andererseits ist aus Sicht der Umweltschützer ein überbordender Außenhandel Quelle vieler gravierender Umweltprobleme. Nicht alle in der öffentlichen Diskussion geäußerten Meinungen sind in ökonomischer oder ökologischer Hinsicht auch von Bedeutung. So sind Vorurteile, ja Fehlmeinungen entstanden, die sich hartnäckig halten. Die wirklichen Problemfelder sind oft versteckt und erschließen sich einer ökonomischen Analyse nicht einfach.

Bhagwati (1996) verweist insbesondere auf zwei Fehlmeinungen, die in der öffentlichen Diskussion eine wichtige Rolle spielen.

**A) Freihandel zielt auf ökonomische Effizienz und mehr Wirtschaftswachstum. Letzteres aber wird die Umwelt zunehmend belasten.**

Die Frage, ob mehr Außenhandel auch zu mehr Wirtschaftswachstum beiträgt, wird von Bhagwati aufgrund der seiner Meinung nach eindeutigen Erfahrungen in den vergangenen 50 Jahren zunächst bejaht. Den unterstellten allgemeinen Zusammenhang zwischen Wachstum und zunehmender Umweltverschmutzung weist er allerdings mit den folgenden Anmerkungen zurück:

1. Ein steigendes Pro-Kopf-Einkommen stellt die Mittel zur Verfügung, die für vor- und nachsorgende Umweltschutzmaßnahmen benötigt werden.
2. Ist die Nachfrage nach Umweltgütern einkommenselastisch, wofür wiederum die Erfahrung sowie empirische Untersuchungen spre-

## 13.4 Folgerungen für eine internationale Komponente der Umweltökonomie

chen, so werden die Bemühungen zur Reinhaltung der Umwelt in reicheren Ländern größer sein.

3. Dennoch ist es möglich, dass trotz aller Umweltschutzmaßnahmen industrialisierte Länder bezüglich bestimmter Schadstoffe ein höheres Verschmutzungsniveau aufweisen als weniger entwickelte Länder.

Es bleibt festzuhalten, dass keine eindeutige, allgemeingültige Korrelation zwischen Wachstum und Zustand der Umwelt besteht. Einerseits liefert das Wirtschaftswachstum die für den Umweltschutz benötigten Mittel und stärkt die Nachfrage, andererseits ist Wachstum verbunden mit spezifischen Umweltbelastungen, wie sie etwa aus einem gesteigerten Verkehrsaufkommen resultieren können.

So wird laut einer Prognose der EU-Kommission unter den gegenwärtigen Bedingungen der Kfz-Verkehr zwischen 1990 und 2010 um etwa 25% zunehmen; die Treibstoff-Effizienz wird sich dagegen lediglich um ca. 12% verbessern. Bis zum Jahr 2015 wird in Deutschland aus heutiger Sicht gar eine Steigerung des Güterverkehrsaufkommens um etwa 65% erwartet; der Personenverkehr soll dagegen "nur" um 20% ansteigen. Es wird folglich noch einige Zeit dauern, bis das Verkehrsproblem, das etliche hoch industrialisierte Staaten charakterisiert, einer angemessenen Lösung zugeführt werden wird.

**B) Freihandel führt zu mehr Umweltbelastungen als beschränkter Handel oder gar Autarkie.**

Als Gegenargument verweist Bhagwati (1996) zunächst auf die Möglichkeit, dass Freihandel auch die Lieferung neuester, umweltfreundlicher Technologien oder umweltfreundlicher Produktionsfaktoren erlaubt. Zusätzlich bringt er zwei Beispiele zur Problematik protektionistischer Eingriffe in den Freihandel:

1. Die Abschirmung der Landwirtschaft vom freien Markt in vielen Gegenden der Welt führt dazu, dass die Produktion bestimmter Agrargüter unter hohem Einsatz von Düngemitteln, von Energie (Treibhäuser) und Pestiziden erfolgt. Die damit einhergehenden Umweltbelastungen werden auch im aktuellen WTO-Report über "Trade and Environment" wieder bestätigt (vgl. WTO (1999), S. 14 ff).
2. Das zweite Beispiel betrifft eine "freiwillige" Exportbeschränkung der japanischen Autoindustrie bezüglich Exporte in die U.S.A. und in die Europäische Gemeinschaft. Nachfolgende Studien haben aber

gezeigt, dass diese Exportbeschränkung zu einer Änderung der Zusammensetzung der japanischen Automobilexporte geführt hat. So hat sich insbesondere der Anteil größerer, leistungsstärkerer Wagen deutlich erhöht, was wiederum zu einer steigenden Belastung der Umwelt mit $CO_2$ beigetragen haben dürfte.

Das Verhältnis zwischen Umwelt und Freihandel ist daher zumindest differenziert zu betrachten, auch wenn allseits bekannte Beispiele, wie die "Rundreise" eines Joghurt-Bechers durch die EU oder das steigende Güterverkehrsaufkommen, auf den ersten Blick gegen eine weitere Intensivierung des Freihandels sprechen.

Wie die öffentlichen Diskussionen zeigen, haben beide Politikfelder, die Umwelt und die Außenwirtschaft, in letzter Zeit enorm an Bedeutung gewonnen. Dies kommt nicht zuletzt auch in der Vielzahl der hochrangig besetzten Konferenzen zum Ausdruck, die zu beiden Themenbereichen stattgefunden haben und weiterhin stattfinden. Beachtenswert sind jedoch die Unterschiede zwischen diesen Politikfeldern: So ist Freihandel im Vergleich zur Umweltpolitik ein altes Politikfeld, wenngleich schon 1933 ein internationales Handelsabkommen zum Schutz der Tier- und Pflanzenwelt abgeschlossen wurde. Maßgeblich allerdings und für das Verständnis mancher Diskussion sehr hilfreich ist die Erkenntnis, dass Freihandel, genauer die Gewinne aus dem Freihandel, ursächlich aus dem Wirken der freien Marktkräfte resultieren, wohingegen Umweltprobleme ja gerade eine Folge des "Marktversagens" aufgrund der externen Effekte sind. Letztlich begegnen sich hier auch Befürworter der Marktwirtschaft und Gegner der Marktwirtschaft.

Umwelt und Außenhandel gemeinsam zu betrachten heißt demnach, einerseits die Marktkräfte wirken zu lassen, andererseits die Marktkräfte so zu zügeln, dass sie möglichst viele der externen Umwelteffekte internalisieren. Das ist das Dilemma der internationalen Umweltökonomie und eigentlich der Umweltökonomie eines jeden Landes, das in ein Freihandelssystem integriert ist.

In diesem Teil des Buches wollen wir einige Facetten der Problematik "Umwelt und Freihandel" aufgreifen. Zunächst beschäftigen wir uns intensiver mit der Problematik der Überfischung der Meere. Bekanntermaßen wird dafür häufig die mit der wachsenden Handelsverflechtung einhergehende steigende Weltnachfrage verantwortlich gemacht. Schließlich wenden wir uns den Wechselwirkungen zwischen Umwelt und Freihandel zu, um die tatsächliche Relevanz einiger oft geäußerter Meinungen zu diesem Themenkreis zu untersuchen. Abschließend

### 13.4 Folgerungen für eine internationale Komponente der Umweltökonomie

widmen wir uns nochmals dem Kyoto-Protokoll. Genauer wollen wir die ökonomische Bedeutung des vorgesehenen grenzüberschreitenden Handels mit Umweltzertifikaten analysieren.

Für all diese Themenbereiche werden wir zu nicht unbedingt erwarteten, ja vielleicht sogar überraschenden Schlussfolgerungen kommen. Insbesondere wird sich herausstellen, dass der wachsende Außenhandel die Umweltprobleme zwar deutlicher werden lässt, dass allerdings die eigentlichen Ursachen woanders liegen. Auch wird sich zeigen, dass manche vorschnell geäußerten Anregungen für institutionelle Änderungen nicht das halten können, was sie versprechen. Wiederum werden uns diese tieferen Einblicke mit Hilfe formaler Gleichgewichtsüberlegungen gelingen. Auch in diesem Teil des Buches wird sich dies als Vorteil des Arbeitens mit formalen Modellen herausstellen.

# 14. Überfischung der Meere

Nachdem in den vergangenen 50 Jahren die Hochseefischerei kontinuierlich ausgedehnt wurde, stagniert die gesamte Fangmenge seit kurzer Zeit auf dem Niveau von etwa 85 Mio. Tonnen Meeresfischen. Die Kapazitäten der Fangflotten entsprechen wahrscheinlich dem Doppelten des eigentlich Benötigten. Nach Ansicht der Welternährungsorganisation FAO sind zwei Drittel der Fischbestände in den Weltmeeren in Gefahr, 44% der Bestände vertragen keine weitere Intensivierung der Fischerei, 16% sind bereits überfischt und 6% ausgestorben oder unmittelbar vom Aussterben bedroht (vgl. WTO (1999), S. 21). Oft wird die steigende Weltnachfrage und damit der Außenhandel zur Erklärung dieser bedenklichen Entwicklung herangezogen. Doch was steht nun wirklich hinter dieser Beobachtung?

Einige Fakten zu den Fangmengen werden in Tabelle 14.1 (vgl. WTO (1999), S. 23) angegeben. Interessanterweise liegt für die weitaus meisten Fanggebiete das Jahr des maximalen Fangs weit zurück, trotz der schon erwähnten Steigerung der internationalen Fangkapazitäten. Offenbar hat nach einer Phase der allgemeinen Zunahme der Fangmengen, sicherlich hervorgerufen durch eine steigende Weltnachfrage, seit geraumer Zeit eine Phase der Konsolidierung, meist sogar eine Phase des Rückgangs der Fangmengen eingesetzt. Was ist ursächlich an dieser Entwicklung? Ist es wirklich allein der internationale Handel, der sicherlich zu einer deutlichen Steigerung der Nachfrage nach Meeresfischen beigetragen hat?

Im Rahmen eines theoretischen Modells wird diese umweltrelevante Entwicklung nun in den folgenden Abschnitten im Grundsatz nachvollzogen (vgl. hierzu Smith/Weber/Wiesmeth (1990) und (1991)). Als entscheidend werden sich vor allem die wirtschaftlichen Interessen der Fischereibetriebe sowie die Ressourcendynamik der Fischbestände erweisen. Von erheblicher Bedeutung sind aber auch die Eingriffe staatlicher Instanzen, beispielsweise über Subventionen für die Fischereibetriebe oder über Ausweitungen der national genutzten Küstengewässer.

Tabelle 14.1. Growing Demand and Overfishing (vgl. WTO (1999), S. 23; Mengenangaben in 1000 tonnes)

| Fishing Area | Year of Maximum Harvest | Maximum Harvest | Recent Harvest |
|---|---|---|---|
| Atlantic, Northwest | 1967 | 2588 | 1007 |
| Antarctic | 1971 | 189 | 28 |
| Atlantic, Southeast | 1972 | 962 | 312 |
| Atlantic, West. Cent. | 1974 | 181 | 162 |
| Atlantic, East. Cent. | 1974 | 481 | 320 |
| Pacific, East. Cent. | 1975 | 93 | 76 |
| Atlantic, Northeast | 1976 | 5745 | 4575 |
| Pacific, Northwest | 1987 | 6940 | 5661 |
| Pacific, Northeast | 1988 | 2556 | 2337 |
| Atlantic, Southwest | 1989 | 1000 | 967 |
| Pacific, Southwest | 1990 | 498 | 498 |
| Pacific, Southeast | 1990 | 508 | 459 |
| Mediterranean | 1991 | 284 | 284 |
| Indian Ocean, West. | 1991 | 822 | 822 |
| Indian Ocean, East. | 1991 | 379 | 379 |
| Pacific, West. Cent. | 1991 | 833 | 833 |

## 14.1 Das kurzfristige Angebot von Fischfangbetrieben

Die gesamte Fangmenge an Fischen aus einem bestimmten Fanggebiet wird sicher von der Größe und Ausrüstung der dort agierenden Fangflotte, aber auch von der Größe des dortigen Fischbestands, genauer der Bestandsdichte abhängen. Der Einfachheit halber unterstellen wir im Folgenden eine konstante Bestandsdichte, so dass sich die verschiedenen Fanggebiete nur noch durch ihre Größe, also die gewichtsmäßige Menge des Fischbestands unterscheiden.

Dies führt weiter zu folgenden grundsätzlichen Annahmen für unser Gleichgewichtsmodell: Wir betrachten eine Fischfangflotte mit 2 Betrieben aus verschiedenen Ländern, wobei die Analyse auch für eine beliebige Zahl $n$ von Unternehmen durchgeführt werden kann. Die

## 14.1 Das kurzfristige Angebot von Fischfangbetrieben

Fangmenge $q_i$ für Unternehmen $i$ hängt in folgender Weise von der Fangmenge $q_j$, $j \neq i$, des anderen Unternehmens ab:

$$q_i = \delta_i(1 - e^{-E_i})(x - q_j), \quad i = 1, 2, \ i \neq j,$$

mit dem Effizienzparameter $\delta_i \in \,]0,1]$, der zum Teil von der Ausrüstung sowie der Erfahrung und der Leistungsfähigkeit der Crew bestimmt wird. $E_i$ repräsentiert die Menge des in Unternehmen $i$ eingesetzten variablen Faktors "Arbeit" und $x$ bezeichnet den Fischbestand eines gegebenen Fanggebiets.

**Hinweis 14.1**
*In der obigen Produktionsfunktion kann $q_i$ als diejenige Menge angesehen werden, die Unternehmen $i$, $i = 1, 2$, als Fang erwartet, wenn das andere Unternehmen die Menge $q_j$ demselben Bestand entnimmt. Insofern hängt der einem Unternehmen tatsächlich zur Verfügung stehende Bestand von den Fangaktivitäten des anderen Unternehmens ab, jedes Unternehmen übt in diesem Sinne eine negative Externalität auf das andere aus.*

Kurzfristig wählen die beiden Betriebe die Menge des variablen Faktors $E_i$, $i = 1, 2$, wobei Outputpreis $p$ und Faktorpreis $w$ als fest angesehen werden. Damit ist sowohl der Markt für das Produkt "Fisch" als auch der Faktormarkt annahmegemäß kompetitiv strukturiert. Für die hier anzustellenden Überlegungen ist dies vergleichsweise unproblematisch: Dieselben Probleme (und noch weitere) werden auch unter anderen Marktformen auftreten.

Die Gewinnfunktion des Unternehmens $i$ mit Fixkosten $F_i$ und in Abhängigkeit vom Arbeitseinsatz $E_i$ ist dann gegeben durch:

$$\pi_i(E_i) = p\delta_i(1 - e^{-E_i})(x - q_j) - wE_i - F_i, \quad i, j = 1, 2, \ i \neq j.$$

Die folgenden Bedingungen 1. Ordnung für die Gewinnmaximierung eines jeden Unternehmens haben eine eindeutig bestimmte Lösung. Diese stellt, sofern sie nicht-negativ ist, den optimalen Einsatz $E_i^\star$ des Unternehmens $i$ dar, insbesondere in Abhängigkeit von $q_j$. Die Bedingungen 2. Ordnung sind erfüllt:

$$\frac{\partial \pi_i}{\partial E_i} = p\delta_i e^{-E_i}(x - q_j) - w = 0, \quad i = 1, 2, \ i \neq j.$$

Ist die Lösung negativ, so ist offenbar der Grenzgewinn des Unternehmens bei $E_i = 0$ negativ: Ausgehend von 0 wäre eine weitere Verkleinerung von $E_i$ notwendig, um den Gewinn zu steigern. Das Unternehmen wird folglich mit $E_i^\star = 0$ aus der Industrie ausscheiden. Insgesamt wird, wie die obige Formel zeigt, ein höherer Wert von $\delta_i$, ein größerer Fischbestand für Unternehmen $i$ sowie ein niedriger Reallohn $w/p$ die Gewinnsituation dieses Unternehmens positiv beeinflussen.

Zusammenfassend erhält man schließlich die Fangmengen der beiden Unternehmen in Abhängigkeit vom Bestand $x$, dem Reallohn $w/p$, dem Effizienzparameter sowie dem Arbeitseinsatz des jeweils anderen Unternehmens. Genauer sind die "Reaktionsfunktionen" gegeben durch:

$$R_1: \quad q_1 = \begin{cases} \delta_1(x - q_2) - w/p & \text{falls} \quad q_2 < x - w/(p\delta_1) \\ 0 & \text{sonst} \end{cases}$$

$$R_2: \quad q_2 = \begin{cases} \delta_2(x - q_1) - w/p & \text{falls} \quad q_1 < x - w/(p\delta_2) \\ 0 & \text{sonst} \end{cases}$$

Der Schnittpunkt der beiden Reaktionsfunktionen repräsentiert ein Gleichgewicht $(q_1^\star, q_2^\star)$ und $Q^\star(x) := q_1^\star + q_2^\star$ ist das kurzfristige Angebot der Fischereibetriebe bei gegebenen Preisen. Abbildung 14.1 zeigt diese Reaktionsfunktionen nebst Gleichgewicht unter der Annahme $\delta_1 > \delta_2$ mit $\delta_1 = 0.5$, $\delta_2 = 0.3$, $x = 2$ und $w/p = 0.1$.

**Abbildung 14.1.** Reaktionsfunktionen

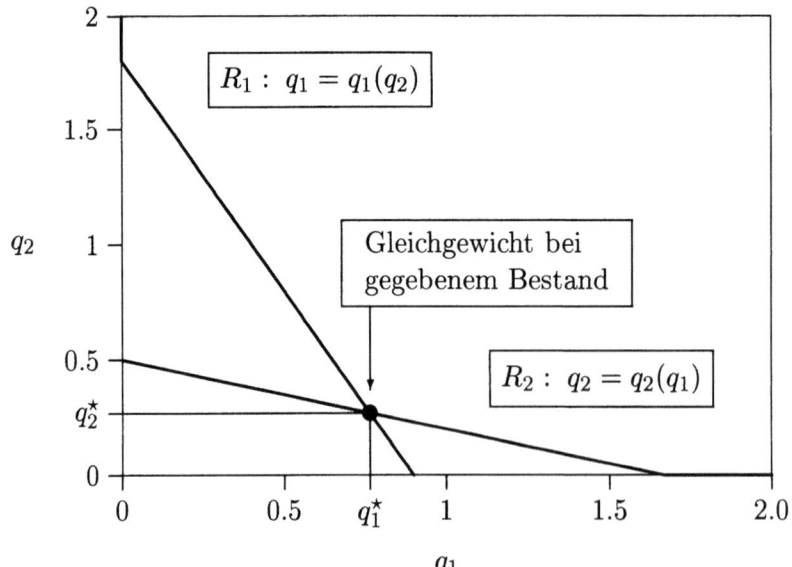

### Hinweis 14.2
*Jedes der beiden Unternehmen berücksichtigt in seiner eigenen Entscheidung die Vorgehensweise des anderen. Es ergibt sich eine "strategische Situation", die in der Ökonomie üblicherweise in Form eines Spiels dargestellt wird. Damit kommen die Lösungskonzepte der Spieltheorie zur Anwendung, bei denen das Konzept des "Nash-Gleichgewichts" einen wichtigen Platz einnimmt (vgl. etwa Holler/Illing (1996) für eine Einführung in die Spieltheorie).*
*Das Gleichgewicht $(q_1^\star, q_2^\star)$ ist ein derartiges Nash-Gleichgewicht: Bei gegebener Menge $q_j^\star$ des Betriebs $j$ ist die Menge $q_i^\star$ für Betrieb $i$, $i \neq j$, gewinnmaximal: Jedes Unternehmen trifft im Gleichgewicht die bezüglich des Gewinns optimale Entscheidung bei gegebener Entscheidung des anderen. $q_i^\star$ ist somit das (kurzfristige) Angebot des Unternehmens $i$ unter den gegebenen Umständen. Natürlich kann sich sowohl der Bestand $x$ ändern, genauso wie die Preise auf dem Güter- und dem Faktormarkt. Darüber hinaus ist auch die Anzahl der aktiven Fischereibetriebe letztlich variabel. $Q^\star$ hängt von all diesen Gegebenheiten ab: Wir sprechen insbesondere vom kurzfristigen Angebot $Q^\star(x)$ in Abhängigkeit vom Fischbestand $x$ bei festen Preisen.*

In dem hier betrachteten einfachen Fall lässt sich das Gleichgewicht konkret berechnen. Mit $\delta_1 > \delta_2$ ergeben sich die unter den genannten Annahmen eindeutig bestimmten Gleichgewichtsmengen $q_1^\star$ und $q_2^\star$ als Schnittpunkt der beiden Reaktionsfunktionen zu (vgl. Abbildung 14.1):

$$q_1^\star = \begin{cases} 0, \\ \qquad \text{falls } x \leq w/(p\delta_1) \\ \delta_1 x - (w/p), \\ \qquad \text{falls } w/(p\delta_1) < x \leq [w/(p\delta_2)] \cdot [(1-\delta_2)/(1-\delta_1)] \\ (\delta_1(x+w/p) - \delta_1\delta_2 x - w/p)/(1-\delta_1\delta_2), \\ \qquad \text{falls } x > [w/(p\delta_2)] \cdot [(1-\delta_2)/(1-\delta_1)] \end{cases}$$

$$q_2^\star = \begin{cases} 0, \\ \qquad \text{falls } x \leq [w/(p\delta_2)] \cdot [(1-\delta_2)/(1-\delta_1)] \\ (\delta_2(x+w/p) - \delta_1\delta_2 x - w/p)/(1-\delta_1\delta_2), \\ \qquad \text{falls } x > [w/(p\delta_2)] \cdot [(1-\delta_2)/(1-\delta_1)] \end{cases}$$

Dabei gilt die so genannte "Mass Balance Bedingung": $q_1^\star + q_2^\star < x$. Diese Bedingung stellt die Vereinbarkeit des formalen Modells mit der substantiellen realen Gegebenheit sicher, dass in einer gegebenen Periode nicht mehr als der vorhandene Bestand abgefischt werden kann.

> **Hinweis 14.3**
> Für den Fall $q_1^\star > 0$ und $q_2^\star > 0$ kann man diese Mass Balance Bedingung wie folgt überprüfen:
>
> $$q_1^\star + q_2^\star = \frac{(\delta_1 + \delta_2)x - 2\delta_1\delta_2 x + (\delta_1 + \delta_2)(w/p) - 2(w/p)}{1 - \delta_1\delta_2} \leq$$
> $$\leq \frac{(\delta_1 + \delta_2)x - 2\delta_1\delta_2 x}{1 - \delta_1\delta_2}$$
>
> wegen $\delta_1 + \delta_2 \leq 2$. Damit gilt $q_1^\star + q_2^\star < x$, falls $(\delta_1 + \delta_2) - 2\delta_1\delta_2 < (1 - \delta_1\delta_2)$ oder falls $1 - \delta_1 - \delta_2 + \delta_1\delta_2 > 0$. Dies ist aber erfüllt, da der letzte Ausdruck $(1 - \delta_1)(1 - \delta_2)$ entspricht. Folglich ist die Mass Balance Bedingung erfüllt.

Beide Reaktionskurven in Abbildung 14.1 haben Abschnitte, die mit den jeweiligen Achsen übereinstimmen. Folglich ist es möglich, dass in einem Gleichgewicht einer der beiden Betriebe wirtschaftlich nicht aktiv wird. Dies geschieht etwa dann, wenn eines der Unternehmen deutlich leistungsfähiger ist. Im Extremfall, wenn $x \leq w/(p\delta_1)$, wenn also der Bestand eine Grenze, die durch die Marktlage und die Leistungsfähigkeit des stärkeren Betriebs bestimmt wird, unterschreitet, wird keines der beiden Unternehmen zum Fang auslaufen.

Für die folgenden Überlegungen gelte nun wieder $\delta_1 > \delta_2$. Sind die gleichgewichtigen Mengen $q_1^\star$ und $q_2^\star$ dann positiv, so erhalten wir als entscheidendes Ergebnis:

$$\frac{q_1^\star}{q_2^\star} > \frac{\delta_1}{\delta_2} \quad \text{und} \quad \frac{\pi_1^\star + F_1}{\pi_2^\star + F_2} > \frac{q_1^\star}{q_2^\star}$$

mit den Fixkosten $F_i$ und den Gewinnen $\pi_i^\star$ der beiden Betriebe $i = 1, 2$ im Nash-Gleichgewicht $(q_1^\star, q_2^\star)$.

Das erste Ergebnis ist eine unmittelbare Konsequenz der obigen Formel für die gleichgewichtigen Mengen mit $q_1^\star > 0$ und $q_2^\star > 0$. Für das zweite Ergebnis ist zu zeigen:

$$\frac{pq_1^\star - wE_1^\star}{q_1^\star} > \frac{pq_2^\star - wE_2^\star}{q_2^\star} \quad \text{oder} \quad \frac{E_1^\star}{q_1^\star} < \frac{E_2^\star}{q_2^\star}$$

**Abbildung 14.2.** Gewinne und Ausbringungsmengen

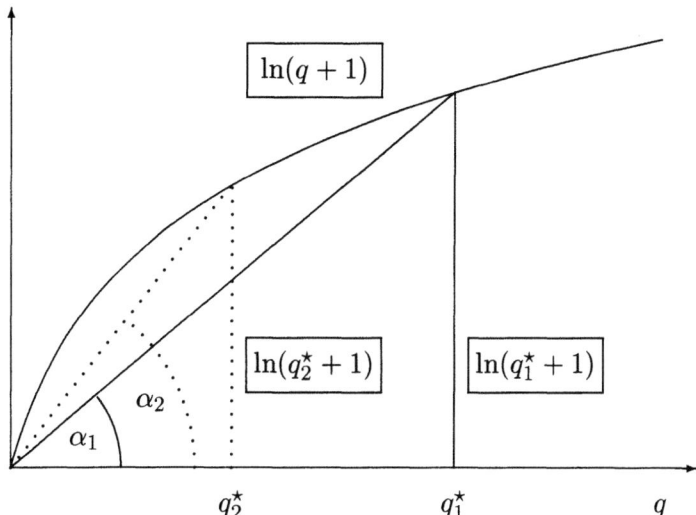

Dabei bezeichnet $E_i^\star$, $i = 1, 2$, den jeweils optimalen Faktoreinsatz im Gleichgewicht. Aus den Formeln für die optimale Wahl von $E_i$ ergibt sich aber:

$$E_i^\star = \ln\left(\frac{\delta_i(x - q_j^\star)}{w/p}\right) \quad \text{für} \quad i, j = 1, 2, \ i \neq j.$$

Zusätzlich erhält man aus den Gleichungen für die Reaktionskurven $\delta_i(x - q_j^\star) = q_i^\star + (w/p)$. Damit vereinfacht sich die obige Ungleichung zu

$$\frac{1}{q_1^\star} \cdot \ln\left(\frac{q_1^\star}{w/p} + 1\right) < \frac{1}{q_2^\star} \cdot \ln\left(\frac{q_2^\star}{w/p} + 1\right).$$

Die Funktion $G(q) := \ln(q + 1)$ ist streng monoton und streng konkav mit $G(0) = 0$. Eine einfache graphische Überlegung zeigt sodann die Gültigkeit der obigen Ungleichung (vgl. Abbildung 14.2).

Nimmt man nun vereinfachend an, dass die Fixkosten alleine durch den Parameter $\delta \in (0, 1]$ bestimmt sind, dass also nur die technische Ausstattung der Fangflotte die Leistungsfähigkeit festlegt, so erhält man die Fixkostenfunktion $F = F(\delta)$. $F$ wird mit $\delta$ steigen, und $F$ wird mit $\delta$ gegen Null streben. Ist darüber hinaus $F$ streng konkav, so fällt $F(\delta)/\delta$ mit steigenden Werten von $\delta$. Die Annahme eines streng konkaven Verlaufs von $F(\delta)$ ist dabei nicht unplausibel: Eine Verdoppelung der Leistungsfähigkeit eines Fischkutters wird im Allgemeinen nicht zu einer Verdoppelung der Fixkosten führen.

Das folgende zusätzliche Ergebnis resultiert unmittelbar aus diesen ergänzenden Annahmen und den vorhergehenden Überlegungen:

$$\frac{\pi_1^\star}{\delta_1} = \frac{\pi_1^\star + F(\delta_1)}{\delta_1} - \frac{F(\delta_1)}{\delta_1} > \frac{\pi_2^\star + F(\delta_2)}{\delta_2} - \frac{F(\delta_2)}{\delta_2} = \frac{\pi_2^\star}{\delta_2},$$

also $\pi_1^\star/\pi_2^\star > \delta_1/\delta_2$, wobei $\pi_i^\star$, $i = 1,2$, wiederum den Gewinn der beiden Betriebe im Nash-Gleichgewicht $(q_1^\star, q_2^\star)$ bezeichnet.

Diese Ergebnisse sind nun entscheidend für die Entwicklung der Hochseefischerei, zunächst im Rahmen unseres Modells, wenngleich die praktische Relevanz offenkundig ist. Aufgrund der Eigenschaften des (kurzfristigen) Gleichgewichts besteht nämlich ein substantieller Anreiz für die Fischereibetriebe, in die Kapitalausstattung zu investieren. Die Konsequenz, ein höherer Wert des Parameters $\delta$, führt für das betreffende Unternehmen zu einem Vorteil gegenüber den Konkurrenten. Zunächst besteht dieser Vorteil in einer relativen Steigerung der eigenen optimalen Fangmenge. Zugleich aber bedeutet die damit einhergehende Verschärfung der negativen Externalität einen cet. par. Rückgang der Fangmenge des anderen Unternehmens. Dies wird aus den obigen Zusammenhängen deutlich.

**Hinweis 14.4**
*Das Bestreben, durch eine Investition in die eigene Kapitalausstattung leistungsfähiger zu werden als die Konkurrenten, wird immer dann stärker hervortreten, wenn neben der Steigerung der eigenen Leistungsfähigkeit zugleich die Produktivität der Konkurrenten durch externe Effekte geschwächt wird. Dies gilt für den hier betrachteten Investitionswettlauf in besonderem Maße, wenngleich dieses "Ausverkaufsphänomen" auch anderweitig anzutreffen ist. Beispielsweise gibt es in oligopolistischen Industrien mit einem beschränkten Marktpotential nicht selten Bemühungen, den Konkurrenten durch geeignete Investitionen in den Kapitalbestand Marktanteile abzuringen.*

Insgesamt führt eine Verbesserung der Kapitalausstattung eines Unternehmens verbunden mit einer Erhöhung des Effizienzparameters (cet. par.) zu einer überproportionalen Steigerung der Differenz zwischen Erlös und variablen Kosten und – unter der zusätzlichen Annahme eines streng konkaven Verlaufs der speziellen Fixkostenfunktion $F(\delta)$ –

auch zu einer überproportionalen Zunahme des Gewinns. Allerdings wird der dadurch hervorgerufene "Druck" auf die anderen Unternehmen auch diese bewegen, in die Kapitalausstattung zu investieren. In der Konsequenz dieses "Investitionswettlaufs" ist es möglich, dass in Bezug auf die Fangflotten deutliche Überkapazitäten entstehen, dass aber insgesamt die relative Position der Fischereibetriebe bezüglich ihrer Leistungsfähigkeit weitgehend unverändert bleibt.

Verstärkt wird diese Entwicklung durch eine in der Tendenz steigende Nachfrage, wie sie beispielsweise mit einer Ausweitung der internationalen Handelsaktivitäten einhergehen kann. Dabei kommt es in Folge einer Steigerung der Nachfrage auch zum möglichen Markteintritt neuer Fischereibetriebe. Dies wird die im Markt befindlichen Unternehmen natürlich erst recht veranlassen, mit einer möglichst effektiven Ausrüstung auf Fang zu gehen. Darüber hinaus werden Subventionen zur Wahrung oder zur Erhöhung der relativen Position der nationalen Fangflotte ebenfalls zu einer weiteren Verschärfung dieses Investitionswettlaufs beitragen. Letztlich ist es aber auch in diesem Kontext möglich, dass die relative Position der einzelnen Fangflotten in Bezug auf ihre Leistungsfähigkeit unverändert bleibt, trotz aller Anstrengungen, durch die ihre absolute Fangkapazität deutlich gestiegen ist.

Der folgende Auszug aus der WTO-Studie "Trade and Environment" (vgl. WTO (1999), S. 24f) verdeutlicht die Relevanz der Subventionen für die Entwicklung der Überkapazitäten in der Hochseefischerei:

---

**Subsidies and Overfishing**

Fishing subsidies are common. However, the lack of transparency and the multitude of subsidies make quantification difficult. But according to a rough estimation by FAO (1993) on basis of the difference between revenue and estimated costs of fishing, global fishery subsidies must be in the order of $54 billion annually to make the industry break even. Another estimation by Milazzo (1998) of the World Bank is more conservative, suggesting subsidies in the range of $14 to $20 billion annually, or 17 to 25 per cent of the industry's revenue. Another indication of the prevalence of subsidies is the overcapitalization of the industry. According to some estimates, the gross tonnage that is trawling the seas is more than twice than what would actually be needed. That is, there is an enormous overcapacity maintained by government subsidies. Thus, the removal of these subsidies would not just be to the benefit of the environment, but also to taxpayers who foot the bill twice by higher taxes and less fish on their tables. Whatever the "true" subsidies may be, they are arguably part of the problem. It should be stressed, however, that it depends also on the kind of subsidies granted. Obviously, if subsidies are paid to retiring capacity rather than to expand it, subsidies may even ease the problem given the current overcapitalization of the industry. However, only a careful analysis of each subsidy program can reveal whether the effect is to expand or contract fishing capacity. A case in point is "buy-back" arrangements of worn-out fishing boats and gear that on the surface may look like a retirement scheme. However, it will only serve a conservation purpose if the retired boats and gears are not replaced by new and possibly more efficient equipment. If no such restrictions are imposed, the end result would only be to encourage further capacity investments by reducing the investment costs of the industry.

---

Nach dieser Analyse des kurzfristigen Gleichgewichts zu gegebenem Fischbestand $x$ betrachten wir nun zusätzlich die biologische Entwicklung des Fischbestands in Zusammenhang mit den Fangmengen. Diese Untersuchungen sind insofern wichtig, als man nicht uneingeschränkt erwarten kann, in der nächsten Fangperiode denselben Bestand $x$ wieder zu finden. Der neue Bestand wird zumindest abhängig sein von der Wachstumsrate, die selbst wiederum vom letzten Bestand und damit von der letzten Fangquote mitbestimmt werden wird. Weitere Einflussfaktoren werden hier nicht berücksichtigt. Vor diesem Hintergrund kommen wir zu dem folgenden formalen Wachstumsmodell für ein allgemeines biologisches System.

## 14.2 Wachstum biologischer Systeme

Das Wachstum eines biologischen Systems, in diesem Fall eines Fischbestandes, hängt in erster Linie von der Verfügbarkeit von Nährstoffen ab. Insbesondere beschränkt die Menge an Nährstoffen die Größe eines Bestands. Wird nun der Bestand durch Abfischen reduziert, so führt der daraus plötzlich resultierende Überschuss an Nährstoffen zu momentan größerem Wachstum. Offenbar können die Fangaktivitäten bis zu einer gewissen Menge, der "maximalen nachhaltigen Menge" (Maximum Sustainable Yield) gesteigert werden, bei der auch das absolute Wachstum der Biomasse ein Maximum erreicht. Wird darüber hinaus gefischt, so spricht man von einer "Überfischung" des Bestands. Die betreffenden Fangmenge kann auf die Dauer nicht aufrecht erhalten werden, ohne den Bestand ernsthaft gefährden. Wir werden sehen, inwiefern diese Gefahr der Überfischung real ist und wodurch sie gegebenenfalls bedingt ist.

Für eine formale Beschreibung des Wachstumsprozesses sind die genannten Aspekte von Bedeutung und in einem formalen Ansatz adäquat zu berücksichtigen. Bezeichnet man den Bestand in Periode $t$ also mit $x_t$, so bietet sich für einfache Untersuchungen folgende Wachstumsfunktion an (vgl. auch Spence (1975)):

$$x_{t+1} = \sqrt{\frac{x_t}{\alpha}} \quad \text{mit der Wachstumsrate} \quad w_t = \frac{x_{t+1} - x_t}{x_t} = \frac{1}{\sqrt{\alpha x_t}} - 1.$$

Dies definiert einen qualitativ richtigen Zusammenhang zwischen der Größe des Bestands in aufeinanderfolgenden Perioden mit dem Wert des Parameters $\alpha > 0$ als ein Maß für die Menge der verfügbaren Nährstoffe. Die Abhängigkeit der Wachstumsrate $w_t$ vom Bestand $x_t$ verweist auf die Relation zwischen der Menge an verfügbaren Nährstoffen und der Größe des aktuellen Bestands. Offenbar ergeben sich für $x_t = 0$ und $x_t = 1/\alpha$ "Steady States", für diese Werte von $x_t$ gilt $x_{t+1} = x_t$. Wir konzentrieren uns auf den letzteren Wert, da lediglich $x = 1/\alpha$ ein "stabiler" Steady State ist: Für Anfangswerte $x_0 > 0$ konvergiert die Folge $\{x_t\}_t$ gegen $1/\alpha$.

Wird nun in Periode $t$ die Menge $Q_t^F$ gefangen, so ändert sich die grundlegende Wachstumsformel zu:

$$x_{t+1} = \sqrt{(x_t - Q_t^F)/\alpha}.$$

Betrachtet man nur Fangquoten, welche die Größe des Bestands nicht verändern, so erhält man aus der Bedingung für einen Steady State $Q^F(x) = x - \alpha x^2$ mit der maximalen nachhaltigen Fangquote $Q_M^F = 1/(4\alpha)$ bei einem Bestand von $x_M = 1/(2\alpha)$. Für alle Fangquoten kleiner als $Q_M^F$ ergibt sich ein Steady State mit zwei möglichen Bestandsgrößen. Die Befischung des kleineren Bestands ist in ökonomischer Hinsicht ineffizient, da im Allgemeinen der Aufwand für eine bestimmte Fangmenge steigt je kleiner der zugrundeliegende Bestand ist. Abbildung 14.3 zeigt den Verlauf von $Q^F(x)$ für $\alpha = 0.5$ sowie den effizienten ($x_e$) und den ineffizienten ($x_i$) Bestand für eine nachhaltige Fangquote $Q^F = 0.3$.

**Abbildung 14.3.** Nachhaltige Fangmengen

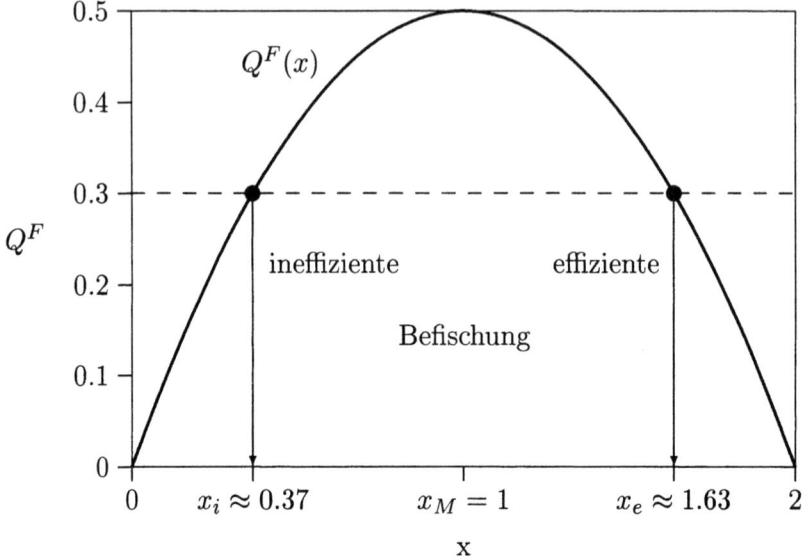

Im folgenden Abschnitt kombinieren wir das Angebot $Q^\star(x)$ mit der Entwicklung des Bestands gemäß dieser Wachstumsfunktion.

## 14.3 Das bioökonomische Gleichgewicht

Zum gegebenen Fischbestand $x$ betrachten wir das kurzfristige Gleichgewicht $(q_1^\star(x), q_2^\star(x))$. Wir erhalten auf diese Weise das kurzfristige aggregierte "Angebot" der Fischereibetriebe: $Q^\star(x) = q_1^\star(x) + q_2^\star(x)$ als Funktion in Abhängigkeit von der Bestandsgröße $x$. Die für eine "vollständige" Angebotsfunktion relevanten Preise sind nach wie vor exogen festgelegt. Unter Beachtung der bisher erhaltenen Ergebnisse für die optimalen Fangmengen nimmt $Q^\star(x)$ folgende Werte an:

$$Q^\star(x) = \begin{cases} 0, \\ \quad \text{in 1: } x \leq w/(p\delta_1) \\ \\ \delta_1 x - w/p, \\ \quad \text{in 2: } w/(p\delta_1) < x \leq [w/(p\delta_2)] \cdot [(1-\delta_2)/(1-\delta_1)] \\ \\ ((\delta_1 + \delta_2 - 2\delta_1\delta_2)x - (2 - \delta_1 - \delta_2)w/p)/(1 - \delta_1\delta_2), \\ \quad \text{in 3: } x > [w/(p\delta_2)] \cdot [(1-\delta_2)/(1-\delta_1)] \end{cases}$$

## 14.3 Das bioökonomische Gleichgewicht

Der Verlauf von $Q^\star(x)$ ist in Abbildung 14.4 skizziert mit $\alpha = 0.5$, $\delta_1 = 0.25$, $\delta_2 = 0.15$ und $w/p = 0.1$. Offenbar ist $Q^\star(x)$ eine konvexe Funktion von $x$, die Steigungen der drei linearen Abschnitte von $Q^\star(x)$ nehmen mit $x$ zu. Die einzelnen Abschnitte erklären sich dabei aus den steigenden Aktivitäten der am Fischfang beteiligten Unternehmen.

Wichtig ist nun auch die Reaktion von $Q^\star(x)$ auf Veränderungen der Preise sowie der Effizienzparameter: Man erkennt, dass $Q^\star(x)$ steigt mit steigendem Preis $p$ und steigenden Werten für $\delta_1$ und $\delta_2$.

Die folgende Definition kombiniert die Steady State Fangmengen mit der kurzfristigen Angebotsfunktion bei gegebenen Werten $\delta_1$, $\delta_2$, $p$ und $w$ zum kurzfristigen bioökonomischen Gleichgewicht. "Kurzfristig" bedeutet in diesem Zusammenhang, dass die Parameter der Betriebe sowie die Preise für den betrachteten Zeitraum vorgegeben sind.

**Definition 14.3.1**
*Ein (kurzfristiges) bioökonomisches Gleichgewicht ist bestimmt durch Mengen $q_i^\star(x^\star)$, $i = 1, 2$, und einen Bestand $x^\star$, so dass gilt:*

- *$(q_1^\star(x^\star), q_2^\star(x^\star))$ ist ein kurzfristiges Gleichgewicht zum Bestand $x^\star$.*
- *Das aggregierte Angebot $Q^\star(x^\star)$ entspricht der Steady State Fangmenge $Q^F(x^\star)$ zur Bestandsmenge $x^\star$.*

**Abbildung 14.4.** Bioökonomisches Gleichgewicht

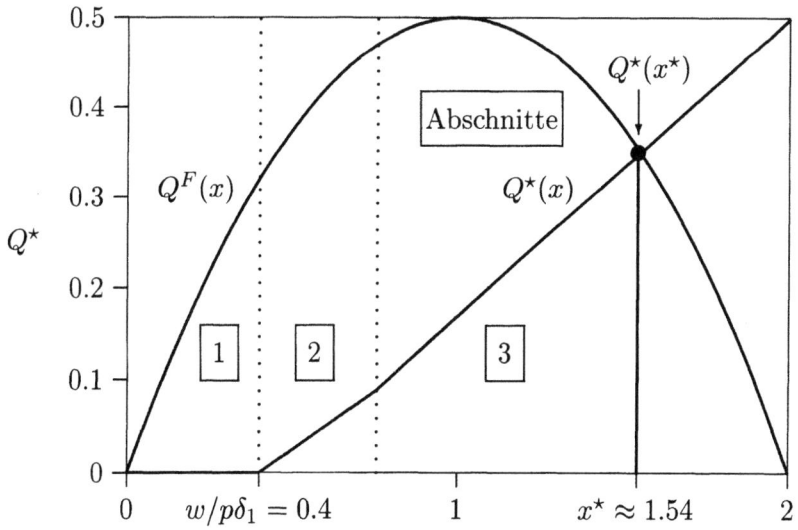

228  14. Überfischung der Meere

Abbildung 14.4 zeigt auch, dass ein bioökonomisches Gleichgewicht unter den hier gemachten Annahmen existiert und darüber hinaus eindeutig bestimmt ist. Interessant ist aber folgende Stabilitätseigenschaft des bioökonomischen Gleichgewichts: Unter den gemachten Verhaltensannahmen und den Annahmen an die Entwicklung des Fischbestands stellt sich dieses Gleichgewicht ein, der Bestand $\{x_t\}_t$ konvergiert gegen die Bestandsmenge $x^\star$ des bioökonomischen Gleichgewichts, sofern der Anfangsbestand positiv ist. Diese Stabilitätseigenschaft ergibt sich aus den nachfolgenden Überlegungen.

Mit der aggregierten kurzfristigen Angebotsfunktion $Q^\star(x)$ wird die Entwicklung des Fischbestands durch folgende Wachstumsfunktion beschrieben (vgl. Abschnitt 14.2):

$$x_{t+1} = \sqrt{(x_t - Q^\star(x_t))/\alpha} =: F^\star(x_t).$$

Man beachte zunächst, dass $F^\star$ wegen $Q^\star(x_t) < x_t$ für $0 \leq x_t \leq 1/\alpha$ definiert ist mit Werten im Intervall $[0, 1/\alpha]$. Weiter gilt $F^\star(0) = 0$ und $x^\star$ mit $F^\star(x^\star) = x^\star$ genügt der Steady State Bedingung $x^\star - \alpha(x^\star)^2 = Q^\star(x^\star)$ (vgl. Abbildung 14.5). Allgemein gilt für die Ableitung von $F^\star$: $dF^\star(x)/dx = (1 - (Q^\star)'(x))/\sqrt{\alpha(x - Q^\star(x))}$ an den Stellen, an denen $F^\star$ differenzierbar ist.

**Abbildung 14.5.** Stabilität des bioökonomischen Gleichgewichts

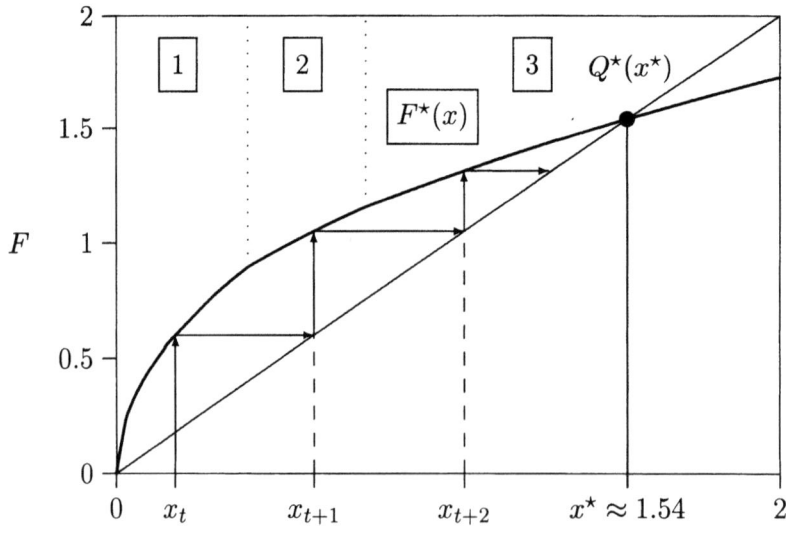

Für jeden der drei möglichen Abschnitte (vgl. Abbildung 14.4) von $Q^\star(x)$ gilt $(Q^\star)'(x) < 1$. Beispielhaft soll dies für den dritten Abschnitt gezeigt werden. Man erhält:

$$1 - (Q^\star)'(x) = \frac{(1-\delta_1)\cdot(1-\delta_2)}{1-\delta_1\delta_2} > 0 \text{ für } 0 < \delta_1, \delta_2 < 1.$$

Für größer werdendes $x$ vergrößert sich damit die Differenz zwischen $x$ und $Q^\star(x)$. Aus der Formel für die Ableitung von $F^\star$ ergibt sich der fallende Verlauf dieser Ableitung, so dass $F^\star$ insgesamt eine im Intervall $[0, 1/\alpha]$ monoton steigende konkave Funktion mit Werten in diesem Intervall ist. Aus den erwähnten Randbedingungen folgt somit die Existenz eines weiteren Fixpunktes (Schnittpunkt mit der Winkelhalbierenden) neben dem Nullpunkt, der darüber hinaus im folgenden Sinn stabil ist: Für jeden Startwert $x_0 \in ]0, 1/\alpha]$ konvergiert die Folge $\{x_t\}_t$ gegen diesen Fixpunkt. Formal folgt dies aus der Steigung von $F(x)$, die in diesem Fixpunkt positiv und kleiner als 1 ist. ist (vgl. Abbildung 14.5).

**Abbildung 14.6.** Entwicklung des bioökonomischen Gleichgewichts

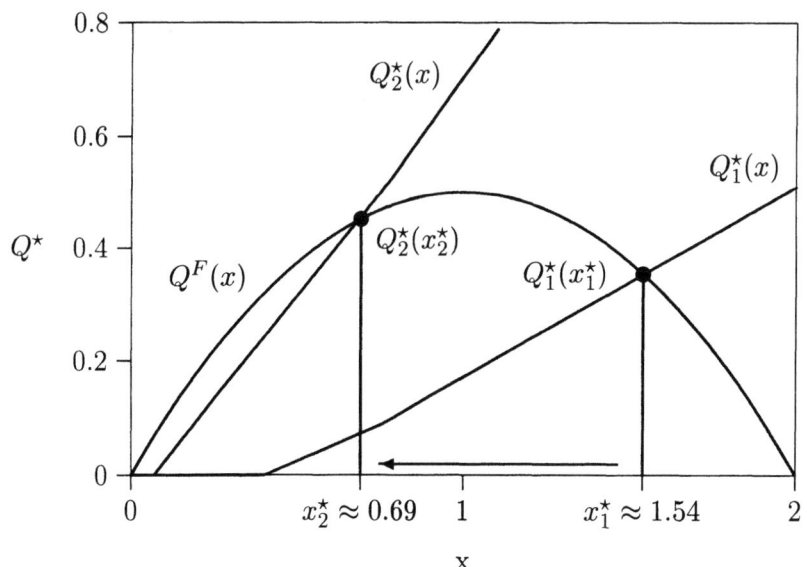

Abbildung 14.6 vermittelt noch einen Eindruck von der Abhängigkeit des bioökonomischen Gleichgewichts von den Parameterwerten. Das

erste Gleichgewicht ergibt sich mit $\delta_1 = 0.25$ und $\delta_2 = 0.15$, das zweite Gleichgewicht resultiert aus $\delta_1 = 0.8$ und $\delta_2 = 0.4$. Die übrigen Parameter sind mit $\alpha = 0.5$ und $w/p = 0.1$ identisch.

Im Ergebnis erhalten wir für unsere durch die Parameter $\delta_1$ und $\delta_2$ charakterisierte Fangflotte das aggregierte Angebot $S(p)$ an Fisch zu dem bis jetzt fest vorgegebenen Marktpreis $p$ bei ebenfalls gegebenem Lohnsatz $w$. Dieses Angebot wird repräsentiert durch das durch $\delta_1, \delta_2, p, w$ und $\alpha$ eindeutig bestimmte bioökonomische Gleichgewicht. Ist $x^\star(p) := x^\star(p, w, \delta_1, \delta_2, \alpha)$ die durch das bioökonomische Gleichgewicht definierte Bestandsmenge, so gilt offenbar für das Angebot $S$ bei Preisen $p$:

$$S(p) = Q^\star(x^\star(p)) = Q^F(x^\star(p)).$$

Im folgenden Abschnitt untersuchen wir diese aggregierte Angebotsfunktion $S(p)$, auch in Abhängigkeit von den Parametern $\delta_1$ und $\delta_2$. Die Kombination mit einer exogen gegebenen Nachfragefunktion wird uns dann eine Einschätzung der Problematik "Überfischung der Meere" ermöglichen.

## 14.4 Das Marktgleichgewicht

Zunächst analysieren wir den Verlauf von $S(p)$ zu vorgegebenen Werten der Parameter $\delta_1$ und $\delta_2$. Offenbar ist $S(p)$ beschränkt, da $Q^F$ beschränkt ist. Darüber hinaus gilt $S(p) = 0$ für hinreichend kleine Werte von $p$ wegen $Q^\star(x) = 0$ für $x \leq w/(p\delta_1)$. Alle möglichen Bestandswerte $x$ liegen dann in Abschnitt 1. Für hinreichend große Werte von $p$ (also Werte von $p$ mit $w/p \approx 0$) liegen nahezu alle Werte von $x > 0$ in Abschnitt 3 und $Q^\star(x) \approx [(\delta_1 + \delta_2 - 2\delta_1\delta_2)x]/(1 - \delta_1\delta_2)$ für all diese $x \in [0, 1/\alpha]$ (vgl. Abbildung 14.4).

Zum Verlauf von $S(p)$ für zunehmende Werte von $p$ lässt sich nun Folgendes festhalten: Ausgehend von $S(p) = 0$ für kleine Werte von $p$ nimmt $S(p)$ zunächst zu mit $p$. $S(p)$ verläuft im gesamten Bereich monoton steigend, falls das bioökonomische Gleichgewicht für beliebig große Werte von $p$ zu einer Bestandsmenge $x^\star(p) > x_M = 1/2\alpha$ gehört. Dies ist für große Werte von $p$ genau dann der Fall, wenn die obige Steigung $[(\delta_1 + \delta_2 - 2\delta_1\delta_2)]/(1 - \delta_1\delta_2)$ von $Q^\star(x)$ nicht größer ist als $1/2$. Ist diese Steigung dagegen größer als $1/2$, so nimmt das Angebot mit steigendem Preis $p$ schließlich ab, wir erhalten eine "rückwärtsgeneigte" Angebotsfunktion.

14.4 Das Marktgleichgewicht 231

**Abbildung 14.7.** Angebotsfunktion $S(p)$ mit $\delta_1 = 0.25$ und $\delta_2 = 0.15$

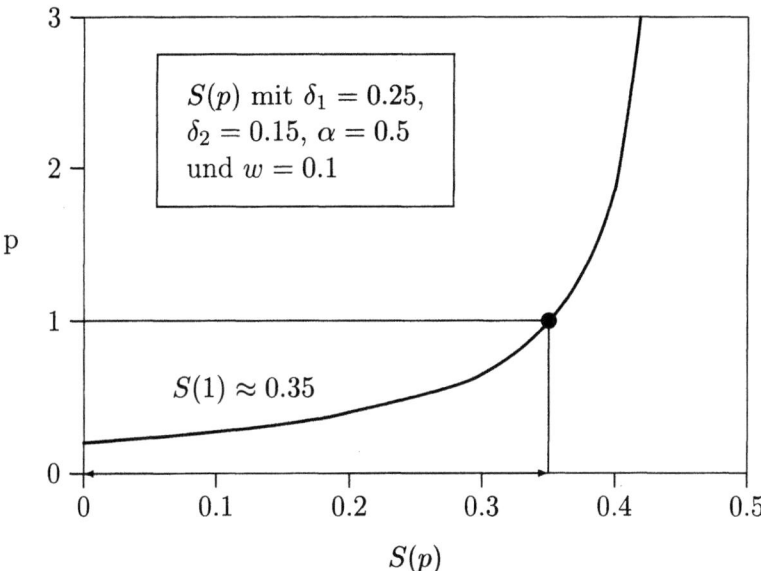

**Abbildung 14.8.** Angebotsfunktion $S(p)$ mit $\delta_1 = 0.9$ und $\delta_2 = 0.2$

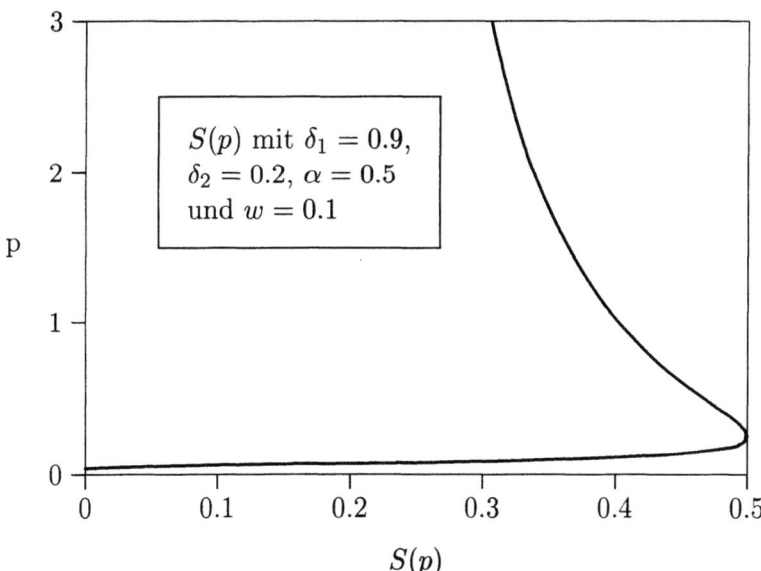

Für $\alpha = 0.5$ und $w = 0.1$ zeigt Abbildung 14.7 den Verlauf von $S(p)$ für Werte $\delta_1 = 0.25$ und $\delta_2 = 0.15$, wobei sich für $p = 1$ das bioökonomische Gleichgewicht aus Abbildung 14.4 ergibt. Abbildung 14.8 zeigt schließlich $S(p)$ für $\delta_1 = 0.9$ und $\delta_2 = 0.2$ mit einer grundsätzlich anderen, rückwärtsgeneigten Struktur.

Im nächsten Schritt kombinieren wir nun das Angebot mit einer Nachfragefunktion $p(Q)$, um zu einem Marktgleichgewicht $(p^\star, Q^\star)$ zu gelangen. Um die Entwicklung des Marktgleichgewichts nachzuvollziehen, betrachten wir verschiedene Szenarien bezüglich der Steigerung der Nachfrage sowie der Änderung der Parameterwerte $\delta_1$ und $\delta_2$.

**Szenario 1:** Im ersten Fall sind die Leistungsparameter $\delta_1$ und $\delta_2$ der Fangflotte fest vorgegeben, jedoch erhöht sich die Nachfrage nach Fisch ständig. Die Entwicklung des Marktgleichgewichts ist in der Abbildung 14.9 für $\delta_1 = 0.9$ und $\delta_2 = 0.2$ dargestellt.

**Abbildung 14.9.** Gleichgewicht bei steigender Nachfrage

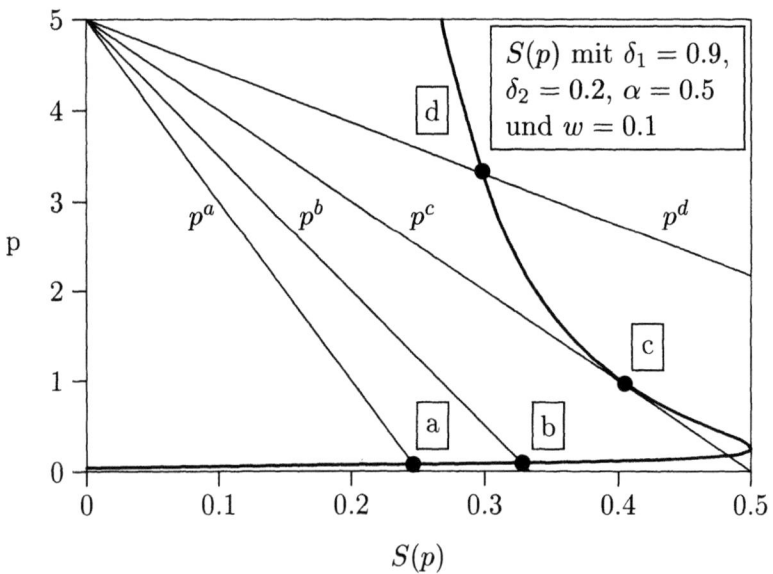

Folgende Beobachtungen sind für Abbildung 14.9 relevant: Ausgehend von der Nachfragefunktion $p^a(Q) = 5 - 20Q$ führt eine Erhöhung der Nachfrage auf $p^b(Q) = 5 - 15Q$ zu einer Steigerung der Gleichgewichtsmenge, die zu einem höheren Preis abgesetzt werden kann. Nochmalige Erhöhungen der Nachfrage auf $p^c(Q) = 5 - 10Q$ und $p^d(Q) = 5 - 5Q$ bringen schließlich eine

Reduzierung der Gleichgewichtsmenge bei einem deutlich höheren Marktpreis.

Somit führt hier eine ständige Steigerung der Nachfrage zu einem Bestand, der unterhalb von $x_M$ liegt und der folglich ökonomisch ineffizient befischt wird. Die Werte $\delta_1$ und $\delta_2$ sind in der Tat so gewählt, dass die Steigung von $Q^\star$ in Abschnitt 3 größer ist als $1/2$. Mit einer weniger leistungsfähigen Flotte würde sich dieses Ergebnis folglich nicht einstellen: Es käme weder zur Überfischung noch zu der damit einhergehenden Überkapitalisierung der Fangflotte gemessen am Fischbestand (vgl. hierzu Abbildung 14.7).

**Szenario 2:** Im zweiten Fall ist die Nachfragefunktion $p(Q)$ fest vorgegeben und die Leistungsparameter der Fangflotte erhöhen sich. Abbildung 14.10 zeigt diesen Fall für Parameterwerte $\delta_1 = 0.3$ und $\delta_2 = 0.2$ ($S_1$), für Parameterwerte $\delta_1 = 0.6$ und $\delta_2 = 0.5$ ($S_2$), sowie für Parameterwerte $\delta_1 = 0.9$ und $\delta_2 = 0.8$ ($S_3$).

**Abbildung 14.10.** Gleichgewicht bei zunehmender Leistungsfähigkeit

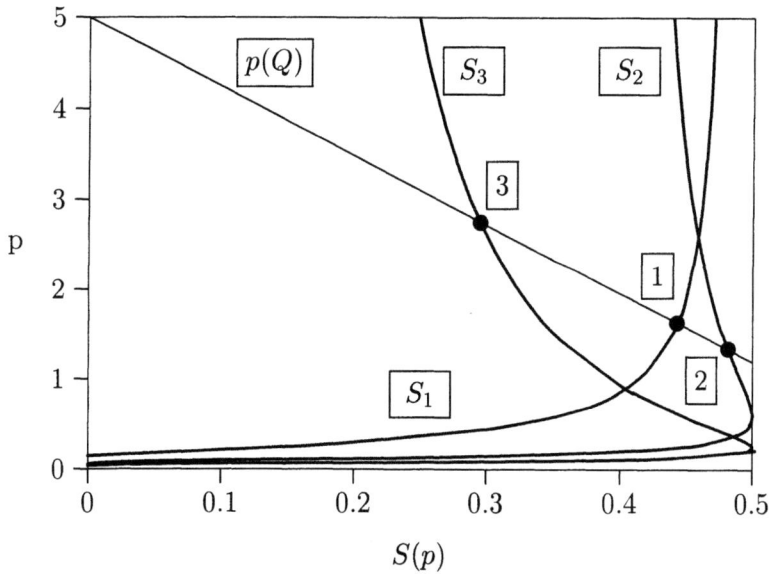

Interessant ist in diesem Zusammenhang, dass eine leistungsfähigere Fangflotte (Übergang von $S_1$ zu $S_2$) zunächst zu einem steigenden Gleichgewichtsangebot bei sinkendem Preis führt. Eine weitere Steigerung der Leistungsfähigkeit (Übergang von $S_2$ zu $S_3$) bringt

dann allerdings den Rückgang des Angebots bei deutlich erhöhtem Preis.

Auch in diesem Fall liegt die Verantwortung für die ökonomisch ineffiziente Befischung eines Bestands kleiner als $x_M$ bei der "zu hohen" Leistungsfähigkeit der Fangflotte. Lediglich für die Parameterwerte $S_1$ liegt die Steigung von $Q^\star$ unter $1/2$ und impliziert einen "normalen" Verlauf der Angebotskurve. Von den drei Parameterpaaren liefert $S_2$ das für die Konsumenten bezüglich Preis und Menge beste Ergebnis.

Weitere Szenarien sind denkbar, sollen aber nicht betrachtet werden. Der Steigerung der Leistungsfähigkeit der Fangflotte, resultierend aus dem schon erwähnten Investitionswettlauf (vgl. Abschnitt 14.1), kommt offenbar eine wichtige Rolle zu. Letztlich führt immer eine unangemessen hohe Leistungsfähigkeit zum schließlichen Rückgang der Gleichgewichtsmenge bei steigenden Preisen. Die steigende Nachfrage kann diesen Prozess beschleunigen, aber eigentlich nicht initiieren. Insofern ist auch die Rolle des Außenhandels in diesem Zusammenhang sehr differenziert zu bewerten.

## 14.5 Bewirtschaftungszonen und Fangquoten

Der ökonomische Kern dieses ökologischen Problems liegt in den fehlenden Eigentumsrechten an den verfügbaren Fischbeständen. Insofern besteht die Gefahr einer Übernutzung der Weltmeere gemäß der "Tragedy of the Commons" (vgl. die diesbezüglichen Ausführungen in Abschnitt 5.3.2). Zusätzlich stimulieren externe Effekte den Investitionswettlauf. Der internationale Handel verschärft dieses Problem möglicherweise durch eine steigende Nachfrage und macht es dadurch erst richtig bewusst. Letztlich aber ist der Außenhandel dafür nicht ursächlich verantwortlich zu machen.

Dennoch stellt sich die Frage nach geeigneten Eingriffsmöglichkeiten, um dieser Gefahr einer Überfischung der Meere zu begegnen. Weltweit versucht man, die fehlenden Eigentumsrechte durch eine Ausweitung der "Exclusive Economic Zones" (EEZ), der in ökonomischer Hinsicht ausschließlich national nutzbaren Küstengewässer zu ersetzen. Vor diesem Hintergrund haben viele Küstenländer in den letzten Jahren die Grenze der selbstgenutzten Küstengewässer von 12 nautischen Meilen auf 200 nautische Meilen ausgedehnt. Diese Maßnahme hat über die damit einhergehenden Eigentumsrechte zu einer gewissen Erholung der Fischbestände in den küstennahen Gewässern beigetragen. Darüber hinaus trägt die "United Nations Convention on the Law of the Sea" (vgl. WTO (1999), S. 25, sowie den folgenden Auszug) zu klaren Verhaltensregeln bei, auch wenn zur Zeit noch nicht ausreichend viele Staaten, darunter auch die EU, das zugehörige "Agreement Relating to the Conservation and Management of Straddling Fish Stocks and Highly Migratory Fish Stocks", das eigentlich die Grundlage bilden soll für eine nachhaltige Bewirtschaftung der Fischbestände, ratifiziert haben (vgl. WTO (1999), S. 25): Bis zum 6. August 1999 hatten lediglich 23 Staaten das Abkommen ratifiziert, bedeutende Fischereinationen wie Chile, Japan, Mexiko und Thailand waren nicht darunter. Allerdings erstreckt sich auch dieses Zusatzabkommen nicht auf die verbreitete Subventionspraxis im Bereich der Fischereiwirtschaft.

Die Ausweitung der EEZ verschafft nur eine temporäre Erleichterung, wenn nach wie vor verschiedene Fischereibetriebe die Küstengewässer gemeinsam befischen, ohne Beschränkung der Leistungsfähigkeit. In diesem Fall bleibt der Anreiz zur Steigerung der Leistungsfähigkeit der jeweiligen unternehmenseigenen Fangflotte bestehen, es kommt zur Überkapitalisierung der Flotten insgesamt.

---

**The Law of the Sea**

The United Nations Convention on the Law of the Sea, opened for signature since 10 December 1982, entered into force 12 years after on 16 November 1994. As of 9 August 1999, 132 states are parties to the Convention. The key rights and obligations relating to fishing include:

- Coastal States have sovereign rights in a 200-nautical mile exclusive economic zone (EEZ) with respect to natural resources and certain economic activities, including fishing;
- Land-locked and geographically disadvantaged States have the right to participate on an equitable basis in exploitation of an appropriate part of the surplus of the living resources of the EEZ's of coastal States of the same region or sub-region;
- States bordering enclosed or semi-enclosed seas are expected to cooperate in managing living resources, environmental and research policies and activities;

- States are bound to prevent and control marine pollution and are liable for damage caused by violation of their international obligations to combat such pollution;
- All States enjoy the traditional freedoms of fishing on the high seas; they are obliged to adopt, or cooperate with other States in adopting, measures to manage and conserve living resources;
- Signatory states are obliged to settle by peaceful means their disputes concerning the interpretation or application of the Convention. Disputes can be submitted to the International Tribunal for the Law of the Sea established under the Convention, to the International Court of Justice, or to arbitration.

---

Demzufolge hilft auch eine kontrollierte Vergabe von Fischereilizensen nur bedingt, da eine Begrenzung der Schiffsgröße nur eingeschränkt mit der Fangkapazität korreliert. Wiederum kann dieser Eingriff durch geeignete Investitionen unterlaufen werden.

Mittlerweile nehmen viele Länder Zuflucht zu Quotensystemen mit zum Teil transferierbaren Fangquoten. Der Vorteil dieses regulierenden Eingriffs besteht in einer schnellen Festlegung der gesamten Fangmenge, vergleichbar dem Fall allgemeiner Umweltzertifikate. Probleme können sich wie bei nahezu allen Zertifikatsystemen mit der optimalen Verteilung der Quoten auf die vorhandenen Betriebe ergeben (vgl. auch Abschnitt 10.3.2). Dazu einige Überlegungen auf der Grundlage unseres formalen Modells:

Vorgegeben ist die gesamte Fangmenge $Q$, die nun über ein geeignetes System von Quoten auf die beiden Betriebe mit Leistungsparametern $\delta_1 > \delta_2$ aufgeteilt werden soll. Dabei wird unterstellt, dass diese periodische Fangmenge den gegebenen Fischbestand $x$ nicht dauerhaft reduziert: $Q \leq Q^F(x)$. Aus volkswirtschaftlicher Sicht ist die Lösung des folgenden Problems gesucht:

$$\min_{E_1, E_2} w \cdot (E_1 + E_2), \quad \text{so dass} \quad Q = q_1(E_1) + q_2(E_2)$$

mit den individuellen Produktionsfunktionen $q_i$, $i = 1, 2$ (vgl. Abschnitt 14.1). Die Lösung liefert die optimale Verteilung der Quoten. Die Lagrange-Funktion für dieses Problem lautet

$$L(E_1, E_2, \lambda) = w \cdot (E_1 + E_2) + \lambda(Q - q_1(E_1) - q_2(E_2))$$

## 14.5 Bewirtschaftungszonen und Fangquoten

mit dem Multiplikator $\lambda$. Daraus erhält man die folgenden Bedingungen erster Ordnung, wobei die Bedingungen zweiter Ordnung aufgrund der Struktur der Produktionsfunktionen ebenfalls erfüllt sind.

$$w = \lambda \delta_1 e^{-E_1}(x - q_2),$$
$$w = \lambda \delta_2 e^{-E_2}(x - q_1),$$
$$Q = q_1 + q_2.$$

Löst man für $i = 1, 2$ die Produktionsfunktionen $q_i$ (vgl. Abschnitt 14.1) nach $e^{-E_i}$ auf und setzt das Ergebnis in die ersten beiden Gleichungen ein, so erhält man folgende Beziehung zwischen $q_1$ und $q_2$:

$$q_2 = -\frac{\delta_1 - \delta_2}{1 - \delta_1} \cdot x + \frac{1 - \delta_2}{1 - \delta_1} \cdot q_1, \quad q_1, q_2 > 0.$$

Diese Gleichung beschreibt die Beziehung zwischen $q_1$ und $q_2$, die für eine effiziente Verteilung der Produktionsmengen auf die beiden Fischereien Voraussetzung ist. Die Verteilung der Fangmengen ist dabei in volkswirtschaftlicher Hinsicht "effizient" oder "optimal", wenn es keine andere Aufteilung der Mengen auf die beteiligten Betriebe gibt, die einen geringeren Gesamteinsatz des Faktors Arbeit bedingt.

Zu beachten ist, dass die beiden ersten Gleichungen der obigen Bedingungen 1. Ordnung bis auf den hier fehlenden Güterpreis $p$ identisch sind mit den Bedingungen 1. Ordnung der kurzfristigen Gewinnmaximierung (vgl. Abschnitt 14.1). Dies impliziert, dass die optimale Verteilung einer Quotenmenge $Q$ übereinstimmt mit dem Ergebnis der dezentralen Entscheidungen der Unternehmen bei einem bestimmten Preisverhältnis $w/p$.

Berücksichtigt man schließlich noch die Bedingung $q_1 + q_2 = Q$ oder $q_1 + q_2(q_1) = Q$ mit obigem Ausdruck für $q_2(q_1)$, so erhält man die gesamtwirtschaftlich effiziente Quotenverteilung bezüglich der Fangmenge $Q$ zu:

$$q_1 = \frac{(\delta_1 - \delta_2)x + (1 - \delta_1)Q}{2 - \delta_1 - \delta_2}, \quad q_2 = \frac{-(\delta_1 - \delta_2)x + (1 - \delta_2)Q}{2 - \delta_1 - \delta_2}.$$

Diese Formeln gelten, solange die maximale Fangmenge, die sich bei $w = 0$ ergeben würde, nicht überschritten wird. Diese maximale Menge $\bar{Q}$ errechnet sich zu:

$$\bar{Q} = \frac{(\delta_1 + \delta_2 - 2\delta_1\delta_2)}{1 - \delta_1\delta_2} \cdot x,$$

indem man in den Produktionsfunktionen den kostenlosen Einsatz von $E_i$ beliebig groß wählt und damit $e^{-E_i} = 0$ setzt.

Darüber hinaus bedeutet, ähnlich wie bei der kurzfristigen Gewinnmaximierung, eine negative Lösung für $q_1$ oder $q_2$, dass der betreffende Betrieb nicht aktiv wird, also das zugehörige $q_i = 0$ zu setzen ist. In diesem Fall wird dem anderen Betrieb die gesamte Quote zugeteilt.

Abbildung 14.11 zeigt den Verlauf der optimalen Zuteilung der individuellen Quoten für $\delta_1 = 0.5$, $\delta_2 = 0.4$, $w/p = 1$, $\alpha = 0.5$ und $x = 2$. Die gesamtgesellschaftlich optimale Aufteilung liegt auf der stückweise linearen Kurve OAC, die auch die kurzfristigen Gleichgewichte bei variablen Preisverhältnissen $(w/p)$ wiedergibt. Auf dem Abschnitt OA sollte nur das erste, leistungsfähige Unternehmen produzieren, demzufolge sollten nur diesem Unternehmen Fangrechte zugeteilt werden. Lediglich im Abschnitt AC sind beide Betriebe mit Quoten zu bedenken. Die maximale Menge $\bar{Q} = 1.25$ führt schließlich zur Verteilung in Punkt C.

**Abbildung 14.11.** Optimale Verteilung der Fangquoten

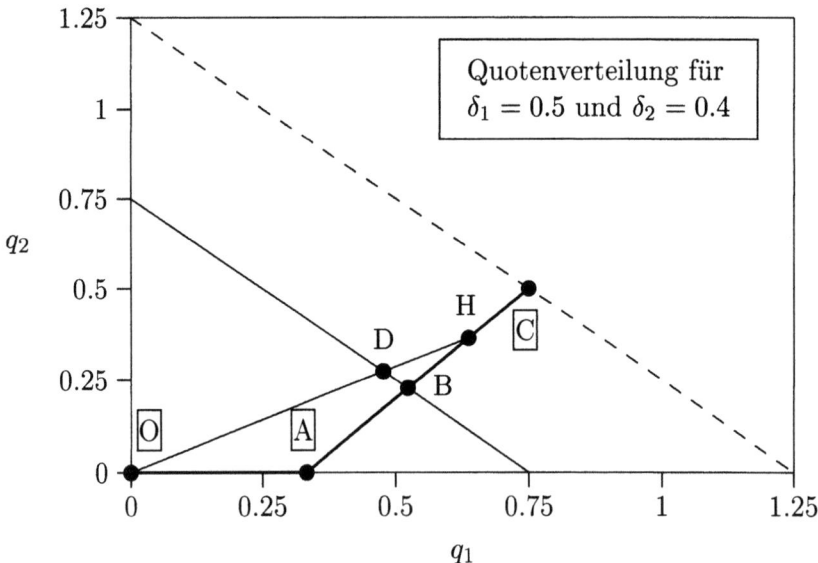

Für eine vorgegebene maximale Fangmenge $Q = 0.75$ liefert der Schnittpunkt der Geraden $q_1 + q_2 = 0.75$ mit OAC die optimale Aufteilung in B. Wurden nun vor der Beschränkung die gewinnmaximalen Fangmengen H realisiert (H ist ein kurzfristiges Gleichgewicht) und wird eine Zuweisung der Quoten auf der Grundlage dieser früheren Fangmengen durchgeführt, so müsste die Verteilung D gewählt werden, die offenbar von der optimalen Verteilung abweicht. Somit zeigt Abbildung 14.11 auch, dass eine Verteilung der Quoten auf der Grundlage "historischer" Fangmengen nicht unbedingt optimal ist.

Auch bezüglich der optimalen Quoten gilt $q_1/q_2 > \delta_1/\delta_2$. Dies folgt aus der entsprechenden Eigenschaft für die kurzfristigen Gleichgewichte und der erwähnten Tatsache, dass die optimale Verteilung der Quoten einem kurzfristigen Gleichgewicht zu einem bestimmten Preisverhältnis $w/p$ entspricht. Damit wird auch bei der optimalen Aufteilung der Quoten die relative Leistungsfähigkeit der Betriebe berücksichtigt.

In diesem Fall bleibt auch der schon diskutierte Anreiz, in die Ausrüstung der Fangschiffe zu investieren, erhalten. Bei sachgemäßer Handhabung der Quoten wird zwar das Problem der Überfischung umgangen, das Problem der Überkapitalisierung bleibt bestehen und lässt sich offenbar nur durch direkte Eigentumsrechte im Sinne nicht übertragbarer Quoten vermeiden. Wie weit handelbare Quoten den Sachverhalt beeinflussen, soll hier nicht mehr erörtert werden.

Alternativ kämen im nationalen Rahmen noch Pigou-Steuern zur Internalisierung der zugrundeliegenden externen Effekte in Betracht. Berücksichtigt man, dass die Betriebe in Abhängigkeit von der Leistungsfähigkeit der Fangflotte auf das öffentliche Gut "Fisch" zugreifen, so müsste jedes Unternehmen in Bezug auf seine Leistungsfähigkeit besteuert werden. Dies kommt in dem hier betrachteten Kontext einer "Kapitalsteuer" ziemlich nahe.

---

**Frankfurter Allgemeine Zeitung vom 16.12.2000:** "Kabeljau wird zur teuren Delikatesse: EU-Minister beschließen drastische Kürzungen der Fangquoten"

Zum Schutz der seit längerem gefährdeten Fischbestände hat der Ministerrat der EU die Fangquoten für nächstes Jahr drastisch gekürzt. Dies gilt vor allem für den besonders gefährdeten Kabeljau und den Seehecht, deren Fangmengen gegenüber diesem Jahr um rund 40 Prozent verringert wurden. Für den Seehecht hatte die Europäische Kommission mit 74 Prozent eine noch höhere Kürzung vorgeschlagen, der die Fischereiminister jedoch nicht folgen wollten. Dennoch haben die Minister am Freitag insgesamt die bislang drastischste Kürzung der Fangquoten in der Geschichte der gemeinsamen Fischereipolitik der EU getroffen. Alle Beschlüsse beruhen auf Empfehlungen von Wissenschaftlern.

Damit die Verbraucher auch morgen noch Fisch auf den Tellern hätten, sei der Beschluss nötig geworden, hieß es übereinstimmend in der Europäischen Kommission wie auch bei den Delegationen der Mitgliedsländer. Mit der Reduzierung der Gesamtfangmenge gehen auch die deutschen Quoten im nächsten Jahr empfindlich zurück. So dürfen die deutschen Fischer nur noch 5230 Tonnen statt 9500 Tonnen Kabeljau in der Nordsee fangen. Die Quote vor Grönland sinkt von 25360 Tonnen in diesem Jahr auf nur noch 1636 Tonnen Kabeljau. Das wird sich auch auf andere Fischarten auswirken, mit denen der Kabeljau als "Beifang" gefischt wird. Betroffen davon sind vor allem Seezunge, Schellfisch, Scholle und Wittling. Rückläufige Mengen müssen die deutschen Fischer auch für Rotbarsch vor Grönland hinnehmen, dessen Quote von 52000 Tonnen auf 30000 Tonnen gekürzt worden ist. ...

---

Diese Überlegungen beenden den Themenkreis "Überfischung der Weltmeere". Zusammenfassend bleibt festzuhalten, dass dem Außenhandel alleine nur eine begrenzte Schuld an diesem Umweltproblem zugewiesen werden kann. Vielmehr steckt die Problematik in fehlenden Eigentumsrechten sowie in offenbar übersteigerten Anreizen für Investitionen in die Ausstattung der Fangflotten. Vor diesen Ergebnissen greift das folgende Kapitel den Zusammenhang zwischen Umwelt und Außenhandel in einem allgemeineren Kontext auf.

# 15. Umwelt und Freihandel: Eine Analyse relevanter Problemfelder

Bhagwati (1996) geht in seiner Veröffentlichung neben den schon erwähnten "Fehlmeinungen" (vgl. Abschnitt 13.4) auch auf eine Reihe von tatsächlichen und ernsthaften Konfliktfeldern zwischen Umwelt und Außenhandel ein, denen wir uns in diesem Kapitel vorrangig widmen wollen. Nach einer kurzen Präsentation dieser Konfliktfelder im folgenden Abschnitt wollen wir anhand eines formalen Modells eine fundiertere Antwort auf deren ökonomische und ökologische Relevanz geben. Der formale Ansatz ist zwar so einfach wie möglich gewählt, berücksichtigt aber dennoch die Charakteristika der Politikfelder Umwelt und Freihandel. Auf diese Weise erlaubt das Modell, das natürlich wiederum kein getreues Abbild der realen Welt sein kann und auch nicht sein will, wieder einen interessanten Einblick in Zusammenhänge, die selbst aber – und das ist das Entscheidende – einen realen Bezug haben. Das hier verwendete Modell bringt einige Ergebnisse aus Weber/Wiesmeth (2000).

## 15.1 Beachtenswerte Problemfelder

Die beachtenswerten Problemfelder zwischen Umwelt und Freihandel sind nach Bhagwati (1996) dadurch charakterisiert, dass sie – wie die Fehlmeinungen – einfach darstellbar sind, dass sie aber im Gegensatz zu diesen nicht so einfach zu widerlegen sind. Demzufolge prägen diese Problembereiche das Verhältnis zwischen Freihandel und Umwelt doch nachhaltiger. Folgende Konfliktfelder zählen dazu:

**Ungerechter Handel:** Freihandel wird oft dann als "ungerecht" angesehen, wenn einige der beteiligten Länder einen nach Meinung der anderen ungerechtfertigten Kostenvorteil haben. Niedrigere Umweltauflagen können einen derartigen Kostenvorteil bedeuten.

**Reduzierung der Standards:** Freihandel mit Ländern, die niedrige Umweltstandards haben, kann über den Wettbewerbsdruck zur

Rücknahme der eigenen, höheren Standards führen. Befürchtet wird ein "Race towards the Bottom", also ein Wettlauf um den Erhalt der Wettbewerbsfähigkeit mit immer niedrigeren Umweltstandards.

**Ethische Präferenzen:** Gelegentlich wird argumentiert, wir sollten nur mit solchen Ländern Außenhandel betreiben, die bezüglich des Umweltschutzes und anderer wirtschaftlich relevanter Aspekte dieselben ethischen Einstellungen haben wie wir selbst.

**Wohlfahrtsminderung:** Das mit dem Freihandel einhergehende steigende Produktionsvolumen wird die Umweltbedingungen in einem Ausmaß verschlechtern, dass der dadurch hervorgerufene Wohlfahrtsverlust durch die zunehmenden Konsummöglichkeiten nicht mehr kompensiert werden kann.

In der Tat sind mit diesen Konfliktfeldern weltweit viele Versuche verbunden, eine weitere Ausweitung des Außenhandels zu verhindern. Die Diskussionen am Rande der gescheiterten WTO-Konferenz Ende 1999 in Seattle und danach haben dies besonders deutlich gemacht. Viele der WTO-Gegner betrachteten die Handelsorganisation offenbar als Umweltsünder, der die Erde ausplündert. Die Gewerkschaften beklagten sich mehr über drohende Verluste von Arbeitsplätzen, wohingegen Vertreter aus den Entwicklungsländern von den ökologischen und sozialen Normen (etwa in der Form von Arbeitsstandards) des reichen Nordens nichts wissen wollten.

---

**Frankfurter Allgemeine Zeitung vom 2.12.2000:** "Die WTO ist fast ein Monster: Ausschreitungen und Plünderungen in Seattle"

Der Aufstand gegen die Globalisierung begann am frühen Morgen. Erst zogen die Grünen und die Gegner der Gentechnik auf und blockierten die Ministerkonferenz der Welthandelsorganisation (WTO) in Seattle, so dass die Eröffnungszeremonie ausfallen musste. Am Mittag marschierten dann über 20 000 Gewerkschafter durch die Stadt im amerikanischen Nordwesten. Auch dabei blieb es noch relativ friedlich. Am Nachmittag aber zeigten sich die Anarchisten und Vandalen....

Die Welthandelsorganisation hatte zwar Demonstrationen erwartet, weil das Unbehagen an der Globalisierung zur Zeit viele Protestgruppen vereint. Mit einem derartigen Aufmarsch und einer solch wüsten Schlacht hatte aber niemand gerechnet. ...Die meist jungen WTO-Gegner verband die feste, ja fast fundamentalistische Überzeugung, dass die Handelsorganisation ein Umweltsünder ist, der die Erde ausplündert. Außerdem hält man die WTO für undemokratisch, weil sie angeblich nicht von den Regierungen, sondern von den globalen Konzernen kontrolliert werde. Kritik an der "kapitalistischen Habgier" der Konzerne trugen auch die Gewerkschafter auf ihren Transparenten durch die Straßen von Seattle. Doch sie beklagten sich mehr über die Verluste von Arbeitsplätzen.

Die Amerikaner empfinden den wüsten Tag in Seattle aber keineswegs als große Image-Einbuße. ...Präsident Clinton, der wenige Stunden nach Beginn der Proteste nach Seattle reiste, lobte sogar die Teilnehmer. Er sieht sich nun in seiner Forderung bestärkt, dass die Handelsorganisation soziale Normen in ihr Regelwerk einbeziehen und mehr Rücksicht auf Umweltbelange nehmen müsse.

...Viele Diplomaten aus Entwicklungsländern dürften in Seattle erstmals jenen Gegnern aus Industriestaaten Auge in Auge gegenüber gestanden haben, die in der Globalisierung einen Fluch und in der WTO fast ein Monster sehen. Die Dritte Welt fühlt sich benachteiligt, sie will von all den Forderungen nichts wissen, die im reichen Norden an die Handelsorganisation herangetragen werden. Dazu zählen ökologische und soziale Normen, die etwa den Raubbau an Tropenwäldern beschränken oder Kinderarbeit durch Handelssanktionen unterbinden sollen. Dahinter wittern die Vertreter der Entwicklungsländer den Protektionismus der Reichen. Die "Battle in Seattle" dürfte sie jedoch wohl kaum davon überzeugt haben, dass die Anliegen von Grünen und Gewerkschaftern ernst zu nehmen sind.

---

Für eine ausführliche verbale Argumentation zu diesen Sachverhalten ist auf Bhagwati (1996) zu verweisen. Die tatsächliche Relevanz einiger dieser Problemfelder wird in den nun folgenden theoretischen Analysen noch exakter herausgearbeitet. Dabei wird unter anderem die Frage der "Harmonisierung" von Umweltstandards eine Rolle spielen, die auf allen Politikebenen immer wieder angesprochen und gefordert wird.

## 15.2 Die grundlegenden Modellannahmen

Wir betrachten zwei Länder, in denen jeweils zwei Konsumgüter unter Einsatz der beiden Faktoren Arbeit und Umwelt produziert werden können. Die Produktionsfunktionen sind gegeben durch:

$$f_{ij}(e_i, z_{ij}) = \beta_{ij}(1 - e_i)z_{ij} \text{ für } i, j = 1, 2.$$

$e_i$ mit $0 \leq e_i \leq 1$ bezeichnet einen möglicherweise aggregierten Umweltstandard in Land $i$ und $Z_i$ ist die verfügbare Menge des Faktors Arbeit in Land $i$, $i = 1, 2$. Land $i$ habe einen komparativen Kostenvorteil in der Produktion von Gut $i$, $i = 1, 2$. Dies bedeutet für die Parameter der Produktionsfunktionen:

$$\frac{\beta_{11}}{\beta_{12}} > \frac{\beta_{21}}{\beta_{22}}.$$

Komparative Kostenvorteile generieren in diesem Modell die "Gewinne" aus dem Außenhandel. Skalenerträge oder abgeschwächter unvollkommener Wettbewerb als alternative mögliche Quellen eines Gewinns aus dem Außenhandel werden hier nicht betrachtet (vgl. etwa Ethier (1995) für eine umfassende Darstellung der Theorie des Außenhandels).

### Hinweis 15.1
*Die Beschränkung auf zwei Länder, zwei Güter und zwei Faktoren dient der Einfachheit der Darstellung. Interessanter ist die Interpretation der "Umwelt" als Faktor. Die (saubere) Umwelt wird demnach belastet, indem sie in die Produktionsprozesse eingesetzt und in gewissem Sinn "verbraucht" wird. Das Regenerationspotential der Natur kompensiert allerdings diese Belastungen bis zum Beginn der nächsten Periode. Darüber hinaus zeigt die Formulierung der Produktionsfunktionen, dass die beiden Faktoren gegeneinander substituierbar sind, eine geringere Belastung der Umwelt kann demzufolge durch einen höheren Einsatz des Faktors Arbeit kompensiert werden. Wird folglich der Umweltstandard angehoben, so kann mit derselben Menge an Arbeit nur eine geringere Menge der Konsumgüter hergestellt werden, vielleicht auch deswegen, weil nun mehr Arbeit zur Reinhaltung der Umwelt benötigt wird. Der Begriff "Umweltstandard" in der hier gewählten Formulierung gibt den Grad an, zu dem die Umweltbelastungen, die in der betrachteten Ökonomie anfallen, beseitigt oder verhindert werden.*

Die Konsumenten sind in beiden Ländern jeweils identisch und charakterisiert durch eine homothetische Nutzenfunktion $u_i$, $i = 1, 2$:

$$u_i(x_{i1}, x_{i2}, e) = x_{i1}^{\alpha_{i1}} \cdot x_{i2}^{\alpha_{i2}} \cdot e^{\alpha_{i3}} \text{ mit } \alpha_{ij} \geq 0 \text{ und } \alpha_{i1} + \alpha_{i2} = 1.$$

Bei "regionalen" Umwelteffekten gilt $e = e_i$ für $i = 1, 2$, wohingegen bei "internationalen" Umwelteffekten $e = 0.5 \cdot (e_1 + e_2)$ gesetzt wird. $\alpha_{ij}$, $i, j = 1, 2$, ist der Anteil des Einkommens der Konsumenten des Landes $i$, der für Gut $j$ ausgegeben wird. Insbesondere aber ist Parameter $\alpha_{i3}$ von Interesse. Der Wert dieses Parameters bringt die "Neigung" der Konsumenten zum Schutz der Umwelt zum Ausdruck, ein höheres $\alpha_{i3}$ gibt der Umwelt ein höheres Gewicht in den persönlichen Präferenzen der Individuen.

**Hinweis 15.2**
*Die Annahme identischer Konsumenten in jedem Land mit homothetischen Präferenzen erlaubt eine Darstellung der Länder mit einem repräsentativen Konsumenten. Dies wiederum ermöglicht eine einfache Lösung des Problems der Wahl eines Umweltstandards: Diese Wahl wird sich nun am Nutzen des repräsentativen Konsumenten orientieren. Zu beachten ist ferner, dass die Umwelt, jetzt als nutzenstiftendes "Konsumgut", in den Nutzenfunktionen beider Konsumenten auftritt, dass es also keine Rivalität im Konsum gibt, ein charakteristisches Merkmal öffentlicher Güter und eben auch vieler Umweltgüter (vgl. Abschnitt 4.1).*
*Regionale Umwelteffekte entstehen in einem der Länder und bleiben in ihrer Wirkung auf dieses Land beschränkt. Dagegen beeinflussen internationale Umwelteffekte beide Länder. Selbstverständlich ist es möglich, die Wirkung der Umwelteffekte über "Impaktfaktoren" abzuändern, so dass beispielsweise klimatische Verhältnisse (dominante Windrichtung) Berücksichtigung finden (vgl. Weber/Wiesmeth (2000)). Diese Modifikation soll hier der Einfachheit der Darstellung halber nicht weiter betrachtet werden.*

Produktion und Konsum der Güter erfolgen in einem Marktsystem unter den Bedingungen des vollkommenen Wettbewerbs. Somit wird die Allokation der Güter sowie des Faktors Arbeit über den Marktmechanismus geregelt. Die Umweltstandards werden von den Regierungen der Länder, von den jeweiligen Umweltbehörden festgelegt. Diese Umweltbehörden berücksichtigen realitätskonform die diesbezüglichen Aktivitäten im anderen Land, so dass das Konzept des Nash-Gleichgewichts als Lösungskonzept verwendet wird. Formal werden teilspielperfekte Gleichgewichte eines "Spiels" ermittelt. Dabei werden zunächst auf nationaler Ebene die Umweltstandards gewählt, anschließend treffen Konsumenten und Produzenten ihre Entscheidungen.

### Hinweis 15.3
*Von Bedeutung ist die Lösung des Allokationsproblems, die für die privaten Güter über den Marktmechanismus erfolgen soll. Für das öffentliche Gut Umwelt ist die Problematik des Marktversagens zu beachten. Aus diesem Grund erfolgt die Allokation über Entscheidungen der Umweltbehörden. Da diese dabei die Vorgehensweise des anderen Landes berücksichtigen, ergibt sich eine "strategische Situation", die wieder mit dem Konzept des Nash-Gleichgewichts analysiert wird. Ein teilspielperfektes Nash-Gleichgewicht genügt zusätzlichen Bedingungen, die im Rahmen dieses Modells eine besondere, noch hervorzuhebende Bedeutung haben.*

*Gleichzeitig impliziert die hier gewählte Vorgehensweise, dass die Festlegung der Umweltstandards nicht über internationale Vereinbarungen geregelt wird. Derartige Vereinbarungen sind - wie die Erfahrung zeigt - nur in langwierigen Verhandlungen zu erreichen und betreffen auch meist nur internationale Umwelteffekte (vgl. hierzu etwa Abschnitt 1.2).*

Natürlich spielt diese "strategische" Betrachtung des Zusammenwirkens von Umweltpolitik und Freihandel auch in anderen Veröffentlichungen eine Rolle. So etwa in Ulph (1996), wo die Möglichkeit eines "Öko-Dumping" analysiert wird unter der Annahme, dass sowohl die Regierungen als auch die Produzenten strategisch agieren. Batabyal (1998) untersucht unter anderem die Frage, ob eine Umweltpolitik unter den Annahmen eines Cournot-Spiels zu einer Wohlfahrtsminderung führen kann. Weitere Veröffentlichungen von Conrad (1994) und Barrett (1994) berücksichtigen in diesem Kontext auch oligopolistische Marktstrukturen.

Wir kommen nun zur Definition der zentralen Gleichgewichtskonzepte für den Autarkiezustand und für den unbeschränkten Freihandel:

### Definition 15.2.1
*Ein Autarkiegleichgewicht in Land $i$, $i = 1, 2$, zu Preisen $(w_i^A, p_{ij}^A)$ ist gegeben durch eine Allokation $(x_{ij}^A, z_{ij}^A, e_i^A)_{j=1,2}$ mit:*

- $x_{ij}^A = f_{ij}(e_i^A, z_{ij}^A)$ *für* $j = 1, 2$,
- $z_{i1}^A + z_{i2}^A = Z_i$,
- $(z_{i1}^A, z_{i2}^A)$ *ist eine gewinnmaximale Faktorallokation,*
- *das Güterbündel* $(x_{i1}^A, x_{i2}^A)$ *maximiert den Nutzen des Konsumenten in Land $i$ gegeben das Budget $w_i^A \cdot Z_i$ und gegeben $e$,*

- $e_i^A$ maximiert $u_i(x_{i1}^A, x_{i2}^A, e)$ zu gegebenem $e_j^A$, wobei $x_{ij}^A$, $j = 1,2$, als Funktion von $e$ betrachtet wird.

**Definition 15.2.2**
Ein Freihandelsgleichgewicht zum Preissystem $(w_i^H, p_1^H, p_2^H)$, $i = 1,2$, ist gegeben durch eine Allokation $(x_{ij}^H, z_{ij}^H, e_i^H)_{i,j=1,2}$, so dass für $i, j = 1,2$ gilt:

- $x_{1j}^H + x_{2j}^H = f_{1j}(e_1^H, z_{1j}^H) + f_{2j}(e_2^H, z_{2j}^H)$,
- $z_{i1}^H + z_{i2}^H = Z_i$,
- $(z_{i1}^H, z_{i2}^H)$ ist eine gewinnmaximale Faktorallokation,
- das Güterbündel $(x_{i1}^H, x_{i2}^H)$ maximiert den Nutzen des Konsumenten in Land $i$ gegeben das Budget $w_i^H \cdot Z_i$ und gegeben $e$,
- $e_i^H$ maximiert $u_i(x_{i1}^H, x_{i2}^H, e)$ zu gegebenem $e_j^H$, wobei $x_{ij}^H$ als Funktion von $e$ betrachtet wird.

**Hinweis 15.4**
*Konkreter wird mit diesen Gleichgewichtskonzepten folgende strategische Situation dargestellt: Im ersten Zug entscheiden die staatlichen Behörden über die Werte der Umweltstandards. Danach treffen die Konsumenten und die Produzenten ihre optimalen Entscheidungen. Das Ergebnis dieser Entscheidungen ist ein Gleichgewicht dieses "Spiels", wenn die angeführten Bedingungen erfüllt sind.*
*Sowohl Autarkiegleichgewichte als auch Freihandelsgleichgewichte repräsentieren teilspielperfekte Gleichgewichte in folgendem Sinn: Haushalte und Unternehmer werden je nach Vorgabe der Standards $e_i$, $i = 1,2$, ihre optimalen Konsum- und Produktionsentscheidungen treffen, so dass letztlich $x_{ij}^A$ und $x_{ij}^H$, $i, j = 1,2$, Funktionen von $e$ sind. Diese funktionale Abhängigkeit wird nun von den Umweltbehörden vorab bei der Wahl der optimalen Werte der Umweltstandards berücksichtigt, die mögliche Reaktion der ökonomischen Agenten auf die Festlegung der Standards mit in Betracht gezogen.*
*Dies ist ein besonderes Informationserfordernis für teilspielperfekte Gleichgewichte. Nur wenn den Umweltbehörden die genannten funktionalen Zusammenhänge bekannt sind, wird sich ein teilspielperfektes Nash-Gleichgewicht einstellen können. Ansonsten bleibt immer noch die Alternative eines "gewöhnlichen" Nash-Gleichgewichts (vgl. etwa Holler/Illing (1996) zu teilspielperfekten Nash-Gleichgewichten).*

Für regionale und internationale Umwelteffekte ermitteln wir nun zuerst die verschiedenen Gleichgewichtszustände. Nach einer Analyse der wesentlichen Eigenschaften dieser Gleichgewichte wenden wir uns dem Übergang vom Autarkiezustand zum Freihandelsgleichgewicht zu. So können wir feststellen, ob und gegebenenfalls aus welchen Gründen die von Bhagwati (1996) aufgeworfenen Konfliktfelder Bestand haben.

Unsere Annahmen stellen sicher, dass für jedes Paar $(e_1, e_2)$ von Umweltstandards sowohl im Autarkiegleichgewicht als auch im Freihandelsgleichgewicht eindeutige Lösungen für die Konsum- und Produktionsentscheidungen der ökonomischen Agenten vorliegen. Wir erhalten demzufolge die Gleichgewichtsmengen $x_{ij}^A(e_i)$ und $x_{ij}^H(e_1, e_2)$ für $i, j = 1, 2$. Diese Gleichgewichtsmengen resultieren aus dem Wirken des Marktmechanismus auf den Güter- und Faktormärkten bei gegebenen Werten $(e_1, e_2)$. Die unterschiedliche Wirkung der regionalen oder internationalen Umwelteffekte zeigt sich erst bei der Wahl der Werte für die Umweltstandards.

Man kann auf diese Weise die Lösung des Spiels auf eine Stufe reduzieren, nämlich auf die optimale Wahl der Umweltstandards, so dass gemäß der Definition eines Gleichgewichts die Nutzen der jeweiligen repräsentativen Konsumenten maximiert werden. Demzufolge können die betrachteten Gleichgewichte, Autarkie- und Freihandelsgleichgewicht bei jeweils regionalen oder internationalen Umwelteffekten, letztlich alleine durch die Angabe der optimalen Werte der Umweltstandards beschrieben werden. Dies wird in den folgenden Überlegungen noch verdeutlicht.

## 15.3 Autarkiegleichgewicht

Zu gegebenen Werten $(e_1, e_2)$ für die Umweltstandards erhält man auf der zweiten Stufe des Spiels die optimalen Entscheidungen der Produzenten und Konsumenten. Diese Werte repräsentieren eine Gleichgewichtsallokation auf den Gütermärkten und auf dem Markt für den Faktor Arbeit. Ein Gleichgewichtspreissystem kann aus der Null-Gewinnbedingung für den hier vorliegenden Fall von Produktionsfunktionen mit konstanten Skalenerträgen errechnet werden. Konkret gilt:

$$x_{11}^A(e_1) = \alpha_{11}\beta_{11}(1-e_1)Z_1, \quad x_{12}^A(e_1) = \alpha_{12}\beta_{12}(1-e_1)Z_1,$$
$$x_{21}^A(e_2) = \alpha_{21}\beta_{21}(1-e_2)Z_2, \quad x_{22}^A(e_2) = \alpha_{22}\beta_{22}(1-e_2)Z_2.$$

Diese Werte werden nun in die Nutzenfunktionen der Konsumenten unter der Annahme regionaler oder internationaler Umwelteffekte eingesetzt. Die optimale, nutzenmaximierende Wahl von $e_i$ bei gegebenem Wert von $e_j$, $i \neq j$, führt dann zu dem schon bekannten Konzept der Reaktionsfunktion (vgl. dazu Abschnitt 14.1) $e_1 = e_1(e_2)$ bzw. $e_2 = e_2(e_1)$ und schließlich zu den Werten des gesuchten Nash-Gleichgewichts.

**Regionale Umwelteffekte:** Die eben skizzierte Vorgehensweise führt im Fall regionaler Umwelteffekte zum Gesamtnutzen von $v_i^{R,A}(e_i) = u_i(x_{i1}^A(e_i), x_{i2}^A(e_i), e_i)$ in Abhängigkeit von den Standards. Man erkennt, dass der Nutzen $u_i$ nur abhängig ist von der Wahl des eigenen Standards $e_i$, nicht aber von der Wahl von $e_j$, $i \neq j$. Dies ist auch verständlich, da es zwischen den beiden Ländern im Autarkiezustand keine Handelsbeziehungen gibt, und da auch keine grenzüberschreitenden Umweltbelastungen eine Verbindung schaffen. Man erkennt des Weiteren, dass eine Erhöhung des Standards einerseits den Nutzen erhöht durch eine sauberere Umwelt, andererseits aber den Nutzen reduziert durch ein geringeres Angebot an den Konsumgütern. Insgesamt erhält man die Gleichgewichtswerte für die Standards aus der Bedingung erster Ordnung. Die Bedingung zweiter Ordnung für ein Maximum ist für die gegebene Nutzenfunktion ebenfalls erfüllt. Konkret gilt für die Gleichgewichtswerte:

$$e_1^{R,A} = \frac{\alpha_{13}}{1+\alpha_{13}}, \quad e_2^{R,A} = \frac{\alpha_{23}}{1+\alpha_{23}}.$$

Die gleichgewichtigen Werte hängen demzufolge nur von den jeweiligen Neigungen zum Umweltschutz ab, wobei ein höherer Wert von $\alpha_{i3}$ zu einem höheren Wert für den entsprechenden Standard führt. Die erwähnte Unabhängigkeit von den Entscheidungen des anderen Landes bedeutet, dass $(e_1^{R,A}, e_2^{R,A})$ effizient ist in folgendem Sinn: Es gibt keine Werte $(e_1, e_2)$ so dass $v_i^{R,A}(e_i) > v_i^{R,A}(e_i^{R,A})$ gilt für beide Länder $i = 1, 2$. Folglich führen hier die Marktkräfte im Verein mit den Entscheidungen der Umweltbehörden zu einem in diesem Sinn effizienten Ergebnis.

**Internationale Umwelteffekte:** Im Fall internationaler Umwelteffekte erhalten wir für den Nutzen in Abhängigkeit von den Standards: $v_i^{I,A}(e_1, e_2) = u_i(x_{i1}^A(e_i), x_{i2}^A(e_i), 0.5(e_1+e_2))$. Die grenzüberschreitende Umweltbelastung führt zur wechselseitigen Abhängigkeit der Nutzen von den jeweiligen Standards. Die durch die "indirekten" Nutzenfunktionen $v_i^{I,A}(e_1, e_2)$, $i = 1, 2$, definierten Indifferenzkurven zu $(e_1, e_2)$ sind unter den gegebenen Annahmen konvex

## 15. Umwelt und Freihandel: Eine Analyse relevanter Problemfelder

gekrümmt. Die Gleichgewichtswerte für die Standards sind gegeben durch die folgenden Formeln. Dabei ist zu beachten, dass diese Werte für eine innere Lösung nur zulässig sind, wenn sie nicht-negativ sind; ansonsten ergeben sich Randlösungen. Diese Anmerkung gilt auch für die übrigen Gleichgewichtslösungen. Konkret erhalten wir:

$$e_1^{I,A} = \frac{\alpha_{13} + \alpha_{13}\alpha_{23} - \alpha_{23}}{\alpha_{13} + \alpha_{13}\alpha_{23} + \alpha_{23}}, \quad e_2^{I,A} = \frac{\alpha_{23} + \alpha_{13}\alpha_{23} - \alpha_{13}}{\alpha_{23} + \alpha_{13}\alpha_{23} + \alpha_{13}}.$$

Die gleichgewichtigen Werte hängen wiederum nur von den jeweiligen Neigungen zum Umweltschutz ab, wobei allerdings die Werte beider Länder eine Rolle spielen. Wiederum wählt das Land mit der höheren Neigung zum Umweltschutz den höheren Standard.

**Abbildung 15.1.** Autarkiegleichgewicht bei internationalen Umwelteffekten

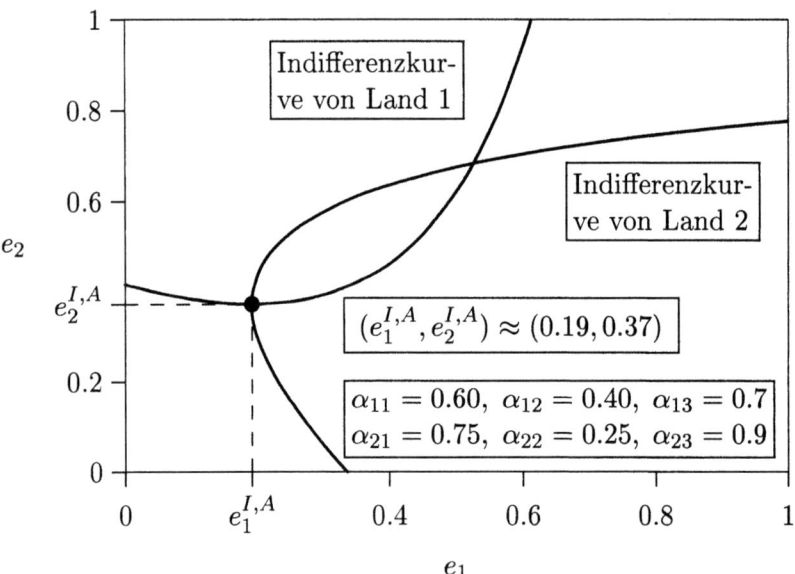

Die Frage nach der Effizienz des Gleichgewichts stellt sich hier in einem neuen Licht: Eine einseitige Erhöhung des Standards durch ein Land steigert offenbar den Nutzen des anderen Landes. Zusammen mit der Konvexität der Indifferenzkurven impliziert dies die Existenz von Werten $e_i > e_i^{I,A}$ für $i = 1, 2$ so dass $v_i^{I,A}(e_1, e_2) > v_i^{I,A}(e_1^{I,A}, e_2^{I,A})$ für $i = 1, 2$. In diesem Sinne führt das Gleichgewicht zu einem zu geringen Niveau der Umweltschutzaktivitäten. In Abbildung 15.1 sind die für beide Länder besseren

Lösungen in der eingezeichneten Linse enthalten. Die Ineffizienz dieses Gleichgewichts resultiert aus den externen Effekten: Bei der Wahl eines Standards wird die Wirkung auf das andere Land nicht mitberücksichtigt. Diese Überlegungen werden noch bei der Frage nach der Wirkung einer Harmonisierung der Standards eine Rolle spielen.

## 15.4 Freihandelsgleichgewicht

Für das Freihandelsgleichgewicht ist zu beachten, dass es unter den gegebenen Annahmen zur vollkommenen Spezialisierung eines Landes auf die Produktion eines Gutes kommen wird. Genauer wird in Land $i$ nur Gut $i$, $i = 1, 2$, produziert werden (vgl. Ethier (1995) für diese grundlegenden Zusammenhänge). Man erhält auf der zweiten Stufe des Spiels im Gleichgewicht zu gegebenen Werten $(e_1, e_2)$ für die Umweltstandards dann die folgenden Entscheidungen der Produzenten und Konsumenten:

$$x_{11}^H(e_1, e_2) = \alpha_{11}\beta_{11}(1-e_1)Z_1, \quad x_{12}^H(e_1, e_2) = \alpha_{21}\beta_{22}(1-e_2)Z_2,$$
$$x_{21}^H(e_1, e_2) = \alpha_{12}\beta_{11}(1-e_1)Z_1, \quad x_{22}^H(e_1, e_2) = \alpha_{22}\beta_{22}(1-e_2)Z_2.$$

Diese Werte werden wieder in die Nutzenfunktionen der Konsumenten unter der Annahme regionaler oder internationaler Umwelteffekte eingesetzt. Die optimale, nutzenmaximierende Wahl von $e_i$ bei gegebenem Wert von $e_j$, $i \neq j$, führt dann auch hier über die Reaktionsfunktionen zu den gesuchten Gleichgewichtswerten.

**Hinweis 15.5**
*In den obigen Formeln für die gleichgewichtigen Konsummengen hängt beispielsweise die Nachfrage $x_{12}^H(e_1, e_2)$ aus Land 1 für Gut 2 vom Faktorvorrat $Z_2$ des Landes 2 ab. Dies erklärt sich aus der Spezialisierung im Außenhandel: Gut 2 wird unter den gegebenen Annahmen im Freihandelsgleichgewicht nur von Land 2 produziert und exportiert werden. Natürlich hängt dieses Resultat von den sehr speziellen Annahmen an die Grunddaten der Ökonomie ab.*

**Regionale Umwelteffekte:** Im Fall regionaler Umwelteffekte ergibt sich der indirekte Nutzen in Abhängigkeit von den Standards zu:
$v_i^{R,H}(e_1, e_2) = u_i(x_{i1}^H(e_1, e_2), x_{i2}^H(e_1, e_2), e_i)$. Man erkennt, dass eine

Erhöhung der Standards einerseits den Nutzen erhöht durch eine sauberere Umwelt, andererseits aber den Nutzen reduziert durch ein geringeres Angebot an den Konsumgütern. Insgesamt sind die Gleichgewichtswerte für die Standards gegeben durch:

$$e_1^{R,H} = \frac{\alpha_{13}}{\alpha_{11} + \alpha_{13}}, \quad e_2^{R,H} = \frac{\alpha_{23}}{\alpha_{22} + \alpha_{23}}.$$

Neben den Neigungen zum Schutz der Umwelt spielen hier noch die relativen Ausgaben auf die jeweils im Land produzierten Güter eine Rolle. Mit einem höheren Anteil werden die Umweltbehörden die Standards niedriger ansetzen, um die heimische Produktion nicht zu sehr zu beeinträchtigen. Demzufolge gilt: $e_1^{R,H} > e_2^{R,H}$ genau dann, wenn $\alpha_{13}/\alpha_{11} > \alpha_{23}/\alpha_{22}$. Trotz $\alpha_{13} < \alpha_{23}$ ist es damit möglich, dass $e_1^{R,H} > e_2^{R,H}$ gilt: Bei Freihandel sind höhere Umweltstandards nicht länger notwendigerweise Ausdruck eines höheren Umweltbewusstseins, gemessen an den Werten der Parameter $\alpha_{i3}$, $i = 1, 2$.

**Abbildung 15.2.** Freihandelsgleichgewicht bei regionalen Umwelteffekten

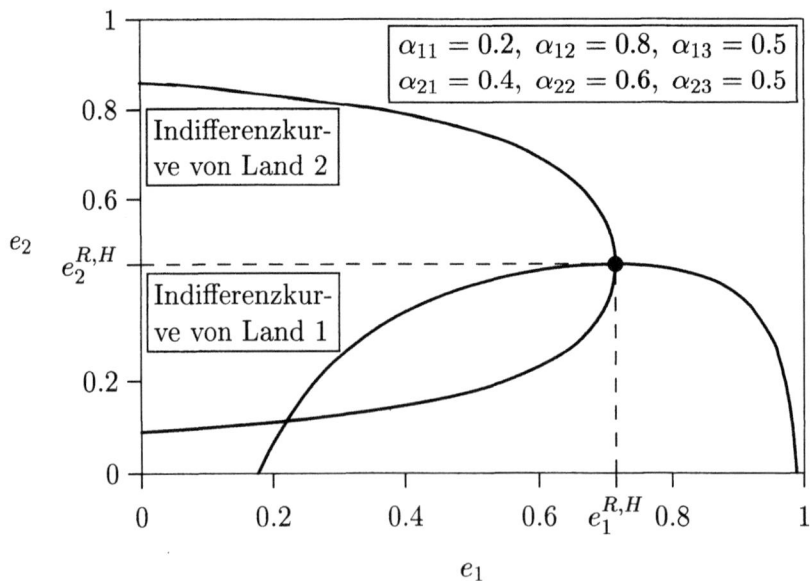

Die Ineffizienz des Gleichgewichts zeigt sich in folgender Überlegung: Eine einseitige Reduzierung des Standards durch ein Land steigert den Nutzen des anderen Landes. Berücksichtigt man die

Konvexität der Indifferenzkurven, so bedeutet das die Existenz von Werten $e_i < e_i^{R,H}$ mit $v_i^{R,H}(e_1, e_2) > v_i^{R,H}(e_1^{R,H}, e_2^{R,H})$ für $i = 1, 2$. Beide Länder betreiben demnach in diesem Sinne "zu viel" Umweltschutz. Diese Situation ist in Abbildung 15.2 dargestellt mit dem Gleichgewicht $(e_1^{R,H}, e_2^{R,H}) \approx (0.71, 0.45)$.

**Internationale Umwelteffekte:** Im Fall internationaler Umwelteffekte ergibt sich der indirekte Nutzen in Abhängigkeit von den Standards zu: $v_i^{I,H}(e_1, e_2) = u_i(x_{i1}^H(e_1, e_2), x_{i2}^H(e_1, e_2), 0.5(e_1 + e_2))$. Die grenzüberschreitende Umweltbelastung führt zusammen mit der Handelsverflechtung zur wechselseitigen Abhängigkeit der Nutzen von den jeweiligen Standards. Die Gleichgewichtswerte für die Standards sind gegeben durch:

$$e_i^{I,H} = \frac{\alpha_{i3}\alpha_{jj} + \alpha_{13}\alpha_{23} - \alpha_{j3}\alpha_{ii}}{\alpha_{13}\alpha_{22} + \alpha_{13}\alpha_{23} + \alpha_{11}\alpha_{23}} \quad \text{für } i, j = 1, 2 \text{ und } i \neq j.$$

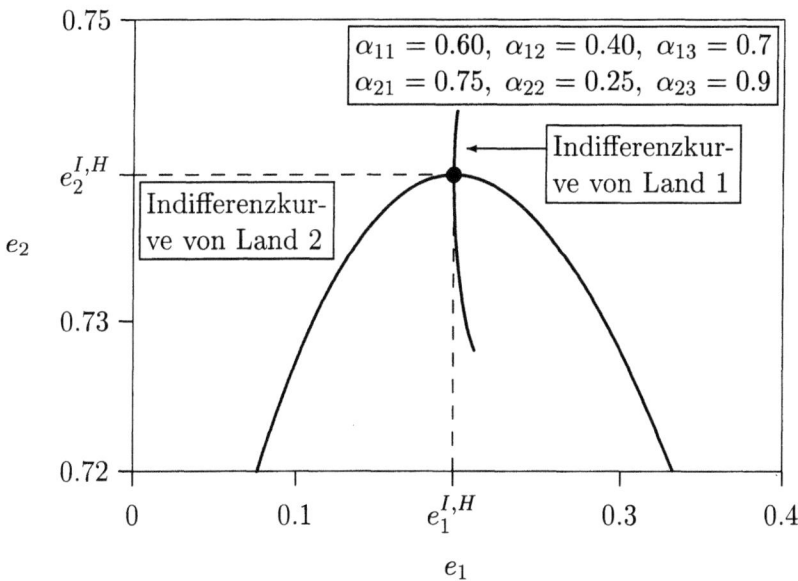

**Abbildung 15.3.** Freihandelsgleichgewicht bei internationalen Umwelteffekten

Auch in diesem Fall gilt $e_1^{I,H} > e_2^{I,H}$ genau dann, wenn $\alpha_{13}/\alpha_{11} > \alpha_{23}/\alpha_{22}$, und wiederum ist eine höhere Neigung zum Umweltschutz nicht unbedingt ursächlich für höhere Umweltstandards. Dagegen ist es nun komplizierter, eine detaillierte Antwort auf die Frage

254   15. Umwelt und Freihandel: Eine Analyse relevanter Problemfelder

nach den Effizienzeigenschaften des Gleichgewichts zu geben. Die Betrachtung der indirekten Nutzenfunktionen zeigt, dass eine Erhöhung des Standards in einem Land den Nutzen im anderen sowohl erhöhen als auch reduzieren kann: Einerseits reduziert ein höherer Standard die Konsumgüterproduktion und damit die Menge der Exportgüter, andererseits führt ein höherer Standard cet. par. auch zu besseren Umweltbedingungen im anderen Land. Welcher Effekt nun überwiegt hängt von den konkreten Werten der Parameter der Nutzenfunktionen sowie der Produktionsfunktionen ab. Insbesondere ist es damit möglich, dass in einem Land zu viel Umweltschutz betrieben wird, im anderen dagegen zu wenig. Abbildung 15.3 skizziert eine derartige Situation zu den Gleichgewichtswerten $(e_1^{I,H}, e_2^{I,H}) \approx (0.20, 0.74)$. Eine genauere Analyse dieses Beispiels zeigt in der Tat die erwähnten Besonderheiten.

Im nächsten Abschnitt soll untersucht werden, wie sich die Gleichgewichtswerte beim Übergang vom Autarkiezustand zum Freihandel ändern. Insbesondere soll in diesem Zusammenhang auf die eingangs skizzierten Konfliktfelder zwischen Umwelt und Freihandel eingegangen werden.

## 15.5 Übergang vom Autarkiezustand zum Freihandel

Die folgenden Überlegungen beziehen sich auf die schon erwähnten Problemfelder "Ungerechter Handel", "Reduzierung der Umweltstandards" und "Wohlfahrtsminderung". Zusätzlich untersuchen wir in diesem Zusammenhang die Möglichkeit einer wechselseitigen Reduzierung der Umweltstandards ("Race towards the Bottom") und gehen der Frage der Harmonisierung dieser Standards nach.

**Regionale Umwelteffekte:** Das folgende Resultat zeigt, dass eine wechselseitige Reduzierung der Standards im Rahmen der unterstellten Annahmen nicht auftreten kann. Die Zunahme der Gesamtproduktion beim Übergang vom Autarkiezustand zum Freihandel lässt genügend Raum für höhere Umweltstandards: Es gilt $e_i^{R,H} > e_i^{R,A}$ für $i = 1, 2$.

Im Konfliktfeld "Ungerechter Handel" werden unterschiedliche Umweltstandards oft mit unterschiedlichen Präferenzen bezüglich der Umwelt in Verbindung gebracht. Länder mit niedrigeren Standards sollten daher, so die häufige Forderung, ihre Standards nach oben

## 15.5 Übergang vom Autarkiezustand zum Freihandel

anpassen. Folgendes Beispiel zeigt, dass auch gleiche Umweltneigungen zu unterschiedlichen Standards führen können:

$\alpha_{11} = 0.2;\ \alpha_{12} = 0.8;\ \alpha_{13} = 0.5;\ \beta_{11} = 3;\ \beta_{12} = 1;\ Z_1 = 40,$
$\alpha_{21} = 0.9;\ \alpha_{22} = 0.1;\ \alpha_{23} = 0.5;\ \beta_{21} = 1;\ \beta_{22} = 2;\ Z_2 = 50.$

Im Ergebnis ist $e_1^{R,A} \approx e_2^{R,A} \approx 0.333$, jedoch $e_1^{R,H} \approx 0.714$ und $e_2^{R,H} \approx 0.833$, obwohl $\alpha_{13} = \alpha_{23}$ gilt. Dieses Beispiel zeigt als Ergebnis demnach, dass hinter unterschiedlichen Umweltstandards nicht unbedingt auch eine andere Einstellung zum Umweltschutz stecken muss.

Ein weiteres Ergebnis ist, dass beim Übergang vom Autarkiezustand zum Freihandel das Wohlfahrtsniveau sinken kann. Der Grund liegt hier allerdings in zu hoch gewählten Umweltstandards und nicht, wie man zunächst vermuten könnte, in zu hohen Produktionsniveaus mit entsprechenden Konsequenzen für die Umwelt. Wir betrachten das folgende Beispiel:

$\alpha_{11} = 0.05,\ \alpha_{12} = 0.95,\ \alpha_{13} = 0.5,\ \beta_{11} = 3,\ \beta_{12} = 1,\ Z_1 = 40;$
$\alpha_{21} = 0.90,\ \alpha_{22} = 0.10,\ \alpha_{23} = 0.5,\ \beta_{21} = 1,\ \beta_{22} = 2,\ Z_2 = 50.$

Für dieses Beispiel erhält man $v_1^{R,A} \approx 13.337 > 12.118 \approx v_1^{R,H}$ und $v_2^{R,A} \approx 14.902 > 7.881 \approx v_2^{R,H}$. Man beachte in diesem Zusammenhang, dass im Fall regionaler Umwelteffekte bei Freihandel "zu viel" Umweltschutz betrieben wird, jedenfalls unter den Annahmen dieses Modells. Das spiegelt sich im obigen Ergebnis wider.

**Internationale Umwelteffekte:** Auch für den Fall internationaler Umwelteffekte können wechselseitige Reduzierungen der Standards unter den Annahmen des Modells ausgeschlossen werden. Es gilt nämlich $e_1^{I,A} + e_2^{I,A} < e_1^{I,H} + e_2^{I,H}$, so dass zumindest einer der beiden Standards beim Übergang zum Freihandel zunehmen muss. Werden allerdings Impaktfaktoren berücksichtigt, so muss man unterscheiden zwischen der resultierenden Umweltbelastung und den absoluten Werten der Standards. Dies macht die Analyse in diesem Kontext ungleich schwieriger (vgl. Weber/Wiesmeth (2000)). Für das Konfliktfeld "Ungerechter Handel" erhält man zum Fall regionaler Umwelteffekte analoge Ergebnisse.

Die mögliche Wohlfahrtsminderung beim Übergang zum Freihandel demonstriert das folgende Beispiel. Wiederum liegt der Grund in einer Überbetonung der Umweltaktivitäten verbunden mit einem Rückgang der Güterproduktion:

$\alpha_{11} = 0.05$, $\alpha_{12} = 0.95$, $\alpha_{13} = 0.5$, $\beta_{11} = 3$, $\beta_{12} = 1$, $Z_1 = 40$;
$\alpha_{21} = 0.90$, $\alpha_{22} = 0.10$, $\alpha_{23} = 0.5$, $\beta_{21} = 1$, $\beta_{22} = 1$, $Z_2 = 50$.

Man errechnet mit diesen Parameterwerten $v_1^{I,A} \approx 17.532 > 14.999 \approx v_1^{I,H}$ und $v_2^{I,A} \approx 18.277 > 17.055 \approx v_2^{I,H}$.

**Hinweis 15.6**
*Diese Überlegungen anhand eines vergleichsweise einfachen theoretischen Modells erlauben Einsichten in Zusammenhänge, die man ohne formale Ableitung und Abstrahierung von unwesentlichen Aspekten nicht ohne weiteres erkennen würde. Offenbar sind aber derartige grundsätzliche Einsichten für die Praxis von großer Bedeutung. Sie erweitern sozusagen das Blickfeld des Praktikers im Bereich der Umweltpolitik.*

Der letzte Abschnitt dieses Kapitels ist der Harmonisierung der Umweltstandards gewidmet. Vor allem unter dem Deckmantel eines "gerechten" Freihandels entstehen vielerlei Harmonisierungsbestrebungen.

## 15.6 Harmonisierung der Umweltstandards

Die Ergebnisse des letzten Abschnitts zeigen, dass Vorwürfe wie der eines "ungerechten Freihandels" mit großer Vorsicht zu betrachten sind. Da die Bestrebungen, Umweltstandards zu harmonisieren, letztlich auf diesen Vorwürfen beruhen, sind auch sie mit gebührender Skepsis zu betrachten. Konkret sollen mit dem "Harmonisierungsartikel" 100a EWG-Vertrag alle Handelshemmnisse, insbesondere in der Form unterschiedlicher nationaler Rechte, auf den Märkten der Europäischen Gemeinschaft beseitigt werden, um den Binnenmarkt voll funktionsfähig zu machen. Grundsätzlich ist dieser Artikel damit auch für die Umweltpolitik der Gemeinschaft zuständig, jedenfalls soweit sie Rechtsangleichungen betreffen (vgl. Wepler (1999), S. 188).

Die folgenden Anmerkungen und Ergänzungen zu den Eigenschaften der verschiedenen Gleichgewichte bestätigen die Vermutung, dass eine Harmonisierung der Umweltstandards im Allgemeinen nicht angebracht erscheint.

**Autarkie und internationale Umwelteffekte:** Die gleichgewichtigen Werte $(e_1^{I,A}, e_2^{I,A})$ der Standards sind ineffizient, eine kleine

Erhöhung beider Standards steigert die Wohlfahrt beider Länder, wobei unter der "Wohlfahrt eines Landes" in diesem Zusammenhang immer der Nutzen des repräsentativen Konsumenten verstanden wird. Demzufolge kann eine relative Harmonisierung im Sinne einer gleichprozentigen Steigerung der Standards tatsächlich für beide Länder von Nutzen sein. Sind die gleichgewichtigen Standards der beiden Länder dagegen hinreichend verschieden, so führt eine Harmonisierung im Sinne identischer Standards nicht zum gewünschten Ziel: Mindestens ein Land wird sich hinsichtlich seiner Wohlfahrt verschlechtern und wird daher die Harmonisierungsbestrebungen nicht unterstützen.

Dies kann vielleicht erklären, warum erst das "Umweltbewusstsein" in einigen Schwellenländern erhöht werden muss, bevor internationale Vereinbarungen zu harmonisierten Standards durchgesetzt werden können. Abbildung 15.4 skizziert diese Situation (vgl. auch Abbildung 15.1).

**Abbildung 15.4.** Harmonisierung: Internationale Umwelteffekte und Autarkie

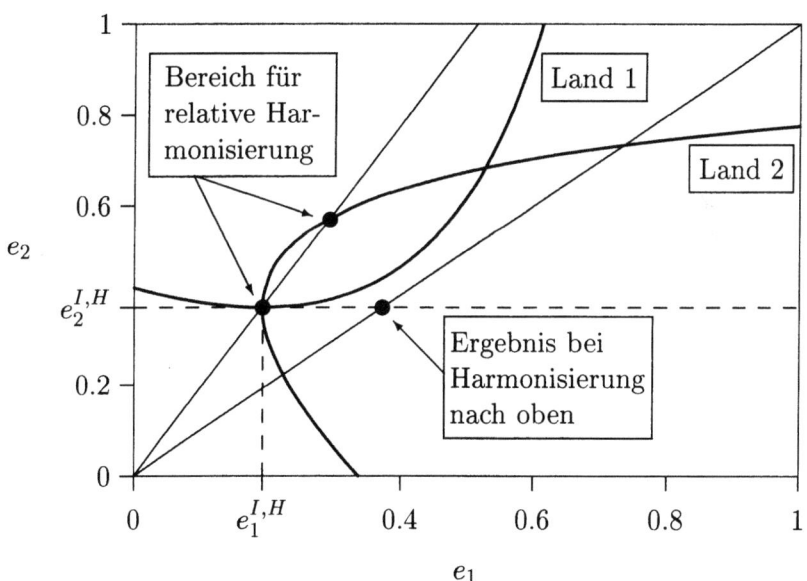

**Freihandel und regionale Umwelteffekte:** Hier sind die gleichgewichtigen Standards $(e_1^{R,H}, e_2^{R,H})$ zu groß gewählt. Also kann eine Harmonisierung nur zu niedrigeren Werten führen, wenn die beteiligten Länder in ihrem eigenen Interesse handeln. Wiederum erhöht eine kleine prozentuale Reduzierung der Standards die Wohlfahrt in beiden Ländern, wohingegen eine Harmonisierung der Standards im Sinne einer absoluten Angleichung nach unten nur im Ausnahmefall erfolgreich sein wird. Diese Situation ist in Abbildung 15.5 dargestellt (vgl. auch Abbildung 15.2).

**Abbildung 15.5.** Harmonisierung: Regionale Umwelteffekte und Freihandel

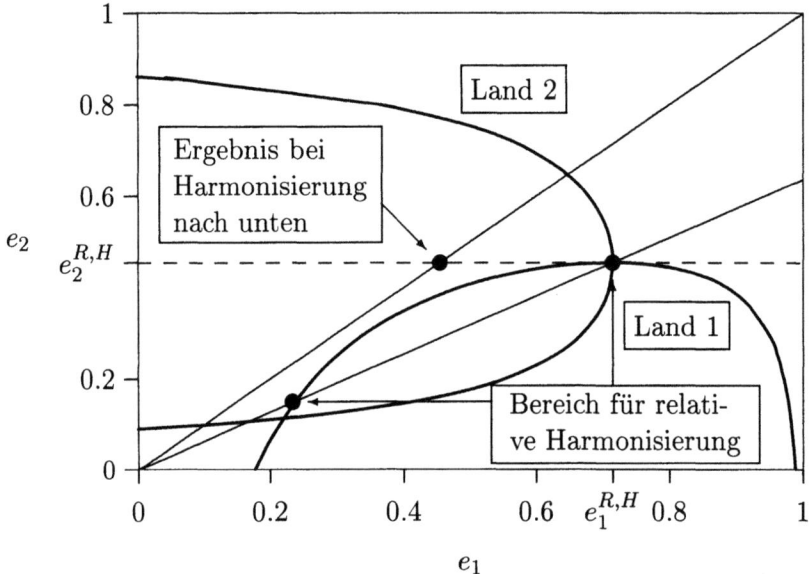

**Freihandel und internationale Umwelteffekte:** Zur Struktur der Ineffizienz von $(e_1^{I,H}, e_2^{I,H})$ kann ohne Kenntnis weiterer Einzelheiten keine Aussage getroffen werden, $e_i^{I,H}$ kann gegenüber dem optimalen Wert zu klein oder zu groß sein. Folglich könnte eine Harmonisierung beispielsweise die prozentuale Erhöhung des einen Standards und die gleiche prozentuale Senkung des anderen Standards vorsehen (vgl. auch Abbildung 15.3).

Natürlich sind nicht nur gleiche prozentuale Anpassungen der Gleichgewichtswerte für die Standards möglich, sondern auch unterschiedliche. Dann aber stellt sich sofort die Frage nach der Auswahl aus der Vielzahl der möglichen Kombinationen.

Interessant ist an dieser Stelle auch ein nochmaliger Verweis auf das Kyoto-Protokoll. Dort sind prozentuale Änderungen für die Emissionen von bestimmten Treibhausgasen vorgesehen, meistens natürlich Reduktionen. Jedoch lässt das Protokoll auch Emissionssteigerungen für einige wenige Länder, etwa Australien, zu. Die obigen Überlegungen zeigen, dass diese auf den ersten Blick unnatürliche Festlegung durchaus ihre Rechtfertigung haben kann.

Das nächste Kapitel greift das Kyoto-Protokoll nochmals auf und analysiert insbesondere die dort vorgesehene Möglichkeit des "Emission Trading", des Handels mit Emissionszertifikaten.

# 16. Handel mit Emissionszertifikaten im Kyoto-Protokoll

In Artikel 6 des Kyoto-Protokolls wird die Möglichkeit eines internationalen Handelssystems für Emissionszertifikate angesprochen. Dieser "marktorientierte" Ansatz soll in Analogie zu den in Teil III behandelten (nationalen) Zertifikatemodellen dazu beitragen, die volkswirtschaftlichen Kosten einer Emissionsreduzierung zu minimieren. So sollen wirtschaftlich entwickelte Länder – in der Terminologie des Kyoto-Protokolls sind das die im Annex I aufgeführten Teilnehmerländer, auf die der Handel mit Emissionszertifikaten insgesamt beschränkt wird – oder Unternehmen aus diesen Ländern nicht benötigte Emissionszertifikate anderer Länder kaufen können.

Ohne weitere Kenntnis der relevanten Zusammenhänge wird man die Möglichkeit des Zertifikatehandels als positiv einschätzen, ist doch der Verweis auf die entsprechende nationale Variante mit seinem Kostensenkungspotential überaus gewichtig. Auch etliche theoretische Untersuchungen unterstreichen die Vorteilhaftigkeit dieser Vorgehensweise (vgl. etwa Chander/Tulkens/Van Ypersele/Willems (1999) und die dort zitierte Literatur), wobei in diesen Arbeiten meist die nutzenstiftenden Effekte des Freihandels zur Begründung eines grenzüberschreitenden Zertifikatehandels herangezogen werden.

---

### Kyoto-Protocol: Article 6

1. For the purpose of meeting its commitments under Article 3, any Party included in Annex I may transfer to, or acquire from, any other such Party emission reduction units resulting from projects aimed at reducing anthropogenic emissions by sources or enhancing anthropogenic removals by sinks of greenhouse gases in any sector of the economy, provided that:
  (a) Any such project has the approval of the Parties involved;

(b) Any such project provides a reduction in emissions by sources, or an enhancement of removals by sinks, that is additional to any that would otherwise occur;
(c) It does not acquire any emission reduction units if it is not in compliance with its obligations under Articles 5 and 7; and
(d) The acquisition of emission reduction units shall be supplemental to domestic actions for the purposes of meeting commitments under Article 3.
2. The Conference of the Parties serving as the meeting of the Parties to this Protocol may, at its first session or as soon as practicable thereafter, further elaborate guidelines for the implementation of this Article, including for verification and reporting.
3. A Party included in Annex I may authorize legal entities to participate, under its responsibility, in actions leading to the generation, transfer or acquisition under this Article of emission reduction units.
4. If a question of implementation by a Party included in Annex I of the requirements referred to in this Article is identified in accordance with the relevant provisions of Article 8, transfers and acquisitions of emission reduction units may continue to be made after the question has been identified, provided that any such units may not be used by a Party to meet its commitments under Article 3 until any issue of compliance is resolved.

---

Dennoch gibt es eine ganze Reihe kritischer Stimmen, die sich gegen einen internationalen Handel mit Emissionszertifikaten aussprechen oder die ihn zumindest weitgehend regulieren und reglementieren wollen. So wird gelegentlich der Verdacht geäußert, dass einige der Länder in Mittel- und Osteuropa aufgrund ihrer wirtschaftlichen Lage ihre Emissionsziele mit minimaler Anstrengung erreichen werden können, um dann große Mengen nicht benötigter Zertifikate zu verkaufen. Die westlichen Industrieländer werden dann nur noch einen geringen Druck verspüren, ihre eigenen Emissionen deutlich zu reduzieren, und die erhoffte Trendwende in ihrem Emissionsverhalten wird unterbleiben.

Aus diesem Grund wird in Artikel 6, 1. (d), des Kyoto-Protokolls (vgl. obigen Auszug) darauf verwiesen, dass der Zertifikatehandel entsprechende nationale Aktionen zur Emissionsreduzierung lediglich ergänzen soll. Mit dieser Regelung will man der eben erwähnten "Fehlsteuerung" der Anreize entgegenwirken. Allerdings hat gerade diese

Einschränkung zu erheblichen Diskussionen auf der 6. Vertragsstaaten-Konferenz im November 2000 in Den Haag geführt und letztlich zum Scheitern dieser Konferenz beigetragen.

---

### United Nations Framework Convention on Climate Change Convention, The Hague, 25. November 2000 (Pressemitteilung)
"Climate change talks suspended – negotiations to resume during 2001"

After two weeks of intensive negotiations, ministers and diplomats have suspended talks on making the Kyoto Protocol operational and strengthening financial and technical cooperation between developed and developing countries on climate-friendly policies and technologies.

"It is extremely disappointing that political leaders were unable to work it out here and finalize guidelines for reducing greenhouse gas emissions, especially when the public had such high expectations," said Jan Pronk, the conference chairman and Environment Minister of The Netherlands.

"But I believe that the political will to succeed is still alive, and I am confident that we can regroup in the very near future and complete a deal that leads to effective actions to control emissions and protect the most vulnerable countries from the impacts of global warming," he said. The conference made progress towards outlining a package of financial support and technology transfer to help developing countries contribute to global action on climate change. But the key political issues – including an international emissions trading system, a "clean development mechanism", the rules for counting emissions reductions from carbon "sinks" such as forests, and a compliance regime – could not be resolved in the time available.

"This conference highlights both the importance and the difficulty of making the transition to low-carbon economies," said Klaus Töpfer, Executive Director of the UN Environment Programme. "It is better to suspend the talks and resume later to ensure that we find the right path forward rather than take a hasty step that moves us in the wrong direction."

A compromise text tabled by Mr. Pronk will be forwarded as an input to a resumed sixth session of the Conference of the Parties to the UN Framework Convention on Climate Change. These talks could be held in late May in Bonn, the home of the climate change secretariat.

"Establishing a robust global regime for addressing climate change is an ambitious undertaking – comparable to the creation of the international trade regime under the WTO," said Michael Zammit Cutajar, Executive Secretary of the Convention. "Global warming is one of the great challenges of the 21st century, and I trust that public reaction to our meeting here will inspire governments with the necessary sense of urgency to succeed at the next opportunity."

Today's suspension of a major environmental negotiation has a hopeful precedent. In February 1999, governments meeting in Cartagena, Colombia, were forced to suspend a final round of talks on the Biosafety Protocol to the Convention on Biological Diversity (which, like the Climate Change Convention, was signed at the 1992 Rio Earth Summit). In January of this year, the resumed session succeeded in adopting an agreement on genetically modified organisms that was widely applauded by all negotiating groups and by environmentalists and industry representatives.

The Hague conference has been attended by over 7.000 participants from 182 governments, 323 intergovernmental and non-governmental organizations, and 443 media outlets.

---

Ein weiteres Problem für den grenzüberschreitenden Handel mit Emissionszertifikaten stellt sich für Länder, die untereinander gewöhnlichen Handel betreiben: Durch den Zertifikatehandel können sich die Weltmarktpreise der Konsumgüter ändern mit nachteiligen Folgen für den Nutzen der Haushalte. Diese Entwicklung ist möglich, auch wenn der Kauf zusätzlicher Zertifikate aus Sicht der Industrie vorteilhaft erscheint.

In den folgenden Abschnitten soll dieser Überlegung anhand eines einfachen Modells, das Copeland/Taylor (1999) entnommen wurde, nachgegangen werden. Wiederum öffnet die Theorie die Tür zu einer alternativen, zunächst nicht unbedingt naheliegenden Sicht der Zusammenhänge. Und wiederum zeigt sich, dass Zusammenhänge, die in einer geschlossenen Ökonomie ihre Richtigkeit haben, unter den Bedingungen des Außenhandels nicht mehr uneingeschränkt gelten müssen.

## 16.1 Handel mit Emissionszertifikaten: Annahmen

Wir betrachten wieder zwei Länder, in denen zwei Konsumgüter unter Einsatz der beiden Faktoren Arbeit und Umwelt mit konstanten

Skalenerträgen produziert werden können. Damit wachsen die Produktionskosten der Güter proportional zur produzierten Menge. $f_j(e_{ij}, z_{ij})$ mit $i, j = 1, 2$ bezeichne im Folgenden die für beide Länder identischen, linear homogenen Produktionsfunktionen mit strikt abnehmenden Ertragszuwächsen. $b_j(\tau, w)$ seien die Kosten, die zur Produktion 1 Einheit von Gut $j$ bei den Faktorpreisen $\tau$ für die Umweltzertifikate und $w$ für die Arbeit entstehen. Gut 1 benötige zur Produktion grundsätzlich relativ mehr vom Faktor Umwelt. $p$ ist der Preis des Gutes 1 in Einheiten des zweiten Gutes, Gut 2 ist also das "Numéraire-Gut".

**Hinweis 16.1**
*Die Produktion von Gut 1 benötigt grundsätzlich relativ mehr vom Gut Umwelt, falls*

$$\frac{\partial b_1(\tau, w)/\partial \tau}{\partial b_1(\tau, w)/\partial w} > \frac{\partial b_2(\tau, w)/\partial \tau}{\partial b_2(\tau, w)/\partial w}$$

*für alle Werte von $\tau$ und $w$ gilt. Damit führt eine Erhöhung des Faktorpreises $\tau$ bei Gut 1 im Vergleich zu Gut 2 zu einer relativ stärkeren Erhöhung der Kosten als eine Erhöhung des Faktorpreises $w$ (vgl. dazu auch Dixit/Norman (1980), S. 10).*

$e_{ij}$ ist die Menge der Emissionszertifikate, die in Land $i$ zur Produktion des Gutes $j$ eingesetzt wird. Die Menge $E_i$ der Zertifikate wird von einer staatlichen Umweltbehörde in Land $i$ an die dortigen Unternehmen zum Marktpreis verkauft, die Verkaufserlöse fließen den Konsumenten im Sinne eines Pauschaltransfers zu. $Z_i$ ist die verfügbare Menge des Faktors Arbeit in Land $i$, die von den Konsumenten vollkommen preisunelastisch angeboten wird.

**Hinweis 16.2**
*Man beachte, dass sich die Bedeutung der Bezeichnung des Faktors "Umwelt" gegenüber dem letzten Kapitel geändert hat. Dort war $e_i$ der in Land $i$ gewählte Umweltstandard, eine Erhöhung von $e_i$ führte zu einer Verbesserung der Umweltsituation. Jetzt aber bedeutet eine Erhöhung von $e_{ij}$ eine vermehrte Verwendung von Umweltzertifikaten zur Produktion von Gut $j$ in Land $i$ mit der Folge einer weiteren Belastung der Umwelt.*

Im Sinne der Heckscher-Ohlin-Theorie generieren somit die möglichen Unterschiede in der Faktorausstattung in diesem Modell die "Gewinne" aus dem Außenhandel (vgl. etwa Ethier (1995)). Indirekt führen derartige Unterschiede in den Faktorausstattungen trotz der in beiden Ländern identischen Produktionsfunktionen wieder zu komparativen Kostenvorteilen in der Produktion.

Zu gegebenem Wert des Preises $p$ für Gut 1 und zu gegebenen Faktorpreisen $(\tau, w)$ maximieren die Produzenten den Gewinn. Genauer erhält man aufgrund der konstanten Skalenerträge eine Gewinnmaximum nur dann, falls folgende Beziehungen zwischen den Güter- und Faktorpreisen erfüllt sind:

$$b_1(\tau, w) \geq p \quad \text{und} \quad b_2(\tau, w) \geq 1,$$

falls also die konstanten Einheitskosten nicht kleiner sind als der Preis je Einheit des betreffenden Gutes. Dabei gilt die Gleichheit, falls von dem betreffenden Gut eine positive Menge hergestellt wird. Dies impliziert auch die im Falle konstanter Skalenerträge notwendige Null-Gewinnbedingung (vgl. etwa Dixit/Norman (1980), Kap. 2).

Ist nun $p$ gegeben und bestimmt man die Faktorpreise so, dass sie den obigen Bedingungen genügen, so bezeichne $G(p, E_i, Z_i)$ die Summe der mit den Preisen bewerteten gewinnmaximalen Produktionsmengen der beiden Güter, also das Sozialprodukt des Landes $i$ zu Marktpreisen $(p, 1)$. Werden zu $p$ beide Güter angeboten und ist $\tau(p)$ der durch $p$ bestimmte Gleichgewichtspreis für die Zertifikate, der sich als Lösung des Gleichungssystems $b_1(\tau, w) = p$ und $b_2(\tau, w) = 1$ ergibt, so gilt $\partial G(p, E_i, Z_i)/\partial E_i = \tau(p)$: Der ökonomische Wert eines zusätzlichen Emissionszertifikats im Produktionsprozess entspricht seinem Marktpreis.

**Hinweis 16.3**
*$G(p, E_i, Z_i)$ ist auch als Sozialprodukt zu Faktorpreisen darstellbar: $G(p, E_i, Z_i) = \tau(p) E_i + w Z_i$. Daraus entnimmt man sofort das obige Ergebnis.*

Auch die Konsumenten in beiden Ländern sind identisch und charakterisiert durch eine Nutzenfunktion $U(x_{i1}, x_{i2}, E) = u(x_{i1}, x_{i2}) \cdot g(E)$ mit einer homothetischen Funktion $u$ und mit $g'(E) < 0$ wobei $E := E_1 + E_2$ die insgesamt in beiden Ländern verkaufte Menge an Zertifikaten bezeichnet. $E$ ist damit ein Indikator für den Grad der Umweltbelastung. Offenbar handelt es sich bei dieser Formulierung gemäß der im letzten Kapitel gewählten Bezeichnung um internationale, grenzüberschreitende Umwelteffekte (vgl. Abschnitt 15.2).

Anstelle der direkten Nutzenfunktion $U$ werden wir nachfolgend auch die indirekte Nutzenfunktion $V(p, G, E)$ in Abhängigkeit vom Preis $p$, vom Einkommen $I_i = G(p, E_i, Z_i)$ bei gegebenem Arbeitsangebot $Z_i$ des Haushalts und gegebener Menge an Zertifikaten $E_i$ in Land $i$, sowie von der Menge $E$ der insgesamt ausgegebenen Zertifikate verwenden. Aufgrund der linearen Homogenität von $u$ erhält man: $V(p, I_i, E) = v(I_i/\Phi(p)) \cdot g(E)$ mit dem Einkommen $I_i$ und geeignet gewählten Funktionen $v$ und $\Phi$.

**Hinweis 16.4**
*Die Engelkurven zu $u$ sind in diesem Fall einer homothetischen Funktion durch den Nullpunkt verlaufende Geraden. Wähle etwa $\bar{x}_2(p)$ so, dass das Güterbündel $(1, \bar{x}_2(p))$ auf der Engelkurve zum Preis $p$ liegt. Definiere $\Phi(p)$ als den Wert dieses Güterbündels zu Preisen $(p, 1)$. Ist dann $v(k) := u(k, k\bar{x}_2(p))$ für $k \geq 0$, so gilt offenbar $v(I_i/\Phi(p)) \cdot g(E) = V(p, I_i, E)$.*

**Abbildung 16.1.** Gesamtangebotsmenge im Zertifikatemodell bei Autarkie

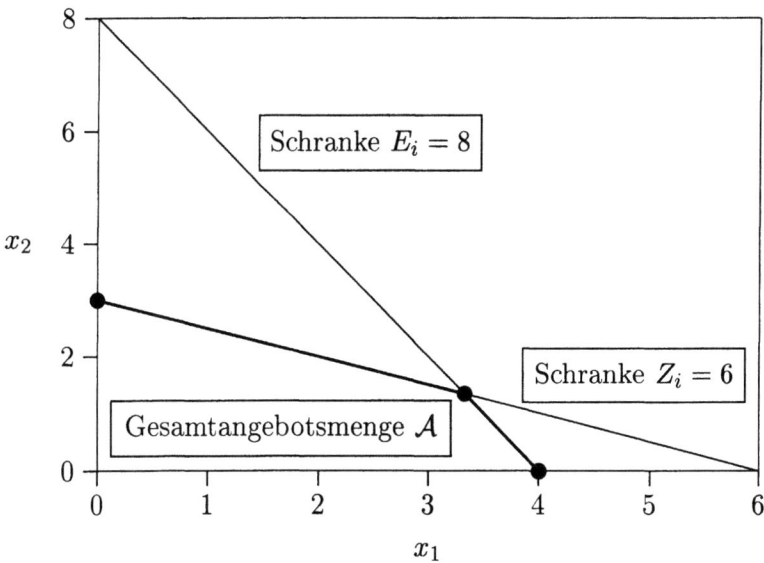

**Beispiel 16.1.1**
*Die Produktionsfunktionen für die beiden Güter sowie die Nutzenfunktionen sind mit $i = 1, 2$ gegeben durch:*

$$f_1(e_{i1}, z_{i1}) := \min(0.5 \cdot e_{i1}, z_{i1}), \quad f_2(e_{i2}, z_{i2}) := \min(e_{i2}, 0.5 \cdot z_{i2}),$$
$$U(x_{i1}, x_{i2}, E) = x_{i1} \cdot x_{i2} \cdot g(E).$$

Die hier gewählten Produktionsfunktionen haben stückweise konstante Ertragszuwächse. Dennoch erlauben sie eine Untersuchung des anstehenden Problemkreises. Ebenso ist eine weitere Spezifizierung der Funktion $g(E)$ in der Nutzenfunktion $U$ nicht notwendig. Da die Konsumenten im Rahmen der folgenden Analyse keinen Einfluss auf die Höhe von $E$ haben, kann $g(E)$ über eine monotone Transformation von $U$ auch eliminiert werden. $u(x_{i1}, x_{i2}) = x_{i1} \cdot x_{i2}$ repräsentiert eine homothetische Nutzenfunktion. Die indirekte Nutzenfunktion ergibt sich zu $V(p, I_i, E) = (I_i^2/4p) \cdot g(E)$ mit Einkommen $I_i$ in Land $i$.

Zur Frage, welcher Faktor in welchem Produktionsprozess relativ intensiv benötigt wird, betrachten wir die zur Produktion einer Einheit der Güter anfallenden Produktionskosten. Für die Faktorpreise $\tau$ und $w$ erhalten wir unmittelbar:

$$b_1(\tau, w) = 2\tau + w \quad \text{und} \quad b_2(\tau, w) = \tau + 2w.$$

Offenbar wird der Faktor Umwelt vergleichsweise intensiv zur Produktion des ersten Gutes benötigt, entsprechend geht der Faktor Arbeit relativ intensiv in die Produktion des zweiten Gutes ein.

**Abbildung 16.2.** Sozialprodukt $G(p, E_i, Z_i)$

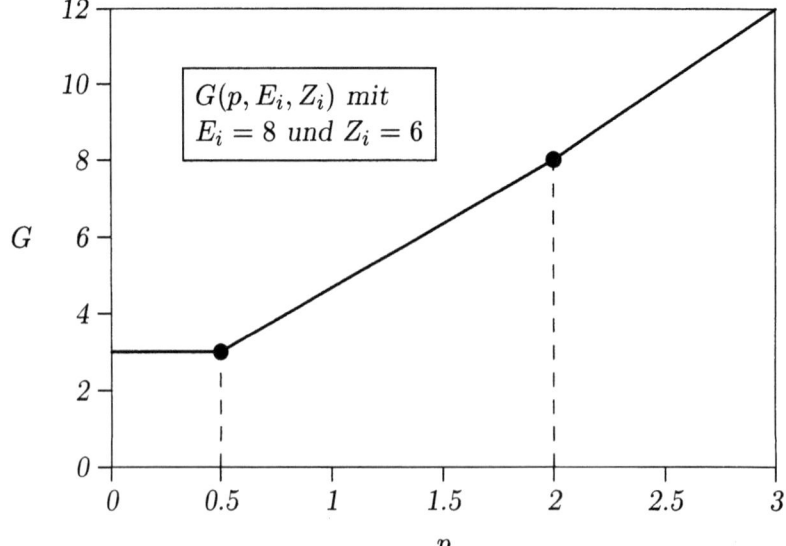

## 16.1 Handel mit Emissionszertifikaten: Annahmen 269

*Zur Bestimmung der Funktion $G(p, E_i, Z_i)$ wählen wir $Z_i = 6$. Für $E_i = 8$ erhalten wir die in Abbildung 16.1 skizzierte Gesamtangebotsmenge. Die Funktion $G(p, E_i, 6)$ ergibt sich zu:*

$$G(p, E_i, 6) = \begin{cases} 3 & p \leq 1/2 \\ ((2/3)E_i - 2)p + (12 - E_i)/3 & 1/2 \leq p \leq 2 \\ (E_i/2)p & p \geq 2. \end{cases}$$

Man prüft leicht nach, dass die oben erwähnte Beziehung zwischen dem Preis $\tau$ für Zertifikate und der partiellen Ableitung von $G$ nach $E_i$ gilt. Abbildung 16.2 zeigt den (notwendigerweise) konvexen Verlauf von $G(p, 8, 6)$.

Für die Frage nach den Effekten eines grenzüberschreitenden Handels mit Umweltzertifikaten müssen wird die Nutzenänderung analysieren, die aus einem Kauf oder Verkauf von Zertifikaten resultiert. Dazu betrachten wir die indirekte Nutzenfunktion $V(p, I_i, E)$ unter Beachtung von $I_i = G(p, E_i + e_i, Z_i) - \tau^o e_i$, wobei $e_i$ die zusätzliche Menge an Zertifikaten repräsentiert, die von Unternehmen des Landes $i$ zum Preis $\tau^o$ gekauft werden. Dabei wird angenommen, dass die Konsumenten des anderen Landes $j$ Güter des Landes $i$ im Umfang von $\tau^o e_i$ Geldeinheiten kaufen können. Für die partielle Ableitung von $V$ nach $e_i$ erhalten wir unter Beachtung der Konstanz von $E = E_1 + E_2$ und unter Beachtung von $\partial G/\partial E_i = \tau$ (vgl. Copeland/Taylor (1999)):

$$\frac{\partial V(p, G(p, E_i + e_i, Z_i) - \tau^o e_i, E)}{\partial e_i}\Big|_{(e_i=0)} =$$

$$= \frac{v'(G/\Phi(p))}{\Phi(p)} \cdot \left[\frac{\partial G}{\partial p} \cdot \frac{dp}{de_i}\Big|_{e_i=0} + (\tau - \tau^o) - \right.$$

$$\left. -G \cdot \Phi'(p)/\Phi(p) \cdot \frac{dp}{de_i}\Big|_{(e_i=0)}\right] \cdot g(E).$$

Die partielle Ableitung der Einkommensfunktion $G$ nach $p$ liefert offenbar die Angebotsfunktion für das erste Gut, wohingegen $I_i \cdot \Phi'(p)/\Phi(p)$ gemäß der Identität von Roy die Nachfragefunktion für Gut 1 repräsentiert. Demzufolge gilt insgesamt:

$$\frac{\partial V(p, G(p, E_i + e_i, Z_i) - \tau^o e_i, E)}{\partial e_i}\Big|_{(e_i=0)} = \frac{v'(G(p, E_i, Z_i)/\Phi(p))}{\Phi(p)} \cdot$$

$$\cdot \left[(\tau - \tau^o) - M(p, E_i, Z_i) \cdot \frac{dp}{de_i}\Big|_{(e_i=0)}\right] \cdot g(E),$$

wobei $M(p, E_i, Z_i)$ die Importnachfragefunktion in Land $i$ für das erste Gut, also die Differenz zwischen Nachfragefunktion und Angebotsfunktion, darstellt (vgl. Copeland/Taylor (1999)).

**Hinweis 16.5**
*Die partielle Ableitung von $G(p, E_i, Z_i)$ nach $p$ führt zur Angebotsfunktion für das erste Gut: Die Ableitung gibt an, in welchem Ausmaß sich $G$ ändert, wenn $p$ um eine (kleine) Einheit erhöht wird. Damit entspricht die Änderung von $G$ der Menge der von Gut 1 angebotenen Einheiten, also der Angebotsfunktion $S_1(p)$.*
*Bezüglich der Nachfragefunktion $D_1(p)$ für Gut 1 wird die Identität von Roy herangezogen. Diese besagt:*

$$D_1(p) = -\frac{\partial V(p, I_i, E)/\partial p}{\partial V(p, I_i, E)/\partial I_i}.$$

*Verwendet man $V(p, I_i, E) = v(I_i/\Phi(p)) \cdot g(E)$, so erhält man schließlich das obige Ergebnis $D_1(p) = I_i \cdot \Phi'(p)/\Phi(p)$. Dabei ist zu beachten, dass zwar $I_i = G(p, E_i, Z_i)$ gilt, dass aber $I_i$ aus Sicht des Konsumenten fest vorgegeben ist, insbesondere also unabhängig ist von $p$.*
*Die Importnachfrage $M(p, E_i, Z_i)$ für Gut 1 ergibt sich dann aus der Differenz von $D_1(p)$ und $S_1(p)$. Genauer erhält man unter Berücksichtigung der obigen Zusammenhänge:*

$$M(p, E_i, Z_i) = I_i \cdot \frac{\Phi'(p)}{\Phi(p)} - \frac{\partial G(p, E_i, Z_i)}{\partial p}.$$

*Mit dieser Formel erhält man das gewünschte Ergebnis für die partielle Ableitung von $V$ nach $e_i$.*

Dieser letzte Ausdruck ist nun für den Fall des Autarkiezustands und für den Fall des Außenhandelgleichgewichts zu untersuchen. Dabei betrachten wir nur kleine Änderungen der Menge an Emissionszertifikaten, so dass wir dieses Ergebnis verwenden können. Es entspricht der Vorgabe im Kyoto-Protokoll, dass der Handel mit Zertifikaten nur in beschränktem Umfang erfolgen darf.

## 16.2 Emissionszertifikate im Autarkiegleichgewicht

Sei nun $(p_i^A, \tau_i^A, w_i^A)$ ein Gleichgewichtspreissystem für Land $i$ im Autarkiezustand. Offenbar gilt dann $M(p_i^A, E_i, Z_i) = 0$ und wir erhalten

## 16.2 Emissionszertifikate im Autarkiegleichgewicht

für die oben betrachtete Nutzenänderung:

$$\frac{\partial V(p_i^A, G(p_i^A, E_i + e_i, Z_i) - \tau^o e_i, E)}{\partial e_i}\bigg|_{(e_i=0)} =$$

$$= \frac{v'(G(p_i^A, E_i, Z_i)/\Phi(p_i^A))}{\Phi(p_i^A)} \cdot (\tau_i^A - \tau^o) \cdot g(E).$$

Die Ableitung von $v$ ist positiv. Somit wird das Vorzeichen der Nutzenänderung alleine durch $(\tau_i^A - \tau^o)$ bestimmt. Da die Unternehmen in Land $i$ zusätzliche Zertifikate nur zu einem Preis $\tau^o \leq \tau_i^A$ kaufen werden, kann der Nutzen durch den grenzüberschreitenden Handel mit Zertifikaten in Land $i$ nicht fallen. Umgekehrt wird Land $j$ einem Verkauf von Zertifikaten zum Preis $\tau^o$ nur im Fall $\tau^o \geq \tau_j^A$ zustimmen, wenn also der Gleichgewichtspreis für Zertifikate im Land $j$ nicht unter $\tau^o$ liegt. Man prüft leicht nach, dass damit auch das andere Land einen Vorteil hat vom grenzüberschreitenden Handel mit Zertifikaten.

Als Ergebnis bleibt festzuhalten, dass im Autarkiezustand beide Länder von der Möglichkeit eines internationalen Handels mit Emissionszertifikaten profitieren, falls sich die gleichgewichtigen Preise für die Zertifikate unter Berücksichtigung der Normierungsannahme unterscheiden. Letztlich ist damit ein Terms of Trade Effekt für dieses Ergebnis verantwortlich, wie beim gewöhnlichen Außenhandel profitieren beide Länder (vgl. Copeland/Taylor (1999) und Ethier (1995)).

**Beispiel 16.2.1**
*Zu den in Beispiel 16.1.1 eingeführten konkreten Nutzen- und Produktionsfunktionen seien nun die Faktorausstattungen in Land 1 gegeben durch $E_1 = 6$ und $Z_1 = 10$. Im Autarkiegleichgewicht werden beide Güter produziert. Die gleichgewichtigen Konsummengen ergeben sich zu $x_{11} = 3/2$ und $x_{12} = 3$. $p_1^A = 2$ ist der Gleichgewichtspreis mit Faktorpreisen $\tau_1^A = 1$ und $w_1^A = 0$, da der Faktor Arbeit nicht voll eingesetzt werden kann. $I = 6$ ist das Gesamteinkommen dieser Ökonomie, der Nutzen des repräsentativen Konsumenten beläuft sich auf $9/2 \cdot g(E)$.*

*Es sei nun unterstellt, dass der Preis $\tau_2^A$ für Emissionszertifikate in Land 2 niedriger ist als in Land 1. Gilt etwa $\tau_2^A = 0$, so ist $\tau^o = 1/2$ ein Preis, der beiden Ländern zum Vorteil gereicht. Angenommen, Land 1 importiert zu diesem Preis ein zusätzliches Zertifikat. Dann wird Land 1 zu denselben Preisen die Mengen $(7/4, 7/2)$ von den beiden Gütern herstellen können, jedoch bleibt für den inländischen Konsum vom gesamten Einkommen $I = 7$ lediglich $I - \tau^o = 13/2$ übrig. Demzufolge* konsumieren die Haushalte des Landes 1 insgesamt das Güterbündel $(13/8, 13/4)$. Der Nutzen errechnet sich zu $169/32 \cdot g(E)$ und übersteigt damit das ohne grenzüberschreitenden Zertifikatehandel erreichbare Niveau.

**Abbildung 16.3.** Autarkiegleichgewicht mit und ohne Zertifikatehandel

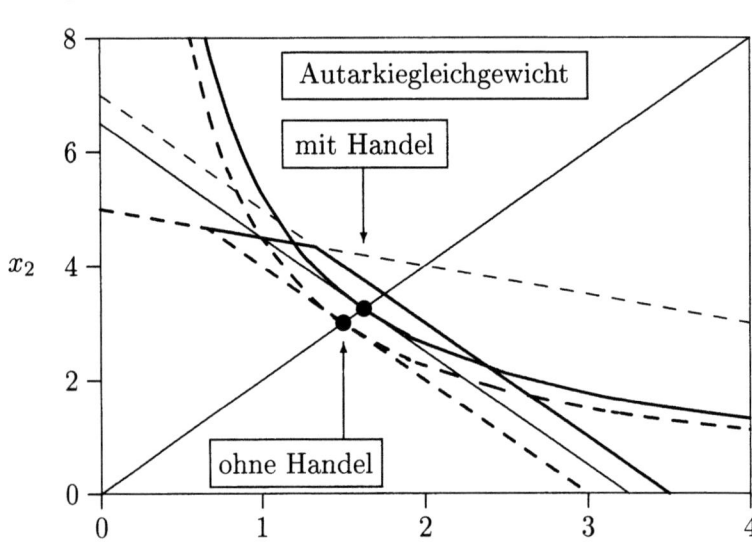

Abbildung 16.3 skizziert dieses Beispiel. Eingezeichnet sind die Gesamtangebotsmengen in der Situation ohne Zertifikatehandel (dick gestrichelt) und mit Zertifkatehandel (dick durchgezogen), desgleichen die zum jeweiligen Gleichgewicht gehörenden Indifferenzkurven. Durch die Ausgabe für den Kauf des zusätzlichen Zertifikats liegt das optimale Konsumbündel unterhalb der Budgetgeraden. Da die Ausgaben für das zusätzliche Zertifikat jedoch geringer sind als der zusätzliche Ertrag, der dadurch möglich wird, kommt es zu einer Nutzensteigerung.

**Hinweis 16.6**
*Im Normalfall mit mehreren Konsumenten muss diese Argumentation in bezug auf die individuelle Situation der Konsumenten relativiert werden. Ursache sind die Verteilungswirkungen, die in dem hier betrachteten Fall keine Rolle spielen können (vgl. Dixit/Norman (1980)).*

## 16.3 Emissionszertifikate im Außenhandelsgleichgewicht

Im Unterschied zum Autarkiezustand sind im Außenhandel noch zusätzliche Effekte zu berücksichtigen, die durch einen grenzüberschreitenden Handel mit Emissionszertifikaten entstehen können. So ist es beispielsweise möglich, dass der Ankauf zusätzlicher Emissionszertifikate aus dem Ausland neben den Produktionsmengen auch die relativen Güterpreise verändert. Dem positiven Terms of Trade Effekt bezüglich des Zertifikatpreises kann so ein negativer Terms of Trade Effekt bezüglich der Güterpreise gegenüberstehen. Dies kommt in der Formel

$$\frac{\partial V(p, G(p, E_i + e_i, Z_i) - \tau^o e_i, E)}{\partial e_i} \Big|_{(e_i=0)} = \frac{v'(G(p, E_i, Z_i)/\Phi(p))}{\Phi(p)} \cdot$$
$$\cdot [(\tau - \tau^o) - M(p, E_i, Z_i) \cdot \frac{dp}{de_i} \Big|_{(e_i=0)}] \cdot g(E)$$

zum Ausdruck. Insbesondere erkennt man, dass ein kleiner Preisvorteil im Zertifikatehandel leicht durch den mit einer Änderung des Güterpreises $p$ einhergehenden und durch den Außenhandel verstärkten Effekts kompensiert werden kann.

**Hinweis 16.7**
*Unter unseren Annahmen ist es auch im Autarkiefall möglich, dass sich Preisänderungen aufgrund des Handels mit Zertifikaten ergeben. Allerdings wirkt sich eine kleine Preisänderung wegen $M(p, E_i, Z_i) = 0$ in obiger Beziehung nicht auf den Nutzen aus.*

Es stellt sich die Frage, ob in Erkenntnis dieser Zusammenhänge ein grenzüberschreitender Kauf oder Verkauf von Zertifikaten überhaupt zustande kommen wird. Dazu ist anzumerken, dass die Unternehmen als Akteure auf diesem Markt allein die Preisdifferenz für die Zertifikate als Entscheidungsparameter erkennen. Die mögliche Änderung der relativen Güterpreise ist für sie nicht relevant, da sie in diesem System eines vollkommenen Wettbewerbs diese Preise als gegeben akzeptieren.

**Beispiel 16.3.1**
*Die Faktorausstattungen in Land 1 seien gegeben durch $E_1 = 4$ und $Z_1 = 10$, Land 2 verfüge dagegen über $E_2 = 10$ Emissionszertifikate sowie über $Z_2 = 5$ Einheiten Arbeit. Die Nutzen- und Produktionsfunktionen werden aus den vorhergehenden Beispielen unverändert übernommen.*

*Im Freihandelsgleichgewicht kommt es zur Spezialisierung: Land 1 produziert nur das arbeitsintensive Gut 2, Land 2 nur das umweltintensive Gut 1. Genauer ergibt sich das Gesamtangebot zu 5 Einheiten an Gut 1 und 4 Einheiten an Gut 2. $I_1 = 4$ und $I_2 = 5p$ repräsentieren die Einkommen in beiden Ländern.*

*Daraus ergibt sich die aggregierte Nachfrage für Gut 1 zu: $D_1(p) = 2/p + 5/2$. Aus der Gleichgewichtsbedingung errechnet man $p^H = 4/5$ als gleichgewichtigen Güterpreis. Bezüglich der Faktorpreise erhält man für Land 1: $\tau_1^H = 1$ und $w_1^H = 0$, da der Faktor Arbeit nicht vollständig in den Produktionsprozess eingesetzt werden kann. In Land 2 sind die Faktorpreise im Gleichgewicht gegeben durch: $\tau_2^H = 1/5$ und $w_2^H = 2/5$. Damit sind die Umweltzertifikate in Land 2 billiger als in Land 1.*

*Die Haushalte in Land 1 konsumieren insgesamt 5/2 Einheiten von Gut 1 und 2 Einheiten von Gut 2. Der repräsentative Haushalt erreicht damit vor der Freigabe des Handels mit den Zertifikaten ein Nutzenniveau von $5 \cdot g(E)$. Da die vorhandenen Zertifikate in beiden Ländern voll eingesetzt werden, ist $E = 14$.*

**Abbildung 16.4.** Freihandelsgleichgewicht mit und ohne Zertifikatehandel

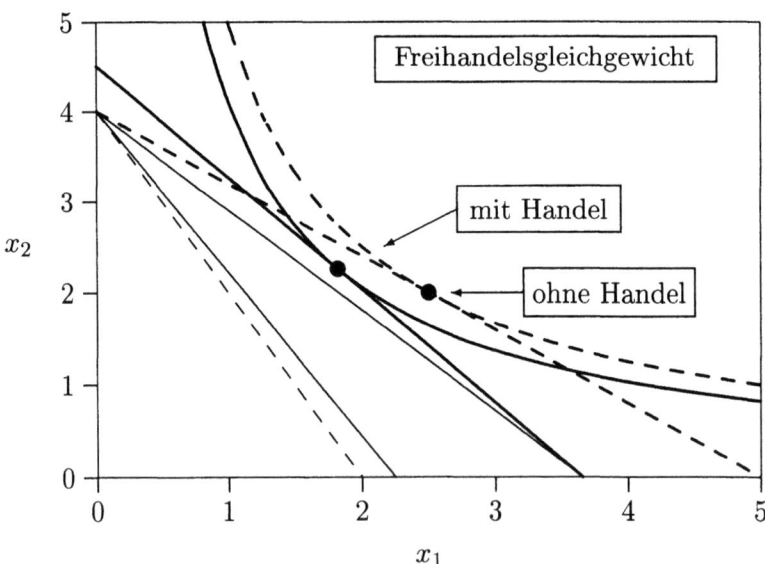

In Abbildung 16.4 gehören die dick gestrichelten Linien (Transformationskurve, Budgetgerade und Indifferenzkurve) zu diesem Freihandelsgleichgewicht ohne Handel mit Emissionszertifikaten. Die dick durchgezogenen Linien stellen die Situation mit Zertifikatehandel dar. Dieser Fall wird im folgenden Beispiel skizziert:

**Beispiel 16.3.2**
*Jetzt wird unterstellt, dass die Unternehmen in Land 1 ein zusätzliches Zertifikat aus Land 2 erwerben dürfen. Der Preis wird auf $\tau^o = 1/2$ festgesetzt, so dass die Terms of Trade Effekte für die Unternehmen in beiden Ländern positiv sind. Allerdings hat dieser zusätzliche Handel entscheidende Konsequenzen für die Produktionsstruktur.*

*Land 1 wird nun in seiner Spezialisierung im Gleichgewicht 5 Einheiten von Gut 2 anbieten. Land 2 wird im neuen Gleichgewicht dagegen die vollständige Spezialisierung aufgeben und 13/3 Einheiten von Gut 1 und 1/3 Einheiten von Gut 2 anbieten. Den Gleichgewichtspreis ermittelt man analog zu oben zu $p^E = 16/13$, die Faktorpreise sind in beiden Ländern identisch und ergeben sich zu $\tau^E = 19/39$ und $w^E = 10/39$.*

*Die Haushalte in Land 1 können insgesamt über 9/10 ihres Sozialprodukts in Höhe von 5 Geldeinheiten verfügen, der Rest in Höhe einer halben Geldeinheit wird von den Konsumenten aus Land 2 im Gegenzug für die Übertragung des zusätzlichen Zertifikats in Anspruch genommen. Damit konsumieren die Haushalte in Land 1 nun 585/320 Einheiten von Gut 1 und 9/4 Einheiten von Gut 2. Der repräsentative Haushalt erreicht mit der hier angenommenen Freigabe des Handels mit den Zertifikaten ein Nutzenniveau von etwa $4.11 \cdot g(E)$. In jedem Falle sinkt der Nutzen gegenüber der Situation ohne Zertifikatehandel. Abbildung 16.4 stellt diese Situation für Land 1 dar. Man beachte insbesondere, wie sich die "Gesamtangebotsmenge" bzw. die Budgetmenge des Konsumenten durch den Übergang zum Freihandel ändert.*

Folgendes ist geschehen: Land 1 mit einer knappen Ausstattung an Zertifikaten importiert im Außenhandel das umweltintensive Gut 1. Der Kauf eines zusätzlichen Zertifikats reduziert jedoch die Produktion von Gut 1 in Land 2 derart, dass der Preis von $p^H = 4/5$ auf $p^E = 16/13$ steigt. Damit verschlechtern sich aber die Terms of Trade in Land 1 bezüglich der Konsumgüter und es kommt zu der beobachteten Verschlechterung.

Der Unterschied zwischen Autarkiegleichgewicht und Freihandelsgleichgewicht liegt offenbar in der Rolle der Gesamtangebotsmenge der jeweiligen Ökonomie. Im Autarkiefall wird die Gesamtangebotsmenge durch den Zertifikatehandel höchstens vergrößert, wohingegen Freihandel eine zum Teil "virtuelle" Gesamtangebotsmenge schafft mit Allokationen, die nur bei entsprechenden Aktionen des Handelspartners realisiert werden können. Darüber hinaus kann sich diese Gesamtangebotsmenge mit Aufnahme des Zertifikatehandels substantiell ändern, wie das obige Beispiel unmissverständlich zeigt.

Insgesamt führt die formale Analyse auch in diesem Themenkomplex zu Einsichten, die auf der Grundlage einer rein verbalen Argumention eher verborgen bleiben.

# Abbildungsverzeichnis

5.1 Gesamtangebotsmenge (ohne externe Effekte) ............ 51
5.2 Gleichgewicht (ohne externe Effekte) .................. 55
5.3 Gleichgewicht bei externen Effekten: Beispiel (A) ......... 58
5.4 Gleichgewicht bei externen Effekten: Beispiel (B) ......... 60

6.1 Soziale Grenzkosten der $G$-Produktion: Beispiel (A) ...... 78
6.2 Soziale Grenzkosten der $G$-Produktion: Beispiel (B) ....... 80
6.3 Eigentumsrechte bei der $F$-Industrie: Beispiel (A) ......... 87
6.4 Eigentumsrechte bei der $F$-Industrie: Beispiel (B) ......... 91

7.1 Kernäquivalenz für Kostenteilungsgleichgewichte .......... 111

8.1 Konkurrenzpreismechanismus ......................... 124

9.1 Gleichgewicht ohne Recycling-Technologie ................ 143
9.2 Gleichgewicht mit Recycling-Technologie ................. 146

10.1 Offset-System mit 2 Messstellen und 2 Emissionsquellen ... 170

14.1 Reaktionsfunktionen ................................ 218
14.2 Gewinne und Ausbringungsmengen ..................... 221
14.3 Nachhaltige Fangmengen ............................. 226
14.4 Bioökonomisches Gleichgewicht ....................... 227
14.5 Stabilität des bioökonomischen Gleichgewichts ........... 228
14.6 Entwicklung des bioökonomischen Gleichgewichts ......... 229
14.7 Angebotsfunktion $S(p)$ mit $\delta_1 = 0.25$ und $\delta_2 = 0.15$ ....... 231
14.8 Angebotsfunktion $S(p)$ mit $\delta_1 = 0.9$ und $\delta_2 = 0.2$ ......... 231
14.9 Gleichgewicht bei steigender Nachfrage .................. 232
14.10 Gleichgewicht bei zunehmender Leistungsfähigkeit ......... 233
14.11 Optimale Verteilung der Fangquoten .................... 238

15.1 Autarkiegleichgewicht bei internationalen Umwelteffekten .. 250

15.2 Freihandelsgleichgewicht bei regionalen Umwelteffekten .... 252
15.3 Freihandelsgleichgewicht bei internationalen Umwelteffekten 253
15.4 Harmonisierung: Internationale Umwelteffekte und Autarkie 257
15.5 Harmonisierung: Regionale Umwelteffekte und Freihandel .. 258

16.1 Gesamtangebotsmenge im Zertifikatemodell bei Autarkie... 267
16.2 Sozialprodukt $G(p, E_i, Z_i)$ ............................. 268
16.3 Autarkiegleichgewicht mit und ohne Zertifikatehandel...... 272
16.4 Freihandelsgleichgewicht mit und ohne Zertifikatehandel ... 274

# Tabellenverzeichnis

| | | |
|---|---|---|
| 1.1 | Chronologie der Institutionalisierung im Umweltschutz | 6 |
| 1.2 | Bedeutung der Umweltproblematik im Zeitverlauf | 21 |
| 1.3 | Einstellungen zur Umweltpolitik im Zeitverlauf | 22 |
| 2.1 | Einschätzung der Umweltverhältnisse in Ost- und Westdeutschland 1991 bis 1996 | 26 |
| 2.2 | Wahrgenommene Verbesserungen in verschiedenen Bereichen des Umweltschutzes | 27 |
| 2.3 | Auto und Arbeit in Ost- und Westdeutschland | 29 |
| 2.4 | Auto und Arbeit in Ost- und Westdeutschland: Zusatzfragen | 30 |
| 2.5 | Gesamtemissionen im Freistaat Sachsen 1989-1994 | 31 |
| 2.6 | Umweltschutzinvestitionen im Freistaat Sachsen 1991-1994 | 31 |
| 14.1 | Steigende Nachfrage und Überfischung | 216 |

# Literaturverzeichnis

- Baum, H., Behnke, N. (1997): Der volkswirtschaftliche Nutzen des Straßenverkehrs. Schriftenreihe des Verbandes der Automobilindustrie e.V., Bd. 82, Frankfurt
- Batabyal, A. (1998): Games Governments Play. An Analysis of National Environmental Policy in an Open Economy. The Annals of Regional Science 32, 237-251
- Barrett, S. (1994): Strategic Environmental Policy and International Trade. Journal of Public Economics 54, 325-338
- Baumol, W., Oates, W. (1988): The Theory of Environmental Policy. Cambridge University Press, Cambridge
- Bhagwati, J., Srinivasan, T.N. (1996): Trade and the Environment. Does Environmental Diversity Detract from the Case for Free Trade? In: Bhagwati, J., Hudec, R.E. (Hrsg.): Fair Trade and Harmonization. Prerequisites for Free Trade? Vol. 1: Economic Analysis. MIT-Press, Cambridge, 159-223
- Börsch-Supan, A., Schnabel, R. (1998): Volkswirtschaft in fünfzehn Fällen. Dr. Th. Gabler, Wiesbaden
- Chander, P., Tulkens, H., Van Ypersele, J., Willems, S. (1999): The Kyoto Protocol. An Economic and Game Theoretic Interpretation. Climneg Working Paper No. 12, CORE, Louvain-la-Neuve
- Coase, R.H. (1960): The Problem of Social Cost. Journal of Law and Economics 3, 1-44
- Coase, R.H. (1994): Essays on Economics and Economists. The University of Chicago Press, Chicago
- Conrad, K. (1994): Emission Taxes and International Market Share Rivalry. In: Ireland, van E.C. (Hrsg.): International Environmental Economics, 173-194. Elsevier, Amsterdam
- Copeland, B.R., Taylor, M.S. (1999): Global Warming and Free Trade. A Trade Theory View of the Kyoto Protocol. Discussion Paper, University of Vancouver, Vancouver

- DIW (1995): Wirtschaftliche Auswirkungen einer ökologischen Steuerreform, Sonderheft 153. Duncker& Humblot, Berlin
- Dixit, A.K., Norman, V. (1980): Theory of International Trade. Cambridge Economic Handbooks, Cambridge
- Ethier, W.J. (1995): Modern International Trade, 3rd. Edition. Norton, New York
- FAO (1999): The State of World Fisheries and Aquaculture. FAO, Rom
- Freistaat Sachsen (1997): Umweltstatus Sachsen 1997. Staatsministerium für Umwelt und Landesentwicklung, Dresden
- Henderson, J.M., Quandt, R.E. (1971): Micro-Economic Theory. A Mathematical Approach. McGraw-Hill Kokakusha, Tokio
- Henigin, P. (1999): Auswirkungen der Konzentratrückführung nach der Membranfiltration auf die Sickerwasserneubildung von Hausmülldeponien. Beiträge zur Abfallwirtschaft 11, TU Dresden
- Hildenbrand, W., Kirman, A. (1976): Introduction to Equilibrium Analysis. North-Holland, Amsterdam
- Höhn, H.-J. (1994): Umweltethik und Umweltpolitik. Aus Politik und Zeitgeschichte, Beilage zur Wochenzeitung Das Parlament B49/94, 13-21
- Holler, M., Illing, G. (1996): Einführung in die Spieltheorie, 3. Auflage. Springer, Berlin Heidelberg New York
- Johansson, P.O. (1991): The Economic Theory and Measurement of Environmental Benefits. Cambridge University Press, Cambridge
- Kaneko, M. (1977): The Ratio Equilibrium and a Voting Game in a Public Goods Economy. Journal of Economic Theory 16, 123-136
- Kemper, M. (1989): Das Umweltproblem in der Marktwirtschaft. Duncker & Humblot, Berlin
- Kölle, Ch. (1995): Ökonomische Analyse internationaler Umweltkooperationen. Physica, Heidelberg.
- Körber, A. (1998): Why Everybody Loves Flipper. The Political-Economy of the U.S. Dolphin-Safe Laws. European Journal of Political Economy 14, 475-509
- Krebs, C., Reiche, D.T. (1996): Der mühsame Weg zu einer Ökologischen Steuerreform. Peter Lang, Frankfurt
- Malunat, B. (1994): Die Umweltpolitik der Bundesrepublik Deutschland. Aus Politik und Zeitgeschichte, Beilage zur Wochenzeitung Das Parlament B49/94, 3-12

- Mas-Colell, A. (1980): Efficiency and Decentralization in the Pure Theory of Public Goods. Quarterly Journal of Economics 94, 625-641
- Mas-Colell, A., Silvestre, J. (1989): Cost Share Equilibria: A Lindahlian Approach. Journal of Economic Theory 47, 239-257
- Milazzo, M. (1998): Subsidies in World Fisheries. A Re-examination. World Bank Technical Paper No. 406, Fisheries Series. World Bank, Washington DC
- Moulin, H. (1987): Egalitarian-Equivalent Cost Sharing of a Public Good. Econometrica 54, 963-976
- Mueller, D. (1979): Public Choice. Cambridge University Press, Cambridge
- Muench, T. (1972): The Core and the Lindahl Equilibrium of an Economy with Public Goods. Journal of Economic Theory 4, 241-255
- Pigou, A. (1929): The Economics of Welfare. Macmillan, London
- Porter, M. (1990): The Competitive Advantage of Nations. The Free Press, New York
- Richter, G. (1996): Zur Entwicklung des Umweltschutzes in Deutschland. Sachsen im 19. und 20. Jahrhundert. IÖR-Schrift 18, Dresden
- Richter, W. (1997): Über die Ineffizienz einer nationalen Energiesteuer. Wirtschaftswissenschaftliches Studium (WiSt) 26, 124-130
- Samuelson, P.A., Nordhaus, W.D. (1998): Volkswirtschaftslehre. Ueberreuter, Frankfurt
- Schöb, R. (1995): Zur Bedeutung des Ökosteueraufkommens. Die Double-Dividend-Hypothese. Zeitschrift für Wirtschafts- und Sozialwissenschaften 115, 93-117
- Siebert, H. (1992): Economics of the Environment. Springer, Berlin Heidelberg New York
- Smith, B., Weber, S., Wiesmeth, H. (1990): Heterogeneity, Interdependence and Firm Behaviour in Fisheries. Diskussionspapier. York University, Toronto
- Smith, B., Weber, S., Wiesmeth, H. (1991): Implementation of Quota Management Policies in Resource Industries. Diskussionspapier. York University, Toronto
- Sohmen, A. (1975): Allokationstheorie und Wirtschaftspolitik. J.C. Mohr (Paul Siebeck), Tübingen

- Spence, A.M. (1975): Blue Whales and Applied Control Theory. In: Gottinger, H.W. (Hrsg.): Systems Approaches and Environmental Problems. Vandenhoeck und Ruprecht, Göttingen
- Steininger, K.W. (1994): Trade and Environment. Physica, Heidelberg
- Stober, R. (1991): Umweltrecht. Kohlhammer, Stuttgart.
- SVR (1995): Jahresgutachten des Sachverständigenrats. Kohlhammer, Stuttgart
- Ulph, A. (1996): Environmental Policy and International Trade when Governments and Producers Act Strategically. Journal of Environmental Economics and Management 30, 256-281
- Umweltbundesamt (1997): Daten zur Umwelt: Der Zustand der Umwelt in Deutschland, Ausgabe 1997. Erich Schmidt, Berlin
- Umweltbundesamt (2000): Umweltbewusstsein 2000 in Deutschland. Ergebnisse einer repräsentativen Bevölkerungsumfrage. Bundesministerium für Umwelt, Naturschutz und Reaktorsicherheit, Bonn
- Varian, H. (1989): Grundzüge der Mikroökonomie. Oldenbourg, München
- Weber, S., Wiesmeth, H. (1990): On the Theory of Cost Sharing. Zeitschrift für Nationalökonomie / Journal of Economics 52, 71-82
- Weber, S., Wiesmeth, H. (1991a): The Equivalence of Core and Cost Share Equilibria in an Economy with a Public Good. Journal of Economic Theory 54, 180-197
- Weber, S., Wiesmeth, H. (1991b): Burden Sharing in NATO: an Economic Analysis. In: Avenhaus, R. et al. (Hrsg.): Defense Decision Making. Springer, Berlin Heidelberg New York, 83-95
- Weber, S., Wiesmeth, H. (2000): Free Trade and the Environment. Diskussionspapier, TU Dresden
- Weimann, J. (1990): Umweltökonomik. Springer, Berlin Heidelberg New York
- Welfens, M.J. (1993): Umweltprobleme und Umweltpolitik in Mittel- und Osteuropa. Physika, Heidelberg
- Welsch, H., Hoster, F. : A General Equilibrium Analysis of European Carbon/Energy Taxation. Zeitschrift für Wirtschafts- und Sozialwissenschaften 115, 275-303
- Wepler, C. (1999): Europäische Umweltpolitik. Metropolis, Marburg
- Wicke, L. (1991): Umweltökonomie. Vahlen, München
- Wiesmeth, H. (1998): Ökonomische Aspekte der Verpackungsverordnung. Beiträge zur Abfallwirtschaft 6, TU Dresden

- WTO (1999): Trade and Environment. WTO Publications: Special Studies 4, Genf
- Young, P. (Hrsg.) (1985): Cost Allocation. Methods, Principles, Applications. North-Holland, Amsterdam

# Sachverzeichnis

Agenda 21, 11–12, 33
Allokationsproblem, 39, 42, 43, 46, 49–55, 69, 97, 98, 107, 113, 114, 122, 246
Auflagenpolitik, 129–153

Effizienz, 44–47, 52, 59, 61–63, 69, 73, 74, 76, 77, 79, 85, 88, 99, 104, 106, 109, 110, 113, 121, 122, 133, 138, 152, 155, 158, 160–166, 169, 173, 199, 210, 250, 252, 254, 258
Einigungsvertrag, 7
Emissionsrechte, 14–16, 171, 172
Emissionszertifikate, 16, 75, 82–95, 123, 133, 157, 165–173, 195, 259–276

Gemeinlastprinzip, 6, 129
Gleichgewicht, 53–55, 58–63, 72–77, 79, 80, 82, 83, 86, 90–92, 121, 144–146, 148, 150, 170, 177, 179–181, 183, 188–190, 213, 216, 218–222, 224, 226–234, 238, 243–254, 256–258, 270–276

Kern, 98, 106–113, 115, 188–192
Kostenteilungsgleichgewicht, 98, 102–113, 189, 190
Kyoto-Protokoll, 3, 13–19, 122, 127, 195, 200, 210, 213, 258, 261–264, 270

Lindahl-Gleichgewicht, 97–103, 122

Marktmechanismus, 39, 42, 46, 49, 50, 52, 55, 59, 63, 69, 72, 83, 95, 98, 101, 107, 121, 152, 245, 246, 248

nachhaltige Entwicklung, VII, XI, 11, 12, 28, 33

Ökosteuer, 22, 34, 46, 82, 119, 157–159, 173–188, 200

Pigou-Steuer, 75–83, 95, 98, 101, 119, 122, 133, 145, 149–151, 158, 179–181, 239
Preis-Standard-Ansatz, 131, 153–173

Sustainable Development, VII, 9–11, 28

Umweltabgabe, 131, 150, 157–166, 184
Umweltaktionsprogramm, 5
Umweltbewusstsein, 3, 20, 33–36, 44, 66, 88, 92, 97, 139, 252, 257
Umweltgesetze, 5–8
Umweltgüter, 41–44

Verschmutzungsrechte, 70, 71, 74, 75, 85–93, 95, 121, 123, 126, 167
Verteilungsproblem, 46, 52, 72, 167, 272
Vertragsstaaten-Konferenzen, 13–19, 127, 263
Vorsorgeprinzip, 5, 130

# Mikroökonomik einfach verstehen

**W. Kortmann**

## Mikroökonomik

### Anwendungsbezogene Grundlagen

Diese moderne, mit besonderer didaktischer Sorgfalt verfasste, systematische und anschauliche Einführung in die Mikroökonomik befasst sich mit dem ökonomischen Verhalten von Haushalten und Unternehmen sowie der durch Preise und Konkurrenz bewirkten Koordination ihrer Aktivitäten auf Märkten.

Großer Wert wird darauf gelegt, die Anwendungsbezüge des Stoffes aufzuzeigen. Dazu dienen zahlreiche empirische Beispiele und Übungsaufgaben mit Musterlösungen.

3. Aufl. 2002. XVIII, 674 S. 354 Abb. (Physica-Lehrbuch) Brosch.
€ **34,95**; sFr 54,50
ISBN 3-7908-1474-1

**P. Weise, W. Brandes, T. Eger, M. Kraft**

## Neue Mikroökonomie

Der vereinheitlichende Band für diese fächerübergreifende Einführung in die Mikroökonomik beinhaltet Aufgaben zur Selbstorganisation und Evolution inklusive Evolutionsspiel, zum Oligopol, zur Konsumenten- und Produzentenrente, zum Shapley-Wert, zur Chaos- und Katastrophentheorie. Trocken, spekulativ, abgehoben? Nein, anschaulich, lebendig und witzig wird all dies dargeboten.

4., vollst. überarb. Aufl. 2002. IX, 639 S. 102 Abb. (Physica-Lehrbuch) Brosch. € **29,95**; sFr 46,50
ISBN 3-7908-1435-0

**S. Wied-Nebbeling, H. Schott**

## Grundlagen der Mikroökonomik

Das Buch behandelt die Haushalts- und die Unternehmenstheorie, die optimale Allokation bei vollständiger Konkurrenz und verschiedene Formen des unvollständigen Wettbewerbs. Wegen seines didaktisch geschickten Aufbaus ist das Lehrbuch vor allem für das Grundstudium geeignet.

2., verb. Aufl. 2001. X, 346 S. 136 Abb., 3 Tab. (Springer-Lehrbuch) Brosch. € **22,95**; sFr 35,50
ISBN 3-540-42198-X

**Springer · Kundenservice**
Haberstr. 7 · 69126 Heidelberg
Tel.: (0 62 21) 345 - 217/-218
Fax: (0 62 21) 345 - 229
e-mail: orders@springer.de

## www.springer.de/economics

Besuchen Sie unser Studentenportal:

Springer

Die €-Preise für Bücher sind gültig in Deutschland und enthalten 7% MwSt. Preisänderungen und Irrtümer vorbehalten. d&p · BA 43288/2

MIX
Papier aus verantwortungsvollen Quellen
Paper from responsible sources
FSC® C105338

If you have any concerns about our products,
you can contact us on
ProductSafety@springernature.com

In case Publisher is established outside the EU,
the EU authorized representative is:
Springer Nature Customer Service Center GmbH
Europaplatz 3, 69115 Heidelberg, Germany

Printed by Libri Plureos GmbH
in Hamburg, Germany